Schmalt / Meyer
Leistungsmotivation und Verhalten

Leistungsmotivation und Verhalten

Herausgegeben von

Heinz-Dieter Schmalt
und Wulf-Uwe Meyer

Ernst Klett Verlag Stuttgart

CIP-Kurztitelaufnahme der Deutschen Bibliothek

Leistungsmotivation und Verhalten / hrsg. von Heinz-Dieter Schmalt und Wulf-Uwe Meyer. – 1. Aufl. – Stuttgart: Klett, 1976.
ISBN 3-12-926080-3

NE: Schmalt, Heinz-Dieter [Hrsg.]

1. Auflage 1976

Printed in Germany
Einbandgestaltung: Werbeagentur Lorenz, München
Satz: G. Müller, Heilbronn
Druck: W. Röck, Weinsberg

Professor Heinz Heckhausen gewidmet

Inhalt

Vorwort

Das vorliegende Buch gibt einen in sich geschlossenen und relativ vollständigen Überblick der Theoriebestände, neueren Theorieentwicklungen und der wichtigsten empirischen Befunde im Bereich der Leistungsmotivationsforschung. Es schildert die gegenwärtige Vielfalt der Ansätze zu einer Theorie leistungsbezogenen Verhaltens und unternimmt gleichzeitig den Versuch, diese Ansätze in einen historischen Zusammenhang zu stellen.
Das Buch wendet sich zum einen an Wissenschaftler, die sich bislang nur mehr am Rande mit dem Leistungsmotiv befaßt haben, aber vielleicht planen, im Rahmen eigener Forschungsarbeit Leistungsmotiv-Variablen mit aufzunehmen. Diesem Leserkreis bietet es eher einen ersten breiten Überblick über die Problemvielfalt in diesem Bereich als eine sammelreferatartige Zusammenstellung einschlägiger Einzeluntersuchungen.
Aufgrund seines Übersichtscharakters und der vorrangigen Schilderung großer Problemlinien wendet sich das Buch zum anderen auch besonders an Studierende der Psychologie und benachbarter Disziplinen. Es kann als Text für Kurse zur Motivationspsychologie und zur kognitiven Psychologie herangezogen werden; darüber hinaus auch für Veranstaltungen zur Persönlichkeitspsychologie, insbesondere weil die hier vorgestellten Motivierungsmodelle auf einem Interaktionsansatz (von Person- und Situationsfaktoren) der Verhaltenserklärung beruhen, der gerade neuerdings wieder starke Beachtung findet.

Bochum und Bielefeld, im April 1976 — Die Herausgeber

Einführung: Leistungsmotivation und Verhalten

von Heinz-Dieter Schmalt
Ruhr-Universität Bochum,
und Wulf-Uwe Meyer
Universität Bielefeld

Für den mit Motivationsfragen nicht näher vertrauten Betrachter erscheint die Leistungsmotivations-Theorie als ein geschlossenes Gebilde mit einem empirisch gut belegten Gültigkeitsbereich. Dieser Eindruck wird nahegelegt durch verschiedene Lehrbücher der Motivationspsychologie (z. B. ATKINSON, 1964) und zusammenfassende Darstellungen des Forschungsstandes (z. B. ATKINSON & FEATHER, 1966), die jedoch häufig das Gesamtgebiet der Leistungsmotivationsforschung lediglich unter der Perspektive *einer* theoretischen Position bearbeiten. Bei näherer Betrachtung geht dieser Eindruck der Geschlossenheit aber schnell verloren. Denn besonders in den letzten fünf Jahren ist dieser Bereich in Bewegung geraten durch die Entwicklung neuer theoretischer Ansätze, zwischen denen etliche bedeutsame Unterschiede bestehen. Es gibt nicht mehr wie etwa von 1957 bis 1970 „die" – mit dem Namen ATKINSON verknüpfte – Leistungsmotivationstheorie. Vielmehr existieren zur Zeit eine Reihe von mehr oder weniger unverbundenen Modellen leistungsmotivierten Verhaltens.

Das geht auf Entwicklungen zurück, von der große Teile der Motivations- und auch der Persönlichkeitspsychologie betroffen sind und die – knapp skizziert – folgendermaßen aussehen:

1. Eine Abkehr von Modellen, die sowohl person- wie situationsseitig mit „summarischen Konzepten" (GEWIRTZ, 1969) arbeiten. Im Rahmen der Leistungsmotivationstheorien sind das „Motiv" und der „leistungsthematische Anregungsgehalt der Situation" keine generalisierten, einheitlichen Konstrukte mehr, sondern eher komplexe Systemvariablen, die sich wiederum in eine ganze Reihe von Einzelkomponenten aufgliedern.
2. Das hat zur Folge, daß man sich in neueren Theorieansätzen der Analyse der kognitiven Konstituentien dieses Systemgeschehens zuwendet. In der Leistungsmotivationstheorie sind das insbesondere verschiedene Arten von Erwartungen, Instrumentalitäten, Ursachenerklärungen von Erfolg und Mißerfolg, Konzepte der eigenen Fähigkeit und unterschiedliche Schwierigkeitsparameter.

Man hat diese Entwicklung auch als „kognitive Wende“ (Dember, 1974; Heckhausen & Weiner, 1972) gekennzeichnet; denn den subjektiven Einschätzungen des Individuums, die es selbst und die umgebende Situation betreffen, wird die wesentliche verhaltensdeterminierende Rolle zugeschrieben (s. auch Bolles, 1974).

3. In der Nachfolge dieser Überlegungen fand eine Abkehr von den hedonistischen Motivationsmodellen statt, weil das hypothetische Motivziel von einigen Autoren neu definiert wurde. War in den frühen Leistungsmotivationstheorien von McClelland und Atkinson der energetisierende Aspekt leistungsbezogenen Verhaltens noch einseitig in die Affektantizipation hineinverlagert, so hat man in neueren kognitiven Theorieansätzen den Informationsaspekt stärker akzentuiert. Leistungsorientiertes Verhalten findet demnach nicht statt, um positiven Affekt zu maximieren bzw. negativen Affekt zu minimieren, sondern um bestimmte Informationen über die eigene Person – insbesondere die eigene Tüchtigkeit – zu erhalten bzw. zu vermeiden. Der mit der Information einhergehende Affekt wird – im Sinne der Unterscheidung von Lazarus (1968) – nicht als „Motivator“ aufgefaßt, sondern eher als „Reaktion“.

Der vorliegende Band „Leistungsmotivation und Verhalten“ versucht, diese Entwicklungen im Zusammenhang darzustellen. Die Kapitel 1 bis 6 sind den wichtigsten theoretischen Positionen gewidmet, die sich aus einer nahezu dreißigjährigen Forschungstradition ergeben haben. Die Kapitel 7 und 8 beschreiben ausgewählte entwicklungspsychologische und meßtechnische Probleme. Die Kapitel 9 und 10 zeigen Anwendungen der Leistungsmotivationstheorien in Schule und Studium.

Den Anfang der Entwicklung von Theorien leistungsmotivierten Verhaltens markiert die Arbeit von D. C. McClelland und seinen Mitarbeitern. Im Vordergrund des Forschungsinteresses stand hier zunächst nicht so sehr die Entwicklung einer geschlossenen Verhaltenstheorie, sondern die Frage, ob sich Motivation beim Menschen überhaupt mit psychologischen Meßmethoden erfassen läßt. Dementsprechend standen Methodenprobleme im Vordergrund. Verhaltensdaten waren nur insoweit von Belang, als sie Aussagen über die Triftigkeit und Gültigkeit der Messung gestatteten (s. Kapitel 1 und 7). Erst nachdem der Nachweis erbracht war, daß sich unterschiedliche Stärkegrade des Leistungsmotivs mit bestimmten Meßtechniken erfassen lassen, ging die Forschungsgruppe um McClelland an die theoretische Bearbeitung dieses Persönlichkeitsmerkmals (vgl. Kap. 1).

Unmittelbar anknüpfend an den von McClelland konzipierten Theorieansatz hat sich die Forschung in drei Hauptsträngen weiterentwickelt. Da war zunächst die Frage, ob sich die aus der Beschäftigung mit dem Leistungsmotiv ergebenden Befunde auch auf andere menschliche

Motive übertragen lassen, insbesondere auf das Macht- und Anschlußmotiv. Dabei hat in jüngster Zeit ganz besonders die Erforschung des Machtmotivs Früchte getragen (VEROFF & VEROFF, 1972; WINTER, 1973; MCCLELLAND, 1975 b).

Der zweite Strang ist wiederum hauptsächlich durch die Forschungsaktivitäten von D. C. MCCLELLAND bestimmt. Er ist den psychosozialen Ursprüngen und den gesamtgesellschaftlichen Konsequenzen unterschiedlicher Ausprägungen des Leistungsmotivs nachgegangen (MCCLELLAND, 1961). Es gelang ihm, Zusammenhänge zwischen der Risikoneigung von Personen in Unternehmerpositionen, der kulturellen Wertschätzung von „Leistung" und dem wirtschaftlichen Aufstieg und Fall ganzer Kulturen nachzuweisen (s. Kapitel 1). Wenn – wie MCCLELLAND vermutet – dem Leistungsmotiv eine derartige Schlüsselposition bei der wirtschaftlichen Entwicklung zukommt, dann liegt es nahe, das Motiv in gezielter Weise durch Änderungs- und Förderungsprogramme zu beeinflussen. MCCLELLAND & WINTER (1969) haben über die Erfahrungen mit solch einem Projekt bei indischen Geschäftsleuten berichtet. Im Anschluß daran wurden weitere Programme, besonders auch für den schulischen Bereich entwickelt (s. Kapitel 9).

Der dritte und wohl wichtigste – weil forschungsträchtigste – Strang ist durch die Bemühungen von J. W. ATKINSON gekennzeichnet, ein formalisiertes Modell leistungsmotivierten Verhaltens zu entwickeln. Es basiert auf Modellüberlegungen – sog. Erwartung x Wert-Theorien – von TOLMAN (1932) und LEWIN und Mitarbeitern (LEWIN et al., 1944), in denen Verhalten von den beiden Grundparametern „Erwartung" und „Wert" bzw. „Nutzen" eines Ziels abhängig gemacht wird. Das ATKINSON-Modell stellt eine Weiterentwicklung der Theorie von LEWIN dar, indem das LEWINsche Konzept der Valenz (Aufforderungscharakter) durch die explizite Einführung des Erfolgs- und Mißerfolgsmotivs in Person- (Motive) und Situationsfaktoren (Anreize) zerlegt wurde, eine Trennung, die sich – wenn auch nicht so scharf – schon bei LEWIN andeutete. Vor allen Dingen aber durch die Angabe von Verfahren zur Messung des Erfolgs- und Mißerfolgsmotivs ermöglichte ATKINSON die systematische Erforschung der Wechselwirkungen von Person- und Situationsfaktoren auf leistungsbezogenes Verhalten. Aufgrund des formalisierten Modells von ATKINSON (1957, 1964) sind Theorien leistungsmotivierten Verhaltens stets vor einem einseitig eigenschaftstheoretischen oder situationistischen Erklärungsansatz bewahrt geblieben (s. MISCHEL, 1973; BOWERS, 1973; EKEHAMMAR, 1974). Es ist sicherlich nicht übertrieben zu behaupten, daß das Modell ATKINSONs und dessen Erweiterungen zu den am weitesten ausformulierten und empirisch am besten überprüften interaktionistischen Verhaltenstheorien gehört. Die Formulierungen ATKINSONs haben bis in die Gegenwart hinein zu anhaltenden, weltweiten Forschungsaktivitäten geführt; sie dürften auch für die absehbare Zukunft ein wichtiger Bezugspunkt bleiben. Kapitel 2 beschreibt diesen Themenbereich.

Im Verlaufe der empirischen Überprüfung hat es sich häufig angeboten, das Modell in einigen Teilbereichen zu revidieren. Dabei ist zunächst der Versuch unternommen worden, es unter Beibehaltung der Grundparameter zu erweitern. Waren in das ursprüngliche Modell als Situationsfaktoren lediglich Gegebenheiten der *psychologischen Gegenwart* einbezogen, so kommen in den Modellerweiterungen verhaltensdeterminierende Größen der *psychologischen Vergangenheit,* nämlich *zurückliegende* Erfolge und Mißerfolge (s. WEINER, 1970), und der *psychologischen Zukunft* mit hinzu, nämlich ferner in der Zukunft liegende Ziele des Individuums und die instrumentellen Verknüpfungen dieser Ziele mit dem augenblicklichen Handeln (s. ATKINSON & RAYNOR, 1974). Die Kapitel 2 und 3 geben hierüber Auskunft.

Nun hat es nicht an Versuchen gefehlt, das Modell und dessen Erweiterungen dort zur Anwendung zu bringen, wo „Leistung" im alltäglichen Leben eine Rolle spielt, nämlich in Studium, Schule und Beruf. Kapitel 10 behandelt in diesem Kontext durchgeführte Untersuchungen. Sie geben ein lebendiges und eindrucksvolles Bild von den Schwierigkeiten, mit denen sich eine solche eher praxisorientierte Forschung konfrontiert sieht. Diese Phase der Theorieüberprüfung ist allerdings unerläßlich. Denn einerseits ist bei jeder Theorie, deren Fruchtbarkeit hauptsächlich in Laboruntersuchungen überprüft wurde, die Frage zu stellen, ob sie auch Verhalten in mehr alltäglichen Situationen erklären und voraussagen kann. Andererseits ergeben sich daraus wichtige Impulse für die Weiterentwicklung der Theorie, die aus Laborexperimenten, die auf die Kontrolle weniger Variablen beschränkt sind, kaum zu bekommen sind.

Eine Erweiterung des Modells von ATKINSON, aber auch eine Abkehr davon bedeutet der Theorieansatz von WEINER und Mitarbeitern (WEINER, FRIEZE, KUKLA, REED, REST & ROSENBAUM, 1971; WEINER, HECKHAUSEN, MEYER & COOK, 1972): eine Erweiterung insofern, als unter Rückgriff auf HEIDER (1958) Ursachenerklärungen (Kausalattribuierungen) der handelnden Person für Erfolg und Mißerfolg als Determinanten der beiden Modellparameter „Erwartung" und „Anreiz" spezifiziert werden; und eine Abkehr, weil das Erfolgs- und Mißerfolgsmotiv nicht wie bei ATKINSON als Affektdispositionen, sondern als Attribuierungsdispositionen definiert werden, das heißt, Leistungsresultate in relativ überdauernder Weise bestimmten Ursachenfaktoren (z.B. hoher Anstrengung) zuzuschreiben (WEINER et al., 1971). Darüber hinaus nimmt WEINER an, daß nicht die Maximierung bzw. Minimierung positiver bzw. negativer *Affekte* letztliches Handlungsziel des Individuums ist, sondern das Aufsuchen bzw. Meiden von Information über die eigene Tüchtigkeit. Damit ist eine ‚kognitive Wende' (HECKHAUSEN & WEINER, 1972) innerhalb der Leistungsmotivationsforschung eingeleitet. Kapitel 4 beschreibt diesen Forschungsansatz. Ableitungen daraus im Hinblick auf die Lehrer-Schüler-Interaktion im Klassenzimmer sind im Kapitel 10 dargestellt.

In konsequenter Weiterentwicklung des attributionstheoretischen Ansatzes von WEINER sind KUKLA (1972) und MEYER (1973 a) zu weitgehend übereinstimmenden Modellvorstellungen gelangt. Im Verhaltensmodell von MEYER trägt das Bedürfnis nach Information die alleinige Erklärungslast für intrinsisch motiviertes Leistungsverhalten. Das einzige zwischen Erfolgs- und Mißerfolgsmotivierten trennende Merkmal liegt nach MEYER und KUKLA im Konzept der Begabung, das die Person von sich hat: Erfolgsmotivierte haben ein positiveres Bild ihrer eigenen Begabung als Mißerfolgsmotivierte. In diesen Formulierungen ist der Begriff ‚Leistungsmotiv' aufgegeben zugunsten des Begabungskonzepts (s. Kapitel 5).

HECKHAUSEN (1972 b, 1975 b) schließlich hat unter Rückgriff auf die Ansätze von ATKINSON, RAYNOR, BOLLES, WEINER und MEYER ein Makro-Modell leistungsorientierten Verhaltens vorgestellt, in dem kognitive und affektive Verhaltensdeterminanten nebeneinander stehen, und in dem Motive aufgelöst werden zugunsten eines komplexen Systemgeschehens. Die Kapitel 3 und 6 gehen auf dieses – erstmalig verschiedene Konzepte integrierende – Modell ein. KRUG (s. hier Kapitel 9) hat daraus neuere Verfahrensweisen für Motivförderungs- und Änderungsprogramme entwickelt.

Kapitel 6 geht darüber hinaus einem besonderen Problem nach, welche Rolle nämlich Affekte in Motivationstheorien, insbesondere in Theorien leistungsbezogenen Verhaltens spielen. Ausgangspunkt dieser Analysen ist das von HECKHAUSEN (1972 b) vorgestellte Modell, in dem das Leistungsmotiv als Selbstbekräftigungssystem konzipiert ist.

Kapitel 7 gibt einen Überblick über die Verfahren, mit denen bislang versucht worden ist, das Leistungsmotiv zu messen. Beachtung wird dabei auch der Frage geschenkt, wie sich das Problem der Messung von Personmerkmalen im Lichte sich wandelnder formaler und inhaltlicher Merkmale motivationstheoretischer Konzeptionen darstellt.

Der in Kapitel 8 beschriebene entwicklungspsychologische Problemstrang ist ebenso nicht an den Formulierungen einer bestimmten Theorie orientiert. Er versucht vielmehr eine Synopse der in verschiedenen Ansätzen relevanten Modellvariablen unter genetischem Aspekt. Integrationsebene für diese verschiedenen Variablen stellt der Selbstbekräftigungsansatz von HECKHAUSEN (1972 b) dar.

Wie aus diesem kurzen Abriß deutlich wird, sind die Beiträge in dem vor-

liegenden Text an Theorien orientiert, denen damit ein Primat bei der Organisation von Wissensbeständen zugewiesen wird. Was, so mag man nun fragen, ist von einem Forschungsbereich zu halten, der von so großer Heterogenität der theoretischen Orientierungen gekennzeichnet ist? Muß man nicht zu der Schlußfolgerung kommen, daß die Existenz so vieler Theorien, die bei der Erklärung leistungsorientierten Verhaltens konkurrierend nebeneinander stehen, das Gesamtgebiet mit einer gewissen Fragwürdigkeit versehen, da die „Wahrheit“ doch offensichtlich nur bei einer einzigen Theorie sein kann? Nun, hierzu ist zu sagen, daß die Theorien nicht den Anspruch erheben, getreuliche und „wahre“ Abbilder der Wirklichkeit zu sein. Theorien in diesem Sinne werden denn auch nicht „entdeckt“, sie werden konstruiert. Theorien sind *Konstruktionen über Wirklichkeit.* Solche Konstruktionen sind stets mit den Eigenschaften des Versuchsweisen und Vorläufigen versehen. Sie werden, wenn sie sich als unzureichend zur Ordnung und Erklärung eines bestimmten Gegenstandsbereichs erweisen, durch andere Konstruktionen ersetzt.
Die Leistungsmotivationsforschung – und mit ihr weite Teile der Psychologie überhaupt – befinden sich in einer Phase, in der zu einem Gegenstandsbereich mehrere alternative Konstruktionen, mit jeweils belegtem Gültigkeitsbereich, angeboten werden, ohne daß es ihr möglich wäre zu entscheiden, welche Konzepte in einer *vereinheitlichten* Theorie leistungsorientierten Verhaltens aufgenommen werden müßten, welche Konzepte verzichtbar sind und welche schließlich als untauglich beiseite gelegt werden können. Wir werden deshalb hier, wie in anderen Bereichen, noch auf absehbare Zeit mit mehreren konkurrierenden Theorien zu ein und demselben Gegenstandsbereich leben müssen. Eine einzige, umfassende Motivationstheorie, die all diese Ansätze zu integrieren in der Lage wäre, ist bislang nicht in Sicht (vgl. Sears, 1974).

1. Die Anfänge einer Theorie leistungsmotivierten Verhaltens

von Heinz-Dieter Schmalt
Ruhr-Universität Bochum

1.1. Einleitung

Als sich D. McClelland und seine Mitarbeiter der experimentellen Analyse motivationaler Prozesse des Menschen zuwandten, war dieses Feld noch weithin unbestellt. Zwar gab es in den vierziger Jahren bereits eine Reihe experimentell fundierter Verhaltenssysteme, in denen auch Bedürfnisse („needs") eine Rolle spielten, jedoch waren hier ausschließlich primäre Bedürfnisse (Hunger, Durst, Sexualität) von Belang, und auch nur insoweit von wissenschaftlichem Interesse, als sie Lernvorgänge bei Tieren in unterschiedlichem Ausmaß zu beeinflussen vermochten.

Auf der anderen Seite gab es eine nicht unerhebliche Tradition, die sich mit menschlichen Bedürfnissen, auch gelernten – sekundären –, beschäftigte. Diese Forschungsrichtung, die zumeist auf tiefenpsychologischen Vorstellungen aufbaute, war jedoch zunächst nicht experimentell ausgerichtet. Allerdings war hier eine Methode entwickelt worden, die die Erfassung menschlicher Bedürfnisse ermöglichte. Diese Methode basierte auf dem Grundgedanken, daß Träume, Fantasie- und Vorstellungsinhalte ein ausgezeichnetes Medium für das Studium von „verborgenen" Beweggründen, Bedürfnissen und Motiven darstellen. Murray (1943) hatte auch bereits ein Verfahren entwickelt – den *T*hematischen *A*uffassungs-*T*est (TAT) – das es gestattet, anhand von Gedankenstichproben die individuellen Beweggründe für Verhalten zu erfassen. Diese Methode hat McClelland aufgegriffen und für seine Forschungsvorhaben modifiziert.

Das Forschungsinteresse McClelland's war jedoch noch nicht auf das Leistungsmotiv gerichtet, sondern zunächst nur auf die Frage, ob denn überhaupt „Motiviertes" in Gedankenstichproben auffindbar ist. Ganz analog zu den tierexperimentellen Untersuchungen, in denen die Triebstärke – etwa des Hungers – durch die zeitliche Dauer des Nahrungsentzugs operationalisiert wurde, haben Atkinson & McClelland (1948) ein Experiment durchgeführt, in dem sie ihre Vpn unterschiedlich lange unter

Nahrungsentzug setzten und anschließend TAT-Protokolle aufnahmen. Obwohl die Ergebnisse dieser Untersuchung sehr komplex waren – nicht alle Fantasieinhalte, die mit Hunger und Nahrungsaufnahme in Zusammenhang stehen, werden mit zunehmender Motivation (größere Dauer des Nahrungsentzugs) häufiger –, resümiert ATKINSON (1964, S. 224), diese Studie habe die Ansicht bestärkt, daß die im TAT geäußerten Geschichteninhalte motivationalen Einflüssen unterliegen. Analog hierzu durchgeführte Untersuchungen, in denen das Leistungsmotiv in unterschiedlichem Ausmaß angeregt wurde (MCCLELLAND, CLARK, ROBY & ATKINSON, 1949), brachten Ergebnisse, die in die gleiche Richtung weisen: mit zunehmender Anregung steigen auch die leistungsbezogenen Inhalte im TAT an (vgl. Kapitel 7). Damit war der erste Schritt getan.

Die nächste und zugleich auch wichtigere Phase der Forschungsarbeit bestand in der theoretischen Bearbeitung des so gemessenen Persönlichkeitsmerkmals und in dem Nachweis, daß die Inhalte von TAT-Geschichten nicht nur von der situativen Anregung bestimmt sind, sondern daß sich in ihnen auch „tatsächliche" Unterschiede in der Motivstärke widerspiegeln und daß diese schließlich auch Verhalten beeinflussen.

1.2. Allgemeine Motivationstheorie

Motive erklären nach MCCLELLAND, *warum* sich Individuen so verhalten, wie sie es tun; die Motive sind als die eigentlichen „Verursacher" von bestimmten Verhalten konzipiert. MCCLELLAND definiert ein Motiv als eine „durch einen Hinweisreiz herbeigeführte Wiederherstellung eines Wechsels einer Affektsituation" (MCCLELLAND, ATKINSON, CLARK & LOWELL, 1953, S. 28). Diese Definition beinhaltet zumindest drei Bestimmungsstücke: 1. Motive basieren auf Affekten (A), genauer auf Affektwechseln ($A_1 \rightarrow A_2$), die in bestimmten Situationen erlebt werden; 2. Motive haben eine Lerngeschichte. Affektwechsel als solche machen noch kein Motiv aus. Sie müssen zunächst einmal erlebt worden sein, um später unter bestimmten Bedingungen „wiederhergestellt" werden zu können; 3. Um diesen ganzen Prozeß in Gang zu setzen, müssen jedoch noch gewisse situative Hinweisreize (R) vorliegen.

Wie kann sich aus diesen Elementen nun so etwas wie ein Motiv oder eine Motivation ergeben? Betrachten wir hierzu eine beinahe alltägliche Situation: Ein Kind, das sich in einer relativ neutralen affektiven Ausgangslage (A_1) befindet, berührt unvorsichtigerweise eine heiße Herdplatte (R) und erlebt darauf intensiven Schmerz (A_2). Bestimmte situationale Hinweisreize (die heiße Herdplatte, R) werden nun mit diesem Affektwechsel

($A_1 \rightarrow A_2$) verbunden. Das Kind hat eine wichtige Lernerfahrung gemacht. Wenn sich dieses Kind nun nach einiger Zeit erneut in dieser oder einer ganz ähnlichen Situation befindet und sich der Herdplatte nähert, so wird dieser Hinweisreiz (R) in der Lage sein, den ursprünglich erlebten Affektwechsel in Gedanken vorwegzunehmen, wiederherzustellen, d.h., das Kind wird das erneute Eintreten des Affektwechsels *befürchten*. Dieser affektive Furchtzustand (A') wirkt nun zukünftig insofern motivierend, daß er das Kind dazu bringt, die heiße Herdplatte zu meiden und damit das erneute Erleben des ursprünglichen Affektwechsels verhindert.

Fragen wir schließlich, wie sich das Ganze zu einer Motivationstheorie zusammenfügt. McClelland schreibt dazu etwa das Folgende: Motive basieren im wesentlichen auf Lernerfahrungen, in denen Affekte bzw. Affektwechsel an Situationen gekoppelt werden. Ein Motiv muß jedoch *zwei Bezugspunkte* auf einem affektiven Kontinuum enthalten, nämlich eine momentane Affektsituation, die gleichzeitig über Lernprozesse einen zweiten affektiven Zustand, der gegenüber dem momentanen eine Änderung bedeutet, wiederherstellt, d.h. diesen in Gedanken vorwegnimmt. Bestimmte situationale Hinweisreize sind über die zeitliche Kontiguität mit Affekten bzw. Affektwechseln verbunden und in der Lage, einen gewissen affektiven Zustand A', der eine Ableitung bzw. ein Teil des ursprünglichen Affekts A ist, antizipatorisch wiederherzustellen. Qualitativ sind die ursprünglich erlebten Affekte bzw. Affektwechsel als solche der Lust bzw. Unlust beschreibbar, die gedanklich vorwegnehmenden Affekte (A') sind vom Typ der Hoffnung (appetite) bzw. Furcht (anxiety). Diese Affekte (A') – auch oft mit Erwartungsemotionen bezeichnet – sind das eigentlich Motivierende, weil sie dafür sorgen, daß sich die Person in Handlungen engagiert, die sie dem Erlebnis der Affekte von Typ A näherbringt (Aufsuchen) bzw. dieses Erlebnis eher ausschließt (Meiden). Um jedoch motivierend wirken zu können, müssen sich auch die antizipatorisch wiederhergestellten Affekte (A') von den ohnehin in der Situation vorherrschenden unterscheiden.

Abbildung 1.1 veranschaulicht dies noch einmal: Situation 1 beschreibt den Motiverwerb: Ein Reiz R1 ist mit einem Affektwechsel verbunden, der von neutral (O) nach positiv (+) geht. Ein zweiter Reiz R2 ist lediglich mit einem positiven Affekt verbunden. Demnach wird R1 den Affektwechsel wiederherstellen können (motivierend wirken können), R2 hingegen nicht. Situation 2 kennzeichnet eine Situation, in der ein Motiv angeregt werden kann. R1 ist in der Lage, den Affektwechsel antizipatorisch wiederherzustellen (A'), was jedoch nur dann motivierend wirkt, wenn sich die Person nicht bereits ohnehin in einer positiven affektiven Ausgangslage befindet.

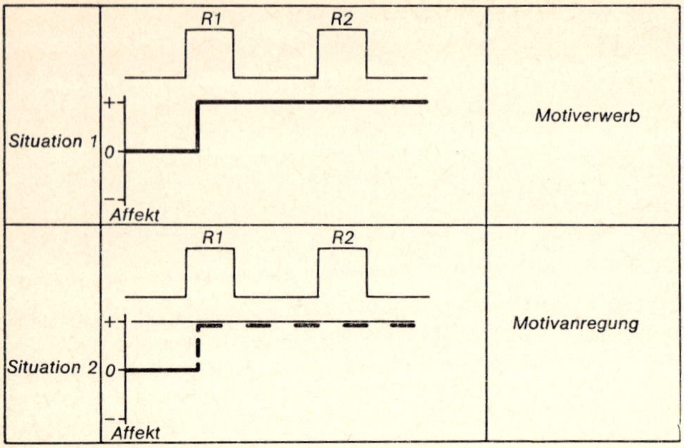

Abbildung 1.1
Reiz-Affekt-Assoziationen bei Motiverwerb und Motivanregung (unter Verwendung eines Diagramms von McClelland et al., 1953, S. 29).

Wonach bestimmt sich jedoch, ob in einer Situation überhaupt ein Affekt entsteht, wie stark dieser Affekt ist und vor allem, ob es sich um einen Lust- oder Unlustaffekt handelt? McClelland et al. (1953, S. 43) schreibt dazu: „Positiver Affekt resultiert aus geringfügigen Diskrepanzen eines sensorischen oder Wahrnehmungsereignisses vom Adaptationsniveau eines Organismus; negativer Affekt resultiert aus größeren Diskrepanzen." Danach gibt es für jedes Individuum in einer bestimmten Situation einen Standardreiz, der die vereinten Effekte aller beteiligten Reize darstellt und auf den das Individuum adaptiert ist; der also gewissermaßen „das Gewohnte" in einer Situation darstellt. Treten nun in einer Situation Reize auf, die mit diesem Adaptationsreiz (dem „Gewohnten") geringe Diskrepanzen bilden, treten positive Affekte auf, größere Diskrepanzen führen zu negativen Affekten; Reize, die nahe am Adaptationsniveau liegen, führen zur Indifferenz (vgl. Abbildung 1.2). Haber (1958) hat diese hypothetischen Zusammenhänge überprüft, indem er seine Versuchspersonen (Vpn) aufforderte, beide Hände in unterschiedlich temperiertes Wasser zu halten und die Hand mit den deutlicheren Unlustempfindungen zurückzuziehen. Die Resultate zeigten, daß geringe Diskrepanzen vom Adaptationsniveau (hier: nahe der Hauttemperatur) vor großen Diskrepanzen und Nulldiskrepanzen bevorzugt werden. Diese Befunde bestätigen das Diskrepanzmodell McClelland's.

Verinis, Brandsma & Cofer (1968) haben ebenso in mehreren Experimenten die Hypothese McClellands überprüft, wobei lediglich ein Experiment eine teilweise Unterstützung für das Diskrepanzmodell brachte.

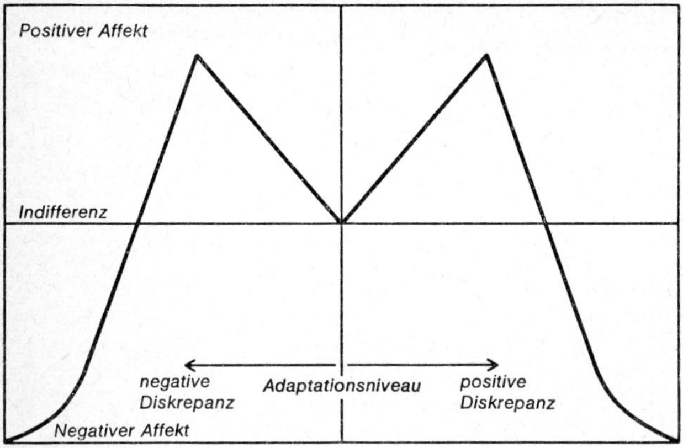

Abbildung 1.2
Affekte als hypothetische Funktion positiver und negativer Diskrepanzen vom Adaptationsniveau (nach Haber, 1958, S. 371).

In diesem Versuch mußten die Vpn an Aufgaben unterschiedlicher Schwierigkeit arbeiten. Die Schwierigkeitsgrade waren als Abweichung von einem „neutralen" Punkt auf der Schwierigkeitsskala (dem „Adaptationsniveau") angegeben. Alle Vpn arbeiteten zunächst an den neutralen Aufgaben und anschließend arbeiteten sie in 5 Untergruppen an jeweils einer Aufgabe der 5 Schwierigkeitsstufen. Abbildung 1.3 enthält die daran anschließenden

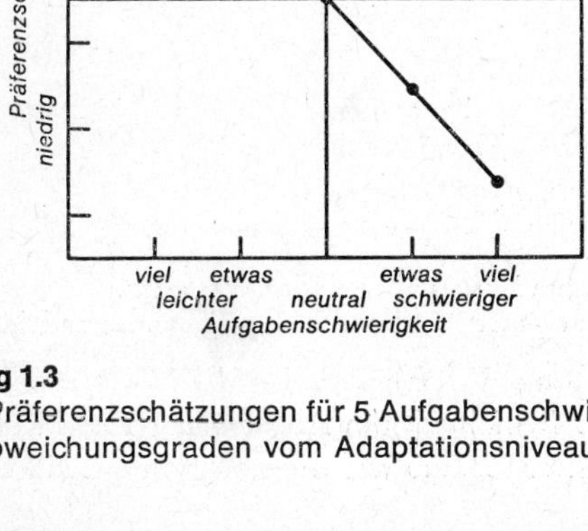

Abbildung 1.3
Mittlere Präferenzschätzungen für 5 Aufgabenschwierigkeiten mit unterschiedlichen Abweichungsgraden vom Adaptationsniveau (nach Verinis et al., 1968, S. 92).

Präferenzschätzungen der Vpn. Hier zeigt sich, daß lediglich im Bereich der leichteren Aufgaben der „Schmetterlingseffekt“ auftritt (vgl. Abbildung 1.2), während schwierige Aufgaben in zunehmendem Maße weniger positiv beurteilt werden. Ein Grund hierfür mag darin liegen, daß in einer sehr komplexen Situation wie der hier vorliegenden, viele Erwartungen auftreten, die in unterschiedlichem Ausmaß vom Adaptationsniveau abweichen und z. T. auch nicht bestätigt werden, so daß eine Vielzahl ganz unterschiedlich determinierter Affekte entsteht (McClelland et al., 1953, S. 66). Die ursprüngliche These McClelland's mag deshalb vorerst nur in „unkomplizierten“ Situationen überprüfbar sein (Verinis et al., 1968, S. 58).
Eine weitere kritische Frage, die sich auch im Anschluß an dieses Experiment ergibt, ist die, ob denn positive und negative Abweichungen vom Adaptationsniveau tatsächlich die gleichen psychologischen Effekte haben und ob nicht vielmehr, zumindest in einigen Bereichen, eine positive Diskrepanz vom Adaptationsniveau unabhängig von ihrer Größe, stets mit positiven Affekten verbunden ist (Cofer & Appley, 1964, S. 386).
Richtung und Stärke der Affekte, mit denen wir uns hier so ausführlich beschäftigt haben, sind in dem Modell deshalb wichtig, weil sie in direkter Weise das Verhalten determinieren. Aufsuchendes Verhalten wird dort am intensivsten sein, wo positive Affekte maximal ausgeprägt sind (also bei mittelhohen Diskrepanzen vom Adaptationsniveau), meidendes Verhalten wird dort am intensivsten sein, wo negative Affekte maximal ausgeprägt sind (also bei großen Diskrepanzen vom Adaptationsniveau).

1.3. Die Definition eines spezifischen Motivs – das Leistungsmotiv

Murray (1938) war wohl einer der ersten, der sich innerhalb einer Bedürfnistaxonomie um eine vollständige Definition des Leistungsmotivs (*n*eed *ach*ievement, n ach) bemüht hat. In dieser Definition spielen die folgenden Bestandteile eine Rolle:

(1) Die Tendenz, etwas so schnell und gut zu machen, wie möglich.
(2) Die Tendenz, physikalische Objekte, Menschen und Ideen zu beherrschen.
(3) Hindernisse zu überwinden.
(4) Hohe Standards zu erreichen.
(5) Sich selbst auszuzeichnen.
(6) Mit anderen konkurrieren und sie zu überwinden versuchen.
(7) Durch geschickten Einsatz eigener Begabungen den Eigennutz zu erhöhen.
(nach Murray, 1938, S. 164).

McClelland baut bei der Bemühung um Abgrenzung verschiedener Motive hierauf auf, jedoch unter Rekurs auf die von ihm entwickelte allgemeine Motivationstheorie (McClelland et al., 1953, S. 75ff., S. 110ff.). Danach bieten sich bei der Bestimmung eines spezifischen Motivs die folgenden Ansatzpunkte an:

(1) Die Reize, die die Affektentstehung besorgen.
(2) Der Typ des entstandenen Affekts.
(3) Das damit verknüpfte Verhalten.
(4) Der Typ des Adaptationsniveaus (Erwartung), unter dessen Einbezug Affekte entstehen.

Der Versuch, Motive anhand der sie bedingenden Reize zu differenzieren, erscheint kaum vielversprechend, da es keine eindeutigen Zuordnungsverhältnisse gibt und schließlich jeder Klasse von Reizen ein eigenes Motiv beigeordnet werden müßte, wodurch sich schließlich der Motivbegriff selbst überflüssig machen würde. Affekte andererseits taugen ebensowenig zur Motivdefinition, da in dem Modell nur positive und negative Affekte unterschieden werden. Verhalten schließlich erscheint zur Motivdefinition auch ungeeignet, da sich ein und dasselbe Motiv in ganz unterschiedlichen, ja gegensätzlichen Verhaltensweisen manifestieren kann und weil Verhalten auch von bestimmten Situationsvariablen mitdeterminiert ist. Eine wichtige Variable ist hingegen die Standarderwartung bzw. das Adaptationsniveau, mit der eine Person in eine Situation hineingeht. Sie ist es, die die affektive Erregung steuert. Erst in zweiter Linie werden hier bestimmte Handlungen relevant, die in ihren Ergebnissen mehr oder weniger vom Adaptationsniveau abweichen können. Motive sollten deshalb primär anhand der einbezogenen Typen von Erwartungen und dann erst anhand der entsprechenden Handlungstypen differenziert werden (McClelland et al., 1953, S. 76).
Im Hinblick auf das Leistungsmotiv beinhalten solche Erwartungen bzw. Adaptationsniveaus Gütemaßstäbe (standards of excellence) in bezug auf leistungsthematische Handlungen. Ein sicheres Anzeichen für das Vorliegen solcher Gütemaßstäbe – und damit auch für das Vorliegen eines Leistungsmotivs – ist, daß Handlungsresultate bewertet werden. Diese Bewertung von Handlungsresultaten auf einem Gütemaßstab schafft die Bedingung für das Auftreten von Affekten. Die Affekte, um die es in bezug auf das Leistungsmotiv geht, sind solche, die mit *„Erfolg beim Wetteifer mit einem Gütemaßstab“* (success in competition with some standard of excellence) verbunden sind. Dies bezeichnet auch gleichzeitig das angestrebte Handlungsziel und ist die eigentliche Definition für das Leistungsmotiv (McClelland et al., 1953, S. 110–111).

1.4. Leistungsmotivation und Verhalten

In Persönlichkeitstheorien werden in der Regel Motivkonstrukte eingeführt, um interindividuelle Unterschiede in Richtung, Ausdauer und Intensität von Verhalten zu erklären. Dementsprechend mußte es zu Beginn der Leistungsmotivationsforschung um den Nachweis gehen, daß das im TAT gemessene Konzept tatsächlich auch interindividuelle Unterschiede des Leistungsmotivs wiedergibt und in einem leistungsthematischen Kontext mit der Wahl zwischen verschiedenen Handlungsalternativen, mit Ausdauer und Intensität bei der Verfolgung eines leistungsbezogenen Handlungsziels in einem systematischen Zusammenhang steht.

Bezogen auf die freie Wahl von leistungsbezogenen Aufgaben ist die kritische Frage, welche Höhe von Erfolgswahrscheinlichkeiten von verschieden hoch leistungsmotivierten Personen präferiert wird und welches Mißerfolgsrisiko sie einzugehen geneigt sind. Eine erste Studie, die diesen Fragestellungen nachging, stammt von McClelland (1958b). Er äußert hierin die Vermutung, daß hoch Leistungsmotivierte mittelhohe Risiken bevorzugen müßten und weder ein sehr hohes, noch ein sehr niedriges Mißerfolgsrisiko einzugehen bereit sein dürften, weil sie bei sehr hohen Risiken zwangsläufig Mißerfolg erleiden müßten oder aber einen sich einstellenden Erfolg auf Glück oder andere Faktoren, auf die sie keinen Einfluß haben, zurückführen müßten, nicht jedoch auf die eigenen Leistungsbemühungen, während bei einem Erfolg bei einem sehr niedrigen Mißerfolgsrisiko kaum Genugtuung über eine vollbrachte Leistung entstehen dürfte (McClelland, 1958b, S. 306). Er ist diesen Vermutungen in einem Experiment mit 5jährigen Kindern nachgegangen, indem er sie ein Ringwurfspiel durchführen ließ und registrierte, von welchen Entfernungen die Kinder bevorzugt einen Ring über einen Pflock werfen. Die Ergebnisse dieser Untersuchung sind in Abbildung 1.4 dargestellt.

Hieraus wird deutlich, daß die Hochmotivierten, mehr als die Niedrigmotivierten, mittlere Wurfdistanzen wählen, während die Niedrigmotivierten eher das ganze Entfernungsspektrum ausschöpfen und vor allem häufiger extreme Wurfdistanzen wählen als die Hochmotivierten. Am deutlichsten unterscheiden sich Hoch- und Niedrigmotivierte bei einer Distanz von 20 inches. Diese Distanz ist mit einer objektiven Erfolgswahrscheinlichkeit von $p = .32$ verbunden.

Eine der ersten Untersuchungen, in der die Intensität von leistungsbezogenen Handlungen zum Leistungsmotiv in Beziehung gesetzt wurde, stammt von Lowell (1952). In dieser Studie wurden die Vpn mit einer neuartigen Wort-Umstell-Aufgabe konfrontiert. Betrachtet man die Leistung Hoch- und Niedrigmotivierter, so zeigt sich, daß sich beide Gruppen zu Anfang des

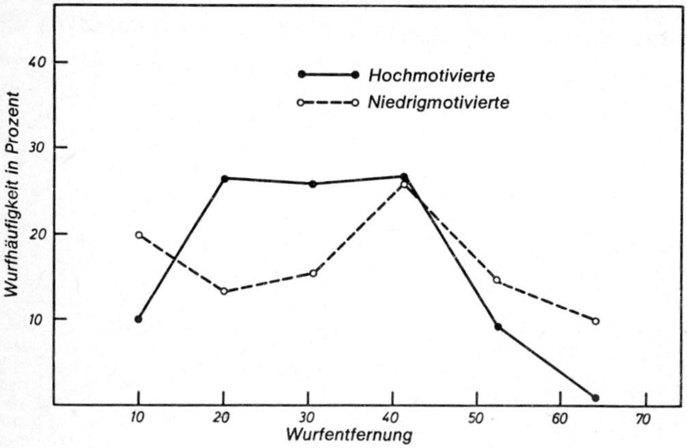

Abbildung 1.4
Prozentuale Häufigkeit der Ringwürfe für Hoch- und Niedrigmotivierte bei unterschiedlichen Entfernungen vom Pflock (inches) (nach McClelland, 1958 b, S. 314).

Versuchs nicht in ihren Leistungen unterscheiden. Hochmotivierte können jedoch ihre Leistung steigern, während Niedrigmotivierte in ihrer Leistung relativ konstant bleiben (vgl. Abbildung 1.5).

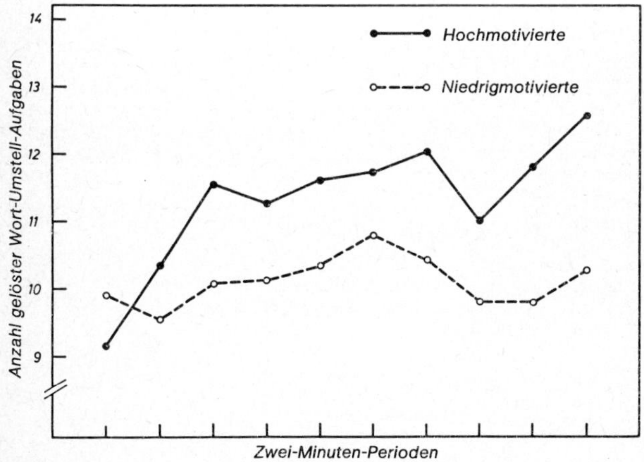

Abbildung 1.5
Leistungen Hoch- und Niedrigmotivierter über 10 zwei-Minuten-Perioden (nach Lowell, 1952, S. 36).

Dies deutet darauf hin, daß Hochmotivierte unter Bedingungen, in denen sie Lernmöglichkeiten haben, diese Möglichkeiten auch besser ausschöpfen und entsprechende Leistungszuwächse erzielen. Diese Interpretation wird jedoch eingeschränkt dadurch, daß die Hochmotivierten auch höhere Werte in einem verbalen Intelligenztest aufweisen. Eine solche Ergebniskonstellation wird in der Leistungsmotivationsforschung häufig berichtet. Unter Beibehaltung einer motivbezogenen Kausalinterpretation geht man häufig davon aus, auch den Intelligenztest als Leistungstest anzusehen, bei dem die Höhe der erzielten Leistung von der Ausprägung des Leistungsmotivs zumindest mitabhängt (LOWELL, 1952, S. 39).

In einer zweiten Untersuchung hat LOWELL (1952) einfache Additionsaufgaben benutzt und wiederum die Leistung Hoch- und Niedrigmotivierter über mehrere Versuchsphasen hinweg verfolgt. Die Ergebnisse zeigen deutlich, daß bei dieser Art von Aufgaben Hochmotivierte generell höhere Leistungen erzielen als Niedrigmotivierte (vgl. Abbildung 1.6). Unterschiede in der gemessenen numerischen Intelligenz bestehen hier nicht.

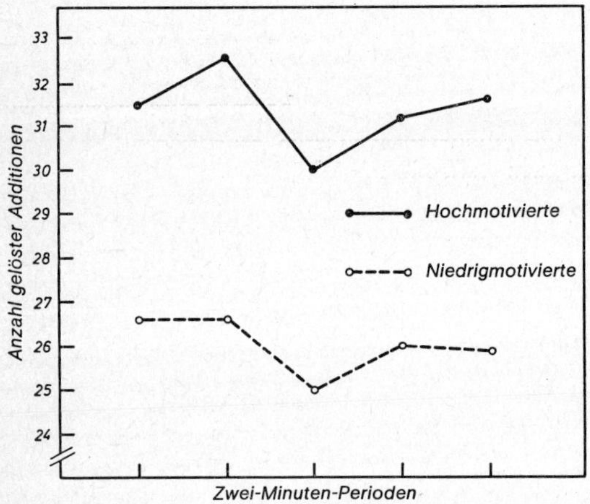

Abbildung 1.6
Leistungen Hoch- und Niedrigmotivierter über 5 zwei-Minuten-Perioden (nach Lowell, 1952, S. 38).

FRENCH & THOMAS (1958) sind den Beziehungen zwischen Leistungsmotivation und der Intensität und Ausdauer bei Leistungsbemühungen weiter nachgegangen. Sie gaben ihren Vpn eine komplexe Problemlöseaufgabe zur Bearbeitung und protokollierten über einen Zeitraum von 35 Minuten die Lösungsbemühungen. Die Vpn konnten abbrechen, wann immer sie wollten.

Die Hauptergebnisse dieser Untersuchung waren, daß Hochmotivierte relativ häufiger die richtige Problemlösung finden und daß sie längere Zeit mit der Problembearbeitung zubringen (vgl. Tabelle 1.1), nämlich ca. 27 Minuten, während Niedrigmotivierte nur etwa die Hälfte der Zeit damit zubringen.

Tabelle 1.1
Mittlere Problemlösezeit und Anzahl der Abbrecher bei Hoch- und Niedrigmotivierten (nach French & Thomas, 1958, S. 46).

	Mittlere Problem-lösezeit (Min)	Vor dem Ende abgebrochen	Bis zum Ende gearbeitet
Hoch Leistungsmotivierte	27.14	25	22
Niedrig Leistungsmotivierte	13.79	44	1

Betrachtet man die Anzahl derjenigen Vpn, die „freiwillig“ bis zum Ende der 35-Minuten-Periode gearbeitet haben, so zeigt sich, daß sie fast sämtlich auch hochmotiviert sind, während sich die Abbrecher zum überwiegenden Teil aus der Gruppe der Niedrigmotivierten rekrutieren. Diese Beziehungen bedeuten jedoch nicht, daß die von den Hochmotivierten erzielten höheren Leistungen etwa auf die längere Auseinandersetzung mit dem Problem zurückgehen. Die Zeiten, die Hoch- und Niedrigmotivierte bis zu einer Lösung – sofern sie sie erreichen – benötigen, sind nahezu identisch (19.7 und 18.4 Min.).

In einer Reihe von Arbeiten hat McClelland die Beziehungen zwischen Leistungsmotivation und Verhalten in einem gesamtgesellschaftlichen Rahmen erkundet. Er ist hierbei davon ausgegangen, daß Kulturen, für die Leistung von hohem Belang ist, auch in der Kindererziehung Techniken verwenden, die einen hohen Ausprägungsgrad der Leistungsmotivation in den Mitgliedern dieses Kulturkreises entstehen lassen, daß diese hohe Leistungsmotivation in den schriftlich fixierten Dokumentationen einer Kultur ihren Niederschlag findet und sich schließlich auch in einer gesamtgesellschaftlichen Wertorientierung manifestiert (McClelland & Friedman, 1952, S. 249). Es sollten somit Kulturen entstehen, die einen besonders hohen Anteil von Individuen enthalten, die hoch leistungsmotiviert sind, d.h. bei ihrem Engagement mittlere „kalkulierte“ Risiken wählen, die sich dementsprechend für eingetretene Erfolge persönlich verantwortlich fühlen können, die mit hoher Intensität und Effizienz arbeiten und schließlich auch lange bei der Beschäftigung mit Problemen verharren. Solche Individuen, so folgert McClelland weiter, müßten nun – insbesondere wegen ihrer Neigung zu „kalkulierten“ Risiken – zu unternehmerischen Aktivitäten neigen und sich hier auch erfolgreich betätigen. Auf der Grundlage einer solchen Verursachungskette sagt McClelland für den betreffenden Kulturkreis einen wirtschaftlichen Aufschwung vorher.

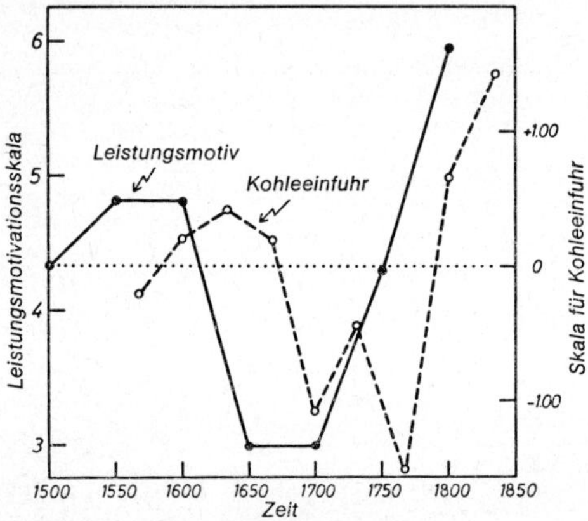

Abbildung 1.7
Beziehungen zwischen der Leistungsmotivation (Anzahl von leistungsthematischen Inhalten pro 100 Zeilen analysierter Literatur) und der Kohleeinfuhr nach London (mittlere Zuwachsraten als Abweichung vom erwarteten Zuwachs in Standardabweichungen) (nach McClelland, 1961, S. 139).

McClelland (1961) ist in einer Reihe von Untersuchungen dem Zusammenhang zwischen einzelnen Gliedern dieser Kette nachgegangen. Einer der überzeugendsten Belege kommt jedoch aus einer Untersuchung, in der McClelland den kulturell gehaltenen Wert von „Leistung“ und „Leistungsmotivation“ der wirtschaftlichen Prosperität eines Landes direkt gegenübergestellt hat. Er hat dies in dem in dieser Hinsicht besonders bewegungsreichen Großbritannien von etwa 1500 bis zum Beginn der industriellen Revolution um 1850 getan und zunächst das Niveau der Leistungsmotivation durch die Analyse verschiedener Literaturquellen (Dramen, Seefahrtsberichte, Straßenballaden) erfaßt. Die wirtschaftliche Prosperität des Landes, bzw. deren relative Änderungen über die Zeit, wurde anhand der Zuwachsraten für die Kohleeinfuhr nach London ermittelt. Beide Kennwerte sind in Abbildung 1.7 dargestellt. Danach lassen sich grob 3 Perioden unterscheiden: Von 1600 bis ca. 1690 eine hohe Prosperität, der von 1700 bis 1780 eine Periode geringerer Prosperität folgte, um schließlich in den enormen wirtschaftlichen Aufschwung um 1800 überzugehen. Parallel hierzu, mit einem rückwärts gerichteten zeitlichen Versatz von 50 Jahren, verlaufen die Zu- und Abnahmen des Leistungsmotivationsniveaus. Dies legt eine Interpretation nahe, in der der gesamtgesellschaftliche Ausprägungsgrad des Leistungsmotivs eine wichtige Vorläuferbedingung für die wirtschaftliche Prosperität eines Landes darstellt.

1.5. Erste Ansätze zu einer Erweiterung der McClelland'schen Theorie

Mehrfach ist bereits die Frage aufgeworfen worden, unter welchen situativen Bedingungen denn überhaupt „Leistungsmotiviertes" im Verhalten auffindbar ist oder andersherum: ob das Motiv *alleine* zur Verhaltenserklärung genügt, oder ob man zusätzliche Variablen berücksichtigen muß. Im ersten Falle würde man bestimmte Verhaltensunterschiede zwischen Hoch- und Niedrigmotivierten unter allen Bedingungen erwarten, im zweiten Falle nur unter Bedingungen, die durch die situativen Variablen spezifiziert werden.

Bereits in den ersten Untersuchungen zeigte sich, daß Verhaltensunterschiede zwischen Hoch- und Niedrigmotivierten dann auftreten, wenn die Situation gewisse *Erwartungen* entstehen läßt, daß in der Situation – mit bestimmter Wahrscheinlichkeit – ein Leistungsziel zu erreichen sein wird. Zieht man neben diesen Erwartungen noch den *Anreiz*, d.h. die Stärke einer möglichen Befriedigung bei Eintritt eines bestimmten Handlungsergebnisses in Betracht, so hat man hier zwei situationale Bestimmungsstücke einer zielgerichteten Handlungstendenz, die zusammen mit dem Leistungsmotiv Verhaltensunterschiede bewirken.

Atkinson (1958b) hat hierzu ein Experiment durchgeführt. Er hat seine Vpn an einfachen arithmetischen und Geschicklichkeitsaufgaben arbeiten lassen und sie glauben gemacht, daß sie in einer Gruppe arbeiteten, aus der eine vorher festgesetzte Anzahl von Personen einen Preis von 1.25 Dollar bzw. 2.50 Dollar für die besten Leistungen gewinnen konnte. Die Gruppen, bzw. die Anzahl der möglichen Gewinner waren: einer von zwanzig, einer von dreien, einer von zweien und schließlich drei von vieren. Die entsprechenden objektiven Erfolgswahrscheinlichkeiten betrugen entsprechend 0.05, 0.33, 0.50 und 0.75. Die Leistungswerte unter diesen Bedingungen sind in Abbildung 1.8 dargestellt.

Dort zeigt sich, daß bei hohem finanziellen Anreiz generell mit größerer Effektivität gearbeitet wird und daß in beiden Anreizbedingungen, insbesondere aber bei einem Anreiz von 1.25 Dollar, dann intensiv gearbeitet

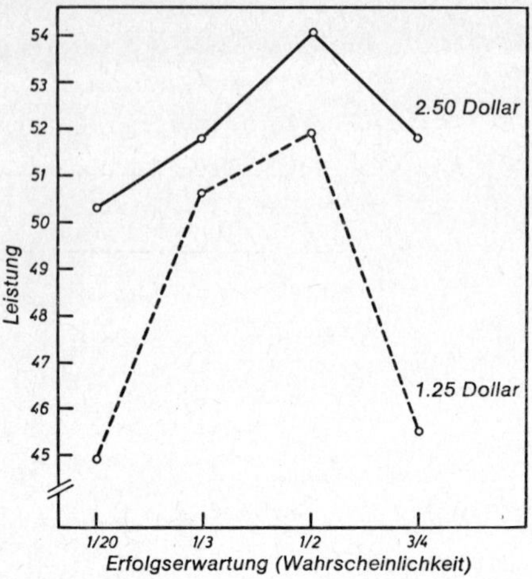

Abbildung 1.8
Leistung in Abhängigkeit von Geldanreiz und der Erfolgserwartung (Wahrscheinlichkeit) (nach Atkinson, 1958 b, S. 294).

wird, wenn die Erfolgserwartungen in einem mittleren Bereich (0.50 und auch 0.33) liegen.

Wie erklärt ATKINSON nun diese Unterschiede des Leistungsverhaltens in den verschiedenen Bedingungen? Er geht hierbei von den folgenden Aussagen aus: 1. Der Anreiz einer Leistung ist eine positive Funktion der Aufgabenschwierigkeit. Die Schwierigkeit der Aufgabe ist hier der Gewinnwahrscheinlichkeit (p) [1] umgekehrt proportional, so daß der Anreiz eine positive Funktion von (1 – p) ist. 2. Die Stärke der motivbezogenen Handlungstendenz ist eine Funktion von p und (1 – p). 3. Das Produkt aus p und (1 – p) ist maximal bei p = 0.50. Dementsprechend strengt sich das Individuum dort maximal an – ist also dort maximal motiviert – wo das Produkt aus Anreiz und Wahrscheinlichkeit sein Maximum erreicht (bei p = .50).

Dieser von ATKINSON (1958 b, S. 298) entworfene Ansatz zu einer neuen Motivationstheorie kommt im übrigen zu ganz ähnlichen Voraussagen wie die Theorie MCCLELLAND's. Wie erinnerlich, hatte MCCLELLAND in seiner Diskrepanzhypothese (vgl. Abbildung 1.2) die Formel aufgestellt, daß die

[1] In dem Verhaltensmodell spricht ATKINSON (1957, 1964) von der *subjektiven* Erfolgswahrscheinlichkeit (W_e). Er nimmt bei dem hier dargestellten Experiment an, daß die Vpn die *objektiven* Gewinnwahrscheinlichkeiten (p) im Sinne subjektiver Erfolgswahrscheinlichkeiten realisieren.

Handlungsstärke dort am ausgeprägtesten ist, wo die stärksten Affekte erlebt werden – nämlich bei mittelhohen Diskrepanzen vom Adaptationsniveau (hier: $p \approx 0.50$). Nach den Formulierungen ATKINSON's sollten sich die Individuen jedoch bei mittelhohen Erwartungen ($p \approx 0.50$) nicht deswegen maximal anstrengen, weil die Freude über ein gutes Resultat hier am größten ist, sondern weil der „erwartete Wert" oder die „erwartete Befriedigung" nämlich das Produkt aus der Erwartung (p) und dem Leistungsanreiz (1 – p), an diesem Punkt ihr Maximum haben (ATKINSON, 1958 b, S. 300–301).

Mit diesen neuen Formulierungen war die Leistungsmotivationstheorie in das zweite Stadium ihrer Entwicklung eingetreten.

2. Leistungsmotiviertes Verhalten als Funktion von Motiv, Anreiz und Erwartung

von Klaus Schneider
Ruhr-Universität Bochum

Von ATKINSON ist 1957 (s. auch ATKINSON, 1964, Kap. 9; 1974 b) ein Verhaltensmodell vorgeschlagen worden, das leistungsmotiviertes Verhalten als Funktion zweier Situationsvariablen (Situationsbeurteilungen) und zweier überdauernder Motive (überdauernde Verhaltensdispositionen) erklärt. Die zwei Situationsvariablen sind (1) *Erwartungen* von Erfolg und Mißerfolg und (2) *Anreize* (allgemeine Wertschätzungen) von Erfolg und Mißerfolg; die Personvariablen sind die *Motive* „Erfolg aufzusuchen" und „Mißerfolg zu vermeiden". Damit wurde in exemplarischer Weise mit dem Postulat LEWINS (1931) ernst gemacht, nach dem menschliches Verhalten nur als Folge eines Zusammenwirkens von Person- und Situationsvariablen verstanden werden kann.

Das Modell schließt sich an ein Modell zur Erklärung von Zielsetzungsverhalten (die sog. Anspruchsniveausetzung) von LEWIN und seinen Mitarbeitern an (LEWIN, DEMBO, FESTINGER, SEARS, 1944) und gehört mit anderen vergleichbaren Vorschlägen zu der Gruppe der sogenannten „Erwartung x Nutzen-Modelle". In diesen Modellen geht man davon aus, daß Personen, wenn sie sich für bestimmte Objekte oder Handlungsziele entscheiden müssen, (a) sowohl den subjektiven Wert oder Nutzen der zur Wahl stehenden Alternativen in Rechnung setzen, als auch (b) die Erwartungen oder subjektiven Wahrscheinlichkeiten dafür, daß die ins Auge gefaßten Ziele erreichbar sind. Die Nutzensbeträge für die verschiedenen Alternativen werden mit den zugehörigen Erwartungen gewichtet.

Nachfolgend soll nun zuerst etwas ausführlicher auf die Definitionen und die Erfassung der beiden Situationsvariablen des Modells von ATKINSON und auf deren Verknüpfung mit den überdauernden Leistungsmotiven eingegangen werden. Anschließend werden die wichtigsten empirischen Arbeiten zur Überprüfung des Modells vorgestellt.

2.1. Die Modellvariablen

2.1.1. Situationsvariablen

Erfolgs- und Mißerfolgserwartungen stellen Antizipationen der möglichen Handlungsausgänge Erfolg und Mißerfolg dar, denen subjektive Wahrscheinlichkeiten zugeordnet werden. Die Stärke einer Erwartung wird durch eine subjektive Wahrscheinlichkeit repräsentiert. Will man das Modell zur Erklärung von leistungsmotiviertem Verhalten heranziehen, so muß man zunächst etwas über die subjektiven Wahrscheinlichkeiten für Erfolg und Mißerfolg der Personen wissen, deren Verhalten erklärt werden soll. Man kann – und das ist in einigen Experimenten auch geschehen – die Personen einfach danach fragen. Man kann aber auch die Aufgabensituation so einrichten, daß man mit einiger Sicherheit annehmen kann, daß die Personen bestimmte Wahrscheinlichkeiten für die definierten Leistungsziele haben. Zur Etablierung solcher subjektiver Wahrscheinlichkeiten sind verschiedene Techniken benutzt worden, die nach den vorliegenden Befunden unterschiedlich gut zu diesem Zweck geeignet sind: So wurden objektive Aufgabenmerkmale, wie die Entfernung vom Ziel bei einer Wurfaufgabe (McClelland, 1958 b), die Komplexität und die Länge bei einer Problemlösungsaufgabe (Smith, 1963) oder die Zahl der Gegner bei einem Wettkampf (Atkinson, 1958b), variiert, um unterschiedliche Erwartungen anzuregen. Eine andere häufig verwandte Methode ist, den Versuchspersonen (Vpn) sogenannte soziale Normen für verschiedene Aufgaben (so und soviel Prozent schaffen es) mitzuteilen (Feather, 1963 a; Weiner, 1965). Objektive Aufgabenmerkmale und mitgeteilte soziale Normen können aber bei verschiedenen Personen ganz unterschiedliche Erwartungen anregen, da Personen sich für die in Frage stehende Aufgabe unterschiedlich kompetent halten (Fuchs, 1965; Kogan & Wallach, 1967, S. 173 ff.; Moulton, 1965). Moulton (1965) versuchte diesen Faktor unterschiedlicher erlebter Kompetenz dadurch auszuschalten, daß er mit jeder einzelnen Vp zunächst eine ähnliche Aufgabe durchführte und dann anhand von fiktiven Normtabellen für jede Versuchsperson die individuellen Erfolgswahrscheinlichkeiten für die zur Wahl angebotenen Aufgaben bestimmte. Eine Überprüfung dieser Methode zeigte aber, daß auch damit Vpn nicht bewegt werden konnten, extreme Erfolgswahrscheinlichkeiten zu übernehmen (Schneider, 1972). Den gleichen Sachverhalt mußte zuvor schon Feather wiederholt bei der Überprüfung der Technik der Mitteilung sozialer Normen feststellen (Feather, 1963 b; 1966; Feather & Saville, 1967). Die einzige Methode, die sicherstellt, daß Vpn unterschiedliche Schwierigkeitsgrade von Aufgaben über den gesamten Schwierigkeitsbereich akzeptieren, ist die von

DeCharms & Davé (1965) verwandte Technik: Hierbei haben die Vpn zunächst Gelegenheit, Erfahrung mit allen Schwierigkeitsstufen der Aufgabe zu sammeln, wobei dann später die aus diesen Versuchen ermittelten relativen Trefferhäufigkeiten für jede Vp als Erinnerungsstütze dargestellt werden. In einer Reihe von Experimenten, in denen wir diese Technik verwandten (Schneider, 1971a; 1974; Schneider & Meise, 1973) zeigte sich, daß Vpn ihre subjektiven Wahrscheinlichkeiten besonders im mittleren Bereich etwas höher als die relativen Trefferhäufigkeiten einstufen – eine Verhaltensweise, die durchaus plausibel ist, können doch die Vpn hier am ehesten noch eine Leistungssteigerung bei weiterem Üben erhoffen.

Erfolgs- und Mißerfolgsanreize stellen nach Atkinson (1957) die relativen Attraktivitäten von möglichen Erfolgen (antizipierte Freude über einen Erfolg) bzw. die relativen Unattraktivitäten von möglichen Mißerfolgen (antizipierter Ärger über einen Mißerfolg) dar. Vorausgesetzt, man erlebt einen Erfolg als Ausdruck der eigenen Tüchtigkeit (Lewin et al. 1944; McClelland, Atkinson, Clark, Lowell, 1953), so freut man sich über einen Erfolg um so mehr, je schwieriger die Aufgabe ist und ärgert sich über einen Mißerfolg um so mehr, je leichter die Aufgabe ist (Escalona, 1940). In seinem formalisierten Modell übersetzte Atkinson diese durch Alltagsbeobachtungen und die Analyse von affektiven Reaktionen auf Erfolg und Mißerfolg bei den Untersuchungen zur Anspruchsniveausetzung (vergl. Lewin et al., 1944) belegte Annahme in folgende algebraische Ausdrücke:

1. Der Erfolgsanreiz (A_e) wird definiert als lineare inverse Funktion der subjektiven Erfolgswahrscheinlichkeit (W_e):

$$A_e = 1 - W_e$$

2. Der Mißerfolgsanreiz (A_m) wird definiert als lineare negative Funktion der subjektiven Erfolgswahrscheinlichkeit (W_e) (A_m wird als hemmende Größe verstanden, daher das negative Vorzeichen):

$$A_m = - W_e$$

Da die subjektiven Erfolgs- und Mißerfolgswahrscheinlichkeiten für ein Ereignis sich zu 1.0 ergänzen sollen, es handelt sich dabei um zwei einander sich ausschließende und erschöpfende Ereignisse, kann der Mißerfolgsanreiz auch als Funktion der subjektiven Mißerfolgswahrscheinlichkeit (W_m) dargestellt werden:

$$A_m = -(1 - W_m)$$

Die Anreizwerte von Erfolg und Mißerfolg sind damit eindeutig determiniert durch die subjektiven Wahrscheinlichkeiten. Das ist sicherlich eine grobe Vereinfachung, die aber als Ausgangspunkt zu rechtfertigen ist, erlaubte sie doch zunächst einfache Experimente. Die Leistungsmotivationsforschung hat dieses Stadium inzwischen überwunden: So werden neuerdings Handlungsfolgen für weiterreichende Zielsetzungen betont (Heck-

HAUSEN, 1975 b; RAYNOR, 1974; vergl. auch Kapitel 3 dieses Buches). Andere Aspekte, wie etwa die zeitliche Distanz von der Zielerreichung (FISCH, 1970; HECKHAUSEN, 1965), sind bislang jedoch noch nicht genügend berücksichtigt worden.

Verknüpfung der Situationsvariablen. Wählt eine Person nun zwischen verschiedenen Leistungszielen oder reguliert sie bei verschieden schweren Aufgaben ihre Anstrengung und/oder bestimmt sie, wie lange sie bei dieser Aufgabe verbleiben will, dann wird sie – und das ist eine der Grundannahmen des Modells – nicht nur die schwierigkeitsabhängigen Anreize von Erfolg und Mißerfolg in Betracht ziehen, sondern auch die Wahrscheinlichkeiten dafür, daß diese Ereignisse überhaupt eintreten werden. Sie gewichtet also die Anreize (antizipierten Affekte) mit ihren subjektiven Erlangungswahrscheinlichkeiten, eine Annahme, die in dem formalisierten Modell ATKINSONS, in Anlehnung an historische Vorbilder, durch eine multiplikative Verknüpfung dieser beiden Größen erreicht wird. Die so gewichteten Anreize wollen wir im folgenden als erwarteten Erfolgsanreiz (eA_e) und erwarteten Mißerfolgsanreiz (eA_m) bezeichnen.

$$eA_e = A_e \times W_e$$
$$eA_m = A_m \times W_m$$

Diese erwarteten Anreize haben, bildet man sie auf den subjektiven Schwierigkeitsstufen ab, ein Maximum bei einer subjektiven Erfolgswahrscheinlichkeit von 0.50 und fallen dann in einer umgekehrten U-Form zu den Endbereichen hin ab. Dieser Funktionszusammenhang ergibt sich aus der Annahme der inversen linearen Beziehung zwischen den beiden Größen Erfolgswahrscheinlichkeit und Anreiz.

2.1.2. *Personvariablen*

Soweit, wie bislang dargestellt, stimmt dieses Modell mit vielen anderen Verhaltensmodellen überein (vgl. FEATHER, 1959). Der entscheidend neue Aspekt, den ATKINSON der theoretischen Entwicklung beisteuerte, ist die explizite Einführung der beiden Motive, Erfolg zu suchen (M_e) und Mißerfolg zu meiden (M_m) als relativ überdauernde Personcharakteristika. Zwar waren auch schon in der Theorie der „resultierenden Valenz" von LEWIN et al. (1944) Personunterschiede in den Valenzen (individuelle Wertschätzungen von Handlungszielen) enthalten, jedoch ermöglichte erst ATKINSON durch die explizite Darstellung dieser Variablen und wichtiger noch durch die Angabe von Meßverfahren zur Erfassung dieser Größen eine systematische Erforschung der vermuteten Einflüsse dieser Personvariablen in ihrer Wechselwirkung mit den Situationsbeurteilungen.

Unter einem *Motiv* versteht ATKINSON (1957) allgemein die Fähigkeit nach einer bestimmten Art von Befriedigung zu streben. Das Erfolgsmotiv wird als eine Disposition verstanden, Erfolg aufzusuchen und damit positive leistungsbezogene Affekte zu erleben. Das Mißerfolgsmotiv wird als Disposition verstanden, Mißerfolg zu vermeiden, um dadurch dem negativen leistungsbezogenen Affekt aus dem Wege zu gehen. Wir haben damit ein Aufsuchen- und ein Meidenmotiv, die beide bei einer Person vorhanden sein können. Gemessen wird das Erfolgsmotiv in der Arbeitsgruppe ATKINSONS mit dem von MCCLELLAND et al. (1953) entwickelten Thematischen Auffassungstest (TAT) zur Messung des Leistungsmotivs (need achievement: n ach), das Mißerfolgsmotiv mit dem Fragebogen zur Prüfungsangst (TAQ) von MANDLER & SARASON (1952).

In einigen der hier referierten Experimente werden auch andere, aber ähnlich begründete inhaltsanalytische Verfahren benutzt (vgl. Kap. 7 dieses Buches), insbesondere der von HECKHAUSEN (1963) entwickelte Thematische Auffassungstest zur Erfassung beider Leistungsmotive. Dieses Verfahren erlaubt neben der Bildung der Kennwerte für die beiden gerichteten Motive Erfolg aufzusuchen („Hoffnung auf Erfolg") und Mißerfolg zu meiden („Furcht vor Mißerfolg") und deren Differenz („Netto-Hoffnung") auch die Bildung eines Kennwertes für die Gesamtleistungsmotivation als Summe der beiden Motivationskennwerte Hoffnung auf Erfolg und Furcht vor Mißerfolg.

2.1.3. Verknüpfung von Person- und Situationsvariablen

Die das Verhalten in Leistungssituationen steuernden und antreibenden motivationalen Tendenzen (T), Erfolg aufzusuchen (T_e) und Mißerfolg zu vermeiden (T_m), werden im Modell als multiplikative Verknüpfungen der oben dargestellten Situationsbeurteilungen (Erfolgs- und Mißerfolgserwartung und Erfolgs- und Mißerfolgsanreiz) sowie der überdauernden Motive, Erfolg zu suchen und Mißerfolg zu vermeiden, definiert:

$$T_e = M_e \times A_e \times W_e = M_e \times (1 - W_e) \times W_e$$
$$T_m = M_m \times A_m \times W_m = M_m \times (1 - W_m) \times W_m$$

Später hat ATKINSON (1964) im Anschluß an seinen Schüler LITWIN (1966) diese Annahmen noch etwas fortgeführt und die erlebte Attraktivität eines Erfolgs oder Mißerfolgs nicht nur als Funktion der Anreize, sondern auch der überdauernden Motive angenommen. Diese erlebten Attraktivitäten und Unattraktivitäten, von ihm im Anschluß an LEWIN als Valenzen bezeichnet, werden definiert als Produkte von Anreizen und Motiven. Erfolgsvalenz (Va_e) und Mißerfolgsvalenz (Va_m) sind demnach:

$$Va_e = M_e \times A_e$$
$$Va_m = M_m \times A_m$$

Den multiplikativen Verknüpfungen liegen wichtige Annahmen zugrunde: Immer dann, wenn eine dieser Größen Null ist, wird der gesamte Ausdruck

Null. Das heißt, ATKINSON geht davon aus, daß eine Person dann keine Tendenz, Erfolg aufzusuchen oder Mißerfolg zu meiden, hat, wenn (a) ihre subjektive Erfolgswahrscheinlichkeit 0 ist, sie also glaubt, bei dieser Aufgabe überhaupt keine Chance zu haben; wenn (b) der Erfolgsanreiz 0 ist, was nach den Annahmen des Modells dann der Fall ist, wenn die subjektive Wahrscheinlichkeit 1.0 beträgt, die Aufgabe also extrem leicht erscheint; und wenn (c) die Person überhaupt keine Motive, Erfolg zu suchen oder Mißerfolg zu meiden, hat. Aufsuchen- und Meidentendenzen sind wie die erwarteten Anreize von Erfolg und Mißerfolg maximal bei einer mittleren Erfolgswahrscheinlichkeit von 0.50. Je nachdem, ob die Aufsuchen- oder Meidentendenz überwiegt – im Modell durch Subtraktion beider Tendenzen dargestellt –, ist die Person aufsuchend oder meidend motiviert. Im ersten Fall ist die sogenannte *resultierende Tendenz* (RT) positiv, im zweiten negativ:

$$RT = T_e - T_m$$

$$RT = (M_e \times A_e \times W_e) - (M_m \times A_m \times W_m)$$

Die folgende Abbildung stellt die resultierenden Tendenzen einer Person mit überwiegender Aufsuchen- (Abb. 2.1 a) und einer Person mit überwiegender Meidentendenz dar (Abbildung 2.1b): Die überdauernden Motive sind willkürlich 2 (das stärkere Motiv) und 1 (das schwächere Motiv) gesetzt worden.

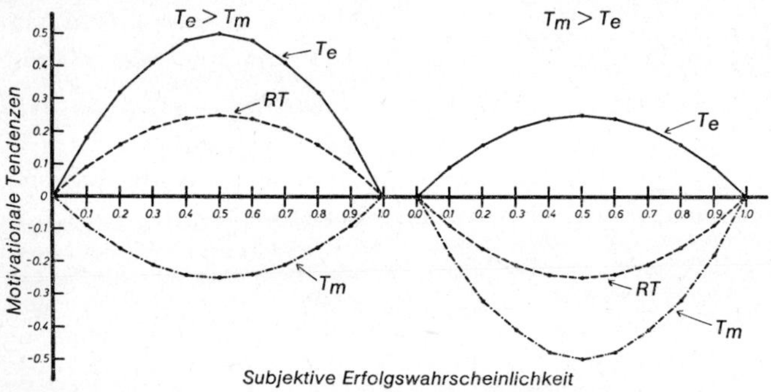

Abbildung 2.1
Aufsuchen (T_e) –, Meiden (T_m) – und resultierende Tendenzen (RT) zweier hypothetischer Personen mit überwiegender Aufsuchen- oder Meidentendenz in Abhängigkeit von der subjektiven Erfolgswahrscheinlichkeit.

Aus den dargestellten Zusammenhängen läßt sich ableiten:
1. Erfolgsmotivierte Personen sollten bevorzugt Aufgaben im mittleren subjektiven Schwierigkeitsbereich wählen und sich hier maximal anstrengen und maximale Ausdauer zeigen.

2. Mißerfolgsängstliche Personen sollten leistungsbezogene Aufgaben meiden, solange sie nicht durch andere Motivationen zu leistungsbezogenem Verhalten genötigt werden. Wenn neben T_e und T_m solche sog. extrinsischen Motivationen mit verhaltensbestimmend sind, dann sollten Mißerfolgsängstliche bei Aufgaben mittlerer subjektiver Erfolgswahrscheinlichkeit besonders gehemmt sein und geringste Ausdauer zeigen.

Die letzte Hypothese beruht auf der nachträglich eingeführten Zusatzannahme (Atkinson, 1964), daß die Mißerfolgsmotivation nur als hemmende Größe verstanden werden kann – ein Postulat, das nicht von allen Leistungsmotivationsforschern geteilt wird. Können Mißerfolgsmotivierte weiterhin nicht umhin, eine Aufgabe unter mehreren zur Wahl stehenden zu wählen, dann sollten sie nur solche Aufgaben wählen, bei denen ihre subjektive Erfolgswahrscheinlichkeit entweder sehr hoch oder sehr niedrig ist, da hier die negativen resultierenden Tendenzen relativ (verglichen mit mittleren Schwierigkeitsstufen) am niedrigsten sind.

Die Tatsache, daß Mißerfolgsmotivierte überhaupt Leistungsaufgaben wählen, sich bei der Bearbeitung solcher Aufgaben anstrengen und Ausdauer zeigen, erklären Atkinson und Mitarbeiter wie gesagt durch die Annahme zusätzlich wirksamer extrinsischer Motive, da Furcht vor Mißerfolg als ausschließlich hemmende Größe aufgefaßt wird.

2.2. Die empirische Überprüfung des Modells

Die empirische Überprüfung des Modells erfolgte zunächst durch die Feststellung des Erklärungswertes des Modells für leistungsorientierte Handlungen, erst später auch durch eine direkte Überprüfung einiger Grundannahmen des Modells. Als leistungsorientierte Handlungsphänomene wurden untersucht: (1) Aufgabenwahl und Zielsetzung sowie (2) Ausdauer und Leistung bei der Durchführung von Leistungsaufgaben.

2.2.1. Aufgabenwahl und Zielsetzung (Anspruchsniveau)

Bei der experimentellen Untersuchung der Zielsetzung (Anspruchsniveau) nennt die Versuchsperson in der Regel für einen jeweils nachfolgenden Durchgang ein Ziel, das sie erreichen will; bei der Untersuchung der Aufgabenwahl wählt die Vp aus einer Reihe vorgegebener, unterschiedlich schwieriger Aufgaben eine aus, die sie bearbeiten möchte. Beide Phänomene wurden in der Regel in der Leistungsmotivationsforschung als identische Phänomene betrachtet. Es bestehen jedoch bei großer struktureller Ähnlichkeit (vgl. die motivationstheoretische Analyse der beiden Paradigmen bei

Atkinson, 1957) Unterschiede: So beinhaltet die Wahl einer Aufgabe häufig nicht die Zielsetzung, diese Aufgabe auch erfolgreich durchzuführen. Eine Person kann auch unterschiedlich schwierige Aufgaben zur Bearbeitung auswählen nur mit dem Ziel, alle Schwierigkeitsstufen einer Aufgabe zu erproben. Dem Anspruchsniveau als ausdrückliche Zielsetzung kommt damit eine größere Verbindlichkeit zu; diese Technik ist daher zur Aufdeckung von Verhaltensunterschieden in Abhängigkeit von den beiden Leistungsmotiven möglicherweise geeigneter als die Aufgabenwahl. Da sich das Paradigma der Aufgabenwahl jedoch besser zur experimentellen Etablierung und Erfassung subjektiver Wahrscheinlichkeiten eignet, ist es für eine exakte Überprüfung des Atkinson-Modells brauchbarer als dasjenige der Anspruchsniveausetzung und wurde daher auch häufiger verwandt.

Aufgabenwahl. Das erste und damit für viele nachfolgende Studien vorbildhafte Experiment (McClelland, 1958 b) lag bei der Formulierung der Atkinsonschen Theorie (Atkinson, 1957) schon vor und hat damit, streng genommen, keine Beweiskraft für diese Theorie. Es ist in Kapitel 1 dieses Buches schon ausführlich dargestellt worden: Bei einer Ringwurfaufgabe wählten hochmotivierte Kinder in ausgeprägterem Maße als niedrigmotivierte Kinder mittlere Entfernungen. Atkinson & Litwin (1960) wiederholten dieses Experiment mit erfolgs- und mißerfolgsmotivierten Studenten. Die Vpn durften irgendwelche Entfernungen bei einer Ringwurfaufgabe frei wählen. Erfolgsmotivierte zeigten auch hier eine größere Bevorzugung von Entfernungen im mittleren Schwierigkeitsbereich als Mißerfolgsmotivierte. Abbildung 2.2. zeigt die prozentualen Wahlhäufigkeiten erfolgs- und mißerfolgsmotivierter Studenten in dieser Studie. Es zeigt sich: (1) Mißerfolgsmotivierte weichen nicht, wie vom Modell vorhergesagt, auf die Enden des Schwierigkeitsbereiches aus, sondern zeigen nur eine relativ geringere Präferenz für die mittleren und eine relativ größere für die extremen Schwierigkeitsstufen als Erfolgsmotivierte. (2) Die mittleren Entfernungen, die von Erfolgsmotivierten und in geringerem Ausmaß auch von Mißerfolgsmotivierten bevorzugt werden, sind relativ schwere Aufgaben. Die subjektiven Erfolgswahrscheinlichkeiten wurden zwar hier nicht erfaßt, doch beträgt die mittlere relative Trefferhäufigkeit (ermittelt aus den 10 frei gewählten Spielen) bei der bevorzugten Entfernung von 9 Fuß 0.23. Beide Sachverhalte sind in nachfolgenden Experimenten häufig wieder vorgefunden worden und stellen ein bislang nicht eindeutig geklärtes Ärgernis für die Leistungsmotivationsforschung dar. Auch Litwin (1966) findet bei der gleichen Aufgabe, daß Mißerfolgsmotivierte eine relativ stärkere Bevorzugung extremer Weiten zeigen als Erfolgsmotivierte. Ähnliche und offensichtlich nur relative Unterschiede zwischen Erfolgs- und Mißerfolgsmotivierten berichten auch Atkinson, Bastian, Earl & Litwin

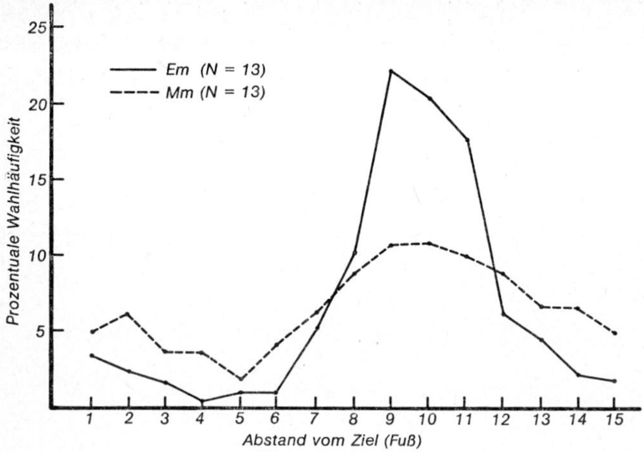

Abbildung 2.2
Prozentuale Wahlhäufigkeiten erfolgs- (Em) und mißerfolgsmotivierter (Mm) Personen bei einer Ringwurfaufgabe (aus Atkinson & Litwin, 1960, S. 55).

(1960) bei einem Shuffleboard-Spiel, WEINER (1965) bei der Wahl verschiedener Problemlösungsaufgaben, die im anschaulichen Schwierigkeitsgrad variieren, WALTER (1968) bei der Wahl unterschiedlich schwerer Diktate und HOYOS (1969) bei einer Schätzaufgabe, bei der die Vpn unterschiedlich viel Information vor einer Entscheidung einholen konnten. Das vom Modell vorausgesagte Ausweichen von Mißerfolgsängstlichen auf die Enden des Schwierigkeitskontinuums finden allerdings MCCLELLAND (1958 b) bei der Wahl von Problemlösungsaufgaben, SMITH (1963) bei der Wahl von Puzzle-Aufgaben in einer entspannten, nicht jedoch in einer neutralen und offensichtlich leistungsorientierten Situation, sowie ISAACSON (1964) bei der Wahl von Studienfächern, jedoch nur bei Studenten in einem Hochbegabtenprogramm.

Diesen Experimenten ist gemeinsam, daß über die subjektiven Wahrscheinlichkeiten, die die Vpn in diesen Experimenten hatten, nur Vermutungen angestellt werden können. Aber auch mit verbesserten Methoden ergaben sich durchaus vergleichbare Ergebnisse. So fand MOULTON (1965), nachdem er zuvor aufgrund eines Vortestes den Vpn ihre individuellen Chancen mitgeteilt hatte, nur eine relativ stärkere Bevorzugung der mittleren Schwierigkeitsstufe bei Erfolgsmotivierten. Die von DECHARMS & DAVÉ (1965) eingeführte Technik, bei der die Vpn zunächst Gelegenheit haben, ihre individuellen Chancen durch eine längere Spielphase kennenzulernen, ist auch in einigen weiteren Experimenten benutzt worden: Keine Unterschiede zwischen Erfolgs- und Mißerfolgsmotivierten in der Aufgabenwahl fanden DECHARMS & DAVÉ selbst bei einer Basketballwurfaufgabe, DAMM (1968) beim Ringwurf und SCHNEIDER (1971a) in drei Experimenten bei einem Spiel, bei dem eine Kugel in ein der Größe nach verstellbares Tor geschlagen werden mußte. Relative Unterschiede zwischen Erfolgs- und Mißerfolgsmotivierten mit einer stärkeren Bevorzugung mittlerer Entfernungen durch Erfolgsmotivierte fand HAMILTON (1974) beim Ringwurfspiel. Ein Ausweichen Mißerfolgsängstlicher auf die Endbereiche zeigte sich bei JOPT (1974) und SCHNEIDER und MEISE (1973) bei der von SCHNEIDER (1971a) verwandten Aufgabe (s. Abbildung 2.3).

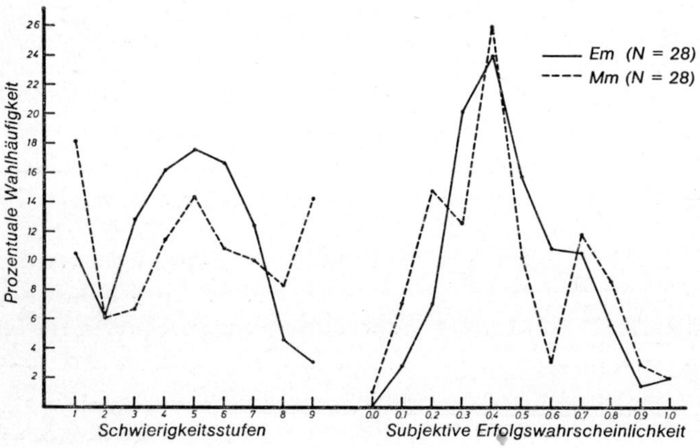

Abbildung 2.3
Prozentuale Wahlhäufigkeiten erfolgs- (Em) und mißerfolgsmotivierter (Mm) Personen der objektiven Schwierigkeitsstufen und der Kategorien der mitgeteilten subjektiven Wahrscheinlichkeit (aus Schneider & Meise, 1973).

Der Unterschied zwischen den Motivgruppen ist deutlich, wenn die Wahlen auf die objektiven Schwierigkeitsstufen bezogen werden (Abbildung 2.3 a), wobei sich auch eine dritte Präferenz für mittlere Torweiten zeigt. Werden die Wahlen auf die mitgeteilten, subjektiven Wahrscheinlichkeiten bezogen (Abbildung 2.3 b), so sind die Unterschiede verwischt. Beide Motivgruppen zeigen jetzt eine Bevorzugung mittelschwerer Schwierigkeitsstufen – Mißerfolgsmotivierte daneben aber auch noch eine solche für leichte Spiele. Der Unterschied zwischen beiden Motivgruppen bleibt auch hier noch bedeutsam.

Wie in dem ausführlich dargestellten Experiment von ATKINSON & LITWIN wählten auch in den genannten weiteren Experimenten die Vpn bevorzugt solche Schwierigkeitsstufen, bei denen die objektive oder, wie in den Experimenten von SCHNEIDER und SCHNEIDER & MEISE, die subjektive Erfolgswahrscheinlichkeit kleiner als 0.50 war. Das Modell sagt aber voraus, daß solche Schwierigkeitsstufen bevorzugt werden sollten, bei denen die subjektive Erfolgswahrscheinlichkeit 0.50 beträgt.

Will man diesem Sachverhalt gerecht werden, kann man einmal eine geringfügige Modifikation des von ATKINSON angenommenen Zusammenhangs von Anreiz und Erfolgswahrscheinlichkeit vornehmen. Solche Modifikationen, die alle das Maximum des erwarteten Erfolgsanreizes zum schwierigen Ende hin verschieben und damit diese Präferenz erklären, wie etwa ein nicht linearer, konkav nach unten gerichteter Zusammenhang zwischen der subjektiven Erfolgswahrscheinlichkeit und den Anreizen von Erfolg und Mißerfolg, sind von einigen Autoren in Betracht gezogen worden (zusammenfassend: SCHNEIDER, 1971a).

Man kann aber auch davon ausgehen, daß die verhaltensrelevanten Erwartungen höher sind als die objektiven und auch als die mitgeteilten subjektiven Erfolgswahrscheinlichkeiten, was ebenfalls zu einer Verschiebung des Maximums der Aufsuchentendenz in den subjektiv schwierigen Bereich führt (SCHNEIDER, 1971a, ähnlich auch HAMILTON, 1974). Machen wir uns die von LEWIN et al. (1944) bei der theoretischen Analyse von Anspruchsniveausetzungen gewonnenen Einsichten zu eigen, so muß man vermuten, daß die mitgeteilten subjektiven Erfolgswahrscheinlichkeiten näher der „Realitätsebene" (relative Erfolgshäufigkeiten), die verhaltenswirksamen Erwartungen (die tatsächlichen oder wahren subjektiven Erfolgswahrscheinlichkeiten) aber näher der „Wunschebene" (stärker durch Hoffnung bestimmt) lokalisiert sind. Für diese Annahme spricht auch, daß es sich in einer Reihe der von uns durchgeführten Experimente zeigte, daß der bei Wahlen bevorzugte Schwierigkeitsbereich (W_e = 0.30–0.40) auch derjenige Bereich ist, in dem die subjektive Unsicherheit hinsichtlich des Spielausganges (definiert durch ein Verhaltenskriterium, die Entscheidungszeit bei der Beantwortung der Frage, ob man zu treffen glaube oder nicht, und durch die zugehörige mitgeteilte Urteilsgewißheit) im Mittel maximal ist (SCHNEIDER, 1971a; 1974; SCHNEIDER & POSSE, in Vorber.). Die subjektive Unsicherheit sollte aber – und dafür sprechen sowohl experimentelle Befunde wie Plausibilitätsüberlegungen – dort am größten sein, wo die tatsächlichen subjektiven Wahrscheinlichkeiten für die Ereignisse Erfolg und Mißerfolg gleich sind.

Auch für den Tatbestand, daß häufig nur relative Unterschiede im Wahlverhalten zwischen Erfolgs- und Mißerfolgsmotivierten festgestellt wurden, sind eine Reihe von Ursachen in Betracht gezogen worden. Die von ATKINSON selbst (ATKINSON & LITWIN, 1960; ATKINSON & FEATHER, 1966,

Kap. 20) zunächst geäußerte Vermutung, daß die nur relativen Unterschiede dadurch zustande kommen, daß unter College-Studenten keine wahrhaft mißerfolgsängstlichen Personen seien, wird durch die Tatsache widerlegt, daß der gleiche Sachverhalt auch mit anderen Stichproben – so schon McClelland (1958 b) – festgestellt werden mußte. Die an späterer Stelle von Atkinson & O'Conner (1966; vgl. auch Damm, 1968) geäußerte Hypothese, daß andere Motive, bevorzugt das Anschlußmotiv, die Wahl mittlerer Schwierigkeitsstufen bei Mißerfolgsmotivierten bewirke, haben wir experimentell überprüft (Schneider & Meise, 1973) und konnten sie nicht bestätigen. Positiv anschlußmotivierte Mißerfolgsmotivierte zeigen nur eine Bevorzugung schwieriger Spiele. Jopt (1974) findet darüber hinaus auch keinen derartigen Einfluß des Bedürfnisses nach Anerkennung (gemessen nach Marlowe & Crowne, 1960) auf die Aufgabenwahl mißerfolgsängstlicher Personen.

Die Vermutungen von deCharms & Davé (1965), daß (a) erst wettkampfähnliche Tätigkeiten mit der Möglichkeit des Vergleichs mit den Leistungen anderer mißerfolgsorientierte Strategien hervorrufen und/oder, daß (b) solche Strategien dann nicht gewählt werden, wenn die individuellen Erfolgswahrscheinlichkeiten explizit dargestellt werden, werden durch die Befunde von *Einzelexperimenten* widerlegt, in denen die Erfolgswahrscheinlichkeiten, nachdem die Vpn ausführlich Gelegenheit hatten, die Aufgabe in allen Schwierigkeitsstufen kennenzulernen, auch dargestellt und trotzdem Unterschiede zwischen Erfolgs- und Mißerfolgsmotivierten gefunden wurden (so z. B. Hamilton, 1974; Jopt, 1974; Schneider & Meise, 1973). Die gleichen Arbeiten können auch gegen eine Hypothese Heckhausens ins Feld geführt werden (Heckhausen, 1975 b), nach der mißerfolgsmotivierte Personen dann nicht mehr zu mißerfolgsorientierten Aufgabenwahlstrategien greifen, wenn ihre Chancen durch ausgiebiges Erproben der Aufgabe für sie selbst und für Zuschauer (z.B. der Vl) schon offen liegen.

In eigenen Untersuchungen fanden wir bei einer Aufgabe, bei der eine Kugel in ein der Größe nach verstellbares Tor geschlagen werden mußte, mit älteren Vpn keine Unterschiede zwischen Erfolgs- und Mißerfolgsmotivierten (Schneider, 1971a), mit jüngeren Hauptschülern jedoch die oben dargestellten deutlichen Unterschiede (vgl. Abbildung 2.3). Ich habe hieran anschließend vermutet, daß das verwandte Spiel von älteren Schülern als nicht genügend bedeutungsvoll oder selbstwertrelevant erlebt wurde. Möglicherweise greifen mißerfolgsängstliche Personen dann nicht zu solchen auffälligen defensiven Strategien, wie das Ausweichen auf die Endbereiche des Schwierigkeitskontinuums, wenn ihnen andere Möglichkeiten der Entwertung („ist ja nur ein Spiel") zur Verfügung stehen (vgl. Lewin et al., 1944). Diese Hypothese ist bislang die einzige von den vor-

gestellten Erklärungsversuchen, für die eine unabhängige experimentelle Bestätigung vorliegt: JOPT (1974) fand, daß Mißerfolgsängstliche nur dann deutlich auf die Endbereiche der auch von uns verwandten Aufgabe ausweichen, wenn die Wahl von unterschiedlich schwierigen Aufgaben als eine leistungsorientierte Tätigkeit eingeführt wurde, nicht aber bei einer nichtleistungsorientierten Instruktion.
Nun fanden sich in einigen der publizierten Studien auch wie schon gesagt überhaupt keine Unterschiede zwischen Erfolgs- und Mißerfolgsmotivierten in der Aufgabenwahl (DAMM, 1968; DECHARMS & DAVÉ, 1965; SCHNEIDER, 1971a; WEINSTEIN, 1969).

Dazu im einzelnen: In der Arbeit von WEINSTEIN fand eine solche Massierung von hypothetischen und tatsächlichen Aufgabenwahlen und auch sonstigen Erhebungen statt, daß ein Vergleich dieser Studie mit den restlichen kaum möglich sein dürfte. DAMM und zuvor schon DECHARMS & DAVÉ gaben bei der Aufgabenwahl für einen Erfolg auf den einzelnen Schwierigkeitsstufen „Anreizpunkte", die um so höher waren, je schwieriger die Aufgabe war. Wollten auch Mißerfolgsängstliche diese Punkte maximieren, dann mußten auch sie nach dem Wahrscheinlichkeit x Wert-Modell im mittleren Bereich wählen.
SCHNEIDER (1971a) hat in der Instruktion zu der von ihm verwandten Aufgabe darauf hingewiesen, daß bei dieser Aufgabe festgestellt werden sollte, wie schnell man eine solche Aufgabe lernt und wie gut man seine eigene Leistungsfähigkeit dabei einschätzen kann. Möglicherweise hat diese Betonung der rein kognitiven Aspekte der Aufgabe die Bedeutung von möglichen Erfolgen und Mißerfolgen gemindert, was mißerfolgsorientierte Verhaltensweisen unnötig machte (HECKHASUEN, 1975 b).
Generell sollte man allerdings im Auge behalten, daß bei den gegebenen Zuverlässigkeiten der in der Leistungsmotivationsforschung angewandten Personmeßinstrumente man bei kleineren Stichproben nicht in jedem Experiment mit einem bedeutsamen Unterschied rechnen darf.

Zusammenfassend konnte das Modell bei der Überprüfung der vorausgesagten Unterschiede in der Aufgabenwahl zwischen erfolgs- und mißerfolgsmotivierten Personen partiell bestätigt werden. Zwar findet sich nur bei einem Teil der experimentellen Studien das vom Modell vorausgesagte Ausweichen mißerfolgsängstlicher Vpn auf die Endbereiche des Schwierigkeitskontinuums, doch zeigt eine zweite Gruppe von Arbeiten immerhin deutliche relative Unterschiede zwischen beiden Motivationsgruppen. Für diesen Sachverhalt wie für die Tatsache, daß in einigen Studien überhaupt keine Unterschiede zwischen Erfolgs- und Mißerfolgsmotivierten gefunden wurden, sind plausible und teilweise experimentell überprüfte Erklärungen vorgeschlagen worden.
Anspruchsniveau. Das typische Anspruchsniveauexperiment verlangt von der Vp in einer Serie von Versuchen eine Zielsetzung für einen jeweils nachfolgenden Versuch. Aufbauend auf der experimentellen und theoreti-

schen Analyse dieses Verhaltensphänomens durch LEWIN et al. (1944) tragen ATKINSON (1957) und HECKHAUSEN (1963) eine leistungsmotivationstheoretische Analyse der Anspruchsniveausetzung vor.

Nach Erfolg steigt in der Regel die Erfolgserwartung, nach Mißerfolg fällt sie. Geht man davon aus, daß eine erfolgsmotivierte Person zunächst ein Ziel setzt, für das sie, wie vom Modell vorausgesagt, eine Erfolgswahrscheinlichkeit von 0.50 hat und erreicht sie dieses Ziel, dann sollte ihre Erfolgswahrscheinlichkeit für das gleiche Ziel in einem nachfolgenden Durchgang höher als 0.50 sein. Der Erfolgsmotivierte, bestrebt in dem Bereich um 0.50 zu verbleiben, sollte dann ein etwas höheres Ziel setzen; erreicht er dieses nicht und fällt die Erfolgswahrscheinlichkeit für dieses Ziel unter 0.50, dann sollte er sich wieder ein etwas niedrigeres Ziel setzen. In dem Falle, daß sich objektive und subjektive Erfolgswahrscheinlichkeiten decken und keine Leistungsverbesserung mehr möglich ist, sollten erfolgsmotivierte Personen nach diesen Überlegungen ihre Ziele dort setzen, wo das Ziel in der Hälfte der Fälle erreicht wird. Eine solche Strategie führt zu einer mittleren Zieldiskrepanz (ZD: Diskrepanz zwischen gesetztem Ziel und letztem Leistungsstand) von 0 und bewirkt außerdem sogenannte „typische" Reaktionen – das sind Heraufsetzung des Zieles nach Erfolg und Herabsetzung nach Mißerfolg.
Der Mißerfolgsmotivierte dagegen wählt nach den Voraussagen des Modells entweder ein ganz leichtes oder ein ganz schweres Ziel. Wählt er das leichteste mögliche Ziel und mißlingt der Versuch, dann nähert sich seine Erfolgswahrscheinlichkeit dem Bereich von 0.50 und damit dem Bereich maximaler Anregung der Mißerfolgsfurcht. Um diesen zu meiden, soll er dann zu dem allerschwersten Ziel springen, bei dem nun seine Erfolgswahrscheinlichkeit sehr klein ist und damit die Mißerfolgsfurcht nicht mehr so stark angeregt wird. Daraus folgt, daß Mißerfolgsängstliche (a) extreme Zieldiskrepanzen aufweisen und (b) häufig sogenannte *„atypische"* Reaktionen – Heraufsetzung des Zieles nach einem Mißerfolg, Herabsetzung nach einem Erfolg – zeigen sollten.

In der Tat findet HECKHAUSEN (1963), daß Vpn mit einer mittleren und einer mittelhohen Zielsetzung (Zieldiskrepanzen um 0 und etwas über 0) im Mittel höhere Kennwerte für die positiv gerichtete Leistungsmotivation („Netto-Hoffnung") haben als Vpn mit einer negativen und einer extrem positiven Zielsetzung. Ganz ähnliche Motivationsunterschiede zwischen Vpn mit mittlerer bis mittelhoher und extremer Zielsetzung fanden bei Grundschülern MEYER, HECKHAUSEN und KEMMLER (1965) und SCHMALT (1976b).

KRUG (1971) erfaßte die Anspruchsniveausetzung von 12- bis 14jährigen Schülern bei einer Labyrinthaufgabe. Die von ihm gewählte Darstellung der Zieldiskrepanzen von Erfolgs- und Mißerfolgsmotivierten ist vergleichbar mit den bei Aufgabenwahl-Experimenten üblichen Darstellungen (Abbildung 2.4).

Wie die dargestellten Verteilungshäufigkeiten zeigen, handelt es sich auch hier wie bei einem Teil der Aufgabenwahl-Experimente nur um relative

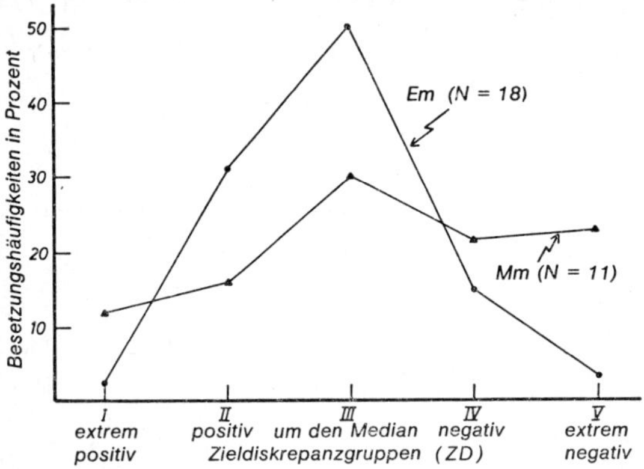

Abbildung 2.4
Prozentuale Verteilung erfolgs- (Em) und mißerfolgsmotivierter (Mm) Personen auf die verschiedenen Zieldiskrepanzgruppen (aus Krug, 1971).

Unterschiede: Erfolgsmotivierte zeigen deutlichere ausgeglichene Zielsetzungen als Mißerfolgsmotivierte.

Ähnliche Schlüsse lassen sich aus den von RAYNOR & SMITH (1966) berichteten Befunden ziehen: Mißerfolgsängstliche weisen hier bei 6 Puzzle-Aufgaben größere Varianzen in den Zieldiskrepanzen auf als Erfolgsmotivierte; bedeutsam ist der Effekt allerdings nur in einer leistungsorientierten Situation. Weiterhin fanden THOMAS & TEEVAN (1964; zit. nach BIRNEY, BURDICK & TEEVAN, 1969), daß hoch mißerfolgsängstliche Schüler mehr *„defensive"* Anspruchsniveausetzungen (negative ZD, ZD um 0 und extrem positive ZD) aufweisen als niedrig mißerfolgsängstliche Schüler. HECKHAUSEN (1975 a) fand bei Mißerfolgsmotivierten, nachdem die Erfolgserwartungen durch eine längere Serie von Aufgaben bei 0.50 stabilisiert worden waren, unrealistisch hohe Ziele, besonders wenn sie gleichzeitig ihre Aufgabenkompetenz hoch einstufen.

Typische, atypische und in einigen Studien auch „starre" Zielsetzungen (keine Veränderung nach Erfolg und Mißerfolg) erheben FEATHER (1969), HECKHAUSEN (1963), KRUG (1971), MOULTON (1965) und SCHMALT (1976b) und finden entsprechend den Hypothesen, daß Erfolgsmotivierte weniger atypische (bzw. atypische und starre) Reaktionen zeigen.

Zusammenfassend ließen sich die aus dem Modell ableitbaren defensiven Verhaltensweisen Mißerfolgsängstlicher bei Anspruchsniveausetzungen gut nachweisen; dabei handelt es sich vermutlich in der Regel auch nur um relative Unterschiede, d.h. Mißerfolgsängstliche haben – wie die darge-

stellten Befunde von Krug zeigen – geringere Präferenzen für sogenannte ausgeglichene Zielsetzungen (ZD um Null und etwas darüber).
In den Anspruchsniveauexperimenten Heckhausens zeigte sich darüber hinaus, daß Mißerfolgsängstliche dann, wenn sie eine hohe Gesamtmotivation haben, eher schwierige Ziele setzen als leichte. Ähnliches konnten auch Jopt (1974) und Schmalt (1976b) für die gesamten Stichproben sowie Schneider (1971a) für die Gruppe der Mißerfolgsängstlichen zeigen.
Das Atkinson-Modell erlaubt hier keine Voraussagen: Die Wahlen von leichten und schwierigen Aufgaben werden als phänotypisch unterschiedliche, aber genotypisch identische defensive Verhaltensweisen verstanden. Nun konnten Feather (1958), Smith (1963) und Raynor & Smith (1966) zeigen, daß bei leistungsorientierter Einbettung der Aufgabe höhere Ziele gesetzt werden als in einer entspannten Situation. Geht man davon aus, daß hochleistungsmotivierte Personen Leistung mehr hochschätzen oder für bedeutungsvoller halten, dann sollte sich eine solche personabhängige Situationswahrnehmung in ähnlicher Weise wie die vom Vl in den genannten Experimenten nahegelegte Situationsauffassung auswirken. D.h., hoch leistungsmotivierte Personen sollten die Aufgabe für bedeutungsvoller halten und damit, wie Personen bei einer leistungsorientierten Einbettung der Aufgabe insgesamt, höhere Ziele wählen.
Heckhausen (1975b) hat neuerdings die unterschiedlichen vorgefundenen Wahlpräferenzen mißerfolgsängstlicher Vpn analysiert und durch eine unterschiedliche Gewichtung der unmittelbaren und weiterreichenden Handlungsergebnisse von Erfolg und Mißerfolg in Abhängigkeit von Person- und Situationsvariablen erklären können.
Zusammenfassung. Aufgabenwahl und Anspruchsniveau erfolgs- und mißerfolgsmotivierter Personen lassen sich bei Würdigung aller Befunde ziemlich gut mittels des Atkinson-Modells voraussagen. Auch bei mehr bedeutungsvollen Wahlen wie der Angabe von Berufszielen konnte der Wert dieses Erklärungsmodells gezeigt werden (Kleinbeck, 1975; vgl. Kap. 10 dieses Buches). Eine Reihe von Widersprüchen bleibt jedoch, wie die vorangegangene Darstellung zeigen sollte, noch bestehen und wartet auf eine eindeutige experimentelle Klärung.

2.2.2. Leistung und Ausdauer

Leistung als Ergebnis leistungsmotivierten Handelns und die Ausdauer als eine meßbare Dimension solchen Handelns sollten nach dem Modell dort am größten sein, wo die aufsuchenden motivationalen Tendenzen relativ am größten sind. Das ist bei Erfolgsmotivierten bei einer Erfolgswahrscheinlichkeit von 0.50, bei den Mißerfolgsängstlichen jedoch an den Enden des Schwierigkeitskontinuums der Fall. Von diesen beiden Leistungswerten stellt die Ausdauer die motivational eindeutigste Variable dar: Ohne Zweifel kann man davon ausgehen, daß eine Person um so länger bei einer Aufgabe verbleibt, je größer ihre Motivation für diese Aufgabe ist, verglichen mit derjenigen für andere Tätigkeiten. Weitaus schwieriger stellt sich die Interpretation von Leistungsdaten dar: Zunächst einmal ist hier zu bedenken, daß Leistung immer nur zum Teil von Motivation, vorrangig aber von vorhandenen Fähigkeiten und Fertigkeiten determiniert wird. Zweitens lassen sich bei der Leistung wenigstens die beiden Parameter Menge und Güte unterscheiden, die sich in Abhängigkeit von bestimmten Bedingungen gleichgerichtet, unabhängig oder sogar entgegengerichtet verändern können. Schon THURSTONE (1937) hat darauf aufmerksam gemacht, daß sich Motivation wahrscheinlich nur in der Leistungsmenge auszudrücken vermag. Die Leistungsgüte kann bei hoher (zu hoher) Motivierung sogar wieder abnehmen; das ist sowohl aus dem eigenen Erleben bekannt, als auch im Anschluß an YERKES & DODSON (1908), die diesen Sachverhalt zuerst beschrieben, experimentell häufig nachgewiesen worden (BROADHURST, 1959). In vielen Experimenten aus dem Bereich der Leistungsmotivationsforschung sind diese beiden Leistungsparameter nicht getrennt erfaßt, sondern in einem kombinierten Leistungswert vermischt worden, was eine eindeutige Interpretation dieser Befunde erschwert.

Leistung. In dem bereits im ersten Kapitel dieses Buches dargestellten Experiment von ATKINSON (1958 b) zeigte sich, daß insgesamt die Leistung bei einer mittleren objektiven Erfolgswahrscheinlichkeit von 0.50 (definiert durch die Anzahl der Konkurrenten) am höchsten war (vgl. Abbildung 1.8 dieses Buches). Werden jedoch die Leistungen erfolgs- und mißerfolgsmotivierter Personen miteinander verglichen, so ist die erwartete Besserleistung erfolgsmotivierter gegenüber mißerfolgsmotivierten Vpn bei einer objektiven Erfolgswahrscheinlichkeit von 0.33 am deutlichsten. Hier weist die Gruppe der Erfolgsmotivierten im Mittel auch die beste Leistung auf. Mißerfolgsmotivierte zeigen dagegen – wie die Gesamtgruppe – ihr Leistungsmaximum bei einer Erfolgswahrscheinlichkeit von 0.50. Erfolgsmotivierte leisten also hier bei schweren Aufgaben (nicht mittleren!) mehr als Mißerfolgsängstliche, Mißerfolgsängstliche zeigen aber keineswegs, wie vom Modell vorausgesagt, die relativ beste Leistung an den Endbereichen des Schwierigkeitskontinuums. MCCLELLAND (1961, S. 212 f.) verwandte die gleichen Aufgaben und die gleiche Versuchsanordnung bei brasilianischen, deutschen und japanischen männlichen Schülern und fand entgegen seinen Hypothesen, daß diese Vpn im Mittel eine um so höhere Leistung erbrachten, je schwieriger ein Erfolg zu erreichen war.

Locke (1968) referierte darüber hinaus 12 eigene Studien, in denen die Leistung im Mittel in Abhängigkeit von der durch unterschiedliche Zielsetzungen definierten Schwierigkeit monoton anstieg. Dabei handelte es sich in der Regel um einfache Schnelligkeitsaufgaben. Die Vpn strengten sich in diesen und den McClellandschen Untersuchungen offenbar um so mehr an, je schwieriger die Aufgabe war; dieser Sachverhalt ist von Ach und Mitarbeiter bereits zu Beginn des Jahrhunderts im Zusammenhang mit dem sogenannten *„Schwierigkeitsgesetz der Motivation"* beschrieben worden (Ach, 1910, 1937; Hillgruber, 1912).

Einen deutlichen Beleg für das Atkinsonsche Erklärungsmodell teilten Karabenick & Yousseff (1968) mit: Erfolgs- und mißerfolgsmotivierte Studenten unterscheiden sich beim Lernen von objektiv gleich schweren, aber als unterschiedlich schwer dargestellten Wortpaaren in der vom Modell vorhergesagten Weise (s. Abbildung 2.5): Bei den als mittelschwer gekennzeichneten Wortpaaren lernen Erfolgsmotivierte schneller als Mißerfolgsmotivierte und zeigen hier auch ihre beste Leistung, während Mißerfolgsängstliche bei den leichten und schweren Wortpaaren bessere Lernleistung haben.

Auch Krug (1975) fand bei der Betätigung eines Fahrradergometers, daß erfolgsmotivierte Schüler sich eher im mittleren Schwierigkeitsbereich (so-

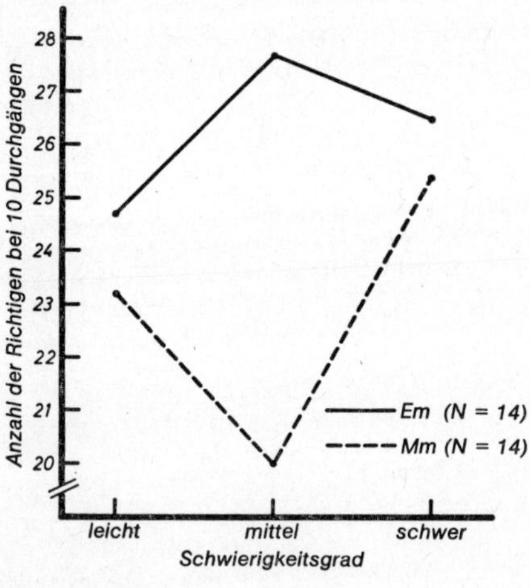

Abbildung 2.5
Anzahl der Richtigen bei 10 Durchgängen beim Lernen von anschaulich unterschiedlich schwierigen Wortpaaren getrennt für Erfolgs- (Em) und Mißerfolgsmotivierte (Mm) (aus Karabenick & Yousseff, 1968).

ziale Norm: 50% Erfolg), mißerfolgsmotivierte dagegen eher in den extremen Bereichen maximal anstrengen, wenngleich der Unterschied nicht bedeutsam ist. Bei einer studentischen Stichprobe zeigte sich in der gleichen Studie, daß erfolgs- und mißerfolgsmotivierte Vpn im Mittel die größte Anstrengung bei der als schwer dargestellten Aufgabe (soziale Norm: 25% Erfolg) aufwiesen, was für das Schwierigkeitsgesetz der Motivation spricht. Zusammenfassend muß man sagen, daß der Wert der ATKINSONschen Theorie für Vorhersagen von Leistungsunterschieden, in Abhängigkeit von der subjektiven Aufgabenschwierigkeit und der gerichteten Leistungsmotivation, bislang noch nicht überzeugend nachgewiesen wurde. Einigen positiven Befunden stehen negative gegenüber, die eher für die Gültigkeit des Schwierigkeitsgesetzes der Motivation sprechen.

Ausdauer. Mit direktem Bezug auf das ursprüngliche Modell sind meines Wissens nur zwei Studien von FEATHER durchgeführt worden, in denen der Erklärungswert des Modells für die Ausdauer bei Leistungsaufgaben überprüft wurde. In dem ersten Experiment legte FEATHER (1962) seinen Vpn unlösbare Puzzle-Aufgaben vor; einer Gruppe wurde mitgeteilt, die Aufgaben seien sehr schwer (soziale Norm: 5% Erfolg), einer anderen Gruppe, die Aufgaben seien leicht (soziale Norm: 70% Erfolg). Aufgrund der Unlösbarkeit der Aufgabe erfahren beide Gruppen kontinuierlich Mißerfolg. Kritische Variable war die Anzahl der Lösungsversuche, bevor die Vpn zu einer alternativen, ebenfalls leistungsbezogenen Aufgabe übergingen. Der Autor erwartete, (a) daß erfolgsmotivierte Vpn länger bei der ersten Aufgabe verharren, wenn die mitgeteilte soziale Norm hoch ist (70%), da sich die Erfolgswahrscheinlichkeit in dieser Bedingung durch die kontinuierlichen Mißerfolge dem maximal anregenden mittleren Schwierigkeitsbereich nähert, und (b) daß Erfolgsmotivierte größere Ausdauer als Mißerfolgsmotivierte bei der zunächst als leicht dargestellten Aufgabe zeigen. Während Erfolgsmotivierte sich, wie gesagt, durch die Mißerfolge dem maximal anregenden Bereich nähern, nähern sich Mißerfolgsängstliche gleichermaßen dem für sie maximal hemmenden Bereich. Daher sollten (c) Mißerfolgsmotivierte in der Bedingung mit der zunächst als leicht dargestellten Aufgabe auch eine geringere Ausdauer haben als in der mit der als schwierig dargestellten und (d) in dieser letzten Bedingung eine größere Ausdauer als Erfolgsmotivierte zeigen. Diese letzte Hypothese läßt sich aus der ATKINSONschen Theorie der Leistungsmotivation nicht ableiten: Mißerfolgsmotivierte haben immer eine größere Meiden- als Aufsuchentendenz und sollten daher bei allen Schwierigkeitsgraden eine geringere Ausdauer zeigen als Erfolgsmotivierte. Alle Hypothesen, auch die falsche, lassen sich bestätigen. Die Tatsache, daß Mißerfolgsmotivierte größere Ausdauer bei der schweren Aufgabe aufweisen, kann man nachträglich durch die Annahme erklären, daß die subjektiven Erfolgswahrscheinlichkeiten für die Alternativtätigkeit um 0.50 waren. In diesem Fall mußte die Alternativtätigkeit, die die Vpn ja noch nicht kannten, für Mißerfolgsängstliche abschreckender gewesen sein als die erste sehr schwierige Aufgabe. Im zweiten Experiment FEATHERS (1963a) wird dann auch der Schwierigkeitsgrad der Alternativaufgabe (ebenso ein Puzzle) spezifiziert (soziale Norm: 50% Erfolg). Das erste zu bearbeitende Puzzle wird wieder als sehr schwierig dargestellt (soziale Norm: 5% Erfolg) und ist tatsächlich unlösbar. Wieder geben Erfolgsmotivierte die schwere und tatsächlich unlösbare Aufgabe früher auf als Mißerfolgsmotivierte und gehen zu der zweiten als mittelschwer dargestellten Aufgabe über, während Mißerfolgsängstliche eher bei der ersten Aufgabe verbleiben. Wird die Ausdauer darüber hinaus auf die von den Vpn geschätzte subjektive Erfolgswahrscheinlichkeit für die erste Aufgabe bezogen, so zeigt sich, daß Erfolgsmotivierte, wie vorausgesagt, um so länger bei der ersten Aufgabe verbleiben, je höher ihre subjektive Erfolgswahrscheinlichkeit ursprünglich war – sie bleiben dann noch länger im Bereich optimaler Anregung der Motivation. Bei Mißerfolgsmotivierten finden sich keine derartigen Zusammenhänge.

Die Bedeutung dieser FEATHERschen Arbeiten ist unter anderem darin zu sehen, daß in ihnen gezeigt werden konnte, daß Ausdauer nur analysiert und vorhergesagt werden kann bei gleichzeitiger Analyse der Motivation für die alternativen Tätigkeiten. Eine Person versinkt, wenn sie eine Aufgabe aufgibt, in der Regel ja nicht in Nichtstun, sondern beginnt eine neue Tätigkeit. Dieser Gedanke sollte für die Weiterentwicklung des Modells außerordentlich wichtig werden (ATKINSON & BIRCH, 1970; s. unten).

Die beiden Experimente FEATHERS bestätigen das Modell ATKINSONS deutlich, doch stellt die Tatsache, daß Mißerfolgsängstliche in einer Bedingung absolut größere Ausdauer zeigen als Erfolgsmotivierte die ATKINSONsche Auffassung der Mißerfolgsfurcht als eine rein hemmende Größe in Frage. Gegen diese Annahme sprechen auch eine Reihe weitere Befunde, die zeigen, daß Mißerfolgsängstliche in bestimmten Situationen bessere Leistungen erbringen als Erfolgsmotivierte (zusammenfassend: SCHNEIDER, 1971a).

2.3. Die direkte Überprüfung einiger Grundannahmen des ursprünglichen Modells

Nur ein Teil der Grundannahmen des Modells ist direkt überprüft worden. So ist z.B. bislang die Annahme einer multiplikativen Verknüpfung von Anreiz und Erfolgswahrscheinlichkeit nicht direkt überprüft worden, obwohl hierzu Methoden zur Verfügung ständen (ANDERSON, 1974). Zur

Annahme der multiplikativen Verknüpfung von Anreiz und Motiv, zur sogenannten Valenz und zur Annahme des linearen Zusammenhangs von Anreiz und Erfolgswahrscheinlichkeit liegen jedoch einige experimentelle Studien vor, die eine vorläufige Beurteilung dieser Annahmen zulassen.

Valenzen als Produkte aus Motiven und Anreizen. LITWIN (1966) und ATKINSON (1964) gelangten zu dieser Hypothese aufgrund der Befunde LITWINS zur Einstufung der Erfolgsattraktivität bei einer Ringwurfaufgabe. Die auf den objektiven Schwierigkeitsstufen aufgetragenen Attraktivitätsskalierungen (Nennung eines fairen Geldpreises für einen Erfolg auf den einzelnen Schwierigkeitsstufen) zeigten einen in etwa linearen Anstieg mit zunehmender Schwierigkeit, der aber für die Gruppe der Erfolgsmotivierten steiler war als für die Mißerfolgsmotivierten.

Die Tatsache, daß die Attraktivitäts- oder Valenzskalierungen bei Erfolgsmotivierten stärker als bei Mißerfolgsmotivierten ansteigen, zeigt, daß Erfolgsmotivierte den Erfolg nur bei den mittleren und schweren Aufgaben deutlich positiver beurteilen als Mißerfolgsmotivierte. Ein solcher Sachverhalt kann im Modell durch die Annahme einer multiplikativen Beziehung zwischen dem Anreiz, der nur eine Funktion der Erfolgswahrscheinlichkeit ist ($A_e = 1 - W_e$) und dem überdauernden Erfolgsmotiv (M_e) dargestellt werden ($V_a = A_e \times M_e$). Bei einer additiven Verknüpfung dieser beiden Größen müßte sich die beurteilte Attraktivität des Erfolgs auf allen Schwierigkeitsstufen in gleichem Maße erhöhen. Für die negative Valenz des Mißerfolgs gilt die entsprechende Annahme; sie soll bei stärkerem Mißerfolgsmotiv steiler ansteigen.

In eigenen Untersuchungen (SCHNEIDER, 1971a) zeigte sich aber in zwei Experimenten, daß Erfolgsmotivierte bei einer Verhältnisskalierung sowohl der Erfolgsvalenz als auch der Mißerfolgsvalenz einen – wenn auch nicht signifikanten – höheren Anstieg aufwiesen. Außerdem korrelierten, wie vorher schon in einer FEATHERschen Studie (FEATHER, 1967), die Anstiegswinkel der Erfolgsvalenz und Mißerfolgsvalenzskalierungen signifikant positiv miteinander (ebenso KARABENICK, 1972). D.h., die Personen, die den Erfolg mit zunehmender Schwierigkeit der Aufgabe zunehmend positiver beurteilen, beurteilen auch mit zunehmender Leichtigkeit den Mißerfolg zunehmend negativer. Da die beiden Motive Hoffnung auf Erfolg und Furcht vor Mißerfolg eher in negativer Beziehung miteinander stehen (Personen mit viel Hoffnung auf Erfolg haben eher wenig Furcht vor Mißerfolg, vgl. BÄUMLER & WEISS, 1967), müßte hier aber, wenn die Annahmen des Modells zutreffen, eine negative Beziehung erwartet werden: Solche Personen, die die Erfolgsvalenz mit zunehmender Schwierigkeit zunehmend höher einstufen (Erfolgsmotivierte!), sollten die negative Valenz des Mißerfolgs mit abnehmender Schwierigkeit der Aufgabe eher weniger negativ beurteilen.

Sowohl FEATHER und KARABENICK als auch KRUG (1971) fanden darüber hinaus keine Zusammenhänge der Anstiegswinkel der Erfolgsvalenz- und Mißerfolgsvalenzskalierungen mit den Kennwerten der gerichteten Leistungsmotivation, so daß diese Annahme bislang als nicht ausreichend belegt angesehen werden muß.

Zusammenhang von Anreiz und Erfolgswahrscheinlichkeit. Die zweite ATKINSONsche Annahme, die bislang direkt überprüft wurde, ist die eines inversen und linearen Zusammenhangs zwischen dem Anreiz und damit auch der Valenz und der Erfolgswahrscheinlichkeit. Einen ersten Versuch zur Überprüfung dieser Annahme machte LITWIN (1966). Er konnte zeigen, daß die Skalierung der Erfolgsattraktivität in etwa linear mit zunehmender Schwierigkeit anstieg. Nicht gezeigt wurde allerdings, daß die Erfolgsattraktivität auch linear mit der subjektiven Erfolgswahrscheinlichkeit anstieg.

Das gleiche gilt für den von BROWN (1963, zit. nach KARABENICK, 1972) berichteten Befund, nach dem die mittlere skalierte Freude über einen Erfolg und der mittlere skalierte Ärger über einen Mißerfolg linear mit den objektiven Schwierigkeitsgruppen der von ihm benutzten Anagrammaufgabe variieren. FEATHER (1967) konnte dann allerdings bei einer hypothetischen Aufgabe zeigen, daß die skalierten mittleren Valenzen des Erfolgs mit abnehmenden mittleren skalierten Erfolgswahrscheinlichkeiten in etwa linear anstiegen, die Valenzen des Mißerfolgs aber abnahmen.

Unsere eigenen Untersuchungen (JOPT, 1970; SCHNEIDER, 1971a) zeigten, daß die Art des Zusammenhangs, die man erhält, nicht unabhängig ist von der verwendeten Skalierungsmethode. Bei Verwendung einer sogenannten Verhältnisskalierung zeigten die Größen einen konkav nach unten gerichteten Zusammenhang, der sich durch eine Potenzfunktion darstellen ließ; bei Verwendung einer Kategorieskala zeigten die beiden Größen einen linearen Zusammenhang. Interpretiert man den erstgenannten Befund als Methodenartefakt, wofür einige neuere Ergebnisse zu sprechen scheinen (vgl. WAGENAAR, 1975), dann lassen sich auch diese Befunde mit der Annahme eines linearen Zusammenhangs vereinbaren. Im Mittel angenäherte lineare Zusammenhänge zwischen Erfolgs- und Mißerfolgsvalenzen und subjektiven Erfolgswahrscheinlichkeiten fanden auch KRUG (1971) und KARABENICK (1972) bei Verwendung von Kategorienskalen.

KARABENIK stellte allerdings darüber hinaus fest, daß, obwohl bei den gemittelten Einschätzungen nur die linearen Anteile des Anstiegs und Abfalls der Valenzen (Trend) statistisch bedeutsam waren, individuelle Kurvenverläufe häufig neben dem linearen Anteil auch nicht-lineare Anteile (z.B. quadratische in 54 %, kubische Anteile in 47 %) besaßen, die durch die Mittelung über alle Vpn verloren gingen. Wurden nämlich nur die Skalierungen der Vpn gemittelt, deren Kurvenverläufe einen solchen Trendanteil zeigten, dann waren die Zusammenhänge nicht mehr linear, sondern nach unten konkav oder s-förmig.

Zusammenfassend sprechen alle bisherigen Befunde für einen monotonen Zusammenhang zwischen Valenzen von Erfolg und Mißerfolg und der subjektiven Erfolgswahrscheinlichkeit, die mittleren Skalierungen in der Regel auch für einen linearen Zusammenhang. Die Befunde von KARABENIK machen aber deutlich, daß in vielen Einzelfällen der Zusammenhang von der Linearität abweicht, wobei die von ihm vorgefundenen häufigsten Abweichungen eines konkav nach unten gerichteten Zusammenhangs und eines s-förmigen Zusammenhangs zu einer Verschiebung des Maximums der Aufsuchentendenz in den schwierigen Bereich führen, wie es von einigen Autoren aufgrund der Ergebnisse der Aufgabenwahl, Zielsetzung und Leistungsexperimente bereits angenommen wurde. Man wird jedoch davon ausgehen müssen, daß die derzeit zur Verfügung stehenden und für dieses Problem geeigneten Skalierungsmethoden keinen eindeutigen Beweis für die eine oder andere Art des Zusammenhangs liefern, da die Qualität der damit erstellten Skalen noch umstritten ist.

2.4. Die Erweiterung des Modells durch die sogenannte „Trägheitstendenz"

ATKINSON & CARTWRIGHT (1964) kritisieren an dem ursprünglichen Modell ATKINSONS wie auch an anderen Verhaltensmodellen die ihnen zugrundeliegende Annahme, daß eine Person immer durch einen Reiz in der Umwelt zur Aktivität angeregt werden müsse, sonst aber inaktiv sei. Lebewesen sind aber offensichtlich immer aktiv; das Grundproblem der Motivationspsychologie kann also nicht sein zu erklären, wann eine Person aktiv wird, sondern wann sie von einer Aktivität zu einer anderen übergeht. Die oben diskutierten Experimente FEATHERS (1962; 1963 a) zur Ausdauer bei Leistungsaufgaben hatten schon gezeigt, daß Ausdauer als Ausdruck der Motivstärke bei einer Tätigkeit nur bei gleichzeitiger Betrachtung der Motivation für die alternative Tätigkeit interpretiert werden darf. ATKINSON & CARTWRIGHT nehmen nun im Anschluß an Vorstellungen FREUDS (1915) und LEWINS (1926) an, daß eine Person so lange bei einer Tätigkeit verbleiben wird, bis die zugehörige motivationale Tendenz durch Zielerreichung aufgehoben ist oder von einer anderen stärkeren verdrängt wird. Wird eine solche motivationale Tendenz nicht befriedigt (durch Nichterreichen des Handlungsziels) und/oder wird sie von einer anderen motivationalen Tendenz verdrängt, so wird sie sich bei entsprechender situativer Anregung (Erwartungen, Anreize) und nach Befriedigung der zweiten stärkeren Tendenz wieder zu Wort melden und die dann situativ angeregte Tendenz additiv verstärken. Hat sich eine

Person also ein Leistungsziel gesetzt (etwa eine bestimmte Note in der Schule) und erreicht dieses nicht, dann sollte sie bei nächster passender Gelegenheit, wenn sie sich wieder ein solches Ziel setzt, stärker motiviert sein als beim ersten Mal. In Anlehnung an NEWTONS Gesetz der Mechanik nennen die Autoren dieses „erstes Prinzip der Motivationspsychologie" „*Trägheitstendenz*" (T_t).

Für die Leistungsmotivation hat WEINER (1965) dieses allgemeine Konzept spezifiziert und angenommen, daß im Falle eines Mißerfolgs beide Tendenzen, sowohl die erfolgsaufsuchende als auch die mißerfolgsmeidende bestehenbleiben und sich bei einem erneuten Versuch oder bei einer anderen Leistungsaufgabe zu den jeweils situativ angeregten Tendenzen hinzuaddieren.

Im formalen Modell läßt sich diese Annahme wie folgt darstellen:

$$RT = (T_e + T_{te}) + (T_m + T_{tm})$$

Die resultierende Tendenz (RT) ist eine Funktion der situativ angeregten Aufsuchentendenz (T_e) und der zugehörigen, von einer vorangegangenen unterbrochenen oder mißglückten Handlung stammenden Trägheitstendenz (T_{te}; identisch mit der Aufsuchentendenz bei der vorangegangenen Handlung) sowie der situativ angeregten Meidentendenz (T_m) und der hier zugehörigen Trägheitstendenz (T_{tm}).

Erfolgsmotivierte sollten also durch einen Mißerfolg noch stärker aufsuchend – Mißerfolgsmotivierte dagegen noch stärker meidend motiviert werden.

In einer Serie von Experimenten hat sich WEINER (zusammenfassend: WEINER, 1970) bemüht, diese Erweiterung des Modells experimentell zu bestätigen. In einem ersten Experiment (WEINER, 1965) erfährt eine Gruppe von Vpn bei einer als schwer dargestellten Aufgabe (soziale Norm: 30 % Erfolg) permanent Mißerfolg, die andere Hälfte der Vpn bei einer als leicht dargestellten Aufgabe (soziale Norm: 70 % Erfolg) permanent Erfolg. Geht man davon aus, (a) daß es gelungen war, die Vpn zu bewegen, sich die mitgeteilten Normen zu eigen zu machen, und (b) daß Erfolg und Mißerfolg gleiche Veränderungen der subjektiven Wahrscheinlichkeiten bewirkten, dann müssen die situativ angeregten motivationalen Tendenzen in beiden Bedingungen gleich, die Trägheitstendenzen aber in der Mißerfolgsbedingung stärker gewesen sein. WEINER sagt daher voraus, daß Erfolgsmotivierte nach Mißerfolg bessere Leistungen und größere Ausdauer zeigen als nach Erfolg, während Mißerfolgsmotivierte sich genau umgekehrt verhalten sollten. Die Ergebnisse zeigen, daß Mißerfolgsängstliche in der Tat nach Mißerfolg ihre Leistung vom ersten zum zweiten Durchgang relativ weniger, Erfolgsmotivierte dagegen relativ mehr verbessern, und Mißerfolgsmotivierte kürzer, Erfolgsmotivierte aber länger

bei dieser Aufgabe verbleiben, bevor sie zu einer nicht leistungsorientierten Aufgabe übergehen.
In einem nachfolgenden Experiment konnte WEINER (1966) zeigen, daß erfolgsmotivierte Vpn nach Mißerfolg beim Lernen schwieriger Silbenpaare eine bessere Lernleistung zeigen als mißerfolgsmotivierte, diese dagegen nach Erfolg bei leichten Silbenpaaren eine bessere Lernleistung erbringen als Erfolgsmotivierte, ein Befund, der die Vermutung nahelegt, daß offensichtlich nicht die objektive Aufgabenschwierigkeit (Komplexität im Sinne von SPENCE, 1958) die in einigen Experimenten nachgewiesene schlechtere Lernleistung ängstlicher Vpn bewirkte, sondern die beim Lernen von schwierigen Silbenpaaren oder Listen auftretenden Mißerfolgserlebnisse[1].
Wir haben dieses Experiment mit einem vollständigen experimentellen Plan wiederholt und konnten die WEINERschen Befunde im wesentlichen bestätigen (SCHNEIDER & GALLITZ, 1973). Drei weitere von WEINER und Mitarbeitern durchgeführte Experimente (WEINER & ROSENBAUM, 1966; WEINER, 1970) belegen die Notwendigkeit der Annahme einer Trägheitstendenz jedoch nicht in überzeugender Weise (vgl. SCHNEIDER, 1973, S. 32 f.).
Auch die Interpretation der Ergebnisse des ersten WEINERschen Experimentes zur experimentellen Stützung des Konzeptes der Trägheitstendenz mußte ich aufgrund der Ergebnisse einer Replikation dieser Studie in Frage stellen (SCHNEIDER, 1971a).

Die Beobachtung des Arbeitsverhaltens der Vpn zeigte, daß Vpn bei einer allerdings schwierigen Zahlen-Symbol-Aufgabe (ähnliche Symbole) Fehler machten, die sie teilweise selbst bemerkten und – im Bewegungsfluß anhaltend – korrigierten. Werden diese Verbesserungen als zusätzliche Zahl-Symbol-Substitutionen gezählt, dann ist die Änderung der Mengenleistung mißerfolgsängstlicher Vpn nach Mißerfolg bei einer ursprünglich hohen Erfolgserwartung (soziale Norm: 10 % Erfolg) nicht schlechter als nach Erfolg – allein die Zahl der Fehler (verbesserte und unverbesserte) steigt, verglichen mit der Erfolgsbedingung, signifikant an. Das übliche, auch von WEINER benutzte Maß der Anzahl der bearbeiteten Aufgaben (bzw. der Zeit, die benötigt wird, eine bestimmte Anzahl zu bearbeiten), ist also zumindest bei schwierigen Zahlen-Symbol-Aufgaben kein reines *Mengenmaß* der Leistung und ist damit zur Erfassung von Motivations- oder Anstrengungsunterschieden ungeeignet. Mehr Fehler machen Personen oder Lebewesen allgemein auch dann, wenn sie vor allem bei komplexen Aufgaben eine hohe (überoptimale) Motivierung aufweisen (YERKES & DODSON, 1908; BROADHURST, 1959).

---

[1] Die Tatsache, daß Mißerfolgsmotivierte bei leichten Silbenpaarungen und nach Erfolg eine bessere Lernleistung erbringen als Erfolgsmotivierte, kann jedoch ebenso wie die größere Ausdauer Mißerfolgsmotivierter in dem Experiment FEATHERS (1962) aufgrund des Atkinson-Modells nicht vorausgesagt werden – Mißerfolgsmotivierte sollten, betrachtet man allein die Leistungsmotivation, und keine andere Motivation wurde hier erfaßt, immer mehr leistungsgehemmt als Erfolgsmotivierte sein.

In der Tat konnten wir in einer Reihe nachfolgender Experimente zeigen, daß bei reinen Mengenleistungen sowohl erfolgsmotivierte als auch mißerfolgsmotivierte Vpn nach Mißerfolg eine relativ bessere Leistung erbringen als nach Erfolg, was wir im Sinne des Schwierigkeitsgesetzes der Motivation als Ausdruck einer vermehrten Anstrengung („die Aufgabe ist schwieriger als man dachte“) interpretierten (Depeweg, 1973; Schneider, in Vorb.; Schneider & Eckelt, 1975; Susen, 1972).

Zusammenfassend konnte das Konzept der Trägheitstendenz im Rahmen des Atkinson-Modells der Leistungsmotivation bislang noch nicht überzeugend als ein notwendiges Erklärungskonstrukt belegt werden. Die vorgelegten Experimente Weiners und Mitarbeiter, in denen von einem undifferenzierten Leistungsbegriff und der vereinfachenden Annahme ausgegangen wurde, daß eine größere positive Motivierung sich monoton in eine größere Leistung, und zwar in die jeweils gemessene (gleichgültig, ob es sich um eine Mengen- oder Güteleistung handelt) umsetze, waren hierzu nicht geeignet. Eigene Befunde deuten darauf hin, daß die modale Reaktion nach *einem* Mißerfolg auch bei Mißerfolgsängstlichen die einer vermehrten Anstrengung ist. Die in einigen Experimenten, in denen die gemessene Leistung ausschließlich (z. B. Lernen von sinnfreien Silben) oder zum Teil eine Güteleistung war, festgestellte relative Leistungsverschlechterung mißerfolgsängstlicher Vpn nach Mißerfolg läßt sich auch ohne die Zuhilfenahme des Konstrukts „Trägheitstendenz“ erklären: Ein solcher Leistungsabfall kann einmal im Sinn der Yerkes-Dodson-Regel Folge von zu großer Anstrengung sein oder durch bestimmte Situationsauffassungen, so z. B. Kausalerklärungen für Erfolg und Mißerfolg (Meyer, 1973 a; vergl. Kap. 4 dieses Buches), die zu einer Aufgabe des Leistungszieles führen, bestimmt sein.

2.5. Zusammenfassung und abschließende Würdigung

Das Modell Atkinsons sagt leistungsmotiviertes Verhalten erfolgs- und mißerfolgsmotivierter Personen voraus. Die Überprüfung seines Erklärungswertes erfolgte an Verhaltensphänomenen der Aufgabenwahl und Zielsetzung sowie der Ausdauer und der erreichten Leistung. In allen Phänomenbereichen konnten die aus dem Modell abgeleiteten Hypothesen nur teilweise bestätigt werden, relativ gut bei der Aufgabenwahl, der Zielsetzung und Ausdauer, weniger gut bei der Leistung in Abhängigkeit von der subjektiven Aufgabenschwierigkeit und bei Leistungsänderungen nach Erfolg und Mißerfolg.

Solche Modelle können nun nicht richtig oder falsch, sondern nur mehr oder weniger gut geeignet sein, die vorliegenden Beobachtungen und experimentellen Befunde zu erklären und neue Hypothesen anzuregen. Die Frage, ob man bei einem derartigen Stand der empirischen Prüfung ein Modell aufgeben oder es beibehalten soll, wird immer auch im Hinblick auf vorhandene Modellalternativen entschieden werden müssen. Wie von verschiedenen Autoren betont, wurde in der Geschichte der Psychologie ein Modell nie aufgegeben, weil es durch experimentelle Befunde widerlegt wurde, sondern nur dann, wenn andere bessere Modelle an dessen Stelle traten.

Nun liegen für dieses Modell bereits mehrere Erweiterungs- und Alternativvorschläge vor: ATKINSON selbst hat das ursprüngliche Modell in Zusammenarbeit mit BIRCH (ATKINSON & BIRCH, 1970) in Richtung auf ein allgemeines Verhaltensmodell weiterentwickelt; sein Schüler RAYNOR (1969; 1974) hat den wichtigen und im ursprünglichen Modell vernachlässigten Sachverhalt der hierarchischen Gliederung von Handlungszielen und des instrumentellen Wertes vorgeordneter Handlungsziele für übergeordnete (VROOM, 1964) aufgegriffen und das ursprüngliche Modell um diesen Aspekt bereichert; HECKHAUSEN (1975 b) hat diese und andere Anregungen aufgegriffen und ein erweitertes Modell mit differenzierten Erwartungs-, Anreiz- und Instrumentalitätsvariablen vorgestellt. Alternative Modelle schließlich wurden von KUKLA (1972), MEYER (1973 a, vgl. Kap. 5 dieses Buches) und WEINER, FRIEZE, KUKLA, REED, REST und ROSENBAUM (1971; vgl. Kap. 4 dieses Buches) vorgeschlagen, die mit Ausnahme des Vorschlages von MEYER dem Vorbild ATKINSONs folgend auch Erwartung x Nutzen-Modelle sind. Damit war ATKINSONs Vorschlag sehr erfolgreich, hat er doch nicht nur eine Vielzahl experimenteller Studien angeregt, durch die neue Aspekte leistungsorientierten Verhaltens gezeigt und ansatzweise aufgeklärt werden konnten, sondern auch nachfolgenden theoretischen Bemühungen die Richtung gewiesen. Mehr wird man schlechterdings beim derzeitigen Stand der Motivationspsychologie von einem Verhaltensmodell nicht erwarten dürfen.

3. Die Analyse leistungsbezogener Verhaltenssequenzen: Der Instrumentalitätsaspekt

von Uwe Kleinbeck und Klaus-Helmut Schmidt
Ruhr-Universität Bochum

3.1. Einführung

Viele Theorien leistungsbezogenen Verhaltens behandeln das Verhalten, auf das schließlich Vorhersagen gemacht wird, wie ein relativ isoliertes Phänomen, das zu dem, was die Person in ihrem „Alltagsleben" tut, oftmals nur einen geringen Bezug hat. Diese Verengung der Perspektive geht wohl auf zwei Ursachenfaktoren zurück: Zunächst einmal haben sich die Theorien selbst auf einen eingegrenzten Phänomenbereich beschränkt, zum anderen ist durch die labororientierte Forschung eine Ausweitung der Perspektive zwangsläufig verhindert worden.
So sind es denn auch Probleme bei der Vorhersage von leistungsbezogenem Verhalten in Arbeits- und Berufsorganisationen gewesen, die auf die Einseitigkeit der bisherigen Forschungsansätze aufmerksam gemacht haben. Die wichtigste Neuerung besteht in der Einführung des Instrumentalitätskonzepts. Mit diesem Konzept, das phänomenologisch als eine wahrgenommene Beziehung zwischen zwei Ereignissen gekennzeichnet wird, werden augenblickliche Handlungsergebnisse an Folgeereignisse dieser Handlungsergebnisse angekoppelt.
Der Begriff Instrumentalität wird zum ersten Mal im Zusammenhang einer Motivationstheorie von Vroom (1964) gebraucht, der ihn verwendet bei der Erklärung von Verhalten in Arbeit und Beruf. Er wurde dann von Raynor (1969) aufgegriffen und mit einigen Änderungen der Leistungsmotivationstheorie einverleibt. In einem zweiten Integrationsversuch gelang es Heckhausen (1975 b), den Begriff in seiner Originalität zu erhalten und ihn in einem erweiterten kognitiven Modell der Motivation des Verhaltens zusammen mit den klassischen Bestimmungsstücken der Leistungsmotivationstheorie aufgehen zu lassen.

3.2. Der instrumentalitätstheoretische Ansatz in der Arbeitspsychologie

Vroom stellte 1964 ein allgemeines Motivationsmodell vor (vgl. Neuberger, 1974), das eine besondere Spielart einer Erwartung x Wert-Theorie ist. Die Stärke einer Handlungstendenz (HT) ist ähnlich wie bei Atkinson bestimmt durch die Valenz (V_E) eines Handlungsergebnisses und die Wahrscheinlichkeit, mit der ein Ergebnis eintrifft (W).

$$HT = V_E \times W$$

Der Unterschied zur Leistungsmotivationstheorie wird jedoch deutlich, wenn man sich die einzelnen, den Wert HT bestimmenden Größen etwas genauer ansieht. Die Valenz von Ergebnissen ergibt sich nicht aus der Verknüpfung von Motiv x Anreiz wie bei Atkinson (vgl. Kap. 2), sondern sie wird abhängig gemacht von einer weiteren Valenz – der Valenz von Folgen der Handlungsergebnisse (V_F) und der Instrumentalität der Handlungsergebnisse für deren Folgen (I_{E-F}):

$$V_E = \sum_{i=1}^{N} (V_{F_i} \times I_{E-F_i})$$

Das Summenzeichen in dieser Formel deutet an, daß die Produkte aus den Valenzen der Folgen und den dazugehörigen Instrumentalitäten über alle in Frage kommenden Folgen aufsummiert werden.

Abbildung 3.1 zeigt noch einmal die Komponenten des Vroomschen Modells. Die Wirkungsweise der Komponenten des Modells kann anhand eines Beispiels aus dem alltäglichen Leben demonstriert werden. Nehmen wir an, ein Arbeiter stünde in einer Arbeitsorganisation vor den beiden Hand-

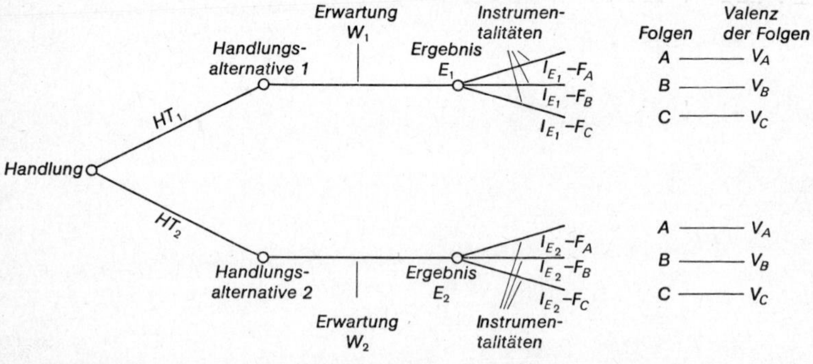

Abbildung 3.1
Die Komponenten des Motivationsmodells von Vroom (1964).

lungsalternativen, durch seinen Einsatz eine hohe Leistung zu erzielen (HT_1) oder dies eher nicht zu tun (HT_2). Nach VROOM (1964) hängt die Stärke einer Handlungstendenz von der Valenz erwarteter (d. h. auch möglicher) alternativer Leistungsergebnisse (V_E) und einer darauf bezogenen Erwartung (W) ab. Der Wert der Ergebnisvalenz wiederum ist abhängig von der Instrumentalität der Ergebnisse für die Ergebnisfolgen (I_{E-F}) und von der Valenz der Folgen (V_F). Was sind nun aber solche Folgen von Ergebnissen? Aus den Überlegungen VROOMS kann man entnehmen, daß er eine Reihe von Folgen für wichtig hält, die er vor allem im Bereich der Arbeitswelt findet. Drei thematische Bereiche sollen für das darzustellende Beispiel ausgegliedert werden:

a) machtthematische Folgen, d. h. Folgen, deren Erreichen mehr oder weniger großen Einfluß über andere garantiert (V_{MT});
b) anschlußthematische Folgen, bei denen man positiven Kontakt zu anderen Personen aufbauen bzw. aufrechterhalten kann (V_{AT});
c) leistungsthematische Folgen, d. h. Folgen, bei denen man mehr oder weniger Informationen über die eigene Tüchtigkeit beim Zustandekommen von Leistungsergebnissen erfährt (V_{LT}).

In dem folgenden Beispiel (s. Tabelle 3.1) geht es um drei fiktive Personen. Die eingesetzten Werte sind am Kriterium der Anschaulichkeit orientiert. Erklärt werden sollen die Handlungstendenzen für das Erreichen von Ergebnissen, die eine hohe Leistung implizieren, sowie im Vergleich dazu Handlungstendenzen für solche Ergebnisse, die mit niedriger Leistung des Handelnden gekoppelt sind. Die stärkere der beiden Handlungstendenzen ist schließlich verhaltensbestimmend.

Die Valenz der Ergebnisfolgen variiert zwischen +10 und –10; +10 weist auf eine starke aufsuchende Beziehung der Person zu den Folgen hin, –10 auf eine starke meidende. Die Instrumentalität kann Werte zwischen +1 und –1 annehmen; +1 bedeutet, daß die Ergebnisse mit Sicherheit bestimmte Folgen nach sich ziehen; bei einer Instrumentalität mit dem Wert –1 ist die Person sicher, daß bei Vorliegen eines bestimmten Ergebnisses die in das kognitive Kalkül einbezogene Folge nicht eintreten wird. Die Werte der Wahrscheinlichkeiten, ein Ergebnis zu erreichen, schwanken zwischen 0 und 1. Liegt der Wert 1 vor, so tritt ein erwartetes Ergebnis mit subjektiver Sicherheit ein, bei einer Wahrscheinlichkeit von 0 tritt es mit der gleichen Sicherheit nicht ein. Ein Wert von 0.5 markiert maximale subjektive Unsicherheit über das Eintreten des Ergebnisses.

Die Berechnung der Handlungstendenzstärken erfolgte nach den Vorschriften der oben angegebenen Formel. Zur Erleichterung des Verständnisses sollen die Rechenschritte zur Bestimmung der Handlungstendenzstärke in der ersten Zeile der Tabelle 3.1 im Detail beschrieben werden. Zur Berechnung der Ergebnisvalenz werden die Produkte aus Folgenvalenz und dazugehöriger Instrumentalität aufsummiert.

$$(V_{F1} \times I_{E\text{-}F1}) + (V_{F2} \times I_{E\text{-}F2}) + (V_{F3} \times I_{E\text{-}F3}) = V_E$$

$$(-10 \times 0.1) + (1 \times 1.0) + (10 \times 0.5) = 5.0$$

Diese Valenz der Ergebnisse (V_E) wird nun noch mit der Erreichenswahrscheinlichkeit (W) des Ergebnisses multipliziert

$$V_E \times W = HT$$

$$5.0 \times 0.20 = 1.0$$

In analoger Weise wurde mit den anderen Werten verfahren.

Tabelle 3.1
Beispiel zur Berechnung der Stärken von Handlungstendenzen für hohe und niedrige Leistungsergebnisse bei drei hypothetischen Personen.

	Valenz der Folgen			Instrumentalität der Ergebnisse für die Folgen			Valenz der Ergebnisse	Erwartung	Stärke der Handlungstendenzen
	MT	AT	LT	MT	AT	LT			
Person 1									
hohe Leistungsergebnisse	–10	1	10	0.1	1.0	0.5	5.00	0.20	1.00
niedrige Leistungsergebnisse	–10	1	10	–0.1	0.1	–0.5	–3.9	0.70	–2.73
Person 2									
hohe Leistungsergebnisse	5	10	1	0.1	1.0	0.5	11.0	0.20	2.20
niedrige Leistungsergebnisse	5	10	1	–0.1	0.1	–0.5	0.0	0.70	0.00
Person 3									
hohe Leistungsergebnisse	10	–1	–1	0.1	1.0	0.5	–0.5	0.20	–0.10
niedrige Leistungsergebnisse	10	–1	–1	–0.1	0.1	–0.5	–0.6	0.70	–0.42

Sämtliche Personen weisen eine stärkere Handlungstendenz für die Alternative hohes Leistungsergebnis auf. Dennoch kommt diese Gemeinsamkeit aufgrund völlig unterschiedlicher Kombinationen der determinierenden Parameter zustande. Alle drei Personen schätzen ihre Erreichenswahrscheinlichkeiten (Erwartung) gleich ein. Die Unterschiede in der Stärke der Handlungstendenzen müssen also begründet sein in den unterschiedlichen Valenzen der Folgen und den unterschiedlichen Instrumentalitäten der Ergebnisse für die Folgen. Person 1 entwickelt offensichtlich deshalb eine relativ starke Handlungstendenz für hohe Leistung, weil die Valenzen für leistungsbezogene Folgen hoch positiv sind und die Person glaubt, daß das Handlungsergebnis, nämlich eine hohe Leistung, in positiver Weise instrumentell ist für die Erreichung dieser Folgen. Person 2 bevorzugt deshalb eine hohe Leistung, weil sie glaubt, die für sie wichtigen und anreizenden anschlußthematischen Folgen dadurch besser erreichen zu können. Hier liegen in erster Linie eine positive Valenz und positive Instrumentalitäten zugrunde. Bei der Person 3 ist die Stärke beider Handlungstendenzen etwa gleich ausgeprägt und gering, da zum einen die Valenzen anschluß- und machtthematischer Folgen gering sind und zum anderen die Instrumentalität der Ergebnisse für das Erreichen der hoch valenzierten machtthematischen Folgen niedrig ist.

Man kann aus diesen Beispielen ersehen, daß eine hohe Leistung nicht unbedingt auf eine hohe Wertschätzung (Valenz) leistungsthematischer Folgen beruhen muß, sie kann vielmehr auch aufgrund ganz anderer Folgen – hier anschlußbezogener – zustande kommen. Das Modell Vrooms bildet einen formalen Bezugsrahmen, in dem solche Sachverhalte abgebildet werden können.

3.3. Der instrumentalitätstheoretische Ansatz von J. O. Raynor

3.3.1. Die Zukunftsorientiertheit leistungsbezogener Handlungen

Raynor (1969, 1974) hat sich der Frage nach der instrumentellen Verknüpfung von Handlungsergebnissen mit weiter in der Zukunft liegenden Zielen direkt innerhalb des Atkinson-Modells zugewandt. In seinen Ansatz gehen die gleichen Modellparameter wie bei Atkinson ein, die jedoch hier mit zusätzlichen Erweiterungen versehen werden. Anders als in dem Modell von Vroom (1964) spielen hier ausschließlich leistungsbezogene Folgen eine Rolle.

Gemäß den theoretischen Vorstellungen Atkinsons (vgl. Kap. 2) ist die Stärke der Motivierung für eine Handlung in Leistungssituationen abhängig von drei Bestimmungsstücken: a) von der subjektiven Wahrscheinlichkeit oder der Erwartung, mit welcher eine auszuführende Handlung zu einem Erfolg oder Mißerfolg führt; b) von der subjektiven Wertschätzung oder dem Anreiz, der dem Erfolgs- oder Mißerfolgsausgang der Handlung vom Individuum vor der Ausführung dieser Handlung selbst beigemessen wird; c) von den zeitlich überdauernden Wertungsdispositionen des erfolgsaufsuchenden und des mißerfolgsmeidenden Motivs.

Darüber hinaus wird in diesem Modell eine lineare und inverse Beziehung zwischen dem Erwartungsparameter und dem Anreizparameter postuliert. Diese eindeutige Determinierung des Anreizwertes von Erfolg und Mißerfolg durch die subjektive Wahrscheinlichkeit ist zweifelsohne eine grobe Vereinfachung. Denn gemäß dieser Theorieeigentümlichkeit müßte der Erfolgsanreiz für die Durchführung einer einfachen, für die Vp unbedeutenden Geschicklichkeitsaufgabe und der Betrag des Erfolgsanreizes bei der Anfertigung einer für den weiteren Studienverlauf wichtigen Semesterabschlußklausur gleich sein, sofern für diese beiden leistungsbezogenen Aufgabenhandlungen die gleiche subjektive Erfolgswahrscheinlichkeit angenommen wird. Es erscheint jedoch eher plausibel, anzunehmen, daß die subjektive Wertschätzung eines Erfolges im letzteren Falle höher veranschlagt werden muß und daß dieses auch Auswirkungen auf die Motivierung hat.

Dieses kleine Beispiel macht auf zusätzliche Momente aufmerksam, die neben der subjektiven Wahrscheinlichkeit den Anreizwert eines Erfolges oder Mißerfolges bei leistungsbezogenen Aufgabenhandlungen mitbestimmen dürften.

So weisen HECKHAUSEN (1968 a) und FISCH (1970) auf die Bedeutsamkeit der zeitlichen Distanz zum Ziel hin, die Leistungsanreize mitbeeinflußt; in ähnlicher Weise versucht RAYNOR (1969, 1974) in einer ausgeweiteten Leistungsmotivationstheorie die Zukunftsorientiertheit leistungsbezogener Handlungen als wichtige Variable bei der Anreizbestimmung zu berücksichtigen. Auf die Theorie von RAYNOR soll im folgenden näher eingegangen werden.

RAYNOR geht in seiner Analyse der bestehenden Ansätze zur Leistungsmotivation davon aus, daß diese Theoriesysteme ein entscheidendes Bestimmungsstück leistungsorientierten Verhaltens vernachlässigen, nämlich die in einem zeitperspektivisch ausgeweiteten Erwartungshorizont verankerte Bedeutung eines Handlungsausganges (Erfolg oder Mißerfolg) für die Möglichkeit des Auftretens damit verbundener Handlungssequenzen, die einem prospektiv wahrgenommenen Oberziel zusteuern.

Diese zukunftsperspektivische Orientierung gegenwärtigen Verhaltens ist seit langem Gegenstand theoretischer Überlegungen (vgl. LEWIN, 1938; HECKHAUSEN, 1963, 1967, 1975 b; NUTTIN, 1964). Daß diese Überlegungen keinen Eingang in bestehende Theoriesysteme der Leistungsmotivation gefunden haben, ist nicht zuletzt dadurch begründbar, daß den in der Regel in Laborexperimenten zu behandelnden Aufgaben kaum eine Bedeutung

für langfristig verfolgte Leistungsziele der Vpn zukommen dürften. Diese experimentelle Verkürzung leistungsthematischer Aspekte des Verhaltens ist um so erstaunlicher, als ursprünglich der langfristigen Verfolgung von Leistungszielen bei der Entwicklung des TAT-Inhaltsschlüssels zur Erfassung des Leistungsmotivs besondere Aufmerksamkeit geschenkt wurde (McClelland, Atkinson, Clark & Lowell, 1953; vgl. hier Kap. 7).
Raynor versucht, die bisher vernachlässigte Variable der Zukunftsorientierung in die bestehenden Theorieansätze zu integrieren. Er verknüpft hierbei die Lewinsche Konzeption des Verhaltens als eine Kette von Einzelschritten in einem zeitperspektivisch ausgeweiteten, zielbezogenen Handlungspfad mit der ursprünglichen Erwartungs x Wert-Theorie der Leistungsmotivation (Atkinson, 1957; Atkinson & Feather, 1966).

3.3.2. Die instrumentalitätstheoretischen Grundannahmen des Modells

Die Grundannahmen der Raynorschen Ausweitung der klassischen Leistungsmotivationstheorie lassen sich etwa wie folgt zusammenfassen: Eine bestimmte Handlung wird hier in zeitlicher Längsschnittperspektive als der unmittelbar nächste Schritt in einem zeitlich ausgedehnten Handlungspfad betrachtet. Ein Handlungspfad setzt sich hierbei zusammen aus einer geordneten Folge von Handlungsschritten. Jeder Handlungsschritt in einem Handlungspfad besteht aus der auszuführenden Handlung selbst und den im Gefolge dieser Handlung auftretenden, erwarteten Handlungsausgängen oder Handlungskonsequenzen. Ein Handlungsschritt ist dann als leistungsorientiert zu betrachten, wenn die auszuführende Handlung in einen Erfolg oder Mißerfolg einmünden kann.
Raynor unterscheidet *kontingente* von *nicht-kontingenten* Handlungspfaden. Kontingente Handlungspfade bezeichnen eine Folge von Handlungsschritten, in der der Handlungsausgang der unmittelbar auszuführenden Handlung weiterführende Handlungsmöglichkeiten eröffnet, die das Erreichen weiter in der Zukunft liegender Leistungsziele sichern. Der Handlungsausgang ist hierbei instrumentell für die Möglichkeit der Ausführung weiterer Handlungsschritte im Pfad, die einem übergeordneten Oberziel zustreben. So ist das Erreichen eines bestimmten Ausbildungsabschnittes notwendige Voraussetzung der Möglichkeit, später eine bestimmte Berufslaufbahn einschlagen zu können; das Erreichen des Ausbildungsabschnittes ist also instrumentell für ein übergeordnetes Berufsziel. Im Gegensatz dazu fehlt in einem nicht-kontingenten Pfad dieser Instrumentalitätsaspekt. Hier sind die einzelnen Handlungsschritte im Pfad nicht derart instrumentell verkettet. Der Handlungsausgang der unmittelbar auszu-

führenden Handlung beeinflußt nicht die Möglichkeit der Ausführung weiterer Handlungen im Pfad.
Welche Auswirkungen ergeben sich nun auf der Grundlage dieser instrumentalitätstheoretischen Ausweitung leistungsorientierten Verhaltens für die Bestimmung des Anreizparameters der ursprünglichen Leistungsmotivationstheorie?
Handlungsausgänge in leistungsbezogenen Handlungsfeldern erhalten nach RAYNOR ihre motivspezifischen Anreizwerte nicht – wie bei ATKINSON – allein auf Grund des unmittelbaren Eintretens von Erfolg und Mißerfolg und den damit einhergehenden antizipierten, affektiven Reaktionen der Erfolgsfreude und der Mißerfolgsunzufriedenheit. Zusätzlich zu diesem – wie RAYNOR es nennt – „intrinsischen Wert" eines Handlungsausganges wird der Anreizwert leistungsorientierter Handlungen bestimmt durch die Bedeutung oder den Wert, der einem Handlungsausgang in einem kontingenten Pfad für das Erreichen weiter in der Zukunft liegender, übergeordneter Leistungsziele zukommt. RAYNOR spricht hier vom „instrumentellen Wert" eines Handlungsausganges. Dieser instrumentelle Wert bezeichnet die Dienlichkeit des Ausgangs einer gegenwärtig ausgeführten Handlung für das Erreichen zukünftiger Ziele. Eine Handlung, die in einen kontingenten Pfad eingebunden ist, wird also *zugleich* von den *unmittelbar erwarteten* Handlungskonsequenzen als auch auf Grund der instrumentellen Verkettung mit *weiterführenden* zielbezogenen Handlungsschritten motiviert.
Der instrumentelle Anreizparameter stellt eine, wie sich im folgenden zeigen wird, bedeutsame Neukonstruktion dar, die sich aufgrund der zukunftsperspektivischen Ausweitung leistungsorientierten Verhaltens als notwendig erweist. Demgegenüber entspricht der intrinsische Anreizwert eines Handlungsausganges dem im Modell ATKINSONs eingeführten Anreizparameter, der vollständig durch die subjektive Wahrscheinlichkeit des unmittelbaren Eintretens von Erfolg und Mißerfolg bestimmt wird.
An dieser Stelle sei nachdrücklich vermerkt, daß dem instrumentellen Anreizwert einer Handlung nur bei Vorhandensein eines kontingenten Handlungspfades eine verhaltensbestimmende Funktion zukommt. Folglich haben für nicht-kontingente Handlungspfade (also für in sich abgeschlossene Handlungsschritte) die ursprünglich von ATKINSON formulierten Vorstellungen zur Vorhersage von Aufgabenwahl, Ausdauer und Leistung Gültigkeit, da hier als Anreizparameter lediglich der intrinsische Wert eines Handlungsausganges die Motivierung zur Handlung bestimmt.

3.3.3. *Formalisierung des* RAYNOR*schen Modells*

Wie bestimmt nun RAYNOR die Motivierung zu einer unmittelbar anstehenden Handlung, die als in einem kontingenten Handlungspfad eingebettet wahrgenommen wird? Er behält das Motivationsmodell von ATKINSON (vgl. Kap. 2) in seinen wesentlichen Bestimmungsstücken bei, erweitert jedoch einige Konzepte im Hinblick auf die Verhältnisse, wie sie sich in kontingenten Handlungspfaden ergeben. Die wohl wichtigste Neuerung besteht darin, daß nicht mehr die subjektive Erfolgswahrscheinlichkeit (W_e), die sich ja nur auf ein einziges Ereignis bezieht, in die Motivationsformel aufgenommen sind, sondern ein Wert für die Instrumentalität (I_e). Dieser Wert bezeichnet die Erwartung, wie sehr ein augenblicklicher Erfolg instrumentell ist für einen zukünftigen Erfolg. Er ergibt sich aus der Multiplikation der subjektiven Erfolgswahrscheinlichkeiten in einem kontingenten Pfad.

$$I_{e1\text{-}n} = W_{e1} \times W_{e2} \times \ldots \times W_{en}$$

I_{e1-n} = Instrumentalität eines erfolgreichen Handlungsausganges für das Auftreten weiterer erfolgreicher Handlungsschritte im Pfad. Der Index (1-n) kennzeichnet die wahrgenommene Ordnung der Schritte im Pfad.

Ganz analog zu den Formulierungen ATKINSONS ist der Anreizwert eines *zukünftigen* Erfolgs (A_{e1-n}) hierzu als Komplementärwert konzipiert (vgl. Kap. 2, Seite 35):

$$A_{e1\text{-}n} = 1 - I_{e1\text{-}n}$$

Der Anreizwert eines *zukünftigen* Mißerfolgs (A_{m1-n}) ist entsprechend gleich dem negativen Wert des instrumentellen Wertes von Erfolg (vgl. Kap. 2, Seite 35):

$$A_{m1\text{-}n} = - I_{e1\text{-}n}$$

Ersetzt man nun die auf Erfolg und Mißerfolg bezogenen Wahrscheinlichkeiten und Anreize aus dem Modell ATKINSONS (Kap. 2; Seite 38) durch diese Instrumentalitäten und Anreize, so ergibt sich für die Gesamthandlungstendenz die folgende Formel, wobei M_e das Erfolgsmotiv und M_m das Mißerfolgsmotiv kennzeichnet:

$$RT = \left(M_e \times \sum_{n=1}^{N} (I_{e1\text{-}n} \times A_{e1\text{-}n})\right) - \left(M_m \times \sum_{n=1}^{N} (I_{m1\text{-}n} \times A_{m1\text{-}n})\right)$$

Die in dieser Formel enthaltenen Summenzeichen weisen auf die zweite Erweiterung in diesem Modell hin: Die Produkte aus den Instrumentalitäten und den Anreizen werden über alle Stufen eines kontingenten Pfades (N) aufsummiert.

Stellt man nun die Gesamthandlungstendenz einer eher erfolgs- ($M_e - M_m = 1$) und einer eher mißerfolgsmotivierten ($M_e - M_m = -1$) Person in Abhängigkeit von der Länge des kontingenten Handlungspfades (N) und

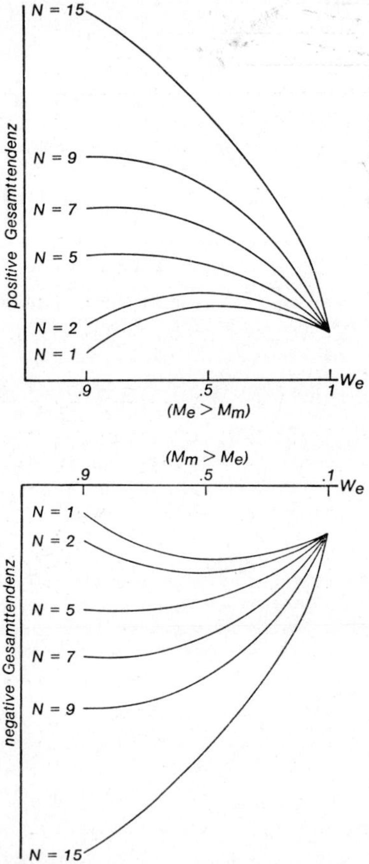

Abbildung 3.2
Schematische Darstellung der angeregten positiven und negativen resultierenden Gesamttendenz in Abhängigkeit von der Länge des Pfades (N), der konstanten subjektiven Erfolgswahrscheinlichkeit (W_e) für jeden Handlungsschritt im Pfad und der Motivausprägung (aus Atkinson & Raynor, 1974, S. 140/141).

der subjektiven Erfolgswahrscheinlichkeit (W_e) dar, so erhält man die in Abbildung 3.2 dargestellten Kurvenscharen. Dabei wird vorausgesetzt, daß die subjektiven Erfolgswahrscheinlichkeiten (W_e) für alle Handlungsschritte konstant bleiben.

Aus den so dargestellten Zusammenhängen lassen sich folgende Schlußfolgerungen ableiten:

(1) Sowohl die positive als auch die negative Handlungstendenz für eine unmittelbar bevorstehende Handlung wächst mit der Anzahl der Handlungsschritte in einem kontingenten Pfad; d. h., je länger der Handlungspfad wahrgenommen wird, um so stärker wird sowohl die erfolgsaufsuchende als auch die mißerfolgsmeidende Motivkomponente angeregt. Das gilt besonders dann, wenn die subjektiven Erfolgswahrscheinlichkeiten der einzelnen Handlungsschritte im kontingenten Pfad sehr hoch sind.

(2) Die Motivierungsunterschiede zwischen den beiden Motivgruppen vergrößern sich mit anwachsender Länge des Pfades und mit ansteigender Höhe der Erfolgswahrscheinlichkeiten der Schritte. Für kurze, nicht-kontingente Handlungspfade sind die Motivierungsunterschiede maximal bei mittleren Erfolgswahrscheinlichkeiten ($W_e = .5$). Für diesen Fall haben die modelltheoretischen Vorstellungen des Atkinson-Modells Gültigkeit.

(3) Erfolgsmotivierte werden eher angesichts langer Pfade mit hoher subjektiver Erfolgswahrscheinlichkeit der einzelnen Handlungsschritte aufsuchend motiviert sein, mißerfolgsängstliche Personen dagegen vergleichsweise eher weniger meidend angesichts kurzer, nicht-kontingenter Handlungspfade mit entweder sehr hohen oder sehr niedrigen Erfolgswahrscheinlichkeiten für die Handlungsschritte bzw. den Handlungsschritt (vgl. die Vorhersagen des Atkinson-Modells, Kap. 2).

(4) Unter der Voraussetzung gleicher Erfolgswahrscheinlichkeiten für jeden Handlungsschritt in einem langen kontingenten Pfad sollten Erfolgsmotivierte eine deutliche Bevorzugung von Handlungsketten mit hoher Wahrscheinlichkeit des Erfolges am Anfang eines Pfades zeigen, da bei einer solchen Wahl die Möglichkeit des frühzeitigen Abbruches der Handlungssequenz im Pfad auf Grund eines möglichen Mißerfolgsausganges gering ist. Demgegenüber sollten überwiegend mißerfolgsängstliche Personen am Anfang eines langen Pfades Aufgabenhandlungen niedriger Erfolgswahrscheinlichkeit wählen, um so dem zeitperspektivisch kumulierten Bedrohtheitscharakter der Handlungssituation nach einem erwarteten Mißerfolg frühzeitig entgehen zu können.

An dieser Stelle sei nochmals betont (vgl. Kap. 2), daß den hier für die Gruppe der mißerfolgsängstlichen Personen abgeleiteten Schlußfolgerungen die Annahme zugrunde liegt, daß diese Personengruppe erst durch andere als leistungsbezogene Motivanreize zur Ausführung von Handlungen in Leistungssituationen genötigt werden muß; denn deren leistungsbezogene Handlungstendenz liegt sonst stets im negativen Bereich.

3.3.4. Die empirische Überprüfung des RAYNOR*schen Modells*

Dieses ausgeweitete Modell läßt empirisch überprüfbare Ableitungen im Hinblick auf Leistungsniveau, Aufgabenwahl und Ausdauer oder Persistenz zu.

Leistung. Die positive resultierende Motivationstendenz erfolgsmotivierter Personen ist angesichts langer Handlungspfade bei Handlungsschritten hoher subjektiver Erfolgswahrscheinlichkeit am stärksten ausgeprägt (s. Abbildung 3.2); folglich sollten Erfolgsmotivierte hier maximale Leistungen bei der Bearbeitung von leistungsbezogenen Aufgaben zeigen. Demgegenüber sollten Mißerfolgsängstliche angesichts langer Handlungspfade mit niedrigen Erfolgswahrscheinlichkeiten vergleichsweise mehr leisten als im Falle hoher Erfolgswahrscheinlichkeiten der Handlungsschritte im Pfad.

RAYNOR & SORRENTINO (1972) haben diese Vorhersagen empirisch überprüft. Die Vpn hatten einfache arithmetische Aufgaben zu lösen, wobei die richtige Lösung einer bestimmten Anzahl von Aufgaben notwendige Bedingung für die Bearbeitung drei weiterer Aufgabenpakete war. Die Aufgaben wurden einer Vpn-Gruppe als leicht ($W_e = .8$), einer anderen Gruppe als mittelschwer ($W_e = .5$) und einer dritten Gruppe als sehr schwer ($W_e = .2$) vorgestellt. Es zeigte sich eine deutliche Leistungsüberlegenheit der erfolgsmotivierten Personen gegenüber den Mißerfolgsmotivierten bei der als leicht bezeichneten Aufgabensequenz. Dagegen waren Leistungsunterschiede bei der Bearbeitung der mittelschweren Aufgaben zwischen den Motivgruppen nicht feststellbar. Bei der Bearbeitung der als schwer eingeführten Aufgabensequenz waren die Mißerfolgsmotivierten den Erfolgsmotivierten jedoch in ihrer Leistung überlegen.

Die Bedeutsamkeit der Zukunftsorientierung gegenwärtigen Verhaltens für die Vorhersage von unterschiedlichen Leistungsniveaus zeigte sich auch in einer mehr praxisbezogenen Studie von ISAACSON & RAYNOR (1966). Hier ergab sich, daß College-Studenten mit einem überwiegend erfolgszuversichtlichen Leistungsmotiv gegenüber mißerfolgsängstlichen Studenten in einem Einführungskurs in Psychologie nur dann besser abschnitten, wenn sie der dort erbrachten Leistung eine entscheidende Bedeutung für ihre weitere Karriere zuerkannten. Im Falle einer geringer wahrgenommenen Instrumentalität von gegenwärtiger Studienleistung und zukünftigem Studien- und Berufserfolg zeigten sich diese differentiellen Effekte der unterschiedlichen Motivausprägungen auf die Studienleistung nicht (vgl. RAYNOR, 1970; RAYNOR, ATKINSON & BROWN, 1974).

zwei Untersuchungen zu Leistung

Ausdauer. Die Handlungsmotivierung ist bei Erfolgsmotivierten angesichts langer kontingenter Handlungspfade mit Handlungsschritten hoher Erfolgswahrscheinlichkeit am stärksten ausgeprägt, während für Mißerfolgsmotivierte eine solche Situation den größten Bedrohtheitscharakter besitzt. Danach müßten erfolgszuversichtliche Personen angesichts eines mittelschweren Handlungsschrittes am Anfang eines Pfades, nach einer Serie von erfolgreichen Handlungsausgängen, größere Ausdauer bei der Bearbeitung weiterer Aufgabensequenzen zeigen als mißerfolgsängstliche Personen. Denn für die Erfolgsmotivierten verschiebt sich der wahrgenommene Schwierigkeitsgrad der Handlungsschritte in diesem Beispiel nach einer Erfolgsserie in den Bereich hoher Erfolgswahrscheinlichkeit für die nachfolgenden Handlungsschritte, also in den Bereich maximaler Motivanregung. Demgegenüber müßte in diesem Bereich die Ausdauer mißerfolgsängstlicher Personen am geringsten sein. Das RAYNORsche Modell kommt also im Falle kontingenter Pfade zu anderen Vorhersagen bezüglich der Ausdauer als das ursprüngliche ATKINSON-Modell, das für die Erfolgsmotivierten maximale Ausdauerbereitschaft dann vorhersagt, wenn sich nach einer Serie erfolgreicher Handlungsausgänge die wahrgenommenen Erfolgswahrscheinlichkeiten dem Punkt mittlerer Aufgabenschwierigkeit annähern.
In einer Studie von RAYNOR & ENTIN (1972) wurden die Modellableitungen der ausgeweiteten Theorie überprüft: College-Studenten hatten eine Reihe mathematischer Aufgaben zu lösen, die als mittelschwer dargestellt wurden. Für eine Gruppe der Vpn war die Aufgabenreihe im Sinne eines kontingenten Pfades strukturiert (das richtige Lösen einer Aufgabe war notwendige Bedingung für die Bearbeitung nachfolgender Aufgaben), während eine andere Gruppe, ungeachtet des gegenwärtigen Handlungsausganges, so viele Aufgaben wie möglich bearbeiten konnte (nicht-kontingenter Pfad). Als Kriteriumsmaß für Ausdauer wurde die Anzahl der angegangenen Aufgaben gesetzt. Es ergab sich: 1. Erfolgsmotivierte zeigten im kontingenten Pfad stärkere Ausdauer als im nicht-kontingenten Pfad. 2. Erfolgsmotivierte arbeiteten im kontingenten Pfad ausdauernder als Mißerfolgsmotivierte. Dies entspricht den Vorhersagen. Die Annahme, daß Mißerfolgsmotivierte im nicht-kontingenten Pfad eine stärkere Ausdauerbereitschaft zeigen sollten als im kontingenten Handlungspfad, konnte nicht bestätigt werden.
Aufgabenwahl. Auf der Grundlage des ausgeweiteten Modells sollten überwiegend erfolgsmotivierte Personen am Anfang eines langen kontingenten Handlungspfades Aufgabenschwierigkeiten hoher Erfolgswahrscheinlichkeit wählen, während Mißerfolgsmotivierte angesichts dieser Aufgabenschwierigkeit die stärkste Meidentendenz zeigen sollten. Diese Motivgruppe sollte eher sehr schwierige Aufgaben bevorzugen. Eine Untersuchung von

Wish & Hasazi (1972) bestätigte dies in eindeutiger Weise. Die Autoren analysierten die Wahl von unterschiedlich schweren Studienprogrammen durch Studenten einer Wirtschaftsschule in Abhängigkeit von deren Motivdisposition. Erfolgsmotivierte bevorzugten dabei überzufällig das leichte Programm, während Mißerfolgsängstliche eindeutig das schwerste Programm wählten.

3.3.5. *Kritische Würdigung des Verhaltensmodells von* Raynor

Ohne Zweifel stellt die instrumentalitätstheoretische Ausweitung der klassischen Leistungsmotivationstheorie durch das Modell Raynors einen entscheidenden Fortschritt in der Theoriebildung dar. Durch die Einbeziehung zukunftsorientierter Aspekte gegenwärtigen Verhaltens und durch die Einbettung von Handlungen in einen zielbezogenen, strukturierten Handlungspfad werden die vereinfachenden Annahmen des Atkinson-Modells an entscheidenden Stellen korrigiert. Jedoch bleibt das Raynorsche Modell den ursprünglichen Vorstellungen leistungsorientierten Verhaltens insofern verhaftet, als die Anreizwerte von Handlungsschritten in einer Handlungskette auch hier ausschließlich durch subjektive Wahrscheinlichkeiten bestimmt werden; denn auch der in die Theorie neueingeführte instrumentelle Anreizwert einer Handlung bleibt streng bezogen auf den Erwartungsparameter der Instrumentalität, die wiederum von der Erfolgswahrscheinlichkeit für die erste Handlung im Pfad und der Anzahl der nachfolgenden Handlungsschritte und deren Erfolgswahrscheinlichkeiten abhängt. Zwei verschiedene Handlungen haben danach immer den gleichen leistungsbezogenen Anreiz, sofern sie in gleich lange Handlungsketten eingebunden sind und ihre subjektive Erfolgswahrscheinlichkeit und die der nachfolgenden Schritte gleich sind. Das erweist sich dann als kritisch, wenn diese Handlungen auf unterschiedliche, in der Zukunft liegende Oberziele zusteuern, deren unterschiedlicher inhärenter Anreizwert auch in diesem Modell keine nähere Berücksichtigung findet. Es erscheint hier erfolgsversprechend, den handlungsmotivierenden Anreiz des Erreichens von unterschiedlichen Oberzielen nicht allein auf erwartungsdeterminierte Anreizwerte einzugrenzen.

3.4. Ein erweitertes kognitives Modell der Leistungsmotivation

In einem Vorschlag von Heckhausen (1975b) werden Begriffe aus der klassischen Leistungsmotivationstheorie (Kap. 2), aus der Instrumentalitätstheorie sowie von Bolles (1972) bzw. Rotter (1955), Weiner (1972),

Heider (1958) und der leistungsthematischen Attribuierungstheorie (vgl. Kap. 4) in einem Gesamtmodell integriert. Dessen Parameter sind in folgendem Schema auf der Basis von vier Grundbegriffen zur Verhaltenserklärung – Situation, Handlung, Ergebnis, Folgen – abgetragen.

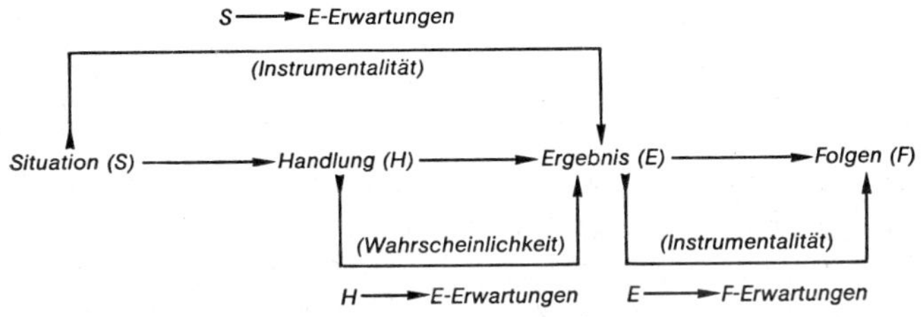

Abbildung 3.3
Schematische Darstellung der drei Arten von Erwartungen im Motivierungsprozeß (nach Heckhausen, 1975 b).

Es handelt sich dabei zunächst um Erwartungen, nämlich daß die Situation von sich aus – ohne Zutun des Handelnden – ein Ergebnis zustande bringt (K_{S-E}) und die Erwartung, mit der der Handelnde glaubt, durch eigenes Handeln das Ergebnis erreichen zu können (K_{H-E}). Die beiden weiteren Parameter sind dann die Instrumentalität, mit der ein Ergebnis eine Folge nach sich zieht (K_{E-F}) sowie der Anreiz von Folgen (A_F). Die Instrumentalität ist identisch mit der von Vroom; der Anreiz von Folgen ersetzt die Valenz von Folgen.
Heckhausen schlägt zur Bestimmung der leistungsthematischen Instrumentalität von Handlungsergebnissen für die leistungsthematischen Ergebnisfolgen einen neuen Erfassungsmodus vor. Er geht davon aus, daß ein Handlungsergebnis dann eine maximale Instrumentalität für das Erreichen leistungsthematisch anreizender Folgen hat (bzw. für das Erreichen leistungsthematischer Motivziele), wenn der Handelnde das Ergebnis im zeitlichen Vorausbezug vollständig auf das Wirken eigener Handlungen zurückführt, d.h., internale Ursachen dafür verantwortlich macht. Im Extremfall einer ausschließlich externalen Ursachenzuschreibung verliert der weitere Motivationsprozeß seinen leistungsthematischen Charakter. Diesen Gedanken kann man in folgendem Index ausdrücken:

$$I_{E\text{-}F} = Ui_E = f\,\frac{K_{H\text{-}E}}{K_{H\text{-}E} + K_{S\text{-}E}}$$

I_{E-F} = hier leistungsthematische Instrumentalität für affektive Selbstbewertungsfolgen.
Ui_E = Grad der internalen Ursachenzuschreibung von Ergebnissen.
K_{H-E} = Erfolgswahrscheinlichkeit (Anteil der Eintretenswahrscheinlichkeit von Ergebnissen, der durch den Handelnden selbst verursacht wird).
K_{S-E} = Instrumentalität der Situation für das Eintreten des Ergebnisses (ohne Berücksichtigung des Anteils, der auf den Handelnden zurückgeht).
K_{H-E} und K_{S-E} machen die Eintretenswahrscheinlichkeit von Ergebnissen aus.

Diese Formel besagt, daß die Instrumentalität von Ergebnissen für leistungsthematische Motivziele ihr Maximum erreicht, wenn $K_{S-E} = 0$ ist; sie erreicht ihr Minimum (0), wenn $K_{H-E} = 0$ ist. Ist also K_{S-E} groß und K_{H-E} klein, dann wird die Instrumentalität für das Erreichen leistungsthematisch anreizender Folgen gering.

Im Rahmen der Leistungsmotivationstheorie ist der erörterte Zusammenhang der aufgeführten Variablen zu spezifizieren. In vielen Leistungssituationen ist die K_{S-E}-Verknüpfung zu vernachlässigen. Dann ist die subjektive Eintretenswahrscheinlichkeit eines Ergebnisses, die sich ansonsten in der Regel aus K_{S-E} und K_{H-E} zusammensetzt, gleich der subjektiven Erfolgswahrscheinlichkeit (K_{H-E}). In einem solchen Fall läßt sich Ui_E nach HECKHAUSEN (1975 b) auch durch die Ausprägung der subjektiven Erfolgs- (K_{H-E}) und Mißerfolgswahrscheinlichkeit ($1 - K_{H-E}$) ausdrücken. K_{H-E} entspricht dabei der Erfolgswahrscheinlichkeit (W_e) bei ATKINSON. Multipliziert man nun – wie HECKHAUSEN vorschlägt – die subjektiven Erfolgs- und Mißerfolgswahrscheinlichkeiten zur Bestimmung des Internalitätsindex (Ui_E), so zeigt sich, daß bei zu vernachlässigender K_{S-E} die leistungsthematische Instrumentalität von Handlungsergebnissen am größten ist bei einer subjektiven Erfolgswahrscheinlichkeit von 0.5.

Ähnlich wie bei VROOM (1964), so werden in dem Modell von HECKHAUSEN die Valenzen von Ergebnissen (V_E) zu wesentlichen handlungssteuernden Bestimmungsgrößen. Sie ergeben sich aus dem Ausmaß, in dem Ergebnisse internal zuschreibbar sind (der Instrumentalität) und dem Anreizwert der leistungsbezogenen Folgen. Hinzu treten, ähnlich wie bei VROOM (1964), auch die Anreize von Folgen, die im eigentlichen Sinne nicht leistungsbezogen sind. Multipliziert man schließlich diese Ergebnisvalenz (V_E) mit der Erfolgswahrscheinlichkeit (K_{H-E}), so ergibt sich der Wert für die Handlungsvalenz (V_H):

$$V_H = K_{H-E} \times V_E$$

Sie bestimmt die Richtung von Entscheidungen, die Intensität von Handlungen und die Ausdauer bei Handlungen. Konsequenzen dieser Überlegungen für die Bestimmung der Handlungstendenz und die Integration bereits vorliegender Befunde auf der Grundlage des erweiterten Modells werden ausführlich in HECKHAUSEN (1975 b) geschildert.

3.5. Implikationen der geschilderten Theorieansätze für eine Erweiterung der Leistungsmotivationstheorie

In den vorauslaufenden Überlegungen ist insbesondere auf die Instrumentalität von Ergebnissen für Folgeereignisse abgehoben worden. In der Motivationstheorie von HECKHAUSEN (1975 b) sind die eigentlichen Motivziele in diesen Folgeereignissen eingebettet. Sie stecken in den Selbstbewertungsvorgängen, zu denen erzielte Leistungsergebnisse Anlaß geben. Der hier benutzte Motivbegriff ist nicht mehr der gleiche wie bei ATKINSON (1957, 1964). Während ATKINSON die beiden Leistungsmotive als Dispositionen definiert, Freude über Erfolg (the disposition to take pride in accomplishment) bzw. Scham bei Mißerfolg (s. HECKHAUSEN, 1963, 1967, 1968) zu erleben, werden sie nun von den weiterreichenden *Folgen* von Handlungsergebnissen her definiert, die eine Person mehr oder weniger gern erreichen möchte. Dies sind hier – im engeren leistungsbezogenen Sinne – die Selbstbewertungsfolgen von Erfolg und Mißerfolg.

Ausgehend von dem stabilen Personmerkmal „Leistungsmotiv" sind – gleichgültig welche Motivdefinition zugrunde gelegt wird – Vorhersagen auf verschiedene Formen von leistungsbezogenem Verhalten gemacht worden. Dreht man diese Sequenz nun um und geht vom Leistungsverhalten aus, so liegt es keineswegs auf der Hand, dies ausschließlich vom Leistungsmotiv determiniert zu sehen. Es gibt deshalb auch keinen vernünftigen Grund dafür, Leistungen und deren Motivation auf nur ein einzelnes Motiv zurückzuführen. Das ist in der Leistungsmotivationstheorie berücksichtigt worden, jedoch mit wenigen Ausnahmen (FRENCH, 1958b; ATKINSON & O'CONNOR, 1966; SCHNEIDER & MEISE, 1973; ATKINSON, 1974 b) nicht zum zentralen Forschungsthema geworden. Bisher ist es auch nicht gelungen, multithematische Motivsysteme theoretisch zu integrieren.

Es erscheint jedoch unter forschungsstrategischen Gesichtspunkten legitim, sich zunächst auf ein Motiv, nämlich das Leistungsmotiv, zu beschränken, so wie die klassische Leistungsmotivationstheorie das getan hat. Nur muß man sich dann im klaren darüber sein, daß nicht Leistungen im allgemeinen, sondern nur eine bestimmte Art von Leistungen, die in enger Verknüpfung zum spezifisch definierten Leistungsmotiv bzw. in einem eng definierten situativen Kontext stehen, erklärt werden können.

Daraus kann man die Konsequenz ziehen, daß die Leistungsmotivationstheorie Leistungen nur dann erklären kann, wenn sie gekoppelt sind an die Wirksamkeit des in ihrem theoretischen Rahmen definierten Leistungsmotivs. D. h., Leistungen in diesem Sinne liegen nur dann vor, wenn sie deshalb erfolgen, weil das erwartete Handlungsergebnis *instrumentell* ist für das Erreichen des leistungsthematischen Motivziels. Davon abzusetzen sind nun Leistungen, deren zugrundeliegende Handlungstendenzen sich aus andersthematischen Motivzielen speisen. Wenn Leistungen und deren Ergebnisse zu macht- und anschlußthematischen Folgen mit hohem Anreizwert (Macht- und Anschlußmotiv hoch) für die handelnden Personen führen, dann entstehen auch starke Handlungstendenzen zur Leistung, selbst wenn der Anreizwert leistungsthematischer Folgen (Leistungsmotiv) gleich null ist oder sogar in den negativen Bereich hineinreicht.

Machtthematische Erfolge z.B. zeigen sich in Handlungsergebnissen, die stark positiv instrumentell sind für das Erreichen von machtthematischen Folgen mit hohem Anreizwert (andere tun das, wozu die handelnde Person sie veranlaßt hat). Dabei spielt es primär keine Rolle, ob das Handlungsergebnis voll und eindeutig auf das eigene Handeln oder auf in der Situation unabhängig vom eigenen Handeln wirkende Kräfte zurückgeführt werden kann.

Nach ATKINSON tragen zum Verständnis von Leistungen neben dem Leistungsmotiv die Erfolgswahrscheinlichkeiten bei. Dabei fehlt es in diesem Modell an der nötigen Klarheit bezüglich der Trennung von zwei Erwartungsaspekten von *Leistungsergebnissen.* Leistungsergebnisse haben nämlich mindestens zwei Determinanten (s. S. 75): Sie können erstens entstehen durch den Handelnden selbst, der dann gleichzeitig als Ursache für das Zustandekommen des Ergebnisses gilt, und sie können zweitens entstehen durch situationale Bedingungen, die von der durch das Ergebnis betroffenen Person kaum mitbestimmt werden können. Diese Variablen wirken natürlich so, wie sie von der handelnden Person wahrgenommen werden. Diese Überlegungen von HEIDER (1958), ROTTER (1966) und MEYER (1973 a) haben zur Entwicklung der leistungsthematischen Attribuierungstheorie geführt, die in Kapitel 4 ausführlich beschrieben wird. Die klassische Leistungsmotivationstheorie ATKINSONS räumt zwar die Möglichkeit internaler und externaler Ursachenzuschreibungen von Handlungsergebnissen ein, bezieht sie jedoch nicht differenziert in die Theoriebildung ein. Sie geht davon aus, daß Ableitungen aus der Leistungsmotivationstheorie nur dann möglich sind, wenn das Handlungsergebnis internal zugeschrieben werden kann. Ungeklärt bleibt, was bei verschiedenen Mischungsverhältnissen von internalen und externalen Erwartungsaspekten passiert. Lediglich FEATHER (1967) hat einen Vorschlag in dieser Richtung gemacht, der jedoch bisher ohne Wirkung blieb.

Die Überlegungen und Studien von RAYNOR (1969, 1974) zur Wirkung zeitlich gestaffelter Folgen weisen auf einen letzten Kritikpunkt hin, wonach die klassische Leistungsmotivationstheorie die Tatsache vernachlässigt, daß die Erwartungsanteile von Motivierungen eingebettet sein können in zeitliche Abfolgen, die bis weit in die Zukunft hineinreichen können.

Die angestellten Erörterungen machen deutlich, daß die traditionelle Theorie der Leistungsmotivation mindestens um drei Konzepte erweitert werden muß, nämlich

a) um die Instrumentalität von Ergebnissen für leistungsthematisch anreizende und andersthematische Folgen;
b) um die Erwartung, daß die Situation das Zustandekommen eines Handlungsergebnisses bewirkt (K_{S-E});
c) um die zeitperspektivische Verkettung von Handlungsergebnisfolgen.

Aus dem erweiterten Modell HECKHAUSENS ableitbare Hypothesen wurden bislang keiner direkten Prüfung unterzogen. Es existieren jedoch Arbeiten, in denen Teilaspekte der erweiterten Konzeption überprüft wurden, so bei HACKMAN & LAWLER (1971), in Studien zum attributionstheoretischen Modell leistungsmotivierten Verhaltens (s. MEYER, 1973 a; WEINER, 1974) und in Arbeiten von RAYNOR (s. ATKINSON & RAYNOR, 1974). In allen Fällen fordern die Befunde nachdrücklich eine Beachtung der beschriebenen Konzepte.

4. Attributionstheoretische Analyse von Erwartung × Nutzen-Theorien[1]

von Bernard Weiner
University of California, Los Angeles

In den vergangenen Jahren haben meine Kollegen und ich ein attributionstheoretisches Modell leistungsmotivierten Verhaltens entwickelt. Obwohl die empirischen Belege für die Fruchtbarkeit des theoretischen Ansatzes auf leistungsbezogenes Verhalten beschränkt sind, so haben wir doch die Hoffnung, ein motivationales Modell zu erstellen, dessen Anwendbarkeit nicht auf den Leistungsbereich beschränkt ist.
Wir haben – sehr allgemein gesprochen – einige Grundgedanken der sozialen Wahrnehmung aufgegriffen, um damit den kognitiven Bezugsrahmen der Erwartung x Nutzen-Theorie zu erweitern: Kausalattribuierungen sind die Eckpfeiler in unserem Modell. Kausalattribuierungen im Zusammenhang leistungsmotivierten Verhaltens beziehen sich vornehmlich auf die wahrgenommenen Ursachen von Erfolg und Mißerfolg.

4.1. Die wahrgenommenen Ursachen von Erfolg und Mißerfolg

Bei der Suche nach wahrgenommenen Ursachen von Erfolg und Mißerfolg ließen wir uns anfänglich durch die Arbeiten von Julian Rotter (1966) und – noch wichtiger – Fritz Heider (1958) leiten. Wir nehmen an, daß Individuen vier Ursachenfaktoren sowohl zur nachträglichen Erklärung als auch zur Voraussage des Ausgangs von leistungsbezogenen Handlungen heranziehen. Diese vier Faktoren sind Begabung, Anstrengung, Aufgabenschwierigkeit und Zufall. Das heißt: um *zurückliegenden* Erfolg und Mißerfolg einer leistungsbezogenen Handlung zu erklären, zieht das Individuum seine eigene Fähigkeit oder die eines anderen Handelnden in Betracht, das Ausmaß der aufgewandten Anstrengung, die Schwierigkeit der Aufgabe und das Ausmaß von Zufallsgegebenheiten (Glück oder Pech).

---

[1] An attributional interpretation of expectancy-value theory. In: B. Weiner (Hg.). *Cognitive views of human motivation.* New York: Academic Press, 1974, S. 51–69 (übersetzt von Wulf-Uwe Meyer und Heinz-Dieter Schmalt). Die Übersetzung und der Nachdruck erfolgte mit freundlicher Genehmigung des Verfassers und des Verlages.

Wir gehen davon aus, daß diesen vier Faktoren Werte zugewiesen werden und daß der Handlungsausgang diesen vier Ursachen in unterschiedlichem Ausmaß zugeschrieben wird. In ähnlicher Weise beruhen Erwartungen *zukünftigen* Erfolgs und Mißerfolgs auf der Beziehung zwischen wahrgenommenem Begabungsniveau und wahrgenommener Aufgabenschwierigkeit, sowie auf einer Einschätzung der intendierten Anstrengung und antizipierten Zufallsgegebenheiten. Natürlich gibt es darüber hinaus andere Ursachen von Erfolg und Mißerfolg, wie zum Beispiel Ermüdung, Stimmungslage, Bevorzugungen durch den Lehrer.
Wir haben aber wiederholt gefunden, daß Begabung, Anstrengung, Aufgabenschwierigkeit und Zufall die allgemeinsten und wichtigsten wahrgenommenen Ursachen leistungsbezogener Handlungsausgänge sind.

4.1.1. Eine zweidimensionale Analyse

Wir haben die Ursachen von Erfolg und Mißerfolg in einem zweidimensionalen taxonomischen System zusammengefaßt (Weiner, Frieze, Reed, Rest & Rosenbaum, 1971; Weiner, Heckhausen, Meyer & Cook, 1972). Begabung und Anstrengung sind Charakteristika der Person oder internale Faktoren, während Aufgabenschwierigkeit und Zufall externale Faktoren sind. Darüber hinaus sind Begabung und Aufgabenschwierigkeit zeitlich relativ stabil oder invariant, während Zufall Variabilität beinhaltet und Anstrengung von einem Augenblick zum anderen herauf- oder herabgesetzt werden kann. Die vier Ursachen lassen sich also in einem 2x2 Klassifikations-Schema beschreiben (s. Tabelle 4.1).

Tabelle 4.1
Klassifikationsschema wahrgenommener Determinanten leistungsbezogenen Verhaltens.

Stabilität über Zeit	Personabhängigkeit	
	internal	external
stabil	Begabung	Aufgabenschwierigkeit
instabil	Anstrengung	Zufall

Nach Tabelle 4.1 ist Begabung eine internale, stabile Ursache; Anstrengung ist eine internale, instabile Ursache; Aufgabenschwierigkeit ist external und stabil; und Zufall ist external und variabel. Einige unserer neuen Arbeiten legen die Vermutung nahe, daß Intentionalität eine dritte Dimension wahrgenommener Verursachung ist und interpersonale Stabilität mög-

licherweise eine vierte Ursachendimension. Diese beiden zusätzlichen Dimensionen werden hier nicht weiter berücksichtigt.
Nachdem eine vorläufige Liste von Ursachenfaktoren und ein taxonomisches System vorhanden war, verfolgten wir zwei Forschungsrichtungen: Analyse der *vorauslaufenden* Informationen, Prozesse und Strukturen, die Ursachenzuschreibungen beeinflussen; und Analyse der *nachfolgenden* Auswirkungen von Ursachenzuschreibungen auf zukünftiges Verhalten. Ich will zuerst ganz knapp auf vorauslaufende Bedingungen von Ursachenzuschreibungen eingehen und dann mein Hauptaugenmerk auf Verhaltensauswirkungen von Ursachenzuschreibungen richten.

4.2. Vorauslaufende Bedingungen

4.2.1. Spezifische Hinweisreize

Die wichtigsten vorauslaufenden Hinweisreize für Ursachenzuschreibungen sind spezifische Informationen wie Häufigkeit zurückliegender Erfolge, soziale Normen, Abfolge von Handlungsresultaten, zur Aufgabenlösung aufgewandte Zeit und so weiter. Schlußfolgerungen über die Begabung sind zum Beispiel hauptsächlich durch Informationen über Anzahl und Art zurückliegender Leistungsresultate determiniert. So lassen wiederholter Erfolg oder Mißerfolg teilweise Rückschlüsse darüber zu, ob eine Person etwas „kann" oder ob sie etwas „nicht kann". Insbesondere lassen Resultatinformationen in Verbindung mit der Betrachtung sozialer Normen Schlußfolgerungen über das Begabungsniveau zu (s. FRIEZE & WEINER, 1971; WEINER & KUKLA, 1970). Wenn zum Beispiel jemand eine Aufgabe erfolgreich bearbeitet, bei der alle anderen Mißerfolg hatten, dann wird die Person in der Regel für sehr begabt gehalten.
Das Ausmaß der Aufgabenschwierigkeit wird im allgemeinen aus sozialen Normen und aus objektiven Aufgabencharakteristika, wie Steilheit eines zu besteigenden Berges oder der Komplexität eines Puzzles abgeleitet. Soziale Normen jedoch werden bei der Beurteilung der Aufgabenschwierigkeit am stärksten gewichtet. So haben wir immer wieder gefunden, daß je größer der Prozentsatz anderer Personen ist, die bei dieser Aufgabe auch Erfolg haben, mit um so größerer Wahrscheinlichkeit der Erfolg eines Individuums der Leichtigkeit der Aufgabe zugeschrieben wird. In ähnlicher Weise wird mit um so größerer Wahrscheinlichkeit der Mißerfolg eines Individuums mit der Schwierigkeit der Aufgabe begründet, je größer der Prozentsatz anderer Personen ist, die bei der Aufgabe ebenfalls Mißerfolg haben.

Schlußfolgerungen über die Anstrengung werden aus einer Reihe beobachtbarer Gegebenheiten abgeleitet, wie etwa der Zeit, die man mit einer Aufgabe zubringt und der wahrgenommenen Muskelanspannung. Darüber hinaus legt die Kovariation eines Resultats mit einem Anreiz nahe, dieses Ergebnis mit dem Faktor Anstrengung zu begründen.
Zufall schließlich wird aus dem offensichtlichen Mangel an eigener Kontrolle über ein Resultat und aus der Variabilität in der Resultatsequenz erschlossen. So wird zum Beispiel die beim Würfelspiel erreichte Punktzahl in der Regel dem Zufall zugeschrieben. Jedoch legt das aufeinanderfolgende, wiederholte Auftreten derselben Punktzahl die Auffassung eigener Kontrolle über den Ausgang nahe und kann zu Ursachenzuschreibungen auf Begabung führen.
Individuen können diese verschiedenen Informationen – wie zurückliegende Anzahl von Erfolgen, soziale Normen, Variabilität der Resultatsequenz und so weiter – zusammenfügen und so zu zuverlässigen Ursachenerklärungen kommen (s. FRIEZE & WEINER, 1971; FRIEZE, 1973).

4.2.2. Kausale Schemata

Unsere Untersuchungsergebnisse zeigen, daß zusätzlich zu spezifischen Hinweisreizen auch kognitive Strukturen – wie kausale Schemata – den Beurteilungsprozeß beeinflussen. Ein kausales Schema als relativ überdauernde Struktur bezieht sich auf die Ansicht, die eine Person über die Beziehung zwischen einem beobachteten Ereignis (einem Effekt) und den wahrgenommenen Ursachen dieses Ereignisses hat (KELLEY, 1972). So zum Beispiel kann man der Meinung sein, daß entweder hohe Begabung *oder* starke Anstrengung zu Erfolg führt. Solche disjunktiven kausalen Beziehungen faßt man unter der Bezeichnung *hinreichendes* Kausalschema zusammen. Jede Ursache kann für sich allein den Effekt hervorrufen. Solch ein Schema wird oft durch typische Ereignisse evoziert, wie zum Beispiel durch Erfolg bei einer leichten Aufgabe (KUN & WEINER, 1973). Erfolg bei einer leichten Aufgabe wird auf hohe Begabung *oder* hohe Anstrengung zurückgehend erlebt. Andererseits kann man der Ansicht sein, daß beides – Begabung *und* Anstrengung – für einen Erfolg notwendig sind. Ein solches *notwendiges* Schema wird oft durch ungewöhnliche Ereignisse evoziert, z.B. durch Erfolg bei einer schweren Aufgabe. Erfolg bei einer schweren Aufgabe erfordert das Vorhandensein von Begabung *und* Anstrengung. Notwendige und hinreichende Schemata führen zu unterschiedlichen Auffassungen über die Ursachen von Erfolg und Mißerfolg.

4.2.3. *Individuelle Voreingenommenheiten*

Es gibt individuelle Differenzen in der Bevorzugung gewisser Faktoren bei der Ursachenerklärung. Alltagsbeobachtungen legen zum Beispiel nahe, daß einige Menschen sehr schnell Zufall zur Ursachenerklärung heranziehen, während andere angeborene oder gelernte Fähigkeiten als Hauptdeterminante von Leistungsresultaten ansehen. Wir haben in Untersuchungen über individuelle Unterschiede von Motivstrukturen nachweisen können, daß das Leistungsmotiv Ursachenerklärungen nachhaltig beeinflußt. Sowohl Korrelationsstudien als auch experimentelle Untersuchungen haben übereinstimmend gezeigt, daß sich Erfolgs- und Mißerfolgsmotivierte durch unterschiedliche Voreingenommenheiten der Ursachenerklärungen auszeichnen (Weiner et al., 1971). Erfolgsmotivierte führen Erfolg auf hohe Begabung und hohe Anstrengung zurück. Mißerfolgsmotivierte weisen für Erfolg keine eindeutigen Attribuierungspräferenzen auf. Mißerfolg andererseits führen Erfolgsmotivierte auf mangelnde Anstrengung zurück, Mißerfolgsmotivierte dagegen auf mangelnde Begabung. Wir werden auf solche individuellen Differenzen in der bevorzugten Ursachenerklärung später noch ausführlicher eingehen.

4.2.4. *Zusammenfassung*

Zusammenfassend (s. Tabelle 4.2) wurde bisher behauptet, daß Erfolg und Mißerfolg auf Begabung, Anstrengung, Aufgabenschwierigkeit und Zufall zurückgeführt werden sowie auf weniger allgemeine Faktoren wie Stimmungslage, Ermüdung, Krankheit und andere. Diese Faktoren lassen sich zwei primären und zwei sekundären Dimensionen zuordnen, nämlich Personabhängigkeit (internal versus external) und Stabilität über Zeit (stabil versus variabel) sowie wahrgenommene willentliche Kontrolle (intentional versus nicht-intentional) und interpersonale Stabilität (stabil versus variabel).

Wichtige Determinanten von Ursachenerklärungen sind spezifische Hinweisreize wie Anzahl zurückliegender Erfolge, soziale Normen, Abfolge von Handlungsresultaten, Aufgabencharakteristika, Verteilung von Resultaten und so weiter. Darüber hinaus beeinflussen kausale Schemata, die sich auf die Unterscheidung notwendiger und hinreichender Ursachen beziehen, sowie individuelle Unterschiede im Leistungsmotiv Ursachenzuschreibungen. Diese Verknüpfungen sind in Tabelle 4.2 zusammengefaßt. Wir haben ebenfalls Belege dafür, daß Bekräftigungs*muster* und Bekräftigungs*häufigkeit* zu Schlußfolgerungen über die Verursachung herangezogen werden, und daß auch Informationen von anderen Personen die wahrgenommene

Tabelle 4.2
Der Attribuierungsprozeß für Erfolg und Mißerfolg.

Vorauslaufende Bedingungen		Kausalfaktoren		Kausale Dimensionen
Spezifische Hinweisreize Anzahl zurückliegender Erfolge soziale Normen Leistungsspitze Abfolge von Handlungsresultaten Dauer von Verhalten Aufgabencharakteristika Variabilität von Resultaten Kovariation von Anreiz und Leistung Kausale Schemata notwendiges Schema hinreichendes Schema Individuelle Voreingenommenheiten Leistungsmotiv Bekräftigungshäufigkeit Bekräftigungsmuster Soziale Rückmeldungen	→	Begabung Anstrengung Aufgabenschwierigkeit Zufall Stimmungslage Ermüdung Krankheit	→	Personenabhängigkeit Intrapersonale Stabilität Intentionalität Interpersonale Stabilität

Verursachung beeinflussen. Diese Forschungsbereiche werden hier jedoch vernachlässigt. Aus Tabelle 4.2 ist ersichtlich, daß kognitive Prozesse wie Informationssuche und Informationsverarbeitung, Kausalattribuierungen und auch kognitive Strukturen eine wichtige Rolle in unserem Modell spielen. Solche kognitiven Prozesse und Strukturen sind von Erwartung x Nutzen-Theoretikern vernachlässigt worden.

4.3. Auswirkungen auf Erwartungen und Affekte

Nach diesem sehr knappen Überblick über vorauslaufende Bedingungen will ich mich nun Auswirkungen von Kausalattribuierungen zuwenden. Ich habe schon weiter oben darauf hingewiesen, daß es eins unserer Ziele war, die Attributionstheorie in den Erwartung x Nutzen-Ansatz zu integrieren. Im folgenden soll überprüft werden, wie Ursachenzuschreibungen Zielerwartungen und Affekte (Anreizwerte) beeinflussen.

4.3.1. Kausalattribuierungen und Zielerwartungen

Zwar spielt das Konzept der Erwartung in kognitiven Motivationstheorien eine zentrale Rolle; es ist aber enttäuschend, daß dessen operationale Verknüpfungen und vorauslaufende Bedingungen bislang so vage geblieben sind. Die erste systematische Analyse der Determinanten von Erwartungen stammt von Tolman (1932). Tolman behauptete, daß Erwartungen einer Belohnung durch Lernerfahrungen und Umgebungsvariablen gemeinsam determiniert sind. Zu den Umgebungsvariablen gehören Häufigkeit und Rezenz der Belohnung. Es wurden also vornehmlich Gesetzmäßigkeiten aus der tierpsychologischen Literatur und der assoziationistischen Psychologie herangezogen, um die Stärke einer Zielerwartung zu erschließen. Überraschenderweise waren die aus Experimenten mit menschlichen Versuchspersonen (Vpn) abgeleiteten Determinanten von Erwartungen und Erwartungsänderungen weniger eindeutig. Im Leistungsbereich wurden die vorauslaufenden Bedingungen von Erfolgserwartungen (subjektiven Erfolgswahrscheinlichkeiten) nicht systematisch untersucht. In der Regel manipulierte man Erwartungen dadurch, daß den Versuchspersonen einfach deren Erfolgswahrscheinlichkeit mitgeteilt wurde. Weniger oft wurden Wahrscheinlichkeiten durch Variation der Häufigkeit zurückliegender Erfolge, der Anzahl von Personen, mit denen man wetteifert, oder der objektiven Schwierigkeit der Aufgabe manipuliert (s. Weiner, 1970). Als einzige Determinanten von Erwartungsänderungen identifizierte man Erfolg und Mißerfolg. Nach Erfolg steigt die Erwartung im allgemeinen an, während sie nach Mißerfolg in der Regel sinkt („typische" Änderungen).
Unsere Untersuchungen dagegen zeigen, daß Ursachenerklärungen von Erfolg und Mißerfolg Richtung und Ausmaß von Erwartungsänderungen entscheidend mitdeterminieren. Ein Mißerfolg zum Beispiel, der mangelnder Begabung zugeschrieben wird, dürfte zu einem stärkeren Abfall der Erwartung, das Ziel zukünftig erreichen zu können, führen als ein Mißerfolg, der mit Pech, Ermüdungserscheinungen oder Stimmungsgegebenheiten erklärt wird. In ähnlicher Weise dürfte ein Erfolg, der Glück zugeschrieben wird, zu einem geringeren Anstieg der subjektiven Erwartung zukünftigen Erfolgs bei der Aufgabe führen als ein Erfolg, der mit hoher Begabung oder der Leichtigkeit der Aufgabe erklärt wird.
Die allgemeinen Beziehungen zwischen Erwartungsänderungen und Ursachenzuschreibungen sind in der Abbildung 4.1 dargestellt. Aus der Abbildung geht hervor, daß Ursachenerklärungen eines Resultates mit stabilen Faktoren größere typische Erwartungsänderungen hervorrufen als Zuschreibungen auf instabile Faktoren. Es wird angenommen, daß diese unterschiedliche Änderung von Erwartungen in Abhängigkeit von der Sta-

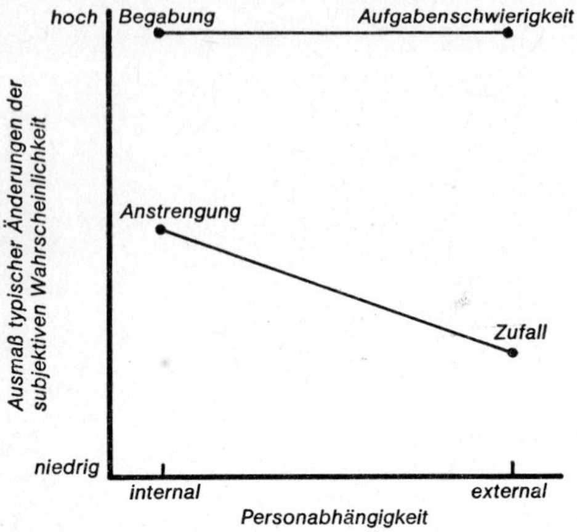

Abbildung 4.1
Hypostasierte Beziehungen zwischen Kausalattribuierungen für Erfolg und Mißerfolg und dem Ausmaß typischer Erwartungsänderungen (Erwartungsanstieg nach Erfolg und Erwartungsabfall nach Mißerfolg).

bilität der Attribuierung sowohl bei internalen (Begabung versus Anstrengung) als auch bei externalen (Aufgabenschwierigkeit versus Zufall) Kausalattribuierungen gegeben ist. Aus Abbildung 4.1 geht aber auch hervor, daß Anstrengungsattribuierungen zu ausgeprägteren typischen Änderungen führen als Zufallsattribuierungen. Denn Anstrengung kann auch als relativ stabil aufgefaßt werden („Er ist ein fauler Mensch"), und auch der Vorsatz, eine Aufgabe zu bewältigen, kann relativ konstant bleiben.

4.3.1.1. Empirische Evidenz

Die in Abbildung 4.1 dargestellten Beziehungen zwischen Kausalattribuierungen und Erwartungsänderungen sind in fünf Experimenten überprüft worden (Fontaine, 1974; McMahan, 1973; Meyer, 1970, 1973 a; Weiner, Nierenberg & Goldstein, 1976; Rosenbaum, 1972). Alle diese Untersuchungen bestätigen die hypostasierten Beziehungen sehr eindeutig. Meyer (1970, 1973 a; teilweise berichtet in Weiner et al., 1972) führte das richtungweisende Experiment durch.
In dieser Untersuchung von Meyer hatten die Vpn bei einer Zahlen-Symbol-Aufgabe entweder konstant Erfolg oder Mißerfolg. Nach jedem einzelnen Durchgang war anzugeben, inwieweit das Resultat auf Begabung, Anstrengung, Aufgabenschwierigkeit und Zufall zurückgeht. Die Prozentangaben für diese vier Faktoren ergänzten sich zu 100 Prozent. Darüber hinaus war jeweils für den nächsten Durchgang die subjektive

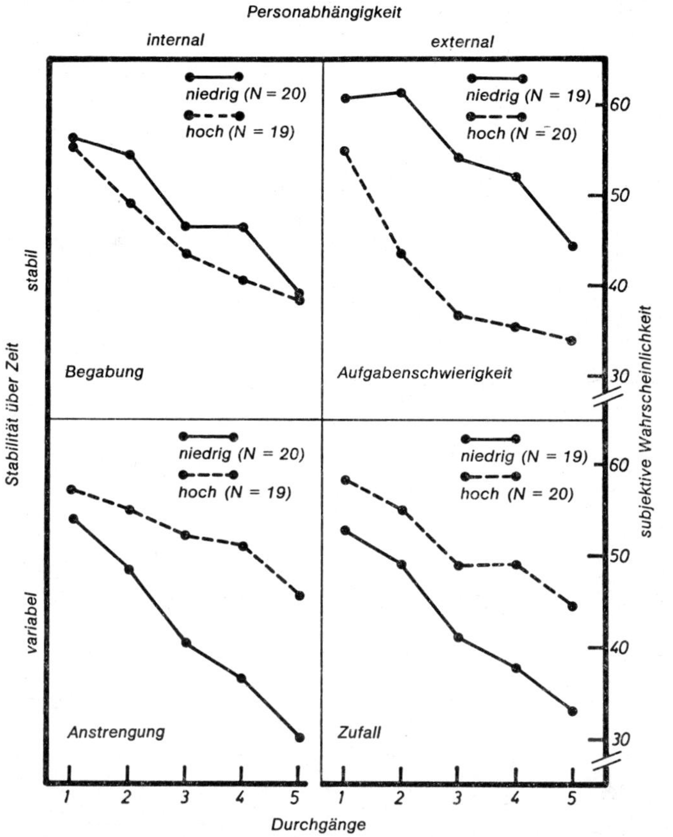

Abbildung 4.2
Erfolgserwartungen als Funktion hoher und niedriger Zuschreibungen von Mißerfolg auf die vier Ursachenfaktoren. Hohe Zuschreibungen besagen, daß mangelnde Begabung, die Schwierigkeit der Aufgabe, Mangel an Anstrengung und Pech die wahrgenommenen Ursachen von Mißerfolg sind (aus Weiner, Heckhausen, Meyer & Cook, 1972, S. 244)

Erfolgswahrscheinlichkeit einzuschätzen. Die Befunde zeigen sehr deutlich, daß in der Mißerfolgsbedingung die subjektiven Wahrscheinlichkeiten niedriger liegen, wenn Mißerfolg mit mangelnder Begabung oder hoher Aufgabenschwierigkeit erklärt wird, als wenn mangelnde Anstrengung oder Pech in ausgeprägter Weise verantwortlich gemacht werden (s. Abbildung 4.2). Zusammenfassend begünstigen Attribuierungen auf die stabilen Faktoren typische Erwartungsänderungen, während Attribuierungen auf die variablen Faktoren das Ausmaß typischer Erwartungsänderungen mindern. In Abbildung 4.3 sind Erwartungsänderungen als Funktion der Attribuierung auf stabile versus instabile Faktoren dargestellt; danach sinken die Erwartungen nach Mißerfolg nur wenig, wenn eher instabile als stabile Faktoren zur Ursachenerklärung herangezogen werden.

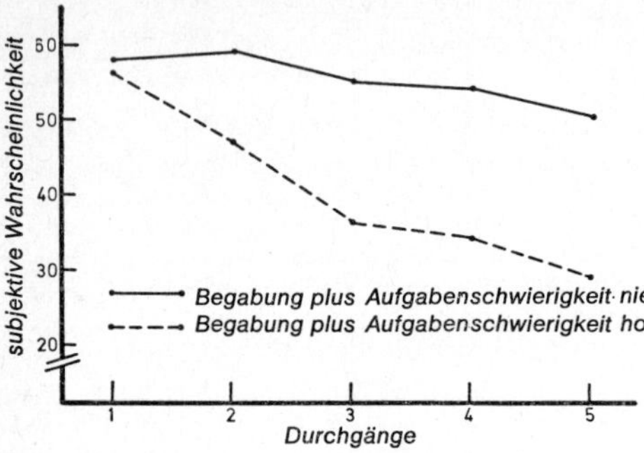

Abbildung 4.3
Erfolgserwartungen als Funktion hoher und niedriger Zuschreibungen auf stabile Faktoren (entspricht niedrigen bzw. hohen Zuschreibungen auf Anstrengungen plus Zufall) (aus Weiner, Heckhausen, Meyer & Cook, 1972, S. 245).

Rotter (1966) hatte früher behauptet, daß typische Erwartungsänderungen dann minimal sind, wenn Bekräftigungen als external kontrolliert wahrgenommen werden (zufallsabhängige Situationen), und maximal sind, wenn Bekräftigungen als internal kontrolliert wahrgenommen werden (tüchtigkeitsabhängige Situationen). Ein Blick auf die Tabelle 4.1 in dieser Arbeit macht deutlich, daß sich Tüchtigkeits- versus Zufallsperzeptionen nicht nur im Hinblick auf Personabhängigkeit unterscheiden, sondern auch im Ausmaß der Stabilität. Die Tüchtigkeit einer Person ist relativ stabil, während Zufall variabel ist. Der Vergleich von Erwartungsänderungen zwischen Aufgabensituationen, die Tüchtigkeits- versus Zufallsperzeptionen der Verursachung nahelegen, vermengen daher beide Kausalitätsdimensionen. Dadurch wird es unmöglich zu entscheiden, ob unterschiedliche Erwartungsänderungen auf Unterschiede in der Personabhängigkeit oder der Stabilität über Zeit zurückgehen. In unseren Untersuchungen haben wir jedoch die Dimension Personabhängigkeit von der Dimension Stabilität über Zeit getrennt, wie es das von Meyer durchgeführte Experiment zeigt. Wir haben nachweisen können, daß Erwartungsänderungen mit der Dimension Personabhängigkeit nicht in Zusammenhang stehen, daß aber enge Beziehungen zur Dimension Stabilität über Zeit gegeben sind.
In einer neueren Untersuchung wurden diese beiden Erklärungsansätze für

Erwartungsänderungen (Personabhängigkeit versus Stabilität über Zeit) direkt gegeneinander ausgespielt. WEINER et al. (1976) induzierten entweder 0, 1, 2, 3, 4 oder 5 Erfolge beim Mosaik-Test. Im Gegensatz zur Untersuchung von MEYER (1970, 1973 a) befanden sich jeweils unterschiedliche Vpn in den einzelnen experimentellen Bedingungen. Nach dem jeweils letzten Erfolgsdurchgang wurden Erfolgserwartungen und Kausalattribuierungen erfaßt.

Zur Messung der Erwartung zukünftigen Erfolgs wurde jede Vp aufgefordert anzugeben, „wie viele der nächsten zehn Muster sie glaube, erfolgreich zu bewältigen". Zur Erfassung von Verursachungsperzeptionen hatten die Versuchspersonen Angaben auf vier LIKERT-ähnlichen Skalen zu machen. Die Endpunkte jeder Skala waren identisch im Hinblick auf die Dimensionen Personabhängigkeit oder Stabilität über Zeit, unterschieden sich aber jeweils im Hinblick auf die alternative Dimension. Eine Attribuierungsfrage lautete zum Beispiel: „Hatten Sie bei dieser Aufgabe Erfolg, weil Sie bei dieser Art von Aufgaben immer gut sind oder weil Sie sich gerade bei dieser Aufgabe besonders stark angestrengt haben?" Die beiden Endpunkte der Skala zu dieser Frage – „bin immer gut" und „habe mich stark angestrengt" – sind identisch im Hinblick auf die Dimension Personabhängigkeit (internal), aber sie unterscheiden sich im Hinblick auf die wahrgenommene Stabilität; Begabung ist nämlich ein stabiler Faktor, Anstrengung ein instabiler. In ähnlicher Weise war zu entscheiden zwischen „habe Glück gehabt" und „habe mich stark angestrengt" (instabile Ursachen, die sich im Hinblick auf Personabhängigkeit unterscheiden), zwischen „diese Aufgaben sind immer leicht" und „habe Glück gehabt" (externale Ursachen, die sich im Hinblick auf Stabilität unterscheiden) sowie zwischen „bin immer gut" und „immer leicht" (stabile Ursachen, die sich im Hinblick auf Personabhängigkeit unterscheiden). Die Beurteilungen waren also *innerhalb* einer einzigen kausalen Dimension vorzunehmen. Das erlaubte eine direkte Überprüfung der Erklärung von Erwartungsänderungen mit Personabhängigkeit versus Stabilität über Zeit.

Tabelle 4.3 zeigt die mittleren Erfolgserwartungen für die Versuchspersonengruppen als Funktion der Anzahl von Erfolgserfahrungen. Die Tabelle zeigt, daß die Erwartung zukünftigen Erfolgs in direktem Zusammenhang mit der Stabilität der wahrgenommenen Ursache der (des) vorauslaufend positiven Leistungsresultate(s) steht. Individuen, die Erfolg in hohem Maße stabilen Faktoren zuschreiben, haben insgesamt höhere positive Erwartungen als Individuen, die Erfolg in vergleichsweise niedrigem Maße auf stabile Ursachenfaktoren zurückführen. Tabelle 4.3 zeigt auch, daß die Dimension Personabhängigkeit in keiner signifikanten Beziehung zu den geäußerten Erfolgserwartungen steht.

Tabelle 4.3
Mittlere Erwartungswerte für Vpn, die als hoch und niedrig nach Stabilität und Personabhängigkeit klassifiziert wurden als Funktion der Anzahl von Erfolgen (aus Weiner, Nierenberg & Goldstein, 1976, S. 62).

Kausale Dimension		Anzahl von Erfolgen 0	1	2	3	4	5	x̄
Stabilität								
hoch			8.18[a]	8.18	8.82	9.00	8.91	8.63
niedrig			6.90	6.60	8.00	8.20	9.00	7.74
	x̄	7.09[b]	7.57	7.43	8.43	8.62	8.95	8.20
Personabhängigkeit (internal)								
hoch			7.91	7.73	8.70	8.60	8.82	8.35
niedrig			7.20	7.10	8.18	8.64	9.10	8.08
	x̄	7.09	7.57	7.43	8.43	8.62	8.95	8.20

[a] N = 10 oder 11 in jeder Zelle
[b] N = 21

Zusammenfassend bestätigen die Befunde dieser Untersuchung deutlich die attributionstheoretische Konzeption der Erwartungsdeterminanten, und sie widersprechen den Voraussagen der Theorie des sozialen Lernens, wie sie von ROTTER vertreten wird. Die Stabilität von Kausalattribuierungen, eher als deren Personabhängigkeit, steht in enger Beziehung zu Erfolgserwartungen. Dieser Zusammenhang zwischen der Stabilität von Kausalfaktoren und der Erfolgserwartung wurde in einer Reihe von Untersuchungen nachgewiesen. Diese Studien wurden in Gruppen- und Einzelversuchen durchgeführt; es wurden sowohl Erfolg als auch Mißerfolg manipuliert; es wurden Versuchspläne mit und ohne Meßwiederholungen benutzt; und es wurden schließlich eine Vielzahl unterschiedlicher Aufgaben in den Experimenten herangezogen sowie unterschiedliche Vorgehensweisen zur Erfassung von Kausalattribuierungen. Während die Pläne der Untersuchungen von MEYER (1970, 1973a) und WEINER et al. (1976) korrelational sind, wurden in anderen bestätigenden Studien die kausalen Determinanten manipuliert (FONTAINE, 1974; ROSENBAUM, 1972). Die Beziehung zwischen der Stabilität von Kausalfaktoren und Erfolgserwartungen ist also gesichert. Ich finde es daher bedauerlich, daß man immer noch den vermeintlichen Zusammenhang zwischen der Dimension Personabhängigkeit und Erfolgserwartungen diskutiert und fortfährt, die internalen Aspekte der wahrgenommenen Verursachung mit den Dimensionen Intentionalität und Stabilität über Zeit zu vermengen.

4.3.2. Kausalattribuierungen und affektive Reaktionen

Kognitive Motivationstheorien gehen im allgemeinen davon aus, daß die Stärke der Motivierung gleichermaßen von der Erwartung, ein Ziel zu erreichen, und der Attraktivität des Zielobjekts abhängt. Je größer die wahrgenommene Wahrscheinlichkeit der Zielerreichung und je größer der Anreizwert des Ziels ist, desto größer ist auch die angenommene Stärke der aufsuchenden Motivation. Es wurde bereits nachgewiesen, daß Zielerwartungen in hohem Maße von der Stabilität der wahrgenommenen Ursachen von Erfolg und Mißerfolg abhängen. Wie sieht nun die Beziehung zwischen Ursachenzuschreibungen und dem Anreizwert bzw. den affektiven Konsequenzen der Zielerreichung aus?

Die hypostasierten Beziehungen zwischen Ursachenzuschreibungen und den affektiven Konsequenzen von Erfolg und Mißerfolg sind in Abbildung 4.4 dargestellt. Abbildung 4.4 zeigt, daß Stolz und Scham maximiert werden, wenn Leistungsresultate internalen Faktoren zugeschrieben werden; und daß sie minimiert werden, wenn Erfolg und Mißerfolg auf externale Faktoren zurückgeführt werden. Dementsprechend sollte Erfolg, der auf hohe Begabung oder starke Anstrengung zurückgeführt wird, mehr Stolz erzeugen, als Erfolg, der auf die Leichtigkeit der Aufgabe oder Glück zurückgeführt wird. In ganz ähnlicher Weise sollte Mißerfolg, der auf

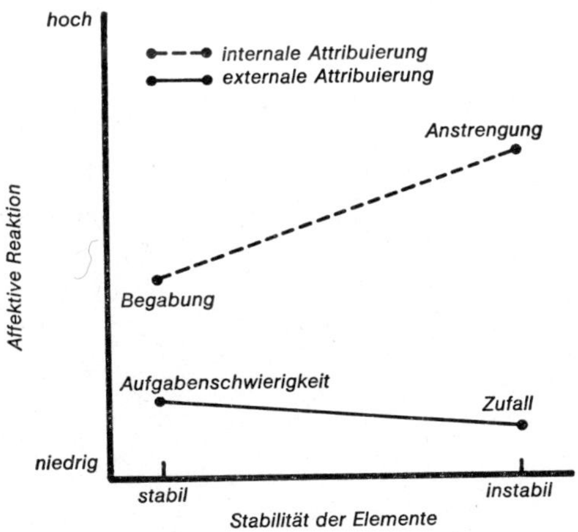

Abbildung 4.4
Hypostasierte Beziehungen zwischen Kausalattribuierungen für Erfolg und Mißerfolg und der Ausprägung leistungsbezogener Affekte der Freude und Scham.

geringe eigene Begabung oder Mangel an Anstrengung zurückgeht zu größerer Scham führen, als ein Mißerfolg, der auf die Schwierigkeit der Aufgabe oder Pech zurückgeführt wird. Zusammenfassend beeinflußt also die Dimension der Personabhängigkeit die affektiven Konsequenzen von Leistungsverhalten. Darüber hinaus geht aus Abbildung 4.4 hervor, daß Kausalattribuierungen auf den Faktor Anstrengung, also einem internalen Faktor, der willentlicher Kontrolle zugänglich ist, positive und negative Affekte für Erfolg und Mißerfolg maximieren. Natürlich kann auch Mißerfolg, der auf externale Faktoren zurückgeführt wird, emotionale Reaktionen wie Wut oder Frustration hervorrufen. Dabei handelt es sich jedoch nicht um die *leistungsbezogenen* Affekte Stolz und Scham, die bei externaler Attribuierung minimiert werden.

4.3.2.1. Empirische Evidenz

In einer paradigmatischen experimentellen Untersuchung sind deutliche Auswirkungen von Anstrengungsattribuierungen auf affektive Reaktionen bereits mit Erfolg nachgewiesen worden. WEINER & KUKLA (1970) forderten ihre Vpn auf, sich vorzustellen sie seien Lehrer, die Schüler zu bewerten hätten. Die Vpn erhielten Informationen über die Fähigkeiten der hypothetischen Schüler (hoch oder niedrig), deren Anstrengungsaufwand (hoch oder niedrig) und über deren Examensleistung (ausgezeichnet, gut, mittelmäßig, mäßiger Mißerfolg, völliger Mißerfolg). Alle 20 möglichen Informationskombinationen (2 Fähigkeitsstufen x 2 Anstrengungsstufen x 5 Ergebnisstufen) wurden zur Bewertung vorgegeben. So war z.B. ein Schüler mit hoher Begabung, niedriger Anstrengung und mäßigem Mißerfolg bei einer Prüfung zu bewerten. Zur Bewertung konnten bis zu 5 Pluspunkte (höchste Belohnung) oder bis zu 5 Minuspunkte (höchste Bestrafung) vergeben werden.

Die Ergebnisse dieser Untersuchung sind in Abbildung 4.5 wiedergegeben. Die Abbildung zeigt zunächst einen Haupteffekt für das Leistungsergebnis: eine gute Prüfungsleistung wird belohnt, während eine schlechte Prüfungsleistung bestraft wird. Darüber hinaus wird hohe Anstrengung positiv bewertet und Mangel an Anstrengung bestraft. Schließlich werden Schüler mit geringer Begabung mehr belohnt und weniger bestraft als Schüler mit hoher Begabung. Deshalb erhalten die Schüler mit geringer Begabung und hoher Anstrengung (-BA) die höchsten positiven Bewertungen. Es sieht so aus, als würde die Überwindung eines persönlichen Handicaps durch harte Arbeit am meisten bewundert, während der Verzicht auf den Einsatz der eigenen Möglichkeiten am schärfsten abgelehnt wird. Dieses generelle Muster von Ergebnissen, wie es in Abbildung 4.5 dargestellt ist, ist bereits in 9 publizierten Experimenten repliziert worden (ESWARA, 1972; KAPLAN & SWART,

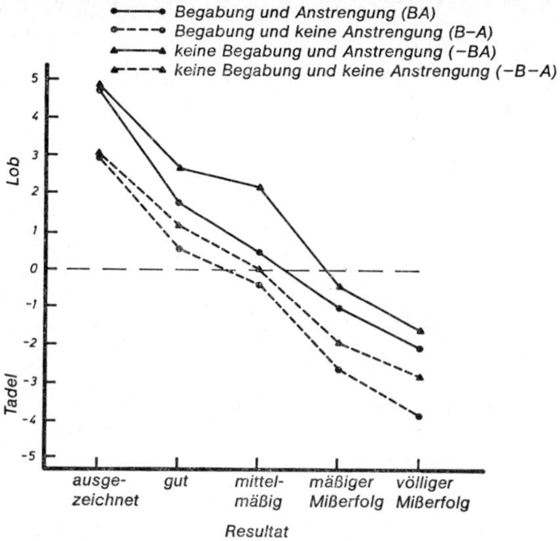

Abbildung 4.5
Bewertung (Lob und Tadel) als Funktion von vorhandener (B) bzw. nicht-vorhandener (-B) Begabung und vorhandener (A) bzw. nicht-vorhandener (-A) Anstrengung von Schülern sowie des Prüfungsergebnisses (nach Weiner & Kukla, 1970, S. 3).

1973; Rest, Nierenberg, Weiner & Heckhausen, 1973; Weiner & Kukla, 1970; Zander, Fuller & Armstrong, 1972).
Diese Replikationsstudien umfassen unterschiedliche Kulturen (Amerika, Indien, Schweiz), unterschiedliche soziale Situationen (Gruppen- versus individuelle Aufgaben), unterschiedliche Aufgabenschwierigkeiten (leicht, mittel oder schwer), Selbst- und Fremdeinschätzungen und schließlich Studien mit und ohne Meßwiederholungen.

4.3.3. Allgemeine Zusammenfassung

Kognitive Motivationstheorien gehen davon aus, daß Handlungen zum einen eine Funktion der Erwartung sind, daß ein Verhalten zum Ziel führt, und zum anderen eine Funktion des Anreizwertes des Zielobjektes. Es ist nun sicher, daß Kausalattribuierungen sowohl die Zielantizipation als auch die affektiven (Anreize oder Bekräftigungs-) Konsequenzen von Erfolg und Mißerfolg beeinflussen. Die Stabilitätsdimension beeinflußt Erwartungsänderungen, die Dimension Personabhängigkeit affektive Reaktionen. Das in Tabelle 4.2 dargestellte allgemeine attributionstheoretische Modell der Leistungsmotivation, kann nun im Hinblick auf die psychologischen Konsequenzen von Kausalerklärungen auf der Stabilitätsdimension und der Dimension der Personabhängigkeit ergänzt werden (vgl. Tabelle 4.4). Die Erwartung x Nutzen-Theorie beinhaltet in der Regel lediglich die letzten beiden Spalten der Tabelle und vernachlässigt dementsprechend viele wichtige kognitive Prozesse. An anderer Stelle (WEINER, 1972) habe ich denn auch die Erwartung x Nutzen-Konzeption als quasi-kognitiv bezeichnet.

Tabelle 4.4
Ein attributionstheoretisches Modell leistungsmotivierten Verhaltens.

Vorauslaufende Bedingungen	Kausalattribuierungen	Kausaldimensionen	dimensionale Konsequenzen	Verhaltenskonsequenzen
spezifische Hinweisreize individuelle Unterschiede Kausalschemata Bekräftigungsraten Bekräftigungspläne	Begabung Anstrengung Aufgabenschwierigkeit Zufall	Stabilität → Personabhängigkeit →	Erwartungsänderungen Affekt	verschiedene Leistungskriterien

4.4. Kausalattribuierung und Leistung

Ich will nun ein Experiment vorstellen, das die gesamten Beziehungen des Modells umspannt und die Auswirkungen von Ursachenwahrnehmungen auf das Leistungsverhalten aufzeigt. Wie erinnerlich ist oben bereits darauf hingewiesen worden, daß Erfolgs- und Mißerfolgsmotivierte unterschiedliche Attribuierungsvoreingenommenheiten für Erfolg und Mißerfolg besitzen und daß diese Kausalattribuierungen Leistungsbemühungen beeinflussen. Daraus folgt logischerweise, daß man dann, wenn man die Erfolgs- und Mißerfolgsattribuierungen der Motivgruppen ändert, damit auch das Leistungsverhalten dieser Gruppen ändert.
WEINER & SIERAD (1975) haben bei Erfolgs- und Mißerfolgsmotivierten die Mißerfolgsattribuierung experimentell manipuliert. Den Vpn wurde bei einer Aufgabe aus dem Zahlen-Symbol-Test viermal hintereinander Miß-

erfolg induziert. Vor der Mißerfolgsinduktion wurde eine Hälfte der Vpn nach Zufall einer Bedingung zugewiesen, wo das Resultat auf ein Medikament zurückgeführt werden konnte, die restlichen Vpn kamen in eine Kontrollbedingung. Den Vpn in der Medikament-Bedingung wurde ein Placebo verabreicht, das angeblich die optisch-motorische Koordination beeinträchtigen sollte, die als notwendig für eine gute Leistung im Zahlen-Symbol-Test beschrieben wurde. Auf diese Weise konnte eigener Mißerfolg auf das Medikament zurückgeführt werden. In der Kontrollbedingung wurde nicht versucht, Attribuierungen zu ändern. Dementsprechend wurden in dieser Bedingung für Erfolgs- bzw. Mißerfolgsmotivierte die nach Mißerfolg typischen Attribuierungen auf mangelnde Anstrengung bzw. mangelnde Begabung erwartet.
Betrachten wir nun, wie die Erwartung x Nutzen-Theorie, zusammen mit der Attributionstheorie, zu Vorhersagen in diesem relativ komplexen Versuch gelangt. Tabelle 4.5 beschreibt die zeitliche Abfolge mediatisierender Ereignisse sowie die hypostasierten Verhaltensauswirkungen für Erfolgs- und Mißerfolgsmotivierte, und zwar sowohl für die Medikament- als auch die Kontrollbedingung. Betrachten wir zunächst die Mißerfolgsmotivierten. Ihre Voreingenommenheit, Mißerfolg auf mangelnde Fähigkeit zurückzuführen, wird durch die experimentelle Manipulation geändert, weil ja in der experimentellen Bedingung Mißerfolg auf die Wirksamkeit des Medikaments zurückgeführt wird. Beides, die mangelnde eigene Fähigkeit und die Medikamentwirkungen werden als stabil über die Zeitdauer des Experiments hin angesehen. Deswegen sollte auch weiterhin Mißerfolg erwartet werden, so daß die Erfolgserwartung in beiden Bedingungen vermutlich gleichermaßen niedrig sein wird. Aber während das Medikament einen externalen Faktor darstellt, ist Fähigkeit ein internaler Faktor, so daß nach Abbildung 4.4 in der experimentellen Bedingung weniger negativer Affekt erlebt werden sollte als in der Kontrollbedingung. Es ist mit weniger Scham verbunden, Mißerfolg aufgrund eines vom Versuchsleiter verabreichten Medikaments zu haben als aufgrund mangelnder eigener Fähigkeit. Auf der Grundlage der Erwartung x Nutzen-Theorie wurde deshalb vorausgesagt, daß Mißerfolgsmotivierte in der Experimentalbedingung bessere Leistungen erzielen als in der Kontrollbedingung. Die Medikamentattribuierung verringert die aversiven Konsequenzen (den negativen Anreizwert) von Mißerfolg und erhöht dadurch die Motivation, die Aufgabe zu bearbeiten.
Betrachten wir nun die Erfolgsmotivierten. Ihre Voreingenommenheit, Mißerfolg auf mangelnde Anstrengung zurückzuführen, wird ebenfalls durch die experimentelle Manipulation geändert, und zwar in Richtung auf eine Medikament-Attribuierung. Die Auswirkungen des Medikaments

Tabelle 4.5
Attributionssequenz und hypostasierte Verhaltensauswirkungen für Erfolgs- (EM) und Mißerfolgsmotivierte (MM) in der Kontroll- und Experimental- (Medikament) Bedingung.

Motivgruppen	MM	MM	EM	EM
Bedingung	Kontroll-bedingung	Experimen-talbedingung	Kontroll-bedingung	Experimen-talbedingung
Erfolgs-attribuierung	mangelnde Fähigkeit	Medikament	mangelnde Anstrengung	Medikament
Erfolgs-erwartung	niedrig	niedrig	hoch	niedrig
negativer Affekt	hoch	niedrig	hoch	niedrig
Leistung	niedrig	hoch	hoch[1]	niedrig

[1] Dies bezieht sich auf die relative Leistung gegenüber der gleichen Motivgruppe in der Alternativbedingung.

werden als stabil über die Zeitdauer des Experiments angesehen, während Anstrengung veränderbar ist. Aus Abbildung 4.1 ergibt sich dementsprechend, daß die Erfolgserwartung in der Experimentalbedingung geringer ist als in der Kontrollbedingung. Anstrengung kann gesteigert werden, die beeinträchtigenden Auswirkungen des Medikaments dagegen können nicht geändert werden. Darüber hinaus ist das Medikament ein externaler Faktor, während Anstrengungsaufwand unter persönlicher Kontrolle steht. Dementsprechend sollte, wie bereits diskutiert, in der Medikamentbedingung nach Mißerfolg weniger negativer Affekt erlebt werden als in der Kontrollbedingung.

Zusammenfassend ist also die Erfolgserwartung in der Medikamentbedingung niedriger als in der Kontrollbedingung; durch die Medikamentattribuierung sind jedoch in der Experimentalbedingung die aversiven Konsequenzen von Mißerfolg verringert. Deswegen ist es schwierig, die relativen Auswirkungen der Medikamentattribuierung auf die *Leistung* genau vorherzusagen. Während nämlich die eine Verhaltensdeterminante (Erwartung) durch die experimentelle Vorgehensweise so geändert worden ist, daß sie Leistung *vermindert,* ist die zweite Verhaltensdeterminante (Affekt) so geändert worden, daß sie Leistung *erhöht.* Zur Vorhersage der Leistungsauswirkungen der Medikamentattribuierung wäre die Kenntnis der relativen Wichtigkeit bzw. Gewichtung der Erwartungs- und Affektdeterminanten des Verhaltens notwendig.

In einer früheren Arbeit (WEINER, 1970) habe ich die Vermutung geäußert, daß Erfolgsmotivierte „realistisch" sind (S. 103). Genauer gesagt habe ich

damals gemeint, daß Erfolgsmotivierte Informationen aus ihrer Umgebung und zukünftige Erfolgswahrscheinlichkeiten stärker gewichten als die vorhergehenden affektiven Verhaltenskonsequenzen. Wenn dies so sein sollte, dann müßte die geringe Erfolgserwartung in der Medikamentbedingung die Leistung stärker dämpfen als daß der verringerte negative Affekt die Leistungsbemühungen anhebt. Die Leistung der Erfolgsmotivierten müßte daher in der Medikamentbedingung niedriger sein als in der Kontrollbedingung. Zusammenfassend haben wir also erwartet, daß die Medikamentattribuierung bei den Mißerfolgsmotivierten zu einer relativen Leistungsverbesserung, bei den Erfolgsmotivierten zu einer relativen Leistungsverschlechterung führen würde.
Die zusammengefaßten Ergebnisse zweier identischer Experimente mit 200 Vpn sind in Abbildung 4.6 dargestellt. Der Motivierungsindex ist die Zunahme in der Leistungsgeschwindigkeit (Anzahl von ZST-Aufgaben pro

Abbildung 4.6
Mittlerer Leistungsanstieg von einem Vortest zu vier nachfolgenden Durchgängen in Abhängigkeit vom Leistungsmotiv (Erfolgsmotivierte: EM; Mißerfolgsmotivierte: MM) und experimenteller Bedingung (M: Medikamentbedingung; K: Kontrollbedingung) (aus Weiner & Sierad, 1975, S. 419).

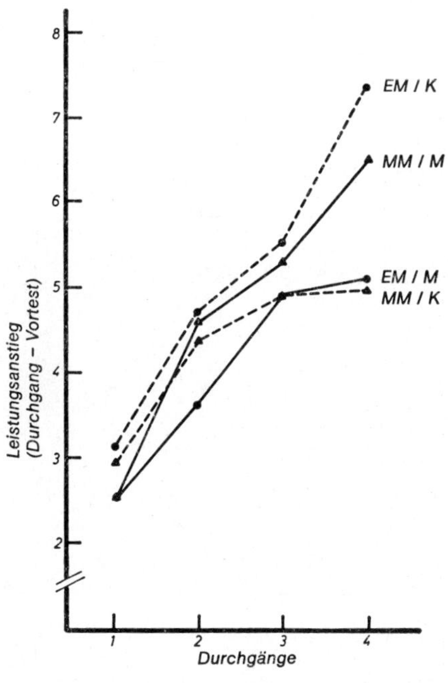

Zeiteinheit) über die Durchgänge hinweg, und zwar relativ zur Leistung im Vortest. Wenn wir zunächst die Daten in der Kontrollbedingung betrachten, so zeigt sich, daß Erfolgsmotivierte eine größere Verbesserung zeigen als Mißerfolgsmotivierte. Dieses Resultat repliziert die in der Literatur mitgeteilten Unterschiede zwischen Erfolgs- und Mißerfolgsmotivierten angesichts von Mißerfolg. Auf der anderen Seite zeigen in der Experimentalbedingung die Mißerfolgsmotivierten die größeren Verbesserungen in der Leistungsgeschwindigkeit.
Eine Prüfung der Daten zwischen den experimentellen Bedingungen, aber innerhalb einer Motivgruppe ergibt, daß Erfolgsmotivierte in der Kontrollbedingung relativ zur Experimentalbedingung (Medikamentattribuierung) bessere Leistungen zeigen, da sie dann nämlich die für sie charakteristischen Attribuierungen (Anstrengungsattribuierungen) beibehalten können. Umgekehrt arbeiten Mißerfolgsmotivierte in der Medikamentbedingung mit größerer Intensität als in der Kontrollbedingung (Fähigkeitsattribuierung). Diese Befunde stehen in Übereinstimmung mit den Hypothesen aus Tabelle 4.5.

4.5. Schlußbemerkung

Zusammenfassend gesehen habe ich eine attributionstheoretische Analyse von Motivierungsvorgängen vorgestellt, die die Erwartung x Nutzen-Theorie ausweitet. Obwohl Kausalattribuierungen die Grundlagen des Modells darstellen, spielen dennoch eine ganze Anzahl anderer höherer Prozesse eine wichtige Rolle bei der Verhaltensdetermination. Dieser breitere kognitive Ansatz kann eine deutliche Alternative zu mechanistischen Ansätzen darstellen, die die Erforschung von Motivationsphänomenen im Humanbereich eine Zeitlang beherrscht und gleichzeitig behindert haben.

5. Leistungsorientiertes Verhalten als Funktion von wahrgenommener eigener Begabung und wahrgenommener Aufgabenschwierigkeit

von Wulf-Uwe Meyer
Universität Bielefeld

5.1. Einleitung

Folgt man einer Einschätzung des gegenwärtigen Standes der Motivationspsychologie von SEARS (1974), dann sind auf dem langen, noch tausendjährigen Weg hin zum vollen Verständnis der Motivation sowohl Mini- als auch Makrotheorien notwendige Schritte. In diesem Kapitel wird versucht, eine Minitheorie zu entwickeln, die einen Beitrag zur Analyse leistungsmotivierter Phänomene liefern soll. Minitheorie deswegen, weil nicht der Versuch unternommen wird, die Vielzahl bereits bekannter und mehr oder weniger gut erforschter Bestimmungsstücke leistungsorientierten Verhaltens in einem umfassenden Modell zu integrieren, wie es bereits von HECKHAUSEN (1975 b) vorgenommen wurde. Vielmehr wird der Einfluß einer lange Zeit vernachlässigten bzw. unentdeckt gebliebenen Verhaltensdeterminanten – des Konzepts eigener Begabung – auf leistungsorientiertes Verhalten zu analysieren und zu formalisieren versucht.
Eine solche Minitheorie, die zunächst einmal mit nur wenigen Bestimmungsstücken operiert, läuft natürlich Gefahr, Verhalten nur unbefriedigend erklären und voraussagen zu können, da der Einfluß anderer, vielleicht gewichtigerer Verhaltensdeterminanten unberücksichtigt bleibt. Minitheorien haben allerdings gegenüber Makrotheorien den Vorteil der leichteren Formalisierbarkeit, was dann die Ableitung präziserer Verhaltensvoraussagen zuläßt und deren Überprüfung bei Kontrolle nur weniger Variablen. Minitheorien lassen sich daher vergleichsweise leichter auf die Probe stellen. Gelingt die Verhaltenserklärung in dem Bereich, auf den die Theorie abzielt, in befriedigender Weise, kann man sicher sein, daß gewichtige Verhaltensdeterminanten in die Theorie aufgenommen sind. Gelingt dagegen die Verhaltenserklärung nur unzureichend oder gar nicht, ergeben sich im allgemeinen mehrere zu überprüfende Alternativen: (a) die Theorie unter Beibehaltung der Bestimmungsstücke in sich zu revidieren;

(b) die Theorie um neue Bestimmungsstücke zu erweitern; (c) einen Teil der ursprünglichen Bestimmungsstücke fallenzulassen (im Extremfall die gesamte Theorie) und nach neuen zu suchen. In den letzten beiden Fällen kann sich der Rückgriff auf bestehende Makrotheorien als fruchtbar erweisen. Das zeitweilige Nebeneinander formalisierter, präzise Voraussagen erlaubender Minitheorien und kohärenter Makrotheorien ist ein *Durchgangsstadium* auf dem Wege zu einer integrierten Theorie leistungsmotivierten Verhaltens.

Das hier vorgestellte Modell nahm seinen Ausgang von einer attributionstheoretischen Analyse leistungsmotivierten Verhaltens, wie sie von WEINER und Mitarbeitern initiiert wurde (s. zusammenfassend WEINER, 1974, und Kapitel 4 dieses Bandes). Bei Durchsicht der einschlägigen Studien über Unterschiede in der Ursachenerklärung von Leistungsresultaten zwischen Erfolgs- und Mißerfolgsmotivierten ergab sich, daß Erfolgsmotivierte Erfolge mehr guter eigener Begabung und Mißerfolge weniger mangelnder eigener Begabung zuschreiben als Mißerfolgsmotivierte. Im Hinblick auf die anderen Ursachenfaktoren ließen sich keine derart konsistenten Unterschiede nachweisen (s. zusammenfassend MEYER, 1973a, S. 146f.). Diese motivabhängigen Divergenzen in der Begabungsattribuierung führten zu der Annahme, daß Erfolgsmotivierte sich als begabter erleben als Mißerfolgsmotivierte und sich beide Personengruppen daher in ihren Konzepten eigener Begabung unterscheiden.

Darüber hinaus legten Befunde zum Zielsetzungsverhalten und zur Risikowahl bei Erfolgs- und Mißerfolgsmotivierten nahe, daß Mißerfolgsmotivierte nicht – wie nach der Theorie ATKINSONS (1957, 1964) zu erwarten – extrem leichte und schwere Aufgaben bevorzugen, sondern daß sie in der Regel ebenso wie Erfolgsmotivierte Aufgaben mittlerer Schwierigkeit wählen, wenngleich diese Bevorzugung auch weniger ausgeprägt ist (s. MEYER, 1973a, S. 166f.; MEYER, FOULKES & WEINER, 1976; SCHNEIDER, 1971a, 1973). Diese dem Modell ATKINSONS widersprechenden Befunde führten zu der Annahme, daß Mißerfolgsmotivierte nicht durch Meidentendenzen charakterisiert sind, sondern daß beide Motivgruppen in gleicher Weise aufsuchende Tendenzen zeigen. Abweichend von der hedonistischen Verhaltenskonzeption ATKINSONS wurde ein für *beide* Motivgruppen charakteristisches Motiv angenommen, neue Informationen über die eigene Begabung zu erlangen, wobei der Informationsgewinn bei Aufgaben mittlerer subjektiver Wahrscheinlichkeit maximal ist (s. hier Abschnitt 5.2).

Ausgehend von diesen Befunden zur Begabungsattribuierung und zur Risikowahl wurde ein Prozeßmodell leistungsorientierten Verhaltens entwickelt. In diesem Modell wurde versucht, Richtung, Dauer und Stärke von Verhalten bei Erfolgs- und Mißerfolgsmotivierten mit einem in beiden

Gruppen gleichen Informationsbestreben sowie mit unterschiedlichen Selbstkonzepten der Begabung zu erklären (MEYER, 1973 a).
Kurz vorher hatte KUKLA (1972) auf den gleichen Sachverhalt unterschiedlicher Begabungskonzepte in beiden Motivgruppen aufmerksam gemacht und war ebenso zu der Annahme gekommen, daß der einzige, motivational bedeutsame Unterschied zwischen Erfolgs- und Mißerfolgsmotivierten in der Höhe der wahrgenommenen eigenen Begabung besteht. In einer attributionstheoretisch fundierten Erwartung x Nutzen-Theorie hat KUKLA die unterschiedliche Intensität von Verhalten in beiden Motivgruppen mit Hilfe motivspezifischer Begabungsperzeptionen zu erklären versucht. Beide voneinander unabhängig erstellten Modelle von MEYER (1973 a) und von KUKLA (1972) weisen eine Anzahl von Gemeinsamkeiten auf und kommen zu grob übereinstimmenden Voraussagen im Hinblick auf die Intensität von Verhalten.
Die Vermutung, daß Unterschiede in der wahrgenommenen eigenen Begabung mit Leistungsmotiv-Unterschieden kovariieren, findet sich bereits bei MOULTON (1967, 1974, 1975). MOULTON kommt zu dieser Hypothese aufgrund verschiedener Studien, die einen Zusammenhang zwischen der Höhe der subjektiven Erfolgswahrscheinlichkeit und der Höhe der erfolgsbezogenen Leistungsmotivation nachwiesen (BRODY, 1963; FEATHER, 1965, 1966; SHRABLE & MOULTON, 1968). Er vermutet, daß diese Beziehung durch unterschiedliche Begabungskonzepte (competence) von Erfolgs- und Mißerfolgsmotivierten bzw. Hoch- und Niedrigmotivierten vermittelt ist; denn die subjektive Wahrscheinlichkeit, eine Aufgabe zu bewältigen, dürfte um so größer sein, je höher die eigene Begabung für diese Aufgabe eingeschätzt wird. Allerdings hat MOULTON diesen angenommenen Zusammenhang nicht direkt überprüft.
Im Folgenden werden zunächst die wichtigsten Bestimmungsstücke des Prozeßmodells von MEYER (1973 a) dargestellt sowie Gemeinsamkeiten mit dem Ansatz KUKLAS (1972) aufgezeigt. In einem nachfolgenden Abschnitt wird das Modell formalisiert sowie schließlich über empirische Studien zur Überprüfung des Modells berichtet.

5.2. Determinanten leistungsorientierten Verhaltens

5.2.1. Das Bestreben, neue Informationen über die eigene Begabung zu erlangen

Zur Erklärung leistungsmotivierten Verhaltens ist MEYER (1973 a) von einem allgemeinen Motiv ausgegangen, neue Informationen über die eigene

Begabung zu erlangen. Diese informative Verhaltenskonzeption steht im Gegensatz zu der hedonistischen Konzeption ATKINSONS (1957, 1964), wonach letztliches Ziel leistungsorientierten Verhaltens die Maximierung positiver bzw. die Minimierung negativer Affekte ist. Die Annahme eines allgemeinen Bestrebens nach Information deckt sich etwa mit der FESTINGERS (1954), wonach es für den Menschen charakteristisch ist, „genau zu wissen, welche Fähigkeiten er hat, was er kann und was er nicht kann" (1954, S. 194). Im engeren Bereich der Leistungsmotivationstheorie haben WEINER, FRIEZE, KUKLA, REED, REST & ROSENBAUM (1971) sowie SCHNEIDER (1971 a, b) Leistungsverhalten mit einem Motiv nach Information zu erklären versucht. WEINER et al. nehmen an, daß Erfolgsmotivierte Aufgaben mittlerer Schwierigkeit deswegen bevorzugen, weil die Bearbeitung solcher Aufgaben am meisten Rückschlüsse über die eigene Fähigkeit zuläßt. SCHNEIDER kommt aufgrund seiner Experimente ebenso zu der Schlußfolgerung, daß bei der Risikowahl nicht die Maximierung oder Minimierung von positivem oder negativem Affekt verhaltenswirksam sei, sondern der Wunsch nach Information.
Nun läßt sich die Wahl von Aufgaben mittlerer Schwierigkeit sowohl mit einer affektiv-hedonistischen wie mit einer informativen Verhaltenskonzeption erklären: denn dieses Verhalten maximiert theoretisch den erwarteten Nutzen (Affekt), und es liefert unter bestimmten Bedingungen auch die meisten fähigkeitsrelevanten Informationen (s. hier Abschnitt 5.2.3.). TROPE & BRICKMAN (1975) allerdings haben den affektiven und informativen Aspekt experimentell getrennt; sie liefern Belege für die Fruchtbarkeit einer informativen Interpretation leistungsbezogenen Wahlverhaltens. Die Autoren konfrontierten ihre Versuchspersonen mit verschiedenen unbekannten Aufgaben, die sich in ihrer Schwierigkeit (leicht, mittel, schwer) und gleichzeitig auch in ihrer Diagnostizität (hoch, niedrig) unterschieden. Diagnostizität war operational dadurch definiert, welchem Prozentsatz von Personen mit hoher und niedriger Begabung es gelingt, eine Aufgabe zu lösen. Der diagnostische Wert einer Aufgabe über die eigene Begabung ist hoch, wenn der Häufigkeitsunterschied zwischen begabten und unbegabten Personen, die die Aufgabe lösen, groß ist; mit kleiner werdendem Unterschied besagt ein Resultat zunehmend weniger über die Begabung einer Person. Die Befunde zeigen, daß in verschiedenen experimentellen Bedingungen Aufgaben hoher Diagnostizität gegenüber solchen mit niedriger Diagnostizität bevorzugt werden. Ist beispielsweise der diagnostische Wert von schweren und von leichten Aufgaben hoch, der von Aufgaben mittlerer Schwierigkeit dagegen gering, dann werden leichte und schwere Aufgaben gegenüber Aufgaben mittlerer Schwierigkeit bevorzugt gewählt. Entsprechend den Voraussagen eines affektiven Modells sollten

die Versuchspersonen jedoch unabhängig von der Diagnostizität weiter Aufgaben mittlerer Schwierigkeit wählen. Die Autoren schlußfolgern aus ihren Befunden, „daß Versuchspersonen in erster Linie das Ausmaß an erwarteter Information über die eigene Begabung maximieren, eher als den erwarteten Wert von Erfolg im motivationalen Sinne der Leistungsmotivationstheorie“ (TROPE & BRICKMAN, 1975, S. 924). In anderen Experimenten, ohne Manipulation der Diagnostizität, werden Aufgaben mittlerer Schwierigkeit im allgemeinen vermutlich deswegen bevorzugt gewählt, weil sie gegenüber allen anderen Aufgaben die höchste Diagnostizität haben, das heißt, am besten zwischen Personen mit hoher und niedriger Begabung zu unterscheiden erlauben.

TROPE (1975) hat in einer an das Experiment von TROPE & BRICKMAN anschließenden Studie neben Diagnostizität und Aufgabenschwierigkeit Unterschiede im Leistungsmotiv als weitere unabhängige Variable berücksichtigt. Es zeigte sich, daß – ganz im Sinne der Theorie ATKINSONS (1957, 1964) – bei Aufgaben mittlerer Schwierigkeit die resultierende gewichtete Valenz $[(Va_e \times W_e) - (Va_m \times W_m)]$ maximal ist (s. Kap. 2 in diesem Band). Betrachtet man jedoch die vorgenommenen Aufgabenwahlen, so zeigt sich, daß nicht diese mittelschweren Aufgaben bevorzugt werden, sondern Aufgaben hoher Diagnostizität gegenüber Aufgaben niedriger Diagnostizität. Diese Präferenz tritt bei Erfolgsmotivierten deutlicher hervor als bei Mißerfolgsmotivierten. TROPE schlußfolgert aus seinen Befunden, die mit dem hedonistischen Modell ATKINSONS nicht vereinbar sind, daß Erfolgsmotivierte stärker an Informationen über die eigene Begabung interessiert seien als Mißerfolgsmotivierte.

Die Befunde von TROPE & BRICKMAN und von TROPE sprechen zwar für die Fruchtbarkeit einer informativen Konzeption leistungsmotivierten Verhaltens; wir sind allerdings der Meinung, daß Aufgaben mittlerer *wahrgenommener Schwierigkeit* – definiert durch soziale Normen – nur dann subjektiv maximale Fähigkeitsinformationen liefern, wenn die Person, wie in den Experimenten von TROPE und TROPE & BRICKMAN, mit der Aufgabe nicht vertraut ist und daher noch keine Einschätzung der eigenen Begabung im Hinblick auf die in Frage stehende Aufgabenart vornehmen kann. Im anderen Falle, d. h. bei Vertrautheit mit der Aufgabenart, ist der Informationswert maximal bei Aufgaben mittlerer *subjektiver Erfolgswahrscheinlichkeit.*

In den nachfolgenden beiden Abschnitten wird darauf näher eingegangen. Zunächst wird das Konzept der subjektiven Erfolgswahrscheinlichkeit vorgestellt, um dann auf den Informationswert von Aufgaben mittlerer wahrgenommener Schwierigkeit und mittlerer subjektiver Erfolgswahrscheinlichkeit zurückzukommen.

5.2.2. *Das Konzept der subjektiven Erfolgswahrscheinlichkeit*

Im theoretischen Ansatz von ATKINSON (1957, 1964) beispielsweise wird davon ausgegangen, daß das Individuum einer Aufgabe einen und nur einen Wert der subjektiven Erfolgswahrscheinlichkeit zuordnet (MEYER, 1973a, S. 160f.); die Determinanten der Wahrscheinlichkeit bleiben bei ATKINSON weitgehend unerörtert. KUKLA (1972) und MEYER (1973a) haben demgegenüber unabhängig voneinander darauf hingewiesen, daß das Ausmaß der probehandelnd vorweggenommenen bzw. der nach einem Entschluß intendierten Anstrengung eine wichtige Determinante der subjektiven Erfolgswahrscheinlichkeit ist und daß in Abhängigkeit von Variationen des probehandelnd vorweggenommenen bzw. des intendierten Anstrengungsaufwandes derselben Aufgabe *unterschiedliche* Erfolgswahrscheinlichkeiten zugeordnet werden können. Bei ausschließlich als tüchtigkeitsabhängig wahrgenommenen Aufgaben ist die subjektive Erfolgswahrscheinlichkeit W_e für die Aufgabe i der Aufgabenklasse k eine Funktion der wahrgenommenen Schwierigkeit (S) dieser Aufgabe, der wahrgenommenen eigenen Begabung (B) für den Aufgabentyp k sowie der momentan vorweggenommenen bzw. der nach einem Entschluß intendierten Anstrengung (a)[1] bei dieser Aufgabe (MEYER, 1973a, S. 160):

$$W_{e_{ik}} = f\,(S_{ik}, B_k, a_{ik})$$

Wahrgenommene Aufgabenschwierigkeit ist dadurch definiert, für wie hoch die Person die Lösungswahrscheinlichkeit der Aufgabe für die soziale Bezugsgruppe einschätzt, der sie sich selbst zurechnet (Prozent erfolgreicher Personen). Ist das Ausmaß der probehandelnd vorweggenommenen oder der intendierten Anstrengung und die wahrgenommene Aufgabenschwierigkeit über verschiedene Personen hinweg gleich, dann ist W_e für diejenigen Personen höher, die ihre Begabung als hoch wahrnehmen als für diejenigen Personen, die ihre Begabung als niedrig wahrnehmen. Wenn weiterhin verschiedene Personen eine Aufgabe als gleich schwierig wahrnehmen und sich in ihrer Begabungseinschätzung nicht unterscheiden, dann ist W_e für diejenigen Personen höher, die bei der Aufgabe hohe Anstrengung intendieren als für diejenigen, die niedrige Anstrengung intendieren. Wenn schließlich die wahrgenommene Begabung und das Ausmaß der intendierten Anstrengung über verschiedene Personen gleich sind, dann ist W_e für

[1] Die probehandelnd vorweggenommene bzw. die intendierte Anstrengung wird zur Unterscheidung von der tatsächlich aufgewandten Anstrengung (A) durch den Kleinbuchstaben a symbolisiert.

die Personen höher, die mit einer als leicht wahrgenommenen Aufgabe konfrontiert sind als für die Personen, die mit einer als schwer wahrgenommenen Aufgabe konfrontiert sind. Belege dafür, daß bei maximaler, probehandelnd vorweggenommener Anstrengung Versuchspersonen mit hoher wahrgenommener eigener Begabung W_e über mehrere Schwierigkeitsstufen hinweg höher einschätzen als Versuchspersonen mit niedriger wahrgenommener eigener Begabung, liefern mehrere Studien (BUCKERT, 1976; MEYER, 1975; MEYER et al., 1976; MEYER & HALLERMANN, im Druck).

Diese Konzeption der subjektiven Erfolgswahrscheinlichkeit unterscheidet sich deutlich von der in den klassischen Erwartung x Nutzen-Theorien, worauf auch KUKLA (1972, S. 456 f.) nachdrücklich hingewiesen hat. So ist in der Theorie ATKINSONS W_e eine allen Entscheidungen *vorauslaufende* Kognition. Davon abweichend wird W_e hier als eine bestimmten Entscheidungsprozessen *nachfolgende* Kognition aufgefaßt. Die subjektive Wahrscheinlichkeit von Erfolg ist dem Individuum endgültig erst dann bekannt, wenn es sich für eine bestimmte Anstrengungsintensität entschieden hat.

In vielen einschlägigen Experimenten im Zusammenhang der Überprüfung der Theorie ATKINSONS (1957, 1964) wird das Bestimmungsstück W_e der Theorie durch vorgegebene, meist fiktive soziale Normen (Aufgabenschwierigkeit) operationalisiert (z. B. FEATHER, 1961; WEINER, 1965). Häufig werden die Begriffe Aufgabenschwierigkeit (S) und subjektive Erfolgswahrscheinlichkeit sogar synonym gebraucht (s. ATKINSON, 1964). Eine solche Gleichsetzung ist entsprechend der Analyse dieses Abschnitts jedoch unzulässig, da die wahrgenommene Aufgabenschwierigkeit nur eine von mehreren Determinanten der subjektiven Erfolgswahrscheinlichkeit ist.

5.2.3. Informationsgewinn, wahrgenommene Aufgabenschwierigkeit und subjektive Erfolgswahrscheinlichkeit

Erfolg und Mißerfolg liefern maximale Informationen über die eigene Begabung, wenn W_e einer Aufgabe annähernd .50 beträgt, unter der Voraussetzung allerdings, daß das Ausmaß der probehandelnd vorweggenommenen Anstrengung als Determinante von W_e sehr hoch ist (MEYER, 1973 a). Nur unter dieser Bedingung liefern positive *und* negative Resultate Begabungsinformationen; andernfalls dürften Mißerfolge vom Individuum auch mit Anstrengungsmängeln in Kausalzusammenhang gebracht werden.

Erfolge bei einer Aufgabe von $W_e > .50$ und Mißerfolg bei einer Aufgabe von $W_e < .50$ liefern zunehmend weniger neue Informationen über die eigene Begabung, je mehr sich W_e den Endpunkten des Wahrscheinlichkeitskontinuums nähert. Denn der subjektiv zunehmend sicherer werdende

Erfolg bzw. Mißerfolg liefert dann prospektiv entweder Informationen über die Leichtigkeit bzw. Schwierigkeit der Aufgabe oder aber bestätigt bereits etablierte Begabungsperzeptionen.

WEINER et al. (1971; WEINER, 1972) sowie TROPE & BRICKMAN (1975) und TROPE (1975) haben im Rahmen der Leistungsmotivationstheorie den Informationswert von Erfolg und Mißerfolg über die eigene Begabung nicht von der subjektiven Wahrscheinlichkeit abhängig gemacht, sondern von der durch soziale Normen definierten wahrgenommenen Aufgabenschwierigkeit. Nach Überlegungen von WEINER et al. sollen Aufgaben hoher und niedriger Schwierigkeit verglichen mit Aufgaben mittlerer Schwierigkeit relativ wenig begabungsrelevante Informationen liefern, da ein mit sozialen Normen konsistentes Resultat externale Ursachenfaktoren zur Erklärung nahelegt. Das heißt, Erfolg in Übereinstimmung mit den Erfolgen anderer Personen (leichte Aufgabe) bzw. Mißerfolg in Übereinstimmung mit den Mißerfolgen anderer Personen (schwere Aufgabe) führt – entsprechend dem von KELLEY (1967) formulierten Kovariationsprinzip – zu der Schlußfolgerung, daß der Erfolg bzw. Mißerfolg aufgrund der Leichtigkeit bzw. der Schwierigkeit der Aufgabe zustande gekommen ist, da keine oder nur eine geringe Variation des Resultates über verschiedene Personen gegeben ist. Bei Aufgaben mittlerer Schwierigkeit dagegen, bei der ungefähr die Hälfte der Bearbeiter Erfolg bzw. Mißerfolg hat, ist die Übereinstimmung des Resultates mit dem anderer Personen gering, was den Schluß nahelegen soll, daß das Resultat aufgrund von Faktoren der eigenen Person zustande gekommen ist. Die Befunde der Arbeiten von WEINER, HECKHAUSEN, MEYER & COOK (1972, Exp. III) und MEYER et al. (1976, Exp. I und II) bestätigen diese Vermutungen.

In beiden Arbeiten waren die unterschiedlich schweren Aufgaben allerdings nicht näher spezifiziert und der Versuchsperson die Aufgabenart und die eigene Begabung für die Aufgabe somit unbekannt. Für solche Situationen mangelnder Vertrautheit mit der Aufgabe und eines fehlenden Konzeptes eigener Begabung für die Aufgabe wird es offensichtlich als günstigste Strategie der Informationsmaximierung angesehen, solche Aufgaben zu wählen, die durch soziale Normen als mittelschwer definiert sind. Das dürfte allerdings dann nicht mehr der Fall sein, wenn die Person mit der Aufgabe mehr oder weniger vertraut ist und daher ihre Begabung sowie Erfolgswahrscheinlichkeiten subjektiv mehr oder weniger valide einschätzen kann. Denn einer Aufgabe mittlerer Schwierigkeit kann bei als sehr niedrig wahrgenommener eigener Begabung (auch unter der Voraussetzung sehr hoher, probehandelnd vorweggenommener Anstrengung) durchaus eine subjektive Erfolgswahrscheinlichkeit von nahezu Null zugeordnet werden, derselben Aufgabe bei als sehr hoch angenommener Begabung ein entspre-

chender Wert von nahezu Eins. In beiden Fällen liefert aber der subjektiv fast sichere Mißerfolg bzw. Erfolg prospektiv keine neuen Informationen über die eigene Begabung, sondern bestätigt lediglich das vorhandene Begabungsperzept. Eine möglichst genaue Einschätzung der eigenen Begabung bei vorhandenem, subjektiv *nicht völlig validem* Begabungskonzept ermöglicht im zeitlichen Vorausbezug die Bearbeitung von Aufgaben mit einer Erfolgswahrscheinlichkeit von nahezu .50, unter der Voraussetzung allerdings, daß die probehandelnd vorweggenommene Anstrengung als Determinante der Erfolgswahrscheinlichkeit sehr hoch ist.
Es sind also im Hinblick auf das Erlangen begabungsrelevanter Informationen grob zwei Fälle zu unterscheiden: der Fall fehlender Vertrautheit mit einer Aufgabenart und damit zusammenhängend das Fehlen eines Konzepts eigener Begabung für die in Frage stehende Aufgabenart sowie der Fall bestehender Vertrautheit mit einer Aufgabenart und damit zusammenhängend eines subjektiv mehr oder weniger validen Begabungskonzepts. Im ersteren Fall ist es die effizienteste Strategie, zunächst einmal Aufgaben mittlerer Schwierigkeit zum Bearbeiten zu wählen, um zu einer Einschätzung der eigenen Begabung zu gelangen und in Abhängigkeit von Erfolg bzw. Mißerfolg zur genaueren Eingrenzung der eigenen Begabung Aufgaben höherer bzw. niedriger Schwierigkeit in Angriff zu nehmen. Im letzteren Fall dagegen liefert die Bearbeitung von Aufgaben mittlerer subjektiver Erfolgswahrscheinlichkeit in optimaler Weise neue Informationen über die eigene Begabung, vorausgesetzt, die probehandelnd vorweggenommene Anstrengung ist hoch.
Die folgenden Überlegungen beziehen sich ausschließlich auf den zweiten Fall: es wird davon ausgegangen, daß das Konzept eigener Begabung subjektiv noch nicht völlig valide ist, da bei bereits fest etablierten Begabungsperzeptionen das Informationsmotiv nicht mehr angeregt wird.

5.2.4. Anstrengungskalkulation

In dem nicht formalisierten Prozeßmodell ist MEYER (1973a) davon ausgegangen, daß Personen – bevor sie eine Aufgabe in Angriff nehmen – Nutzenerwägungen anstellen, ob durch Anstrengungseinsatz neue Informationen über die eigene Begabung zu erhalten sind oder nicht, d.h., ob der Einsatz von Anstrengung unter dem Aspekt der Motivbefriedigung lohnt oder nicht. Wir haben diesen Prozeß mit *Anstrengungskalkulation* bezeichnet. Wie bereits gezeigt, ist unter der Voraussetzung hoher *probehandelnd vorweggenommener* Anstrengung der Informationswert von Leistungsresultaten subjektiv maximal bei Aufgaben, denen eine Erfolgswahrscheinlichkeit von etwa .50 entspricht. Wir nehmen daher an, daß – wenn mehrere Aufgaben unterschiedlicher wahrgenommener Schwierigkeit zur Wahl stehen und das Informationsmotiv angeregt ist – die Aufgabe gewählt wird, deren Erfolgswahrscheinlichkeit unter der Voraussetzung hoher probehandelnd vorweggenommener Anstrengung am nächsten bei .50 liegt. Wir nehmen ebenfalls an, daß das Ausmaß der *intendierten* und der *aufgewandten* Anstrengung bei diesen Aufgaben am größten ist und daß die intendierte bzw. aufgewandte Anstrengung über verschiedene Aufgaben hinweg in dem Maße abnimmt, wie sich deren Erfolgswahrscheinlichkeiten – ausgehend von .50 – den Endpunkten des Wahrscheinlichkeitskontinuums nähert.

Bei gleicher wahrgenommener Schwierigkeit einer Aufgabe und gleichermaßen hoher, probehandelnd vorweggenommener Anstrengung kommen Personen mit unterschiedlichen Perzeptionen der eigenen Begabung zu unterschiedlichen Einschätzungen der subjektiven Erfolgswahrscheinlichkeit (s. Abschnitt 5.2.2). Wird die eigene Begabung für die in Frage stehende Aufgabe als hoch angenommen, liegt die Erfolgswahrscheinlichkeit höher, als wenn die eigene Begabung als niedrig eingeschätzt wird. Es sind daher unterschiedliche Aufgaben, die von Personen mit als hoch und niedrig angenommener Begabung gewählt werden und bei denen hohe Anstrengung aufgewandt wird.

Wird eine Aufgabe als *sehr schwer* wahrgenommen (z. B. 10 % erfolgreicher Personen), dann dürfte bei Personen, die ihre Begabung als sehr gering annehmen, die subjektive Erfolgswahrscheinlichkeit (selbst unter hoher vorweggenommener Anstrengung) nahe Null liegen und daher Anstrengungseinsatz aufgrund der als niedrig angenommenen Begabung als nutzlos erlebt werden. Wird dagegen die eigene Begabung als sehr hoch eingeschätzt, dann dürfte bei derselben sehr schweren Aufgabe die Erfolgswahrscheinlichkeit höher – möglicherweise nahe .50 – liegen und hohe Anstrengung dann als lohnend zur Zielerreichung und zur Gewinnung der damit verbundenen begabungsrelevanten Informationen erachtet werden.

Wird auf der anderen Seite eine Aufgabe als *sehr leicht* (z. B. 90 % erfolgreicher Personen) und die eigene Begabung gleichzeitig als sehr hoch wahrgenommen, dann dürfte die subjektive Erfolgswahrscheinlichkeit selbst bei relativ niedriger, probehandelnd vorweggenommener Anstrengung bei Eins liegen und der Einsatz starker Anstrengung daher aufgrund der als hoch angenommenen Begabung als nicht lohnend bzw. notwendig erlebt werden. Wird dagegen die eigene Begabung als sehr niedrig eingeschätzt, dann dürfte bei derselben sehr leichten Aufgabe die Erfolgswahrscheinlichkeit niedriger – möglicherweise nahe .50 – liegen und der Einsatz starker Anstrengung dann als notwendig und lohnend zur Gewinnung begabungsrelevanter Informationen erachtet werden.

5.2.5. Universalistische kognitive Strukturen als Grundlage der Anstrengungskalkulation

Der Anstrengungskalkulation liegen vermutlich interindividuell weitgehend übereinstimmende Vorstellungen über das Zusammenwirken der Faktoren Begabung, Anstrengung und Aufgabenschwierigkeit im Hinblick auf das Zustandekommen eines Effekts bei einer gegebenen Aufgabe zugrunde. KELLEY (1972, 1973) hat solche Vorstellungen *kausale Schemata* genannt. Er unterscheidet unter anderem ein Schema für *„multiple sufficient causes"* von einem Schema für *„multiple necessary causes"*. Damit ein Effekt (Erfolg) zustande kommt, wird es im ersteren Fall als *hinreichend* angesehen, wenn *einer* der beiden Ursachenfaktoren Begabung oder Anstrengung in hohem Maße vorhanden ist. Im letzteren Fall wird eine hohe Ausprägung *beider* Faktoren als *notwendig* angesehen, damit ein Effekt eintritt. KELLEY (1972, S. 6) vermutet, daß die Erklärung von Erfolg bei leichten Aufgaben nach einem Schema für „multiple sufficient causes" erfolgt, die Erklärung von Erfolg bei einer schweren Aufgabe dagegen nach einem Schema für „multiple necessary causes", was von KUN & WEINER (1973) weitgehend bestätigt werden konnte.
Folgt man KELLEY (1973), dann sind solche mehr oder weniger universellen Vorstellungen über das Zusammenwirken von Ursachenfaktoren besonders bei der Erklärung *bereits eingetretener* Effekte wirksam. Darüber hinaus betont KELLEY aber auch die Reversibilität kausaler Schemata. Das heißt, kausale Schemata ermöglichen bei Kenntnis des eingetretenen Effektes und des Ausprägungsgrades eines potentiellen Ursachenfaktors nicht nur (subjektiv mehr oder weniger valide) Rückschlüsse über den Ausprägungsgrad des zweiten; sie ermöglichen darüber hinaus auch Voraussagen über *zukünftige* fremde Handlungsresultate, wenn Informationen über die Schwierigkeit der Aufgabe, die Begabung und über das Ausmaß der intendierten Anstrengung vorliegen[2]; und sie ermöglichen weiterhin die Kalkulation des eigenen Anstrengungsaufwandes in Abhängigkeit von wahrgenommener Begabung und wahrgenommener Aufgabenschwierigkeit, um einen bestimmten Effekt zu erzielen. Kausale Schemata sind als weitgehend universelle kognitive Strukturen Grundlage der Anstrengungskalkulation anzusehen.

---

[2] Diese Voraussagen müssen keineswegs zutreffend sein. Denn die vorliegenden Informationen über die Schwierigkeit der Aufgabe können falsch sein; ebenso kann die eigene (oder fremde) Begabung falsch eingeschätzt werden.
Es ist für die Voraussage von Handlungsresultaten auch nicht in allen Fällen notwendig, daß Informationen über alle drei Faktoren (Begabung, Anstrengung, Aufgabenschwierigkeit) gleichzeitig vorliegen.

5.3. Formalisierung

5.3.1. Das Modell

Das nachfolgend dargestellte, formalisierte Modell enthält entsprechend den vorauslaufenden Überlegungen eine strukturelle Komponente, nämlich das Verhältnis von wahrgenommener Aufgabenschwierigkeit und wahrgenommener eigener Begabung, sowie eine dynamische oder motivationale Komponente, nämlich das Motiv, neue Informationen über die eigene Begabung zu erlangen. Es wird angenommen, daß die aktualisierte Motivierung, neue Informationen über die eigene Begabung zu erlangen (Mg_{inf}), eine Funktion der wahrgenommenen Schwierigkeit (S) der zur Klasse k gehörenden Aufgabe i ist, der wahrgenommenen eigenen Begabung (B) für den Aufgabentyp k sowie des Motivs, neue Informationen über die eigene Begabung zu erlangen (M_{inf}).

$$Mg_{inf} = \left[1 - \left(|S_{ik} - (1 - B_k)|\right)\right] \cdot M_{inf}$$

Wahrgenommene Schwierigkeit, wahrgenommene Begabung und Informationsmotiv können dabei Werte zwischen 0 und 1 haben, wobei jeweils der Wert 1 eine extrem leichte Aufgabe (die als für alle Personen einer Bezugsgruppe lösbar wahrgenommen wird), eine als extrem hoch wahrgenommene eigene Begabung sowie ein sehr stark ausgeprägtes Informationsmotiv indiziert.

Die strukturelle und die motivationale Modellkomponente sind multiplikativ verknüpft; das heißt, wenn das Informationsmotiv den Wert Null hat (etwa deswegen, weil das Individuum für einen Aufgabentyp bereits über ein subjektiv völlig valides Begabungskonzept verfügt), dann ist auch die Motivierung Mg_{inf} gleich Null, und es kommt zu keinem aufgabenorientierten Verhalten – es sei denn aufgrund anderer, hier nicht spezifizierter Gegebenheiten.

Die Implikationen des Modells sind in der Tabelle 5.1 und in den Abbildungen 5.1 und 5.2 dargestellt. In der Tabelle wird davon ausgegangen, daß mehrere unterschiedlich schwierige Aufgaben des gleichen Typs vorliegen (A bis G), deren wahrgenommene Schwierigkeit für sieben Personen mit unterschiedlichen Perzeptionen der eigenen Begabung für diesen Aufgabentyp gleich ist; für alle Personen wird weiterhin eine Motivstärke von $M_{inf} = 1.00$ angenommen. Als Funktion der beiden Faktoren Begabung und Aufgabenschwierigkeit ist die verhaltensdeterminierende Motivierung (Mg_{inf}) dargestellt. In der Abbildung 5.1 ist der Zusammenhang zwischen wahrgenommener Schwierigkeit und Motivierung für die drei Personen

Tabelle 5.1
Stärke der Motivierung, neue Informationen über die eigene Begabung zu erlangen, als Funktion von wahrgenommener Aufgabenschwierigkeit (S_{ik}) und wahrgenommener eigener Begabung, wenn die Stärke des Informationsmotivs 1.00 beträgt.

		wahrgenommene Begabung (B_k)						
Aufgabe	S_{ik}	.00	.10	.30	.50	.70	.90	1.00
A	.00	.00	.10	.30	.50	.70	.90	1.00
B	.10	.10	.20	.40	.60	.80	1.00	.90
C	.30	.30	.40	.60	.80	1.00	.80	.70
D	.50	.50	.60	.80	1.00	.80	.60	.50
E	.70	.70	.80	1.00	.80	.60	.40	.30
F	.90	.90	1.00	.80	.60	.40	.20	.10
G	1.00	1.00	.90	.70	.50	.30	.10	.00

mit als extrem niedrig (B_k = .00), durchschnittlich (B_k = .50) und als extrem hoch (B_k = 1.00) wahrgenommener Begabung noch einmal graphisch veranschaulicht.

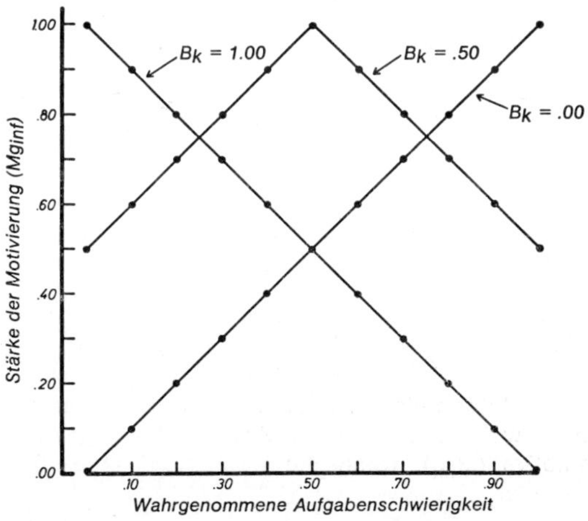

Abbildung 5.1
Stärke der Motivierung, neue Informationen über die eigene Begabung zu erlangen, als Funktion der wahrgenommenen Aufgabenschwierigkeit, wenn die wahrgenommene eigene Begabung (B_k) Werte von .00, .50 und 1.00 hat und das Motiv (M_{inf}) den Wert 1.00 hat.

Wie der Tabelle und der Abbildung zu entnehmen, ist das Modell so angelegt, daß die Motivierung immer dann maximal ist, wenn B_k und S_{ik}

sich zu 1.00 ergänzen. Folgt man den Überlegungen in Abschnitt 5.2.3, dann entspricht diesem Punkt maximaler Motivierung stets eine subjektive Erfolgswahrscheinlichkeit von .50, unter der Voraussetzung sehr hoher probehandelnd vorweggenommener Anstrengung. Das ist bei als extrem niedrig wahrgenommener Begabung die leichteste Aufgabe, bei als extrem hoch wahrgenommener Begabung die schwerste Aufgabe und bei als durchschnittlich wahrgenommener Begabung die Aufgabe mittlerer Schwierigkeit. Aus dem Modell folgt darüber hinaus, daß bei interindividuell konstanter Motivstärke die Variation der Motivierung über die Stufen wahrgenommener Schwierigkeit bei als extrem hoch (B_k = 1.00) und bei extrem niedrig (B_k = .00) wahrgenommener Begabung am größten ist und daß sie bei als mittelhoch wahrgenommener Begabung (B_k = .50) am geringsten ist.

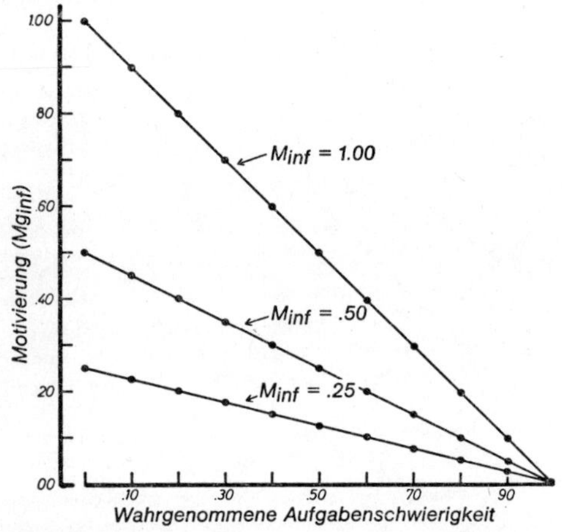

Abbildung 5.2
Stärke der Motivierung, neue Informationen über die eigene Begabung zu erlangen, als Funktion von wahrgenommener Aufgabenschwierigkeit und Stärke des Informationsmotivs (M_{inf}), wenn die wahrgenommene eigene Begabung 1.00 beträgt.

In der Abbildung 5.2 ist die Motivierung als Funktion von Aufgabenschwierigkeit und Motivstärke dargestellt, wobei die wahrgenommene eigene Begabung als konstant (in diesem Beispiel B_k = 1.00) angesetzt ist. Mit abnehmender Motivstärke wird die Motivierung über alle Schwierigkeitsstufen hinweg geringer; ebenso werden die Motivierungsunterschiede zwischen den Stufen wahrgenommener Aufgabenschwierigkeit mit abnehmender Motivstärke geringer.

5.3.2. Verhaltensvoraussagen

Die nachfolgend aus dem Modell abgeleiteten Verhaltensvoraussagen basieren auf der Annahme, daß zwischen wahrgenommener eigener Begabung (B_k) und Stärke des Informationsmotivs (M_{inf}) kein Zusammenhang besteht. Das heißt, es wird davon ausgegangen, daß Personen mit hoher und niedriger wahrgenommener eigener Begabung in relativ gleicher Weise bestrebt sind, neue Informationen über die eigene Begabung zu erlangen, und daß Personen mit einer als niedrig wahrgenommenen Begabung nicht etwa begabungsrelevante Informationen zu vermeiden trachten. Diese Annahme stützt sich auf die Befunde einer Reihe von Experimenten, die im Anschluß an das nicht-formalisierte Prozeßmodell (MEYER, 1973a) durchgeführt wurden und über die im Abschnitt 5.4 dieses Beitrags berichtet wird.

Die abgeleiteten Verhaltensvoraussagen basieren auf Variationen der strukturellen Komponente des Modells, nämlich des Verhältnisses von wahrgenommener eigener Begabung und wahrgenommener Schwierigkeit von Aufgaben. Verhaltensunterschiede in Abhängigkeit von Variationen der Motivstärke werden hier vernachlässigt.

a) *Wahlverhalten:* Stehen mehrere unterschiedlich schwere Aufgaben zur Wahl und ist die wahrgenommene Schwierigkeit der einzelnen Aufgaben für alle Personen gleich, dann wählen Personen mit niedriger wahrgenommener Begabung leichtere Aufgaben zum Bearbeiten als Personen mit hoher wahrgenommener Begabung.

Bezieht man die Wahlen nicht auf die Schwierigkeit, sondern auf die subjektive Erfolgswahrscheinlichkeit von Aufgaben, so zeigen Personen mit hoher und niedriger wahrgenommener Begabung in gleicher Weise eine Präferenz für solche Aufgaben, deren Erfolgswahrscheinlichkeit unter der Voraussetzung hoher probehandelnd vorweggenommener Anstrengung nahe .50 liegt.

Das heißt, dem *phänotypisch* unterschiedlichen Verhalten von Personen unterschiedlicher wahrgenommener Begabung liegt *genotypisch* das gleiche Bestreben nach neuer Information über die eigene Begabung zugrunde.

b) *Anstrengung und Leistung:* Wird eine zugewiesene Aufgabe von verschiedenen Personen in gleicher Weise als *sehr schwer* wahrgenommen, so ist die intendierte und die tatsächlich aufgewandte Anstrengung stärker bei Personen mit hoher wahrgenommener Begabung als bei Personen mit niedriger wahrgenommener Begabung. Wird eine Aufgabe dagegen in gleicher Weise als *sehr leicht* wahrgenommen, so ist die intendierte und die aufgewandte Anstrengung stärker bei Personen mit niedriger wahrgenommener Begabung als bei Personen mit hoher wahrgenommener Begabung.

Ist die tatsächliche Begabung für die Aufgabe gleich, dann erbringen Per-

sonen mit hoher wahrgenommener Begabung aufgrund stärkerer Anstrengung bei schweren Aufgaben bessere Leistungen als Personen mit niedriger wahrgenommener Begabung, bei leichten Aufgaben umgekehrt.
Die Anstrengung ist in beiden Personengruppen maximal bei Aufgaben, deren Erfolgswahrscheinlichkeit unter der Voraussetzung hoher probehandelnd vorweggenommener Anstrengung .50 beträgt.
c) *Wirkungen von Erfolg und Mißerfolg auf die Anstrengung:* Erfolg und Mißerfolg können zu Änderungen der wahrgenommenen Aufgabenschwierigkeit und/oder der wahrgenommenen eigenen Begabung als Determinanten der subjektiven Erfolgswahrscheinlichkeit führen. Erfolg kann zur Wahrnehmung größerer Aufgabenleichtigkeit oder höherer eigener Begabung führen und damit zu einer Erhöhung der Erfolgswahrscheinlichkeit, Mißerfolg zur Wahrnehmung höherer Aufgabenschwierigkeit oder geringerer eigener Begabung und damit zu einer Senkung der Erfolgswahrscheinlichkeit. Da die verhaltensdeterminierende Motivierung bei Aufgaben mit einer Erfolgswahrscheinlichkeit von .50 maximal ist, nimmt das Ausmaß der Anstrengung in dem Maße zu bzw. ab, wie sich die Erfolgswahrscheinlichkeit nach Erfolg oder Mißerfolg dem Punkt maximaler Motivierung nähert bzw. sich davon entfernt.
Wird eine Aufgabe anfänglich von Personen mit hoher und niedriger wahrgenommener Begabung in gleicher Weise als *sehr schwer* wahrgenommen und liegt die Erfolgswahrscheinlichkeit bei allen Personen unter .50 ($W_e < .50$), dann führt Erfolg zu einer Anstrengungserhöhung, da W_e sich .50 nähert. Bei kontinuierlichem Erfolg erreichen jedoch Personen mit hoher wahrgenommener Begabung schneller ein Anstrengungsmaximum, da die anfängliche Erfolgswahrscheinlichkeit näher bei .50 liegt als bei Personen mit niedriger wahrgenommener Begabung.
Mißerfolg unter denselben Bedingungen führt bei allen Personen zu einem Anstrengungsabfall. Bei kontinuierlichem Mißerfolg erreichen jedoch Personen mit niedriger wahrgenommener Begabung schneller ein Anstrengungsminimum, da die anfängliche Erfolgserwartung näher bei Null liegt als bei Personen mit hoher wahrgenommener Begabung[3].
Wird eine Aufgabe anfänglich von Personen mit hoher und niedriger wahrgenommener Begabung in gleicher Weise als *sehr leicht* wahrgenommen und liegt die Erfolgswahrscheinlichkeit bei allen Personen über .50 ($W_e > .50$), dann führt Erfolg zu einem Anstrengungsabfall, da W_e sich noch weiter vom Punkt maximaler Motivierung entfernt. Bei kontinuierlichem Erfolg erreichen jedoch Personen mit hoher wahrgenommener Begabung schneller

[3] Diese und die folgenden Ableitungen gelten nur unter der Voraussetzung, daß die Änderungen der Erfolgswahrscheinlichkeit bei Personen mit hoher und niedriger wahrgenommener Begabung gleich sind.

ein Anstrengungsminimum, da die anfängliche Erfolgserwartung näher bei 1.00 liegt als bei Personen mit niedriger wahrgenommener Begabung. Mißerfolg unter denselben Bedingungen führt bei allen Personen zu einem Anstrengungsanstieg, da W_e sich .50 nähert. Bei kontinuierlichem Mißerfolg erreichen jedoch Personen mit niedriger wahrgenommener Begabung schneller ein Anstrengungsmaximum, da die anfängliche Erfolgserwartung näher bei .50 liegt als bei Personen mit hoher wahrgenommener Begabung.

Diese beschriebenen Modellableitungen gehen von der einschränkenden Annahme aus, daß W_e bei Personen mit hoher und niedriger wahrgenommener Begabung im Falle einer leichten Aufgabe jeweils über .50 liegt und im Falle einer schweren Aufgabe jeweils unter .50 liegt. Das trifft sicherlich dann nicht zu, wenn Extremgruppen wahrgenommener Begabung verglichen werden. Im Falle einer leichten Aufgabe zum Beispiel (S_{ik} = .80) kann nämlich die anfängliche Wahrscheinlichkeit bei extrem hoher wahrgenommener Begabung durchaus *über* .50 (z.B. W_e = 1.00) und bei extrem niedriger wahrgenommener Begabung *unter* .50 (z.B. W_e = .20) liegen. Mißerfolg müßte dann entsprechend dem Modell bei hoher wahrgenommener Begabung zu einem Anstrengungsanstieg, bei niedriger wahrgenommener Begabung zu einem Anstrengungsabfall führen. Zur Voraussage der Wirkungen von Erfolg und Mißerfolg auf das Ausmaß der Anstrengung ist demnach die Erfassung der Ausgangswahrscheinlichkeiten notwendig.

Unter der Voraussetzung gleicher tatsächlicher Begabung für die Aufgabe wird angenommen, daß sich Anstrengungsunterschiede zwischen Personen mit unterschiedlicher wahrgenommener Begabung relativ direkt in Leistungsunterschieden niederschlagen.

d) *Persistenz:* Personen mit hoher wahrgenommener Begabung verweilen unter kontinuierlichem Mißerfolg bei einer als leicht wahrgenommenen Aufgabe sowie bei einer als schwer wahrgenommenen Aufgabe länger als Personen mit niedriger wahrgenommener Begabung. Denn geht man davon aus, daß der kontinuierliche Mißerfolg bei allen Personen zu einer fortlaufenden (gleich ausgeprägten) Senkung der subjektiven Erfolgswahrscheinlichkeit führt, dann nähert sich bei Personen mit niedriger wahrgenommener Begabung die Erfolgswahrscheinlichkeit stets schneller dem Punkt minimaler Motivierung von (W_e = .00), da die anfängliche Erfolgswahrscheinlichkeit (vor dem kontinuierlichen Mißerfolg) hier stets niedriger, d.h., näher bei Null liegt, als bei Personen mit hoher wahrgenommener Begabung.

5.4. Empirische Evidenz

Im folgenden werden die Hauptergebnisse einer Reihe von Studien berichtet, die der Überprüfung des nicht formalisierten Prozeßmodells (Meyer, 1973 a) dienten und die die Fruchtbarkeit der hier vorgeschlagenen Formalisierung belegen. Die in den Experimenten erfaßten abhängigen Variablen (intendierte Anstrengung, Leistung, Aufgabenwahl und Persistenz) dienen als Gliederungsgesichtspunkte dieses Abschnitts.

5.4.1. Intendierte Anstrengung

Die meisten Studien zur Überprüfung des Modells erfaßten als abhängige Variable das Ausmaß der *intendierten* Anstrengung. In die insgesamt sieben vorliegenden Experimente (MEYER, 1973b; MEYER & HALLERMANN, 1974; MEYER & HALLERMANN, im Druck) wurden ganz unterschiedliche Aufgaben einbezogen (Anagramme, Eingebettete Figuren, Gewichteheben, Schleuderballwerfen); das Ausmaß der intendierten Anstrengung wurde auf unterschiedliche Weise erfaßt; die Untersuchungen wurden sowohl mit männlichen als auch weiblichen Versuchspersonen durchgeführt. Alle Studien ergaben übereinstimmend, daß entsprechend den Voraussagen des Modells bei als hoch angenommener Begabung die intendierte Anstrengung von leichten zu schweren Aufgaben hin zunimmt und daß sie bei als niedrig angenommer Begabung entsprechend abnimmt.

Dieser Sachverhalt zeigt sich am deutlichsten in einem Experiment von MEYER & HALLERMANN (im Druck). Versuchspersonen waren Schülerinnen und Schüler. Die Schüler hatten in einem ersten Untersuchungsschritt ihre Begabung im Gewichteheben einzuschätzen, die Schülerinnen ihre Begabung im Schleuderballwerfen. Danach war für neun unterschiedlich schwere Gewichtehebe- bzw. Schleuderball-Aufgaben anzugeben, wie sehr man sich jeweils anstrengen würde. Die Aufgabenschwierigkeit war durch vorgegebene Prozentzahlen von Schülern bzw. Schülerinnen definiert, die die einzelnen Aufgaben lösen (10, 20 bis 90 Prozent). Die intendierte Anstrengung wurde erfaßt, indem ein insgesamt zur Verfügung stehender Betrag von 100 Anstrengungseinheiten beliebig auf die neun Schwierigkeitsstufen zu verteilen war. Darüber hinaus war für jede Schwierigkeitsstufe die subjektive Erfolgswahrscheinlichkeit unter der Annahme maximaler Anstrengung anzugeben.

Da sich für beide Aufgabentypen übereinstimmende Befunde ergaben, wurden die Daten der Schülerinnen und Schüler für die Analyse zusammengefaßt. In der Abbildung 5.3 ist der Zusammenhang zwischen intendierter Anstrengung und Aufgabenschwierigkeit für drei Gruppen mit als sehr hoch, durchschnittlich und sehr gering wahrgenommener Begabung dargestellt. Entsprechend den Voraussagen des Modells (s. Abbildung 5.1, S. 113) und in Übereinstimmung mit Befunden vorauslaufender Experimente, nimmt bei als sehr hoch wahrgenommener Begabung die intendierte Anstrengung von der leichtesten zur schwersten Aufgabe hin zu, und sie

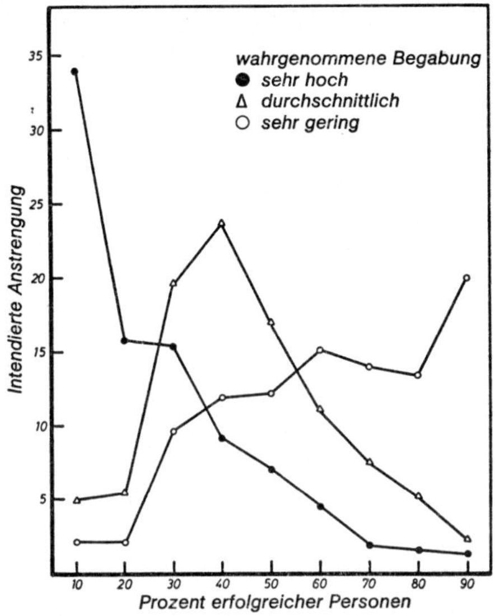

Abbildung 5.3
Mittelwerte der intendierten Anstrengung für neun Schwierigkeitsstufen (definiert durch den Prozentsatz erfolgreicher Vpn) bei als sehr hoch, durchschnittlich und sehr gering wahrgenommener eigener Begabung (aus Meyer & Hallermann, im Druck).

nimmt bei als sehr gering wahrgenommener Begabung entsprechend ab; bei als durchschnittlich wahrgenommener Begabung liegt das Maximum der intendierten Anstrengung im Bereich mittlerer Aufgabenschwierigkeit.
Darüber hinaus wurde davon ausgegangen, daß in allen Begabungsgruppen dem Punkt maximaler intendierter Anstrengung eine subjektive Erfolgswahrscheinlichkeit von annähernd .50 entspricht. Zur Überprüfung dieser Annahme wurden für drei Gruppen hoher, durchschnittlicher und geringer wahrgenommener Begabung pro Schwierigkeitsstufe die Mittelwerte der intendierten Anstrengung und die Mittelwerte der subjektiven Erfolgswahrscheinlichkeit in Beziehung gesetzt (s. Abbildung 5.4).
Wie der Abbildung zu entnehmen ist, liegt das Maximum der intendierten Anstrengung für alle drei Begabungsgruppen auf der Schwierigkeitsstufe, deren subjektive Erfolgswahrscheinlichkeit annähernd .50 beträgt. In der Gruppe hoher wahrgenommener Begabung ist das die Aufgabe, die 10% altersgleicher Schülerinnen und Schüler bewältigen, in der Gruppe durchschnittlicher wahrgenommener Begabung die Aufgabe, die 20% bewältigen und in der Gruppe geringer wahrgenommener Begabung die Aufgabe, die

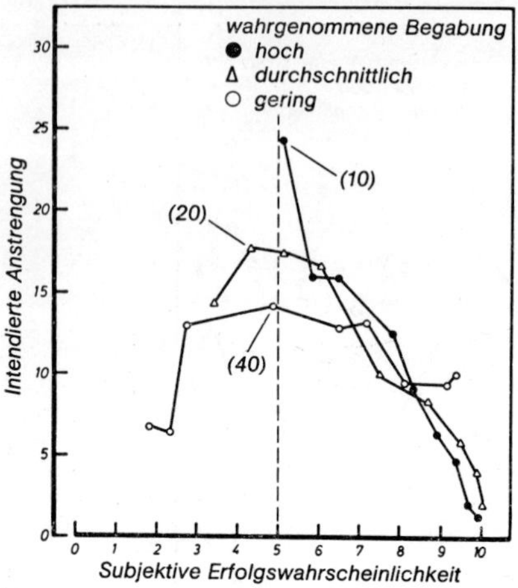

Abbildung 5.4
Zusammenhang zwischen mittlerer intendierter Anstrengung und mittlerer subjektiver Erfolgswahrscheinlichkeit für neun Schwierigkeitsstufen bei als hoch, durchschnittlich und gering wahrgenommener Begabung. Die eingeklammerten Zahlen kennzeichnen die Schwierigkeitsstufe, auf der maximale Anstrengung intendiert wird (aus Meyer & Hallermann, im Druck).

40 % bewältigen. Darüber hinaus nimmt erwartungsgemäß das Ausmaß der intendierten Anstrengung – ausgehend vom Skalenwert 5 ($W_e = .50$) – zu beiden Enden des Wahrscheinlichkeitskontinuums hin ab.
Außer dieser groben Analyse des Zusammenhangs von Mittelwerten wurde eine individuelle Analyse der Beziehung zwischen intendierter Anstrengung und subjektiver Wahrscheinlichkeit vorgenommen. Theoretisch wird für jede Versuchsperson eine Zuordnung des höchsten Wertes der intendierten Anstrengung zum mittleren Skalenwert von 5 ($W_e = .50$) erwartet und eine Zuordnung des niedrigsten Wertes der intendierten Anstrengung zu dem absolut am weitesten von 5 entfernten Wert. Die Skalenwerte wurden daher pro Versuchsperson in Rangwerte des absoluten Abstandes von 5 transformiert und mit den Rangplätzen der Anstrengungswerte in Beziehung gesetzt. Von den insgesamt 44 Rangkorrelationen sind 31 im Sinne der Erwartung signifikant ($r > .60$), nur zwei Koeffizienten sind erwartungskonträr signifikant.
Zusammenfassend stützen die hier berichteten Befunde die Annahme, daß Personen mit unterschiedlicher wahrgenommener Begabung phänotypisch bei unterschiedlichen Aufgaben maximale Anstrengung intendieren, daß sie aber genotypisch in gleicher Weise bestrebt sind, durch hohe Anstren-

gung bei Aufgaben mittlerer Erfolgswahrscheinlichkeit neue Informationen über die eigene Begabung zu erlangen.

5.4.2. *Leistungen und Leistungsänderungen*

Im Gegensatz zu den sieben Experimenten zur intendierten Anstrengung liegen bislang nur zwei Studien vor, in denen Leistungen bzw. Leistungsänderungen als Indikatoren der tatsächlich *aufgewandten* Anstrengung herangezogen wurden. Das aufschlußreichste Experiment wurde von KRUG (1975) durchgeführt. Studentische Versuchspersonen hatten acht Aufgaben unterschiedlicher Schwierigkeit zu bearbeiten, indem auf einem Fahrrad-Heimtrainer in einer vorgegebenen Zeit von jeweils 10 Sekunden verschieden lange Strecken zurückzulegen waren. Die Aufgabenschwierigkeit war durch die Länge der zu bewältigenden Strecke definiert sowie gleichzeitig durch Prozentangaben von Studenten, die die jeweilige Strecke in der vorgegebenen Zeit von 10 Sekunden bewältigen. Die kürzeste Strecke sollten alle Studenten (100 %) in der vorgegebenen Zeit schaffen, die längste Strecke kein Student (0 %). Indikator der aufgewandten Anstrengung war die Anzahl der Umdrehungen auf jeder Schwierigkeitsstufe. Bevor die Versuchsperson die acht Strecken in Angriff nahm, hatte sie auf einer Skala ihre Fähigkeit im Radfahren anzugeben und für jede Schwierigkeitsstufe die subjektive Erfolgswahrscheinlichkeit.

In der Abbildung 5.5 sind für zwei Versuchspersonengruppen, die ihre Fähigkeit im Radfahren als relativ hoch und relativ niedrig wahrnehmen, pro Schwierigkeitsstufe die Mittelwerte der aufgewandten Anstrengung (Umdrehungen) und der subjektiven Erfolgswahrscheinlichkeit in Beziehung gesetzt. Wie der Abbildung zu entnehmen ist, liegt das Maximum der aufgewandten Anstrengung erwartungsgemäß auf der Schwierigkeitsstufe, deren subjektive Erfolgswahrscheinlichkeit annähernd .50 (Skalenwert 5) beträgt; dieser Sachverhalt tritt am deutlichsten in der Gruppe relativ hoher wahrgenommener Begabung hervor. In beiden Begabungsgruppen fällt die aufgewandte Anstrengung – ausgehend vom Skalenwert 5 – stärker zu niedrigen als zu hohen Werten der subjektiven Erfolgswahrscheinlichkeit hin ab. Diese bei Studenten erhobenen Befunde ließen sich bei 10jährigen Schülern allerdings nicht replizieren.

In einem anderen Experiment zur Überprüfung des Modells (MEYER, 1972 a) wurden nicht nur Leistungen, sondern auch Leistungsänderungen sowie Attribuierungen nach Mißerfolg bei einer leichten Aufgabe in Abhängigkeit von der wahrgenommenen Begabung erfaßt. Die Versuchspersonen hatten in einem ersten Versuchsabschnitt Aufgaben aus dem Konzentrations-Leistungs-Test (KLT) zu bearbeiten und unmittelbar danach

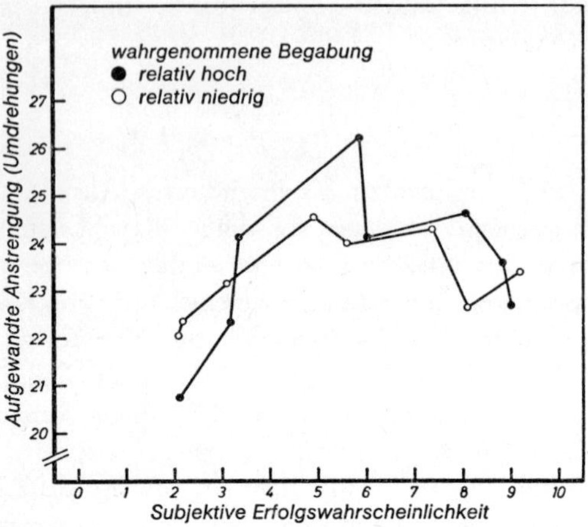

Abbildung 5.5
Zusammenhang zwischen mittlerer aufgewandter Anstrengung (Umdrehungen) und mittlerer subjektiver Erfolgswahrscheinlichkeit bei als relativ hoch (N = 20) und relativ niedrig (N = 20) wahrgenommener Begabung (nach Krug, 1975).

ihre Begabung für diese Art von Aufgaben einzuschätzen. Für die anschließenden Einzelversuche wurden diejenigen 10 Versuchspersonen mit als extrem hoch und extrem niedrig wahrgenommener eigener Begabung ausgewählt. Die Versuchspersonen hatten ein Aufgabenblatt zu bearbeiten, das als leicht ausgegeben wurde, indem der Versuchsleiter mitteilte, 80 Prozent der altersgleichen Versuchspersonen könnten das Blatt in einer vorgegebenen Zeit lösen. Allen Versuchspersonen wurde Mißerfolg induziert, indem sie vor Aufgabenbeendigung unterbrochen wurden. Danach war anzugeben, wie sehr der Mißerfolg auf die vier Ursachenfaktoren mangelnde Begabung, mangelnde Anstrengung, zu große Schwierigkeit der Aufgabe und Pech zurückgehe. Es war dann erneut ein Aufgabenblatt gleicher vorgegebener Schwierigkeit zu bearbeiten, um Leistungsänderungen nach Mißerfolg zu erfassen.
Entsprechend dem Modell wurde erwartet, daß Versuchspersonen mit niedriger wahrgenommener Begabung bei einer leichten Aufgabe höhere Anstrengung aufwenden und daher bessere Leistungen zeigen als Versuchspersonen mit hoher wahrgenommener Begabung. Diese Hypothese bestätigte sich allerdings nur andeutungsweise; lediglich im Hinblick auf die im Fragebogen mitgeteilte Anstrengung ergibt sich ein annähernd signifikanter Unterschied zwischen den Gruppen ($p < .07$).

Eine weitere Hypothese besagte, daß Versuchspersonen mit niedriger wahrgenommener Begabung den induzierten Mißerfolg überwiegend mit mangelnder eigener Begabung erklären, Versuchspersonen mit hoher wahrgenommener Begabung dagegen überwiegend mit mangelnder Anstrengung oder Zufall. Diese Vermutungen bestätigen sich deutlich (s. Tabelle 5.2): Die

Tabelle 5.2
Mittelwerte der Anstrengungs- (A), Schwierigkeits- (S), Zufalls- (Z) und Begabungsattribuierung (B) sowie des Differenzmaßes zwischen stabilen und variablen Faktoren für zwei Gruppen mit hoher (N = 10) und niedriger (N = 10) wahrgenommener eigener Begabung.

wahrgenommene Begabung	A	S	Z	B	stabil (B+S) minus variabel (A+Z)
hoch	2.40	2.00	5.10	3.80	−1.70
niedrig	2.70	3.40	1.60	6.50	+5.60

Unterschiede zwischen den Gruppen sind im Hinblick auf die Zufalls- und Begabungsattribuierung sowie im Hinblick auf das Differenzmaß zwischen stabiler und variabler Attribuierung signifikant.
Wir vermuteten weiterhin unterschiedliche Leistungsänderungen nach Mißerfolg in den Begabungsgruppen, die durch unterschiedliche Attribuierungen und damit zusammenhängend unterschiedliche Änderungen der subjektiven Erfolgswahrscheinlichkeit vermittelt sind: Bei einer überwiegenden Zufallsattribuierung (wie hier in der Gruppe hoher Begabung) sollte sich die subjektive Erfolgswahrscheinlichkeit wenig oder gar nicht ändern und daher auch nur eine geringe Leistungsänderung gegeben sein; bei einer überwiegenden Begabungsattribuierung bzw. einer überwiegenden Attribuierung auf stabile Faktoren (wie hier in der Gruppe niedriger Begabung) sollte dagegen ein rapider Abfall der subjektiven Erfolgswahrscheinlichkeit und damit eine Leistungsverschlechterung eintreten. Die Befunde bestätigen diese Vermutung: in der Gruppe hoher wahrgenommener Begabung ergibt sich ein leichter, nicht-signifikanter Leistungsanstieg von im Mittel 16.0 benötigten Sekunden pro Aufgabe im ersten Durchgang auf 15.5 Sekunden im zweiten Durchgang nach dem Mißerfolg; in der Gruppe niedriger wahrgenommener Begabung zeigt sich ein signifikanter Leistungsabfall von 16.9 Sekunden im ersten Durchgang auf 20.4 Sekunden im zweiten. Diese Befunde sind theoriekonsistent, wenn man von der ungeprüften, jedoch plausiblen Annahme ausgeht, daß in der Gruppe niedriger wahrgenommener Begabung die anfängliche subjektive Erfolgswahrscheinlichkeit im Mittel

unter .80 und aufgrund der extrem hohen stabilen Attribuierung nach dem Mißerfolg auf einen Wert unter .50 abgesunken ist.

5.4.3. Aufgabenwahl

Das Modell geht von der Annahme aus, daß Personen mit hoher und niedriger wahrgenommener Begabung in relativ gleicher Weise bestrebt sind, neue Informationen über die eigene Begabung zu erlangen, insbesondere davon, daß Personen mit niedriger wahrgenommener Begabung solche Informationen nicht zu vermeiden trachten. Wenn daher leistungsbezogene und nichtleistungsbezogene Aufgaben zur Wahl stehen, sollten beide Gruppen in gleicher Weise die informationshaltigere, leistungsbezogene Aufgabe bevorzugen. Wenn weiterhin mehrere unterschiedlich schwere Aufgaben des gleichen Typs zur Wahl stehen, dann sollten Personen mit niedriger wahrgenommener Begabung eine leichtere Aufgabe wählen als Personen mit hoher. Die subjektive Erfolgswahrscheinlichkeit der gewählten Aufgabe jedoch sollte in beiden Gruppen bei .50 liegen.
Bislang liegen vier Studien vor, in denen diese Annahmen überprüft wurden (Buckert, 1976; Meyer, 1975; Meyer et al., 1976; Starke, 1975). Das experimentelle Paradigma für diese Untersuchungen lieferte ein Experiment von Meyer (1975), in dem Aufgabenwahlen in Abhängigkeit von der wahrgenommenen Begabung überprüft wurden, wenn mehrere Aufgaben derselben Art, aber von unterschiedlicher Schwierigkeit vorgegeben sind. Versuchspersonen waren Polizisten, die in einem ersten Schritt ihre Begabung im Pistolenschießen anzugeben hatten. Danach hatten sie sich vorzustellen, sie sollten von verschiedenen Entfernungen auf eine Scheibe schießen. Zunächst war für jede Entfernung die subjektive Wahrscheinlichkeit zu treffen unter der Annahme maximaler Anstrengung anzugeben. Die Schwierigkeit der einzelnen Entfernungsmarken war durch Prozentangaben von Polizisten definiert, die von der jeweiligen Marke treffen. Die Versuchsperson hatte sich dann vorzustellen, daß sie von jeder Entfernungsmarke einmal auf die Scheibe schießt, daß aber unmittelbar nach jedem Schuß die Scheibe verschwindet, so daß keine Rückmeldung über Treffen oder Nicht-Treffen gegeben ist. Es sollte dann eine von den neun Entfernungsmarken gewählt werden, von der man erfahren wollte, ob man getroffen hat oder nicht. Die Befunde der Studie finden sich in den Abbildungen 5.6 und 5.7. In der Abbildung 5.6 sind die Wahlhäufigkeiten für die drei schweren, die drei mittelschweren und die drei leichten Aufgaben für vier Gruppen mit sehr hoher, hoher, durchschnittlicher und niedriger wahrgenommener Begabung wiedergegeben.
Erwartungsgemäß zeigt sich, daß bei hoher wahrgenommener Begabung

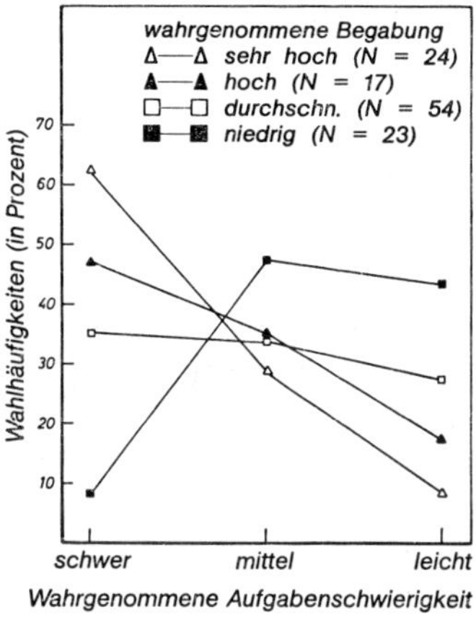

Abbildung 5.6
Aufgabenwahl als Funktion der wahrgenommenen Begabung und der wahrgenommenen Aufgabenschwierigkeit.

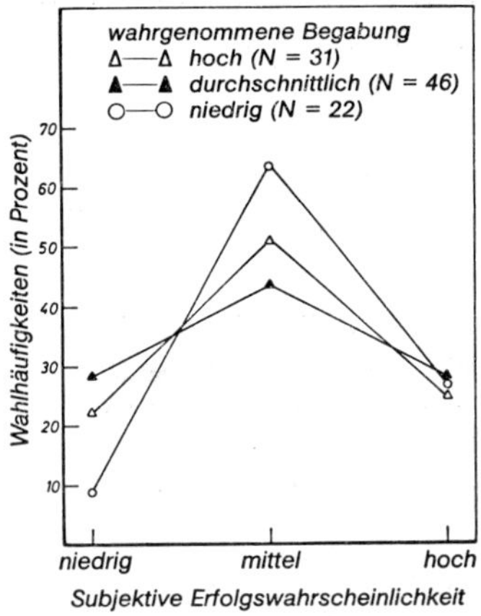

Abbildung 5.7
Aufgabenwahl als Funktion der wahrgenommenen Begabung und der subjektiven Erfolgswahrscheinlichkeit.

schwere Aufgaben gegenüber leichten bevorzugt werden und bei niedriger wahrgenommener Begabung mittelschwere und leichte Aufgaben gegenüber schweren. In der Abbildung 5.7 sind die Wahlen auf die subjektive Wahrscheinlichkeit der gewählten Aufgabe bezogen. Die Versuchspersonen-Anzahl ist in dieser Abbildung reduziert. Denn zur Überprüfung der Hypothese einer bevorzugten Wahl von Aufgaben mit einer subjektiven Erfolgswahrscheinlichkeit von annähernd .50 war es notwendig, alle diejenigen Versuchspersonen auszuscheiden, deren subjektive Wahrscheinlichkeiten über die Schwierigkeitsstufen hinweg entweder gar nicht streuten oder nur eine geringe Streuung entweder über oder unter .50 aufwiesen. Da die resultierenden Besetzungshäufigkeiten der Gruppen „sehr hohe" und „hohe" Begabung aus der Abbildung 5.6 relativ klein waren, wurden beide Gruppen in der Abbildung 5.7 zu einer Gruppe „hohe" wahrgenommener Begabung zusammengefaßt. Das Kontinuum der Erfolgswahrscheinlichkeit wurde in drei gleich große Bereiche niedriger, mittlerer und hoher Erfolgswahrscheinlichkeiten unterteilt und die Wahlhäufigkeiten von Aufgaben mit entsprechenden Wahrscheinlichkeiten für die drei verbleibenden Begabungsgruppen überprüft. Aus der Abbildung 5.7 geht hervor, daß entsprechend den Voraussagen des Modells in allen Begabungsgruppen das Wahlmaximum im Bereich mittlerer Erfolgswahrscheinlichkeiten liegt. Diese Präferenz ist für die Gruppe niedriger wahrgenommener Begabung am

deutlichsten und am wenigsten ausgeprägt in der Gruppe durchschnittlicher wahrgenommener Begabung.
Replikationen dieser Befunde erbrachten zwei Studien von BUCKERT (1976) und STARKE (1975), in die jeweils andere Aufgabentypen (Hochsprung, Musterergänzen) einbezogen waren. Während in den Experimenten von MEYER und BUCKERT fiktive Situationen thematisiert wurden, waren im Experiment von STARKE Musterergänzungsaufgaben unterschiedlicher Schwierigkeit tatsächlich zu bearbeiten. In beiden Untersuchungen wählten Versuchspersonen mit hoher wahrgenommener Begabung Aufgaben höherer Schwierigkeit zur Information über Erfolg oder Mißerfolg als Versuchspersonen mit niedriger wahrgenommener Begabung; in allen Begabungsgruppen ergab sich jedoch wiederum eine deutliche Präferenz von Aufgaben mittlerer subjektiver Erfolgswahrscheinlichkeit zur Information über die eigene Leistung.

5.4.4. Persistenz

Personen mit hoher wahrgenommener Begabung sollen bei kontinuierlichem Mißerfolg sowohl bei einer als leicht wahrgenommenen Aufgabe als auch bei einer als schwer wahrgenommenen Aufgabe länger verweilen (persistieren) als Personen mit niedriger wahrgenommener Begabung. HALLERMANN (1975) überprüfte diese Voraussagen in zwei Experimenten. Im ersten Experiment hatten die Versuchspersonen eine Eingebettete-Figuren-Aufgabe zu bearbeiten, die vom Versuchsleiter als leicht ausgegeben wurde (80 Prozent der altersgleichen Jugendlichen schaffen die Aufgabe), die in Wirklichkeit aber unlösbar war. Im zweiten Experiment war ein unlösbares Puzzle (FEATHER, 1963 a) zu bearbeiten, das vom Versuchsleiter als schwer ausgegeben wurde (20 Prozent der altersgleichen Jugendlichen schaffen die Aufgabe). In beiden Experimenten konnten die Versuchspersonen jederzeit zu einer nicht-leistungsbezogenen Aufgabe ohne Richtig- oder Falsch-Lösungen übergehen. Indikator der Persistenz im ersten Experiment war, wie lange die Versuchsperson sich um die Lösung der Eingebetteten Figur-Aufgabe bemüht, im zweiten Experiment, wie häufig die Versuchsperson nach Nicht-Lösen des Puzzles ein neues Blatt mit demselben Puzzle in Angriff nimmt, bevor sie jeweils zur nicht-leistungsbezogenen Aufgabe übergeht. In beiden Experimenten waren vor der Prüfung der Persistenz eine Reihe von lösbaren Eingebettete-Figur-Aufgaben bzw. Puzzle-Aufgaben zu bearbeiten und danach auf einer Skala die Begabung für die entsprechende Aufgabenart einzuschätzen. Nachdem den Versuchspersonen die Schwierigkeit der danach zu bearbeitenden Aufgabe mitgeteilt war, hatten sie darüber hinaus die subjektive Erfolgswahrscheinlichkeit zu skalieren.

Die Befunde zur Persistenz aus beiden Experimenten sind in Tabelle 5.3 dargestellt. Bei beiden Aufgaben ist die Persistenz von Versuchspersonen mit hoher wahrgenommener Begabung erwartungsgemäß signifikant höher als bei Versuchspersonen mit niedriger wahrgenommener Begabung; dieser Unterschied ist bei der schweren Aufgabe deutlicher als bei der leichten.

Tabelle 5.3
Prozenthäufigkeiten von Versuchspersonen mit hoher und niedriger wahrgenommener Begabung, die bei einer leichten bzw. schweren Aufgabe hohe und niedrige Persistenz aufweisen (nach Hallermann, 1975).

Aufgaben-schwierigkeit		wahrgenommene Begabung		Persistenz hoch	Persistenz niedrig
leicht	(.80)	hoch	(N = 16)	69	31
		niedrig	(N = 24)	37	63
schwer	(.20)	hoch	(N = 22)	73	27
		niedrig	(N = 18)	17	83

Die Korrelation zwischen wahrgenommener Begabung und Persistenz beträgt für die leichte Aufgabe .72, für die schwere Aufgabe .67. Die Korrelationen zwischen wahrgenommener Begabung und subjektiver Erfolgswahrscheinlichkeit betragen für die leichte bzw. schwere Aufgabe .70 bzw. .67 und zwischen subjektiver Erfolgswahrscheinlichkeit und Persistenz .60 bzw. .65. Das heißt, entsprechend unserer Annahme liegt bei hoher wahrgenommener Begabung die anfängliche Erfolgswahrscheinlichkeit bei beiden Aufgaben höher als bei niedriger wahrgenommener Begabung. Unter der Voraussetzung eines ungefähr gleich ausgeprägten Wahrscheinlichkeitsabfalls in beiden Begabungsgruppen, erreicht daher die Erfolgswahrscheinlichkeit bei kontinuierlichem Mißerfolg in der Gruppe niedriger wahrgenommener Begabung eher den Punkt minimaler Motivierung, was zu einem frühzeitigeren Abbruch der Aufgabentätigkeit, das heißt, zu geringerer Persistenz als in der Gruppe hoher wahrgenommener Begabung führt.

5.4.5. Maximierung von Affekt oder von Information?

Die bislang in diesem Abschnitt referierten Befunde sprechen zwar sämtlich dafür, daß Personen mit als hoch und niedrig wahrgenommener eigener Begabung für eine bestimmte Aufgabenart in relativ gleicher Weise *aufsuchend* motiviert sind. Sie liefern allerdings keine Belege für die hier ververtretene informative Verhaltenskonzeption. Denn die Wahl von Aufgaben mittlerer subjektiver Erfolgswahrscheinlichkeit, bzw. hohe Anstrengung bei solchen Aufgaben, liefert nicht nur Informationen über die eigene Begabung, sondern maximiert theoretisch auch positiven Affekt. Sämtliche berichteten Befunde sind daher in gleicher Weise mit einem allgemein hedonistischen wie mit einem informativen Modell vereinbar. Zur Entscheidung zwischen beiden Erklärungsansätzen ist es notwendig, die sonst an die Aufgabenschwierigkeit gekoppelte Diagnostizität von Aufgaben unabhängig von der Schwierigkeit zu variieren, wie es in den Experimenten von TROPE & BRICKMAN (1975) und TROPE (1975) der Fall war (s. Abschnitt 5.2.1.).

BUCKERT (1976; MEYER et al., in Vorber.) hat das in enger Anlehnung an das Experiment von TROPE & BRICKMAN getan, indem sie das Wahlverhalten von Personen mit als hoch und niedrig wahrgenommener Begabung in Abhängigkeit von Aufgabenschwierigkeit *und* Diagnostizität untersuchte. Versuchspersonen waren 104 Oberschüler des 11. und 12. Schuljahres. Ihnen wurde mitgeteilt, daß sie im nachfolgenden Versuchsabschnitt an einem Test zur sog. „Integrativen Orientierung" teilnehmen würden, in dem unter anderem die Beweglichkeit und Umstellfähigkeit des Denkens überprüft würde. Die Ergebnisse würden nach der Testdurchführung jedem Teilnehmer zugänglich gemacht (Information über die eigene Begabung). Anhand eines Beispiels wurden die Versuchspersonen zunächst mit der Art der angeblich zu bearbeitenden Aufgaben vertraut gemacht. Danach hatten sie anzugeben, wie hoch sie ihre – anhand dieser Aufgaben erfaßte – Fähigkeit zur „Integrativen Orientierung" einschätzen. Es wurde dann weiter mitgeteilt, daß der Test aus drei gesonderten Untertests bestehe, die sich in ihrer Schwierigkeit unterschieden. Untertest A sei relativ leicht, ungefähr 70 Prozent altersgleicher Oberschüler seien dabei erfolgreich; Untertest B wurde als mittelschwer ausgegeben (ca. 50 Prozent) und Untertest C als verhältnismäßig schwer (ca. 30 Prozent). Bis hierher war die Instruktion für alle Versuchspersonen gleich. Sie unterschied sich dann für jeweils ungefähr die Hälfte der Versuchsteilnehmer (Versuchsbedingungen 1 und 2, s. Tabelle 5.4). In der Bedingung 1 wurde der mittelschwere Untertest als geeignet ausgewiesen, zwischen Personen mit hoher und niedriger Fähigkeit zur „Integrativen Orientierung" zu unterscheiden (hohe Diagnostizität); denn aus vorauslaufenden Untersuchungen sei bekannt, daß weitaus mehr Oberschüler mit hoher (75 %) als mit niedriger (25 %) Fähigkeit zur „Integrativen Orientierung" erfolgreich seien. Die beiden anderen Untertests (A und C) seien dagegen wenig geeignet, zwischen Schülern mit hoher und niedriger Fähigkeit zu unterscheiden, da ungefähr der gleiche Prozentsatz Hoch- und Niedrigbegabter bei diesem Test erfolgreich sei (niedrige Diagnostizität). In der Versuchsbedingung 2 wurde durch entsprechende

Tabelle 5.4
Mitgeteilte Prozentzahlen von erfolgreichen Personen mit hoher und niedriger Fähigkeit zur „Integrativen Orientierung" in den Versuchsbedingungen (Bdg.) 1 und 2 bei drei Untertests verschiedener Schwierigkeit.

		Aufgabenschwierigkeit		
		Test A leicht (ca. .70)	Test B mittel (ca. .50)	Test C schwer (ca. .30)
Bdg. 1	hohe Fähigkeit	73	75	33
	niedr. Fähigkeit	66	25	27
Bdg. 2	hohe Fähigkeit	90	55	51
	niedr. Fähigkeit	50	48	10

Instruktion die Diagnostizität der Untertests A und C als hoch ausgegeben, die des Untertests B dagegen als gering (s. Tabelle 5.4).
Die Versuchspersonen in beiden Bedingungen wurden dann aufgefordert, sich für die nachfolgende Testdurchführung aus den drei Untertests (die jeweils 16 Aufgaben umfaßten) insgesamt 12 Aufgaben auszuwählen; denn bei der Erprobung des Tests habe sich gezeigt, daß die „Integrative Orientierung" am besten gemessen werde, wenn die Person selbst entscheiden könne, welche Aufgaben sie bearbeiten wolle. Mit der Aufgabenwahl war der Versuch beendet. Wie eine nachträgliche Befragung ergab, waren die Versuchspersonen während der Wahl davon überzeugt, die Testaufgaben danach bearbeiten zu können.
Berücksichtigt man bei der Vorhersage der Wahlen noch keine Unterschiede in der wahrgenommenen Begabung für diese Aufgaben, und geht man gleichzeitig davon aus, daß den mitgeteilten Aufgabenschwierigkeiten *im Mittel* annähernd gleich hohe subjektive Erfolgswahrscheinlichkeiten entsprechen, dann müßten nach einem allgemein affektiven Ansatz der Verhaltenserklärung in beiden Versuchsbedingungen Aufgaben mittlerer Schwierigkeit bevorzugt werden. Denn der erwartete Erfolgsaffekt (eA_e; s. Kap. 2, Abschnitt 2.1.1.) ist – unabhängig von der Diagnostizität – auf dieser Schwierigkeitsstufe maximal. Eine informative Verhaltenskonzeption dagegen führt zu der Voraussage, daß – unabhängig von der Schwierigkeit – Aufgaben hoher Diagnostizität bevorzugt gewählt werden: in der Versuchsbedingung 1 also die Aufgabe mittlerer Schwierigkeit – hier stimmen die aus beiden Ansätzen abgeleiteten Voraussagen überein –, in der Bedingung 2 dagegen die leichte und schwere Aufgabe.
Faßt man die in der Abbildung 5.8 dargestellten Wahlhäufigkeiten jeweils über beide Begabungsgruppen (hoch, gering) zusammen, dann sprechen die Daten sehr klar dafür, daß bei der Aufgabenwahl nicht die Maximierung

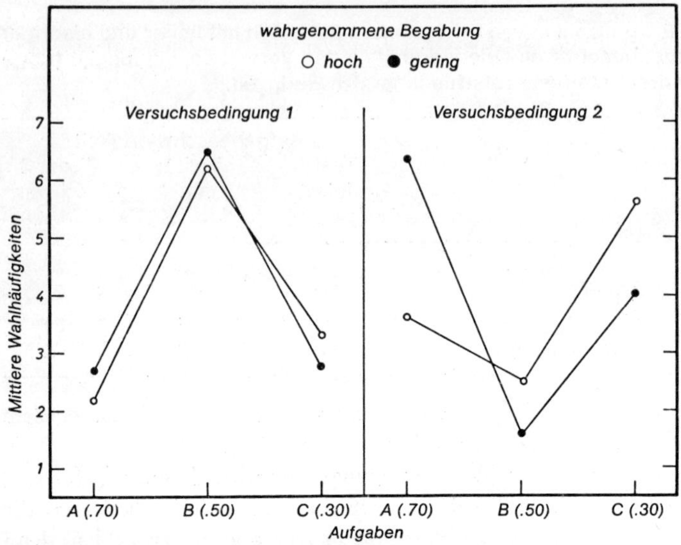

Abbildung 5.8
Mittlere Wahlhäufigkeiten in Abhängigkeit von Aufgabenschwierigkeit (.70, .50, .30), Diagnostizität von Aufgaben (Versuchsbedingung 1 vs. 2) und als hoch bzw. niedrig wahrgenommener eigener Begabung.

von erwartetem Erfolgsaffekt, sondern von Information verhaltenswirksam ist. Das gilt auch für die beiden Gruppen hoher und niedriger wahrgenommener Begabung; denn in allen Fällen liegt das Wahlminimum bei Aufgaben niedriger Diagnostizität.

In der Versuchsbedingung 2 allerdings zeigen sich deutliche Unterschiede zwischen den Begabungsgruppen; denn bei ungefähr gleicher Diagnostizität der leichten (.70) und schweren (.30) Aufgabe wird bei als hoch angenommener Begabung die schwere Aufgabe gegenüber der leichten bevorzugt gewählt, bei als niedrig angenommener Begabung umgekehrt. Geht man von der hier nicht überprüften, jedoch plausiblen Vermutung aus (s. Abschnitt 5.2.2 in diesem Kapitel), daß bei hoher wahrgenommener Begabung der schweren Aufgabe (soziale Norm: .30) eine subjektive Erfolgswahrscheinlichkeit von annähernd .50 zugeordnet wird und bei niedriger wahrgenommener Begabung der leichten Aufgabe (soziale Norm: .70), dann legen diese Befunde den Schluß nahe, daß außer der Diagnostizität auch die subjektive Wahrscheinlichkeit Wahlen mitdeterminiert: bei ungefähr gleich hoher Diagnostizität zweier Aufgaben wird diejenige bevorzugt gewählt, deren subjektive Erfolgswahrscheinlichkeit am nächsten bei .50 liegt.

Für sich genommen könnte man die Ergebnisse der Versuchsbedingung 2 zunächst auch als Beleg für die Fruchtbarkeit eines affektiven Erklärungsmodells werten, da hier Aufgaben mit einer (vermuteten) Erfolgswahrscheinlichkeit von $W_e = .50$ gegenüber allen anderen bevorzugt werden. Damit nicht vereinbar ist aber, daß bei hoher wahrgenommener Begabung die weiter von $W_e = .50$ liegende Aufgabenart A gegenüber der näher daran liegenden Aufgabenart B präferiert wird; ebenso, daß bei niedriger wahrgenommener Begabung die weiter von $W_e = .50$ entfernt liegende Aufgabenart C gegenüber der näher daran liegenden Aufgabenart B bevorzugt wird. Für beide Begabungsgruppen sollte das Gegenteil der Fall sein. Nicht vereinbar mit einem solchen Erklärungsansatz sind darüber hinaus insbesondere die Befunde der Versuchsbedingung 1; denn auch hier müßte derselbe, wie für die Versuchsbedingung 2 vermutete Zusammenhang zwischen Aufgabenschwierigkeit und subjektiver Wahrscheinlichkeit bei beiden Begabungsgruppen gelten. Bevorzugt gewählt werden hier allerdings nicht Aufgaben mit einer (angenommenen) W_e von annähernd .50, sondern die Aufgaben hoher Diagnostizität. Insgesamt sprechen die Ergebnisse daher für die eingangs formulierte Annahme, daß das Leistungsver-

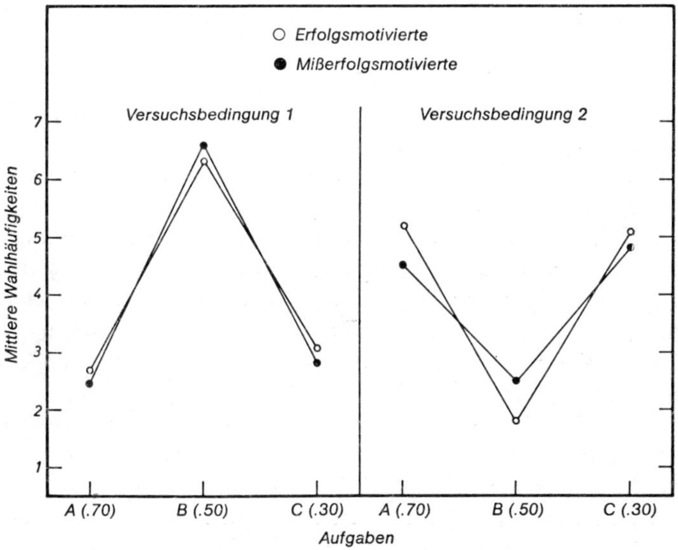

Abbildung 5.9
Mittlere Wahlhäufigkeiten in Abhängigkeit von Aufgabenschwierigkeit (.70, .50, .30), Diagnostizität von Aufgaben (Versuchsbedingung 1 vs. 2) und Leistungsmotiv.

halten von Personen mit als hoch und niedrig wahrgenommener Begabung für eine bestimmte Aufgabe durch ein Bestreben nach Information determiniert ist und nicht durch ein Motiv, den erwarteten Erfolgsaffekt zu maximieren.

Buckert (1976; Buckert et al., in Vorber.; Schmalt, Meyer & Buckert, in Vorber.) erhob in ihrem Experiment – außer der wahrgenommenen Begabung – als weiteres Persönlichkeitsmerkmal das Leistungsmotiv mittels des Verfahrens von Schmalt (1976a, b; s. hier Kap. 7). Die Wahlen von Erfolgs- und Mißerfolgsmotivierten sind in der Abbildung 5.9 dargestellt. Sie widersprechen deutlich den Voraussagen des Modells von Atkinson (1957, 1964; s. hier Kap. 2) und legen in Übereinstimmung mit Befunden von Trope (1975) den Schluß nahe, daß dem Verhalten beider Motivgruppen ein Bestreben nach Information zugrunde liegt.

5.4.6. Zusammenfassung

Die in diesem Abschnitt referierten Befunde bestätigen die aus dem hier vorgestellten Modell abgeleiteten Voraussagen recht gut. Sie reichen allerdings noch nicht aus, um die Tragfähigkeit des Ansatzes zufriedenstellend bewerten zu können. Dazu sind erstens weitere Studien erforderlich, in denen nicht nur die intendierte Anstrengung erfaßt wird, sondern in denen darüber hinaus weitere Leistungsdaten als Indikatoren der tatsächlich aufgewandten Anstrengung herangezogen werden. Es bleibt zweitens abzuklären, ob sich auch in konkreten, experimentellen und alltäglichen Wahlsituationen die hier berichtete, besonders ausgeprägte Präferenz von Aufgaben mittlerer Erfolgswahrscheinlichkeit durch Personen mit niedriger wahrgenommener Begabung replizieren läßt. Eine solche deutlichere Präferenz gegenüber Personen mit hoher wahrgenommener Begabung wäre mit den Voraussagen des Modells nicht vereinbar, und es bliebe dann nach den Determinanten dieser unterschiedlich ausgeprägten Präferenzen zu fahnden, die als Verhaltensbestimmungsstücke in das Modell mit aufzunehmen wären.

5.5. Abschließende Bemerkungen

5.5.1. Aufgabenspezifische und situationsgeneralisierte Begabungsperzeptionen

Eine Verhaltensdeterminante in dem hier vorgestellten formalisierten Modell ist die wahrgenommene Begabung für eine bestimmte Art von Aufgaben. Solche aufgabenspezifischen Begabungsperzeptionen weisen nur einen relativ niedrigen Zusammenhang zu mehr situationsgeneralisierten Begabungsperzeptionen auf. So ergaben sich in einer Studie von STARKE (1975) und in einer eigenen Untersuchung geringe Korrelationen zwischen den Kennwerten eines Fragebogens zur Erfassung des allgemeinen Begabungskonzepts (MEYER, 1972b) und der Begabungseinschätzung für verschiedene Aufgaben (r zwischen .06 und .37). Diese relativ niedrigen Koeffizienten legen nahe, aufgabenspezifische und mehr generalisierte Begabungsperzeptionen theoretisch zu trennen.

Wie die Untersuchung von STARKE (1975) zeigt, scheinen die beiden relativ unabhängigen Kennwerte der wahrgenommenen Begabung auch unterschiedliche Verhaltensauswirkungen zu haben. STARKE ließ nacheinander eine Intelligenztest-Aufgabe und eine nichtleistungsbezogene Aufgabe bearbeiten und gab den Versuchspersonen danach Gelegenheit, eine der beiden Aufgaben selbst auszuwerten und den ermittelten eigenen Kennwert dann mit einer Normwerttabelle zu vergleichen. Während sich in Abhängigkeit von der wahrgenommenen eigenen Begabung für die Intelligenztest-Aufgabe erwartungsgemäß keine Präferenzunterschiede ergaben, wählten Versuchspersonen mit hohen Kennwerten der generalisierten Begabung häufiger die leistungsbezogene als die nichtleistungsbezogene Aufgabe zur Auswertung, Versuchspersonen mit niedrigen Kennwerten dagegen häufiger die nicht-leistungsbezogene Aufgabe gegenüber der leistungsbezogenen. Diese Ergebnisse legen die Annahme nahe, daß aufgabenspezifische und mehr situationsgeneralisierte Begabungsperzeptionen Verhalten in unterschiedlicher Weise determinieren: während Personen mit als hoch und niedrig wahrgenommener aufgabenspezifischer Begabung in gleicher Weise an neuer Information über die eigene Begabung aus dem Intelligenztest gelegen ist, trachten Personen mit der situationsgeneralisierten Wahrnehmung niedriger eigener Begabung danach, solche Informationen zu vermeiden. Eine schlüssige Erklärung für diese Unterschiede in Abhängigkeit von der Situationsgeneralität der wahrgenommenen Begabung steht noch aus.

5.5.2. Wahrgenommene und tatsächliche Begabung

Die wahrgenommene aufgabenspezifische Begabung und die tatsächliche Begabung scheinen nach bislang vorliegenden Befunden in nur sehr loser Beziehung zu stehen (ARSENIAN, 1942; EPPS, 1969; WYLIE, 1968). In zwei unpublizierten Arbeiten von HALLERMANN (1975) und STARKE (1975) ergaben sich ebenso sehr niedrige, nicht-signifikante Korrelationen zwischen der Leistung bei verschiedenen, in ihrer Schwierigkeit unspezifizierten Aufgaben und der Begabungseinschätzung für diese Aufgaben.

Diese Befunde scheinen auf den ersten Blick der Annahme eines allgemeinen Strebens nach Information über die eigene Begabung zu widersprechen; ein solches Motiv sollte nämlich langfristig eine immer bessere Informiertheit über die eigenen Fähigkeiten nach sich ziehen und daher zu einer teilweisen, wenn auch keineswegs vollständigen Korrespondenz zwischen wahrgenommener und tatsächlicher Begabung führen. Allerdings, in den meisten der hier aufgeführten Studien hatte die Versuchsperson ihre Begabung für solche Aufgaben einzuschätzen, die ihr gänzlich unbekannt waren (meist Intelligenztest-Aufgaben) und im Hinblick auf die sie daher noch keine Erfahrungen zur Einschätzung der eigenen Fähigkeit hatte sammeln können.

Einschätzungen der eigenen Begabung im Hinblick auf unbekannte Aufgaben dürften recht unpräzise sein, und die Person dürfte sich über die Richtigkeit ihrer Einschätzung unsicher sein. Deutlichere Zusammenhänge zwischen wahrgenommener und tatsächlicher Begabung sollten sich bei solchen Aufgaben ergeben, die die Person bereits bearbeitet hat und bei denen sie Gelegenheit hatte, ihre eigenen Leistungen mit denen anderer Personen zu vergleichen. Darauf weisen Befunde von ARSENIAN (1942) hin, wonach die Beziehung zwischen wahrgenommener Begabung und Testleistungen enger wird, nachdem die Versuchsperson Erfahrungen mit den Testaufgaben sammeln konnte.

5.5.3. Sind Leistungsmotiv und wahrgenommene eigene Begabung identische Konstrukte?

Aufgrund der unterschiedlichen Begabungsattribuierungen von Erfolgs- und Mißerfolgsmotivierten (s. Abschnitt 5.1 in diesem Kapitel) nahmen KUKLA (1972) und MEYER (1973a) an, daß Erfolgs- und Mißerfolgsmotiv mit einem Selbstkonzept hoher bzw. niedriger Begabung gleichzusetzen seien. Das von MEYER entwickelte Prozeßmodell, an das das hier vorgestellte formalisierte Modell anknüpft, trat – ebenso wie das Modell von KUKLA – mit dem Anspruch eines „Alternativmodells" zu dem von ATKINSON (1957, 1964) auf. MEYER (1973a, S. 164ff.) leitete diesen Anspruch daraus ab, daß sich ein großer Teil der die ATKINSON-Theorie bestätigenden Befunde auch mit dem Prozeßmodell erklären ließe sowie insbesondere aus einer Reihe von Ergebnissen, die der Theorie ATKINSONS widersprechen. Es gibt auf der anderen Seite allerdings einige Studien im Zusammenhang der Überprüfung der Theorie von ATKINSON, deren Befunde mit dem Prozeßmodell und dem hier vorgestellten formalisierten Modell als mögliche Alternativmodelle zu dem von ATKINSON nicht vereinbar sind, dagegen die Annahmen ATKINSONS stützen[4]. Das sind insbesondere zwei Experimente, von FEATHER (1961, 1963 a), die bei einer schweren Aufgabe höhere Persistenz bei Mißerfolgs- als bei Erfolgsmotivierten nachwiesen. Das sind weiterhin zwei Arbeiten von KARABENICK & YOUSSEF (1968) und MEHNER (1973), wonach Mißerfolgsmotivierte bei einer Aufgabe mittlerer subjektiver Wahrscheinlichkeit schlechtere Leistungen aufweisen als bei einer Aufgabe niedriger bzw. hoher Wahrscheinlichkeit, Erfolgsmotivierte dagegen umgekehrt. Und das ist schließlich die Studie von STARKE (1975), in der sich Mißerfolgsmotivierte nach Bearbeiten einer Intelligenztest-Aufgabe und einer nicht-leistungsbezogenen Aufgabe – wenn sie zwischen beiden wählen können – häufiger für die Ermittlung des eigenen Normwertes bei der nicht-leistungsbezogenen Aufgabe als bei der Intelligenztest-Aufgabe entscheiden, Erfolgsmotivierte umgekehrt. Dieses Verhalten der Mißerfolgsmotivierten läßt sich als indikativ für eine Tendenz deuten, mögliche negative Informationen über die eigene Begabung aus dem Intelligenztest zu vermeiden; das widerspricht der Annahme eines für beide Motivgruppen gleichermaßen charakteristischen Bestrebens nach Information.

Unter dem Aspekt dieser insgesamt widersprüchlichen Befunde ist die implizite Annahme, bei dem ursprünglichen Prozeßmodell MEYERS (oder der hier vorgestellten Formalisierung) handele es sich um ein Alternativmodell zu dem von ATKINSON, nicht aufrechtzuerhalten. Die Gleichsetzung von Motivunterschieden mit Unterschieden der wahrgenommenen Begabung wird aufgegeben.

---

[4] Das kann allerdings nicht darüber hinweg täuschen, daß der Bestätigungsgrad der Theorie ATKINSONS besonders im Hinblick auf Leistungs- und Zielsetzungsverhalten schwach ist (s. MEYER et al., 1976). Das ist zwar auch von ATKINSON (ATKINSON & FEATHER, 1966) bemerkt und durch post-hoc Annahmen plausibel zu machen versucht worden, daß nämlich zum Beispiel die meist studentischen Versuchspersonen insgesamt hoch erfolgsmotiviert waren und die vermeintlich Mißerfolgsmotivierten daher „eigentlich“ niedrig erfolgsmotiviert oder daß andere Motive, wie zum Beispiel das Anschlußmotiv, mit verhaltenswirksam waren (ATKINSON & FEATHER, 1966, S. 342). Die Validität solcher post-hoc Erklärungen ist jedoch zweifelhaft, wenn man die Verschiedenartigkeit der inzwischen untersuchten Stichproben, der gestellten Aufgaben und der experimentellen Anordnungen in Rechnung stellt.

6. Die Selbstregulation leistungsbezogenen Verhaltens: Das Leistungsmotiv als Selbstbekräftigungssystem[1]

von Frank Halisch
Ruhr-Universität Bochum

Zu Beginn der 70er Jahre war der Forschungsbestand zur Theorie der Leistungsmotivation zu einer nahezu unübersehbaren Fülle angewachsen. Empirische Befunde mehrten sich, für die das Risikowahl-Modell ATKINSONS (vgl. Kap. 2) offensichtlich einen nur begrenzten Erklärungswert hat; verschiedene Revisionsvorschläge waren die Folge (vgl. zusammenfassend SCHNEIDER, 1973). Neue Theorieansätze sind entstanden, vor allem die Kausalattributionstheorie der Leistungsmotivation (vgl. Kap. 4).

Dies alles war Anlaß genug für einen Versuch, die Befundbestände zu ordnen und ein Modell zur Integration verschiedener Theorieansätze zu entwerfen. Diesen Versuch hat HECKHAUSEN (1972 b; 1973; 1974 c; 1975 c) unternommen. Es entstand dabei ein Rahmengerüst, das einen Fächer verschiedener Motivationsvariablen spezifiziert und deren Interaktion verdeutlicht.

Eine Frage gewinnt in dieser Konzeption besonderen Stellenwert: Wie ist zu erklären, daß individuelle Besonderheiten des Leistungsverhaltens (Zielsetzung, Intensität, Ausdauer usw.) auch gegen widersprüchliche Erfahrungen bestehenbleiben? Auch eine gehäufte Serie von Erfolgen macht einen Mißerfolgsmotivierten nicht erfolgsmotiviert; Analoges gilt für Erfolgsmotivierte. Personen sind offensichtlich bis zu einem gewissen Grad von externen Bekräftigungsfolgen unabhängig und in der Lage, ihr Leistungsverhalten nach eigener Maßgabe zu regulieren. Die relative Immunität und Autonomie individueller Motivausprägung bedarf also einer Erklärung.

HECKHAUSEN versucht, dieses Problem zu lösen, indem er Anregungen aus der Theorie der Selbstregulation und Selbstbekräftigung, die vor allem mit dem Namen KANFER verbunden ist, in die Theorie der Leistungsmotivation aufnimmt. Auf diese Weise entstand eine neue Konzeption des Motivbegriffs: die Auffassung vom Motiv als Selbstbekräftigungssystem.

---

[1] Mein besonderer Dank gilt Herrn Dipl.-Psych. Herbert GÖTZL. Ohne ihn hätte dieser Beitrag nicht entstehen können; wesentliche Punkte basieren auf seinen vielfachen Anregungen.

Stolz und Scham über eigene Leistungen, also leistungsthematische Affekte, haben hierbei besondere Bedeutung; ihre Antizipation steuert das Leistungsverhalten. Neu ist, daß ihnen als sog. Selbstbekräftigungsreaktionen darüber hinaus motivstabilisierende Funktion zugeschrieben wird; sie sind es, die eine Selbstregulation des Leistungsverhaltens auch gegen Erfahrungswiderspruch ermöglichen.

Die nähere Beschäftigung mit der Rolle der Affekte macht sehr schnell klar, daß hier ein Problem angerissen ist, das in der Psychologie seit ihren Anfängen kontrovers behandelt wird. Ein einleitender kurzer Abriß über das Affektproblem in der Leistungsmotivationstheorie soll die kontroverse Behandlung des Themas nachvollziehen und zeigen, daß diese Problematik nach wie vor ungelöste Fragen aufwirft. In einem darauf folgenden Exkurs wird der Begriff der Selbstbekräftigung vorgestellt und daran anschließend die Konzeption des Motivs als Selbstbekräftigungssystem diskutiert.

6.1. Das Affektproblem in der Geschichte der Leistungsmotivationstheorie

Motivationstheorie und damit die Frage nach den Beweggründen menschlichen Handelns hatte schon immer etwas mit lust- oder unlustgetönten Erlebnisgehalten, mit Gefühlen und Affekten zu tun. Motivation ist in der Regel als etwas gesehen worden, das Verhalten auf die Erreichung bestimmter Zielzustände ausrichtet. Meist sind diese Zielzustände dadurch gekennzeichnet, daß ihnen eine „angenehme" Tönung – im Vergleich zum gegenwärtigen Zustand – zugeschrieben wird. Theorien, die im Erreichen dieser positiven Gefühlszustände das eigentlich Motivierende menschlichen Verhaltens sehen, sind sog. hedonistische Theorien. Hedonistische Auffassungen, nach denen also der Mensch durch das Streben nach Lust und das Vermeiden von Unlust gekennzeichnet ist, haben lange Tradition: Aristippos von Kyrene (um 435 v. Chr.) wird die erste Formulierung des Hedonismus-Prinzips zugeschrieben. Eine solche Auffassung erscheint auf den ersten Blick aus naiv-psychologischer Sicht sehr plausibel: man sucht das Angenehme und meidet des Unangenehme. Auch innerhalb psychologischer Theoriebildung hat sie sehr viel Attraktivität ausgeübt. Die FREUDsche Formulierung des Lustprinzips oder, innerhalb der Leistungsmotivationstheorie, die Konzeption MCCLELLANDS (vgl. Kap. 1) sind prominente Beispiele. Im gleichen Ausmaß, wie hedonistische Positionen Befürworter fanden, haben sie auch Kritik hervorgerufen (vgl. z. B. DUNCKER 1940/41). In ihrer puren Form wirken sie immer leicht „anrüchig", scheinen sie doch ein menschliches Streben nach „höheren Werten" zu mißachten.

Auch innerhalb der Leistungsmotivationstheorie kommt dem affektiven Geschehen seit jeher eine bedeutende Rolle zu. Einzelne Theorien unterscheiden sich aber erheblich darin, welchen Erklärungswert sie den affektiven Zuständlichkeiten zur Erhellung leistungsmotivierten Verhaltens beimessen. Rein hedonistische Auffassungen werden heute innerhalb der Leistungsmotivationstheorie kaum noch vertreten. Zwar wird niemand leugnen, daß Leistungsergebnisse, also Erfolge und Mißerfolge, mit bestimmten affektiven Zuständlichkeiten, Zufriedenheit oder Unzufriedenheit, verknüpft sind. Das bedeutet jedoch nicht zwangsläufig, daß es letztlich diese Gefühlszustände sind, die angestrebt oder vermieden werden. In Frage steht somit die verhaltenssteuernde Funktion der leistungsthematischen Affekte. Die Geschichte der Leistungsmotivationstheorie läßt sich von daher auch als eine Geschichte der Auseinandersetzung mit der Rolle leistungsthematischer Affekte beschreiben. In einigen Theorieansätzen versucht man die Probleme rein hedonistischer Konzeptionen zu vermeiden, indem man die verhaltensteuernde Funktion der Affekte gering einschätzt gegenüber Kognitionen, die zielgerichtetes Verhalten motivieren; Affekte spielen hier eine untergeordnete Rolle. So ergibt sich in manchen Motivationstheorien ein eigenartiges Nebeneinander beider Aspekte; je nachdem, welchem von beiden die Haupterklärungslast zugewiesen wird, spricht man von „affektiven“ oder „kognitiven“ Motivationstheorien (vgl. WEINER, 1972).

Die Unterscheidung in affektive und kognitive Komponenten bei der Verhaltensteuerung hat ebenfalls lange Tradition. Die Wurzeln lassen sich schon bei den Anfängen der Psychologie als einer eigenständigen wissenschaftlichen und experimentellen Disziplin auffinden. W. WUNDT (1911; 6. Auflage) führte im Rahmen seiner Willenstheorie zwei Ursachenmomente von Handlungen ein: ein Bestandsstück des Bewußtseins aus der Klasse der Vorstellungen, den sog. „Beweggrund“, sowie – eng damit verknüpft – ein Gefühlsmoment, die sog. „Triebfeder“. Mit dieser Unterscheidung in ein Vorstellungs- und ein Gefühlsmoment war eine Problematik in die Psychologie hineingekommen, die sich in verschiedensten späteren Theoriebildungen immer wieder auffinden läßt. Die Begriffe haben sich natürlich gewandelt, man spricht nicht mehr von Beweggrund und Triebfeder; Affekt versus Information (z. B. WEINER, 1975) sind die modernen Stichworte. Das Problem ihrer Beziehung zueinander und ihrer relativen Gewichtung ist jedoch nach wie vor ungelöst.

WUNDT und seinen Nachfolgern ging es damals jedoch vor allem um Probleme des Bewußtseins. Eine der großen Herausforderungen für die Bewußtseinspsychologie war FREUDs Postulat psychischer Ursachen, Triebe, die zum Zeitpunkt ihrer Wirksamkeit nicht im Bewußtsein repräsentiert sind und auch nicht zu sein brauchen. Im übrigen konzipierte FREUD (1915) seinen Triebbegriff nach WUNDTschem Vorbild: Er unterscheidet eine Vorstellungs- und eine Affektrepräsentanz des Triebes, die jedoch weit weniger als bei WUNDT aneinander gekettet sind; der Affektbetrag kann sich von der Vorstellungsrepräsentanz lösen und sich anderweitig – etwa in neurotischen Symptomen – „Abfuhr" verschaffen.

Dem Gedanken unbewußter psychonomer Beweggründe trug ACH (1910) aus der sog. Würzburger Schule Rechnung. Er postulierte, daß es „determinierende Tendenzen" gebe, zielgerichtete Faktoren, die Denk- und Handlungsabläufe bestimmen. Determinierende Tendenzen können durch bewußte Vornahmen und Entschlüsse, aber auch durch Gewohnheiten, Instruktionen und vieles andere mehr gesetzt werden. Sie können anschaulich und bewußt das Handeln steuern; sie können aber auch – und das ist entscheidend – unanschaulich wirken, d.h. Verhalten steuern, ohne zum Zeitpunkt ihrer Wirksamkeit ins Bewußtsein zu gelangen.

Determinierende Tendenzen schlagen sich in unterschiedlicher Stärke im Verhalten nieder. Das Ausmaß, in dem sie sich gegen Widerstände durchzusetzen in der Lage sind, ist nach ACH ein Gradmesser der Willensstärke. Diesen Gradmesser hat ACH auch als den „Wirkungsgrad des Wollens" bezeichnet, der sich aus dem „Verhältnis von beabsichtigter Realisierung zur Realisierung" bestimmt (ACH, 1910; S. 5). ACH hat hier offensichtlich bereits ein Diskrepanzmodell vorgeschwebt, wie es heute in vielen Handlungstheorien modern ist: Nach abgeschlossener Handlung wird das Resultat mit dem angestrebten Resultat, einem „Standard", verglichen. Das Ergebnis dieses Vergleichs hat Folgen für das affektive Geschehen. Art und Stärke der „determinierten Gefühle" – wir würden heute sagen der „leistungsthematischen Affekte" – hängen davon ab, wie dieser Vergleich ausfällt. Gelingt die Verwirklichung der beabsichtigten Realisierung, entsteht ein Lustgefühl; kann die Absicht nicht verwirklicht werden, entsteht ein Unlustgefühl. Auch die Intensität der Gefühlsreaktionen sieht ACH von der Verwirklichung des Wollens abhängig:

> „Ferner ist für die Stärke des determinierten Gefühls der Wirkungsgrad des Wollens von Bedeutung, und zwar in dem Sinne, daß der Zunahme des Wirkungsgrades eine Zunahme des Lusteffektes entspricht, während mit der Abnahme des Wirkungsgrades eine Zunahme des Unlusteffektes einhergeht" (S. 309).

Je mehr also die Absicht realisiert werden kann, desto größer ist die Freude, je weniger sie realisiert werden kann, desto größer ist der Ärger.

Diese wenigen Bemerkungen machen deutlich, daß ACH nicht bereit war, den Affekten eine entscheidende steuernde Funktion zuzubilligen. Determinierte Gefühlsreaktionen sind Begleiterscheinungen, Epiphänomene; er selbst bezeichnet sie als „Nebenerfolge" des motivationalen Geschehens (S. 266). Sie bleiben jedoch nicht völlig wirkungslos auf das weitere Handlungsgeschehen. Er beschreibt die Wirkung des Ärgers nach Mißerfolg folgendermaßen:

„Durch den intensiven Affekt des Ärgers entsteht, wie wir annehmen können, eine Anstauung psychophysischer Energie, die eine Verstärkung ... bei einem darauffolgenden Willensakt ermöglicht, und zwar in einer Weise, wie dies sonst nicht möglich ist. ... Dabei ist jedoch nicht der Affekt der Unlust das unmittelbare Motiv zu diesem energischen Entschluß. Der Affekt bildet nur eine Erleichterung für die Willenskonzentration" (S. 272).

Dieser Gedanke, daß nach Mißerfolg psychische Energie sich aufstaut und der Ärger die nachfolgende Handlungstendenz verstärkt, mutet ebenfalls recht modern an; er findet sich in vielen Motivationstheorien. In veränderter Form ist er in dem Konzept der sog. Trägheitstendenz wieder aufgegriffen worden (ATKINSON & CARTWRIGHT, 1964; WEINER, 1965; vgl. auch Kap. 2). Allgemein muß man sagen, daß ACHS Überlegungen zu den determinierten Gefühlen vieles enthalten, was heute als „affektive Konsequenzen von Leistungsergebnissen" erneut diskutiert wird (s. u. und Kap. 4).

Während ACH die Stärke des Willens aus der Intensität des Vornahmeerlebnisses ableitet, führt LEWIN (1926; 1929), gestützt auf seine experimentellen Befunde und eine vielfältige Erfahrung aus der Psychopathologie, die Stärke einer Vornahme auf das „Entstehen gewisser realer ‚seelischer Spannungssysteme'" (LEWIN, 1929; S. 12) zurück. Diese Spannungssysteme werden wegen ihrer dynamischen Verwandtschaft mit den „natürlichen" Bedürfnissen, aus denen sie entstanden sind, Quasi-Bedürfnisse genannt. Die funktionale Eigenschaft dieser Systeme wird darin gesehen, daß sie ohne äußeren Anlaß auf „Erledigung" drängen, d. h. dazu tendieren, in einen Zustand überzugehen, der durch ein relatives Minimum an Systemenergie gekennzeichnet ist. Charakteristische Eigenschaft dieser Systeme ist also die Tendenz zum Spannungsausgleich. Die offensichtliche Analogie zu physikalischen Systemen geht jedoch noch viel weiter. Die Gesamtsituation der Person wird nicht nur als Spannungssystem, sondern zugleich auch als ein psychisches Kraftfeld aufgefaßt, das sich topologisch darstellen läßt; es ist in einzelne Regionen mit unterschiedlichen Aufforderungscharakteren unterteilt. Das bedeutet, daß von diesen Regionen unterschiedlich anziehende und abstoßende Kräfte auf die Person einwirken, die als Feldkräfte bezeichnet werden. Das ablaufende Handlungsgeschehen läßt sich somit auch als ein vektorielles Problem darstellen. Damit versucht LEWIN, psychisches Geschehen sowohl als Richtungsproblematik als auch als Spannungsproblematik in *einem* Konzept, und zwar dem des Gesamtfeldes, zu fassen, eine Konzeption, die er später (1938; 1946) wieder aufgegeben hat. Die Person, die bislang als ein Punkt oder ein leerer Kreis im Gesamtfeld erschien, wird nun mit einer differentiellen Binnenstruktur ausgestattet. Diese Binnenregionen der Person werden als eine Art „Druckkessel“ aufgefaßt, sie sind durch ihre innere Energie gekennzeichnet. Spannung heißt nun soviel wie potentielle innerpsychische Energie, und statt von Entspannung der Gesamtsituation sollte man aus der Sicht des externen Beobachters eher davon sprechen, daß mit der Annäherung der Person an ein Ziel die Entladung bestimmter *innerpsychischer* Systeme einhergeht. Diese neue Konzeption führte zum Auseinanderbrechen des Gesamtfeldes in ein Umweltmodell, in dem die Richtungsproblematik abgehandelt wird, und ein Personmodell in dem energetische Prozesse dargestellt werden.

Welche Bedeutung wird in dieser Theorie nun den Affekten zugemessen? LEWIN (1929) weist die von WUNDT beeinflußte Gefühlstheorie FREUDS zurück, nach der die mit den Vorstellungsmomenten assoziativ gekoppelten Gefühlsbetonungen bzw. Affektmomente die entscheidende Rolle bei der Verhaltenssteuerung spielen. Entscheidend ist vielmehr die mit dem Unerledigtsein von Handlungen zusammenhängende Spannung.

Doch auch Affekte haben in LEWINS Theorie einen Stellenwert. Das Affektgeschehen ist eine besondere Art des Entladungsvorganges gespannter Systeme. Affekt meint ungehemmte Entladungsaktion abrupter Art, die den Charakter einer Kurzschlußhandlung hat und Zerstörungstendenzen offenbart. Affekt steht somit im Gegensatz zu zielgerichteter Aktion, zur organisierten Entladungshandlung. Zu einem solchen Affektausbruch kommt es, wenn Barrieren im Feld die Erreichung eines Ziels verhindern, wenn sich innerpsychische Energie aufstaut und der Spannungszustand einen bestimmten Pegelwert überschreitet. Diese Situation, die die Person nicht mehr kognitiv bewältigen kann, ist das auslösende Moment des Affektausbruches. Die Organisationsstrukturen brechen zusammen (vgl. DEMBO, 1931). Dabei führt jedoch nicht der Affekt zum Zerfall der Gesamtsituation, sondern das Zusammenbrechen zielorientierter Handlungsstrukturen beim Auftreten unüberwindlicher Barrieren schafft erst die Möglichkeit für einen derartigen Affektausbruch.

Aber man wird nun fragen: Sind nicht generell die Spannungszustände und deren Veränderung, auch bevor es zum Zusammenbruch kommt, irgendwie affektiv repräsentiert? Geht nicht erhöhte Spannung und die Erledigungstendenz mit einem Zustand unlustvoller Erregung einher und ist der Spannungsausgleich nicht von Lust begleitet? Vielleicht hätte LEWIN nichts dagegen einzuwenden, wenn man das organisierte Entspannen eines Systems im Zuge zielgerichteter Aktion und die Steigerung und Minderung psychischer Energie als Gefühlsgeschehen, als eine Art Affektwandel beschriebe. Es muß jedoch deutlich bleiben, daß das affektive Geschehen lediglich als ein Beiprozeß aufzufassen ist, daß „nicht Lust und Unlust als die psychologischen fundamentalen Faktoren" anzusehen sind, „sondern die psychischen Spannungssysteme und die Richtung der in ihnen wirksamen Kräfte" (Lewin, 1929; S. 13 f.).

Lewins Theorie des Spannungsausgleichs hat in vieler Hinsicht große Ähnlichkeit mit Hulls Theorie der Triebreduktion (1943). Auch dort geht es um Verminderung augenblicklicher hoher Spannungszustände. Diese sind definiert als „Triebzustände", bedingt durch organismische Mangelzustände, die beseitigt werden müssen. Dem liegt ein Organismusmodell zugrunde, das davon ausgeht, daß jeder Organismus als höchstes Ziel einen Zustand minimaler externer und interner Reizung anstrebt. Demgegenüber hat Hebb (1949) und von ihm angeregt McClelland (1951; McClelland, Atkinson, Clark & Lowell, 1953) ein Alternativmodell vorgestellt, nach dem der Organismus darauf abzielt – zumindest temporär – Systemenergie zu erhöhen. Dementsprechend werden Situationen aufgesucht, die einen Zustand lustvoller Erregung versprechen im Vergleich zum augenblicklichen unlustvollen oder neutralen Zustand. Der Organismus strebt – pointiert formuliert – weniger nach Spannungsreduktion als nach Spannungsinduktion.

In der McClellandschen Konzeption gewinnen Affekte nun einen ganz besonderen Stellenwert; sie sind das wesentliche Bestimmungsstück eines Motivs (vgl. Kap. 1). Verhalten zielt darauf ab, Situationen aufzusuchen, die positive Affekte vermitteln; Motive stellen die Antizipationen eben dieser Affekte dar und richten somit das Verhalten auf die entsprechenden Situationen aus. McClellands Theorie ist demnach eindeutig hedonistisch. Der große Fortschritt besteht darin, daß man sich nicht mehr mit den bloßen Begriffen Lust oder Unlust begnügt, sondern versucht, genauer zu definieren, was Lust oder Unlust determiniert. Es sind dies die Diskrepanzen zwischen der Situation, die im Sinne der Theorie des Adaptationsniveaus (Helson, 1964) die affektive „Null-Lage" anzeigt, und den antizipierten Zustandparametern der Ziellage. Geringe und mittlere Abweichungen vom Adaptationsniveau bringen positive Affekte hervor; Diskrepanzen, die einen bestimmten Schwellenwert überschreiten, verursachen negative Affekte. Eine solche Aussage ist jedoch nicht unproblematisch. Sie mag sicher für einige Sinnesmodalitäten zutreffen, es ist jedoch zweifelhaft, ob eine Generalisierung dieses Postulates auf andere Gegebenheiten gerechtfertigt ist (Kap. 1 setzt sich näher mit diesem Problem auseinander).

Mit McClelland ist der Anfang einer Theorie leistungsmotivierten Verhaltens im eigentlichen Sinne gemacht worden, nicht zuletzt deshalb, weil er – angeregt durch MURRAY (1938) – persönlichkeitspsychologische Fragestellungen einbrachte. Das Leistungsmotiv soll nicht nur Leistungsverhalten allgemein, sondern vor allem relativ konsistente Unterschiede im Leistungsverhalten verschiedener Personen erklären; ein Problem, das LEWIN und seine Mitarbeiter noch recht wenig interessiert hatte. Das Leistungsmotiv im engeren Sinne beinhaltet die Antizipation von Affekten, die bei der „Auseinandersetzung mit einem Gütemaßstab" entstehen.

Die weitere Entwicklung der Theorie der Leistungsmotivation in der Folge MCCLELLANDS ist durch die verschiedensten Versuche gekennzeichnet, von einer rein hedonistischen Konzeption des Leistungsmotivs wieder abzurücken.

Die erste Fortentwicklung war die mathematisch formulierte Theorie ATKINSONS (1957; 1964; ATKINSON & FEATHER, 1966). Sie ist die bis auf den heutigen Tag weitaus fruchtbarste, denn sie hat eine Fülle von Experimenten angeregt (vgl. Kap. 2). Sie bleibt im Grunde zwar hedonistischen Ausgangsannahmen verhaftet, als rein hedonistische Theorie ist sie jedoch kaum zu bezeichnen. Grundannahme dieser Theorie ist, einer Forderung LEWINS (1946) folgend, daß Person- *und* Situationsvariablen das Verhalten determinieren. Die Personparameter, die die Stärke der aktuellen Motivationstendenz mitbestimmen, sind dadurch gekennzeichnet, daß sie auf Maximierung der Affektbilanz ausgerichtet sind: Der aufsuchende Anteil, die „Hoffnung auf Erfolg", ist eine Disposition, durch Erfolg vermittelte positive leistungsthematische Affekte anzustreben; der meidende Anteil, die „Furcht vor Mißerfolg", ist eine Disposition, durch Mißerfolg vermittelte negative Affekte zu meiden. Leistungsthematische Affekte sind somit eine entscheidende Erklärungsvariable persönlichkeitsspezifischer Unterschiede im Leistungsbereich: Beide Leistungsmotivgruppen streben nach einer möglichst positiven Gestaltung der Affektbilanz; bei Erfolgsmotivierten steht dabei das Aufsuchen positiver Affekte im Vordergrund, bei Mißerfolgsängstlichen das Meiden negativer Affekte.

Wohl das wichtigste Verhaltenssyndrom, für das die Leistungsmotivationstheorie Vorhersagen macht, ist die sog. Risiko-Wahl, also die Bevorzugung unterschiedlicher Schwierigkeitsgrade bei der Auseinandersetzung mit Leistungsaufgaben. Wenn Affektmaximierung das Ziel ist, müßten dann nicht besonders schwierige Aufgaben bevorzugt werden? Wird nicht der positive Affekt, die Freude, beim Gelingen schwieriger Aufgaben größer sein als beim Gelingen leichter Aufgaben und wird beim Mißlingen schwieriger Aufgaben der Ärger nicht geringer sein? Einer solchen Überlegung trägt die Anreizkomponente Rechnung. Der Anreizwert einer Aufgabe wird durch ihre Schwierigkeit determiniert: je schwieriger die Aufgabe, desto höher ihr Anreiz. Aber je größer die Schwierigkeit ist, desto geringer wird die Wahrscheinlichkeit des Erfolges, desto größer wird der zur Zielerreichung nötige Aufwand; die „Kosten" steigen mit der Schwierigkeit. Hier kommt nun nach ATKINSON ein kognitives Korrektiv ins Spiel – entlehnt sog. Erwartung x Wert-Theorien. Personen sind nicht – gewissermaßen blind – darauf aus, positive Affekte ohne Rücksicht auf Verwirklichungsmöglichkeiten zu maximieren; sie ziehen nicht nur den Anreizwert einer Handlungsalternative, sondern auch deren Eintretenswahrscheinlichkeit ins Kalkül. Demnach werden je nach dispositioneller Ausstattung solche Situationen aufgesucht, die *unter den gegebenen Umständen* die positivste Affektbilanz versprechen. Damit war die berühmte Motivationsgleichung geboren (vgl. Kap. 2).

Affinitäten zu Überlegungen FREUDS (1933) werden deutlich: In seinem Modell funktioniert das Es nach dem Lustprinzip; das Ich dagegen versucht, dem Realitätsprinzip folgend, die hedonistischen Wünsche des Es mit den Forderungen der Umwelt (und denen des Über-Ich) in Einklang zu bringen. Das Motiv ist bei ATKINSON auf Affekt*maximierung* ausgerichtet, in der tatsächlich aktualisierten Motivationstendenz zeigt sich die Realitätsangepaßtheit des Individuums: Affekt*optimierung* ist das Ziel. Damit war ein erster Schritt getan weg von einer rein hedonistischen Konzeption der Leistungsmotivation.

Manches Problem blieb jedoch noch ungeklärt, unter anderem folgendes: Was geschieht, wenn die antizipierten Affekte nicht eintreten, wenn etwa Erfolg vereitelt wird und Mißerfolg eintritt? Folgt man den Annahmen, die ATKINSON & CARTWRIGHT (1964) und daran anschließend WEINER (1965) in dem – wieder einmal der Physik entlehnten – Konzept der Trägheitstendenz zum Ausdruck gebracht haben, wird das Streben nach Optimierung der Affektbilanz durch Mißerfolg erhöht: Beide Motivationstendenzen, Erfolg zu suchen und Mißerfolg zu meiden, bleiben bestehen und fügen sich additiv der neu aktualisierten Handlungstendenz hinzu. Damit wurde der alte Gedanke aufgegriffen, daß Bedürfnisse so lange bestehenbleiben, bis sie befriedigt werden. Als Urheber dieses Gedankens werden meist FREUD (1915) und LEWIN (1926) zitiert, er steckt jedoch, zumindest ansatzweise, wie wir oben gesehen haben, bereits in den Formulierungen ACHS (1910). Mit dem Postulat der Trägheitstendenz zielte man einerseits auf die bessere Erklärung einiger experimenteller Befunde ab, andererseits steht dahinter ein – gewissermaßen metapsychologisches – Grundproblem der Konzeption ATKINSONS. Schaut man sich dessen Motivationsgleichung an, so wird deutlich, daß eine Motivierung nur entstehen kann, wenn aus der Umwelt zumindest minimale Reize wirken. Das Motiv einer Person kann noch so stark ausgeprägt sein, wenn es nicht durch situative Komponenten aktualisiert, angeregt wird, muß der Organismus untätig bleiben.

Das Konzept der Trägheitstendenz schafft hier Abhilfe; es ermöglicht die Vorstellung vom Menschen, der weniger abhängig von situationalen Reizen ist, der ihrer nicht mehr unbedingt bedarf, um überhaupt motiviert zu sein (vgl. Kap. 2). An der Grundkonzeption eines affektiven Motivbegriffs ändert sich dadurch jedoch nichts.

Jüngste Weiterentwicklungen innerhalb der Theorie der Leistungsmotivation betonen dagegen stärker die kognitive Seite des Motivationsgeschehens. Man hat erkannt, daß die Einbeziehung kognitiver Elemente als intervenierende Größen – zwischengeschaltet zwischen beobachtbare vorauslaufende und nachfolgende Bedingungen – entscheidende Verbesserung der Erklärung und Vorhersage des Verhaltens ermöglicht (HECKHAUSEN & WEINER, 1972; HECKHAUSEN, 1973). Nirgends wird dieser Trend deutlicher als in der Kausalattributionstheorie der Leistungsmotivation, die vor allem mit den Namen WEINER (WEINER & KUKLA, 1970; WEINER, FRIEZE, KUKLA, REED, REST & ROSENBAUM, 1971; vgl. Kap. 4) und MEYER (1973 a; vgl. Kap. 5) verbunden ist.

Entscheidende Determinanten des Leistungsverhaltens sind demnach Ursachenerklärungen eigener Handlungsresultate, sowohl retrospektiv auf zurückliegende Handlungen als auch prospektiv auf künftige Handlungen bezogen. Unterschiede im Leistungsverhalten sind dadurch zu erklären, daß Personen bevorzugt unterschiedliche Kausalfaktoren heranziehen, daß sie eigene Leistungen eher als selbst- oder fremdverursacht und als variabel oder stabil erleben. War das Leistungsmotiv bei ATKINSON noch eine Disposition, Befriedigung im Leistungsbereich anzustreben, wird es nun zu einer Disposition, Erfolg als durch internale Faktoren verursacht zu erleben („... capacity for perceiving success as caused by internal factors ...". WEINER et al. 1971; S. 18). Der affektiven Motivdefinition wird eine kognitive gegenübergestellt.

Aber wenn man die kognitiven Determinanten des Verhaltens so stark in den Vordergrund rückt, ist man gezwungen, die Bedeutung der affektiven Seite des Motivationsgeschehens neu zu bestimmen. Und nirgendwo wird die ambivalente Haltung kognitiver Motivationstheoretiker gegenüber dem Problem der Affekte so deutlich wie gerade bei der Konzeption WEINER's. Einerseits wird dem affektiven Faktor – neben den Erwartungen – durchaus noch eine verhaltendeterminierende Funktion zugeschrieben, wie aus dem formalisierten Motivationsmodell deutlich wird (WEINER et al. 1971; vgl. auch Kap. 4, Tabelle 4.4). Erwartungsänderungen *und* Affektantizipationen vermitteln zwischen Kausalattribuierungen und weiteren Verhaltenskonsequenzen. Andererseits werden die Affekte wie auch die Erwartungsänderungen vollständig durch die Art der vorauslaufenden Kausalattribuierung determiniert: Die Dimension der Personabhängigkeit, also ob Erfolge und Mißerfolge auf internale Faktoren zurückgeführt werden, bestimmt die Intensität positiver und negativer Affekte. Die Kausalattribuierung reicht demzufolge als Erklärungsfaktor völlig aus; nach dem Postulat der Theorie läßt sich Leistungsverhalten eindeutig darauf zurückführen. Die Berücksichtigung des Affektgeschehens ermöglicht keine Verbesserung der Erklärung und Vorhersage des Leistungsverhaltens. Die Affekte sind im Grunde nebensächlich.

Diesen Gedanken hat nun Meyer (1973 a) konsequent weiterentwickelt. Demnach wird Leistungsverhalten durch die kognitiven Komponenten „Selbstkonzept eigener Begabung“ und dem Wunsch nach „Information über die eigene Tüchtigkeit“ gesteuert (vgl. Kap. 5). Affektive Reaktionen werden endgültig wieder – wie bei Ach (1910) – zu Beiprodukten von Leistungsresultaten. Sie erhalten den Charakter von Epiphänomenen, deren Vorhandensein zwar nicht zu leugnen ist, deren Beitrag zur Verhaltenserklärung jedoch gering eingeschätzt wird. Meyers Prozeßmodell leistungsmotivierten Verhaltens (1973 a; S. 158 f.) macht diesen Stellenwert der Affekte besonders deutlich.

Damit hat nun die Entwicklung von affektiver zu kognitiver Motivationstheoriebildung einen vorläufigen Endpunkt erreicht, eine Entwicklung, der in letzter Konsequenz zu folgen jedoch nicht jeder bereit ist. So nimmt Heckhausen (1972 b; 1973; 1975 c) eine Zwischenposition ein. Einerseits hat er sich wie kaum ein anderer Motivationsforscher dafür eingesetzt, kognitive Prozesse stärker in die Theoriebildung einzubeziehen (1973), andererseits mißt er der affektiven Seite durchaus eine entscheidende Rolle zu, wenn er das Leistungsmotiv als ein Selbstbekräftigungssystem konzipiert (1972 b; 1975 c). Leistungsthematische Gefühle haben als sog. Selbstbekräftigungsreaktionen in diesem Zusammenhang große Bedeutung. Hier taucht in der Leistungsmotivationstheorie nun ein neuer Begriff auf: Selbstbekräftigung. Ein Exkurs soll Herkunft und Bedeutung dieses Konzeptes erläutern.

6.2. Selbstbekräftigung

Selbstbekräftigung als Erklärungsbegriff entstammt behavioristischer S-R-Theorie, einer psychologischen Theoriebildung, die auf den ersten oberflächlichen Blick nur recht wenig mit Forschungen zur Leistungsmotivation gemein hat. Ein Grundpostulat der meisten S-R-Theorien besagt, daß jedes Verhalten – und somit auch menschliches – durch seine Folgen gesteuert wird. Von der Umwelt bereitgestellte Belohnungen und Bestrafungen, Konsequenzen des vorhergehenden Verhaltens, beeinflussen eben dieses Verhalten, regulieren es, unterdrücken es, ändern es. Sie modifizieren die Wahrscheinlichkeit seines Auftretens in künftigen Situationen. Diesem Grundsatz wird mit dem Konzept der „Bekräftigung" Rechnung getragen; Bekräftigung wird somit zu einem zentralen Begriff.

Es hat nicht an spekulativen und empirischen Versuchen gefehlt, inhaltlich zu spezifizieren, was den Bekräftigungseffekt bewirke, was denn das eigentlich Bekräftigende an der Bekräftigung sei. Der Einfluß hedonistischer Auffassung ist auch hier oft zu erkennen. THORNDIKES (1911; 1927) Gesetz des Effektes, HULLS (1943) Triebreduktionsannahme oder auch SHEFFIELDS Triebinduktionshypothese (SHEFFIELD & ROBY, 1950; SHEFFIELD, WULFF & BACKER, 1951) sind die bekanntesten Beispiele. (Zum Bekräftigungsbegriff vgl. z.B. die Sammelbände von TAPP, 1969, und GLASER, 1971.)

Den Versuchen, Bekräftigung inhaltlich zu bestimmen, hat SKINNER (1953) seinen rigoros funktionalen Ansatz entgegengestellt. Was Bekräftigung ist, was ihren Effekt bestimmt, ist nicht Gegenstand solcher Analyse. Bekräftigung wird zu einem objektiven Beschreibungsbegriff; sie wird nicht von den Inhalten, sondern von der Funktion her definiert: Bekräftigung ist, was als Bekräftigung wirkt. Das operationale Kriterium ist die Veränderung der Auftretenswahrscheinlichkeit des Verhaltens in der Zukunft. Bei Erhöhung dieser Auftretenswahrscheinlichkeit hat Bekräftigung, bei Verminderung Bestrafung stattgefunden. Die Ereignisse, deren Eintreten oder Ausbleiben bekräftigend oder bestrafend wirken, sind positive und negative Bekräftiger. Für jedes Individuum lassen sich Ereignisse bestimmen, die bekräftigungswirksam, d.h. verhaltensändernd sind. Interindividuelle Übereinstimmung ist dabei möglich, jedoch keineswegs notwendig.

Nun ändert sich jedoch aller Alltagserfahrung nach sehr oft Verhalten, ohne daß irgendeine Bekräftigung identifizierbar ist. Oder es tritt der gegenteilige Fall ein, dem experimentierenden Forscher wohl geläufiger, daß Verhalten sich trotz externaler „Bekräftigung" nicht ändert oder bei Entzug von positiven Bekräftigern, oft sogar bei Bestrafung bestehenbleibt. Was vom Versuchsleiter als Bekräftigungsprozedur gedacht war, wirkt offensichtlich auf den Organismus nicht als solche. Es muß hier also etwas stattgefunden haben, was dem außenstehenden Beobachter verborgen geblieben ist. Da Verhaltensregulation nach dem Grundpostulat stets der Bekräftigung bedarf, muß hier verborgene Bekräftigung stattgefunden haben! SKINNER (1953) prägte dafür den Begriff der Selbstbekräftigung. Selbstbekräftigung wird somit als eine Art „Ersatzkonzept" eingeführt, dem nun die Funktion der Verhaltenssteuerung zugewiesen wird. KANFER formuliert es später so:

„Wenn Verhalten ohne externale Bekräftigung aufrechterhalten wird, kann man annehmen, daß das Individuum als Ersatz für die durch die Umwelt bereitgestellten Konsequenzen eine entsprechende motivierende Operation in Form von Selbstbekräftigung durchführt" (KANFER, 1970; S. 185. Übersetzung durch den Autor).

Mit der Einführung von Selbstbekräftigung wird zwar das Feld psychologischer Analyse ausgedehnt auf innere verdeckte Ereignisse (sog. „private events"), jedoch ist damit keine Erweiterung des grundlegenden Begriffsrepertoires verbunden. Innere Prozesse folgen den gleichen Gesetzmäßigkeiten wie das offen beobachtbare Verhalten; ihre Analyse ist allerdings ungleich schwerer, da sie sich ja einer unmittelbaren Beobachtung entziehen. SKINNER (1953) betont denn auch, daß der *Vorgang* der Selbstbekräftigung sich nicht von dem der Fremdbekräftigung unterscheidet, der einzige Unterschied besteht darin, daß Subjekt und Objekt des Bekräftigungsvorganges identisch sind. Die Person übernimmt gewissermaßen die Rolle des Versuchsleiters und verabreicht sich selbst die Bekräftiger, sie wird ihr eigener Bekräftigungsagent.

Mit dem Konzept der Selbstbekräftigung hat SKINNER, der übrigens selbst diesen Ansatz kaum weiterverfolgt hat, sein Begriffsgerüst immun gemacht gegen Kritiken verschiedenster Couleur. Wo die Bekräftigungsprozedur nicht in dem erwarteten Maße funktioniert, also beobachtbares Verhalten nicht durch „Bekräftigung" erklärt werden kann, hat eben Selbstbekräftigung stattgefunden, eine post-hoc-Erklärung, die weder beweisbar noch falsifizierbar ist. Andererseits hat er damit eine Lawine ins Rollen gebracht, die mittlerweile dem gesamten funktional-behavioristischen Ansatz zur Gefahr wird. Der kleine Unterschied zur Fremdbekräftigung, daß das Individuum sein eigener Bekräftigungsagent wird, hat nämlich recht folgenschwere Implikationen.

Verdeutlichen wir uns zunächst einmal, was in einer paradigmatischen Experimentalsituation à la SKINNER passiert, wo Individuum (Mensch oder Tier) und Versuchsleiter getrennt sind (vgl. Abbildung 6.1).

Das Individuum befindet sich in einer Reizsituation, die einen Deprivationszustand des Organismus mit einschließt. Der Versuchsleiter definiert eine Normsituation, die das Individuum durch eine bestimmte Verhaltensantwort herstellen kann. Wenn das Individuum durch eine solche Verhaltensantwort eine Situation hergestellt hat, die der Normsituation in befriedigender Weise ähnelt, verändert der Versuchsleiter die Gesamtsituation so, daß sie bestimmte Objekte enthält, die dem Deprivationszustand des Organismus komplementär sind. Sind sie es, so ist diese Veränderung der Gesamtsituation eine Bekräftigung. Das Individuum kann die bereitgestellten Objekte konsumieren.

Das klassische Beispiel des Konditionierens einer Taube mag den Vorgang verdeutlichen:

Eine Taube sitzt in einem Käfig und hat 24 Stunden nichts zu fressen bekommen (Reizsituation mit Deprivationszustand). Der Versuchsleiter möchte, daß sie auf eine Scheibe pickt (Normsituation). Pickt die Taube (Verhaltensantwort) und ist der Versuchsleiter damit zufrieden (Vergleich von Norm- und Ist-Situation), verabreicht er Futter (Veränderung der Gesamtsituation durch der Deprivation komplementäre Objekte ≙ Bekräftigung). Die Taube frißt (konsummatorische Reaktion).

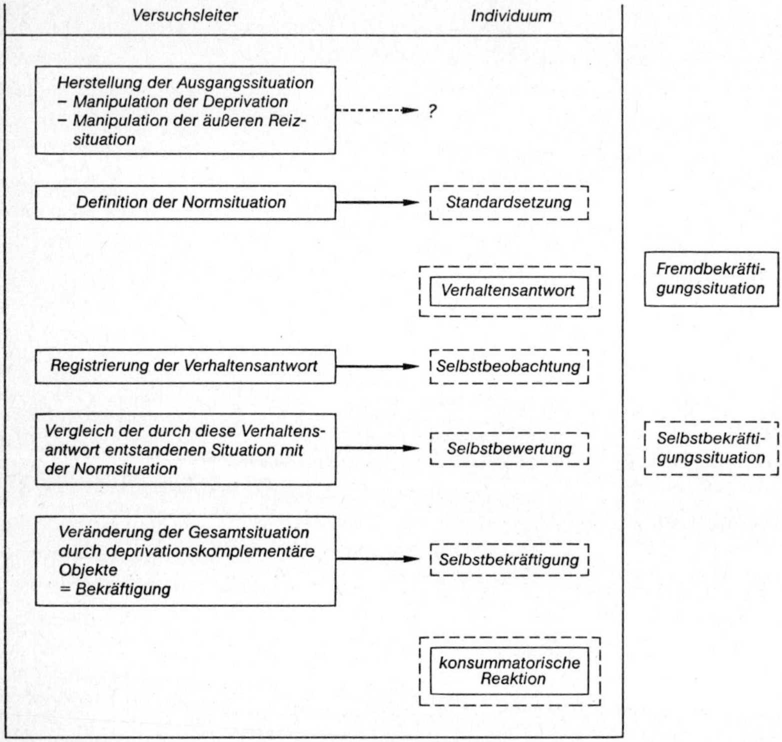

Abbildung 6.1
Fremdbekräftigung versus Selbstbekräftigung.
Die Pfeile deuten an, welche Operationen in der Selbstbekräftigungssituation vom Versuchsleiter in die Hand des Individuums übergehen.

Was bedeutet es nun aber, wenn man sagt, daß das Individuum bei der Selbstregulation die Funktion des Versuchsleiters übernimmt, sein eigener Bekräftigungsagent wird? Welche der definierten Aufgaben übernimmt es? Alle oder nur einige? Wenn einige, dann welche? SKINNER meinte wohl, daß es vor allem die Veränderung der Gesamtsituation sei, also die Verabreichung der Bekräftiger, die in die Hand des Individuums übergehe. Allerdings deutet er selbst bereits auch Probleme der Standardsetzung an:

„Selbstbekräftigung setzt voraus, daß es das Individuum selbst in der Hand hat, Bekräftigungen zu erhalten, dies jedoch solange unterläßt, bis es ein bestimmtes Verhalten gezeigt hat" (SKINNER, 1953; S. 237. Übersetzung durch den Autor).

KANFER (1970; 1971; 1975) macht es nun deutlicher: Dem Individuum werden alle genannten Aufgaben zugeschrieben. Diese erhalten nun jeweils eigene Bezeichnungen (vgl. Abbildung 6.1). Die Person legt selbst die Normsituation fest (= Standardsetzung), sie registriert ihr eigenes Verhalten (= Selbstbeobachtung), sie vergleicht Norm- und Ist-Situation (= Selbstbewertung) und verabreicht sich schließlich selbst die Bekräftiger (= Selbstbekräftigung)[2]. Diesen gesamten Vorgang, mit dem die Person die genannten Prozesse in eigene Regie übernimmt, sich gewissermaßen selbst in die Hand nimmt, nennt KANFER Selbstregulation. Selbstbekräftigung ist ein Teilprozeß des Gesamtvorganges; allerdings ein entscheidender, denn sie stellt den motivationalen Bestandteil dar.
Selbstregulation und Selbstbekräftigung ermöglichen somit auch aus behavioristischer Sicht eine gewisse Unabhängigkeit von fremdbestimmten Einflüssen. Für KANFER (1975) bedeutet Selbstregulation allerdings nur eine vorübergehende und damit relative Loslösung von Fremdbestimmung. An seinen Anfangs- und Endpunkten ist seiner Ansicht nach der Selbstregulationsvorgang immer verankert in Umweltgegebenheiten, denen somit die Hauptfunktion der Verhaltenssteuerung zukommt. Für andere Autoren jedoch (z. B. BANDURA, 1971; 1974), ist Selbstbekräftigung das Konzept, das auch langdauernde Loslösung von Fremddetermination und somit Selbststeuerung auch *gegen* Fremdbekräftigung, also Autonomie menschlicher Individuen ermöglicht (vgl. auch HALISCH, BUTZKAMM & POSSE, 1976).

6.3. Die Selbstregulation des Leistungsverhaltens

Selbstbekräftigung kann als Konzept herangezogen werden um die Stabilität und Autonomie individuellen Verhaltens zu erklären. Dieser Gedanke hat HECKHAUSEN (1972b) bewogen, Überlegungen aus der Theorie der Selbstregulation mit der Theorie der Leistungsmotivation zu verknüpfen; denn auch innerhalb der Leistungsmotivationsforschung muß erklärt wer-

[2] Fraglich ist, wieweit auch die Manipulation der Ausgangslage in die Hand des Individuums übergeht. Dies ist sicherlich nur zu einem gewissen Grade möglich. In therapeutischen Vorgehensweisen versucht man allerdings u. a. genau dies zu trainieren, nämlich, daß Klienten bestimmte Situationen meiden oder andere selbst herstellen (so etwa bei der Rauchertherapie: keine Zigaretten mehr selbst kaufen, Raucherabteile in öffentlichen Verkehrsmitteln meiden usw.).

den, wie es kommt, daß Besonderheiten des Leistungsverhaltens über Zeit – und in Grenzen auch über Situationen hinweg – relativ stabil und konsistent sind. Versuche der Motivänderung haben immer wieder gezeigt, daß individuelle Motivausprägungen bemerkenswert resistent und immun sind gegen Fremdeinflüsse und Erfahrungswiderspruch.
Bei Atkinson waren Motive noch eindimensionale Konzepte. Sie waren gedacht als latente Größen, die als globale Wertungsdispositionen, bezogen auf bestimmte Ereignisse interpretierbar sind, im Falle des Leistungsmotivs auf leistungsthematische Ich-Umwelt-Bezüge. Das Besondere an Heckhausens Motivbegriff liegt nun darin, daß dieses „summarische" Konzept aufgebrochen wird in einzelne Bestandteile. Das Motiv wird zu einem System; zu einem hypothetischen Konstrukt, das verschiedene Systemvariablen, Motivparameter umgreift. Diese Motivparameter sind: (1) Bezugssysteme für die Beurteilung eigener Handlungsresultate bei Tätigkeiten unterschiedlich thematischer Breite; daraus abgeleitet (2) Bezugsnormen, Standards, die man an sich selbst bei der Beschäftigung mit solchen Tätigkeiten stellt; (3) Selbstbewertung, Vergleich der Handlungsresultate mit einem solchen Standard; (4) Kausalattribuierung, Ursachenerklärung eigener Handlungsresultate und schließlich (5) Selbstbekräftigung, die unmittelbaren Folgen der Handlung in Form affektiver Zuständlichkeiten, die mit Erreichen oder Verfehlen des Standards einhergehen. Ein Motiv ist demnach ein mehrdimensionales Konzept, das verschiedene kognitive und affektive Vorgänge umgreift. Es läßt sich als ein personspezifischer Präferenzindex für bestimmte Inhaltsklassen von Ereignissen charakterisieren.
Heckhausen expliziert seine Konzeption am Beispiel des Leistungsmotivs. Sie ist jedoch als generelle Motivkonzeption gedacht, die auch auf andere Motive wie das Anschluß-, Anerkennungs- oder Machtmotiv übertragen werden kann. Er selbst hat eine solche Übertragung auf das Aggressionsmotiv paradigmatisch dargestellt (1974 c). Im Falle des Leistungsmotivs bezieht sich dieser Präferenzindex auf Tätigkeiten, für die die Person (1) leistungsthematische Bezugssysteme aufgebaut hat. Sie muß (2) konkrete Gütemaßstäbe, Tüchtigkeitsstandards, daraus abgeleitet haben, die innerhalb bestimmter Erreichungswahrscheinlichkeiten liegen. Das Erreichen dieser Standards wird festgestellt in der (3) Selbstbewertung und zieht – moderiert durch (4) Kausalattribuierung – (5) Selbstbekräftigungsfolgen, Stolz oder Scham über die erbrachte Leistung, nach sich.
Diese Systemvariablen lassen sich als universale Bestimmungsstücke charakterisieren, die einen jeden Handlungsablauf steuern. Soweit sie Basisoperationen darstellen, wie etwa die Vorgänge der Selbstbewertung und der Selbstbekräftigung, sind sie in ihrem Status den Prozessen von Kanfers Selbstregulationsmodell parallelisiert (vgl. Abbildung 6.1), wobei aller-

dings als entscheidende Neuerung die zwischen diesen beiden Vorgängen vermittelnde Kausalattribuierung hinzukommt. HECKHAUSEN (1974c) hat die Wirksamkeit der Motivparameter und die Bedeutung der Basisoperationen als kognitive Prozesse zwischen der Ausgangssituation und dem folgenden Leistungsverhalten in einem Prozeßmodell der Motivation herausgearbeitet. Doch wenn diese Grundparameter universale Charakteristika einer jeden selbstgesteuerten Handlungsregulation darstellen, worin liegen dann motivspezifische Unterschiede? Motivtypisch ist die spezielle „Ausgestaltung“ dieser kognitiven und affektiven Grundvorgänge, gewissermaßen die Richtlinien, nach denen sie gesteuert werden. Individuelle Besonderheiten vor allem von (a) Standardsetzung, (b) Kausalattribuierung und (c) Selbstbekräftigung (affektive Konsequenzen) stellen Motivunterschiede dar, die ihren Niederschlag finden in den vielfach gefundenen unterschiedlichen Verhaltenskorrelaten Erfolgs- und Mißerfolgsmotivierter.

Diese motivspezifischen Besonderheiten lassen sich vereinfachend folgendermaßen zusammenfassen (vgl. HECKHAUSEN, 1972b): (a) Erfolgsmotivierte haben realistischere Tüchtigkeitsstandards, sie setzen sich selbst angemessenere Ziele. Ihr Gütestandard, auf der „objektiven“ Schwierigkeitsskala als Anspruchsniveau operationalisiert, liegt in der Regel geringfügig über dem selbst erfahrenen eigenen Leistungsniveau, jedoch innerhalb des Erreichbaren. Mißerfolgsmotivierte weichen dagegen häufiger auf die Enden des Schwierigkeitsspektrums aus, setzen sich eher extrem hohe oder extrem niedrige, also unrealistische Ziele. (Allerdings ist das völlige Meiden mittlerer Schwierigkeitsgrade, wie es ATKINSON (1957) postuliert hat, nur recht selten gefunden worden. Vgl. Kap. 2). (b) Erfolgsmotivierte verfügen über eine „glücklichere“ Strategie der Kausalattribuierung. Sie führen Erfolge eher auf internale Faktoren, bevorzugt auf eigene Tüchtigkeit, zurück; Mißerfolge erleben sie dagegen als veränderbar, insbesondere durch mangelnde Anstrengung verursacht. Mißerfolgsmotivierte halten dagegen ihre Erfolge stärker für external, vor allem durch Zufall bedingt, also für weniger selbstverursacht. Mißerfolge dagegen führen sie bevorzugt auf stabile Faktoren, besonders auf mangelnde eigene Begabung zurück. Diese Attribuierungsvoreingenommenheiten führen schließlich zur (c) charakteristischen Asymmetrie der Affektbilanz, also der Selbstbekräftigung: Bei Erfolgsmotivierten ist das Gefühl der Freude nach Erfolg deutlich intensiver als der Ärger nach Mißerfolg. Bei Mißerfolgsmotivierten findet sich eine solche Verschiebung nicht. Ihre Affektbilanz ist ausgeglichen.

Solch deskriptive Zusammenstellung motivspezifischer Unterschiede bleibt jedoch unbefriedigend. Wie sind diese Unterschiede entstanden, was erhält sie aufrecht, wie könnte man gegebenenfalls therapeutisch modifizierend eingreifen? Die Frage der Genese des Leistungsmotivs hat HECKHAUSEN

(1972b) eingehend behandelt (vgl. Kap. 8). Doch wie ist es zu erklären, daß das Leistungsmotiv, ist es einmal etabliert, so bemerkenswert stabil und konsistent ist? Was bewirkt die relative Beständigkeit individueller Motivausprägung?
Dieses Problem wurde nicht virulent, solange das Motiv als ein eindimensionales Konzept aufgefaßt wurde, wie bei ATKINSON. Es war gedacht als Wertungsdisposition mit „Trait"-charakter, also als weitgehend stabile Persönlichkeitseigenschaft, die durch situative Einflüsse angeregt wird, das Verhalten steuert, selbst jedoch in Stärke und Ausrichtung nicht mehr verändert wird. Wenn man nun aber das Motivkonstrukt in einzelne, zwar aufeinander bezogene, aber doch relativ eigenständige Bestandteile aufbricht, ist man gezwungen zu erklären, was dieses System interdependenter Variablen in ihrem ganz spezifischen Zueinander aufrechterhält. Diese Problematik gewinnt besonderes Gewicht auf dem Hintergrund sog. Motivänderungsprogramme (vgl. Kap. 9): Erst wenn man die Wirkfaktoren kennt, die ein Motivsystem in seinem gegenwärtigen Zustand aufrechterhalten, hat man Ansatzpunkte zu einer Strategie gezielten Eingreifens. Die Lösung ist die, daß einem der Systemparameter eine systemstabilisierende Funktion zugewiesen wird: der Selbstbekräftigung. Die unmittelbaren Handlungsfolgen in Form leistungsthematischer Affekte sind es, die als selbstbekräftigende Ereignisse motivspezifische Besonderheiten des Leistungsverhaltens auch angesichts gegenteiliger Erfahrungen aufrechterhalten. Einmal aufgebaut hat das Motiv den Charakter eines sich selbst regulierenden Systems, eines Selbstkonditionierungsmechanismus'. Dies ist gemeint, wenn das Motiv als ein Selbstbekräftigungssystem bezeichnet wird und dies ist auch das eigentlich Neue an HECKHAUSENS Konzeption.

6.3.1. Die motiv-stabilisierende Funktion leistungsthematischer Affekte

Die Funktion der Selbstbekräftigung wird verständlicher, wenn man sich klar macht, was eigentlich bekräftigt wird. Zwar werden einerseits spezielle Verhaltensmuster bekräftigt; diese sind jedoch im wesentlichen determiniert durch bestimmte Strategien von Zielsetzung und Kausalattribuierung. Aber auch diese Strategien sind verankert in grundlegenderen generellen Handlungsrichtlinien, d.h. sie lassen sich aus ihnen ableiten. Für Erfolgsmotivierte wird eine offensive Handlungsdirektive postuliert, die darauf ausgerichtet ist, die eigene Tüchtigkeit zu steigern und das eigene Begabungspotential voll auszuschöpfen. Mißerfolgsmotivierten dagegen wird eine eher defensive Grundleitlinie unterstellt, die vor allem darauf abzielt, selbstwertbelastende Konsequenzen sowohl in der Selbst- als auch in der

Fremdbewertung zu meiden[3] (HECKHAUSEN, 1975c). Diese Handlungsrichtlinien sind es, die letztlich durch die Selbstbekräftigung bestätigt werden. Doch wie ist eine solche selbstbekräftigende Funktion der Affekte zu denken?

Entsprechend einem behavioristischen Bekräftigungskonzept wäre Freude nach Erfolg in jedem Fall als positive Selbstbekräftigung, Ärger nach Mißerfolg als Bestrafung aufzufassen. Könnte ein solches Verständnis von Selbstbekräftigung beispielsweise unterschiedliche Zielsetzungsstrategien erklären? Die Zielsetzung Erfolgsmotivierter führt etwa zur Hälfte zu Erfolg, zur Hälfte zu Mißerfolg. Müßte eine solche abwechselnde „Belohnung" und „Bestrafung" des gleichen Verhaltens nicht neurotische Symptome zur Folge haben? Eine Gruppe von Mißerfolgsmotivierten wählt bevorzugt unrealistisch überhöhte Ziele, was zwangsläufig zu Mißerfolgen führt. Müßten die gehäuften Mißerfolgsgefühle nicht dazu zwingen, gerade diese Zielsetzungsstrategie aufzugeben?

Es ist offensichtlich, daß Selbstbekräftigung in einem mechanistischen, S-R-theoretischen Sinne nicht die motiv-stabilisierende Funktion der Affekte verständlich machen kann. HECKHAUSENs Selbstbekräftigungsbegriff liegen denn auch andere Vorstellungen zugrunde; sie entstammen kognitiver Theoriebildung (HECKHAUSEN, 1973; 1975c). Die Bekräftigungswirksamkeit der Affekte wird demnach entscheidend durch kognitive Zwischenprozesse, vor allem durch Kausalattribuierung, beeinflußt. Das gleiche Handlungsresultat wird ganz unterschiedliche Selbstbekräftigungsfolgen haben, je nachdem, ob die Person sich selbst als Verursacher dieses Resultates erlebt oder ob sie es externalen Ursachenfaktoren zuschreibt, ob sie es als stabil oder veränderbar erlebt.

Die Zielsetzungsstrategie, leicht über dem eigenen Leistungsniveau liegende Schwierigkeitsgrade zu bevorzugen, ermöglicht es den Erfolgsmotivierten, ihrer generellen Handlungsrichtlinie zu folgen. Solche mittleren Risiken haben den größten diagnostischen Wert für Rückschlüsse auf die eigene Tüchtigkeit; sie erlauben am ehesten, die eigenen Leistungsgrenzen aufzuspüren und das Tüchtigkeitspotential voll auszuschöpfen. Trotz annähernd gleichhäufiger Erfolge und Mißerfolge wird dabei die Affektbilanz positiv gestaltet: vermittelt durch Kausalattribuierung überwiegt insgesamt das Ausmaß der Freude den Ärger.

Ungleich schwieriger ist das Verhalten Mißerfolgsmotivierter zu erklären. Doch auch hier hilft weiter, wenn man sich ihre grundlegende Handlungsrichtlinie vergegenwärtigt, Selbstwertbelastungen möglichst aus dem Weg

---

[3] Diese Annahme einer generell defensiven Tendenz Mißerfolgsmotivierter ist jedoch nicht unwidersprochen geblieben (vgl. Kap. 5).

zu gehen. Würden sie die gleiche Zielsetzungsstrategie verfolgen wie Erfolgsmotivierte, also mittelschwere Ziele setzen, wären sie gezwungen, sich im Durchschnitt nach jeder zweiten Leistungsbemühung als Versager zu erleben. Dies stünde in eklatantem Widerspruch zu ihrer Handlungsrichtlinie. Ausgeprägte Selbstwertbelastungen kann man jedoch weitgehend vermeiden, wenn man auf die Enden des Aufgabenschwierigkeitsspektrums ausweicht, sich also sehr hohe oder sehr niedrige Ziele setzt. Bei sehr leichten Aufgaben kann man Erfolg zwar kaum der eigenen Person zuschreiben, auch kann man sein eigenes Begabungsrepertoire nicht ausschöpfen; aber, und das ist entscheidend, es besteht auch kaum Anlaß zu selbstwerttangierenden Sanktionen gegenüber sich selbst, denn Mißerfolg ist hier sehr unwahrscheinlich. Wählt man dagegen hohe Ziele, kann man stärkere selbstwertbelastende Folgen ebenfalls vermeiden. Mißerfolge werden zwar gehäuft auftreten, diese sind jedoch vorwiegend durch Aufgabenschwierigkeit bedingt. Die eigentlich systemstabilisierende Funktion liegt darin: der negative Affekt nach Mißerfolg bei schweren Aufgaben ist geringer als die antizipierte Beschämung bei Mißerfolg bei mittelschweren Aufgaben. Bekräftigungstheoretisch ließe sich die Wirkung durch einen *relativen* Bekräftigungseffekt erklären: geringe Bestrafungsintensität wirkt im Vergleich zu hoher Bestrafungsintensität wie Bekräftigung.

Dies macht verständlich, was Selbstregulation des Leistungsverhaltens meint. Es ist das Aufrechterhalten genereller Handlungsleitlinien, daraus abgeleiteter Zielsetzungsstrategien und Kausalattribuierungsvoreingenommenheiten und damit von Richtung, Intensität und Ausdauer des Leistungsbemühens auch gegen erfahrungswidrige Fremdeinflüsse.

6.3.2. Problematik des Selbstbekräftigungsbegriffs

Das Konzept der Selbstbekräftigung fügt sich nicht so nahtlos in die Theorie der Leistungsmotivation ein wie man sich erhoffte. Es wurde bereits gezeigt, daß ein funktional-behavioristischer Bekräftigungsbegriff nicht in der Lage ist, Selbstregulation des Leistungsverhaltens zu erklären; darüber hinaus entstehen noch weitere grundsätzliche Probleme. Welche Ereignisse können im Begriffsgerüst von SKINNER und KANFER als Selbstbekräftiger fungieren? Es sind dies alle Ereignisse, die auf irgendeine Weise Bekräftigungswert erhalten haben. Es können sowohl materielle externale Bekräftiger sein, die man sich selbst verabreicht; es können eigene innere verbale Reaktionen sein, Selbstlob oder Selbsttadel; es können auch motorische Reaktionen skalometrischer Art sein, wie bei KAROLY & KANFER (1974), wo Selbstbekräftigung in dem Ausmaß besteht, in dem eine Versuchsperson einen Markierungszeiger auf einer Holzlatte verschiebt. All diesen

Reaktionen – die Liste ließe sich beliebig erweitern – ist eines gemeinsam: Es sind im Sinne SKINNERS (1953) *operante* Reaktionen, also Reaktionen, die von ihrer Wirkung, von den Konsequenzen her definiert sind. Ein Kriterium solcher *Wirkreaktionen* besteht darin, daß sie in der Willkür der Person liegen, daß sie über sie verfügen und sie nach eigenem Gutdünken einsetzen, bzw. in der Selbstbekräftigung sich selbst frei verabreichen kann. Ist die Interpretation leistungsthematischer Gefühlsreaktionen als Selbstbekräftiger damit vereinbar? KANFER vermeidet bei der Diskussion selbstbekräftigender Ereignisse sorgfältig den Begriff des Affektes. Affekte sind autonome Reaktionen, sie sind sog. *respondentes* Verhalten. Sie sind geknüpft an bzw. determiniert durch ihre vorauslaufenden Bedingungen. Über die eigenen Gefühle kann man – von Ausnahmen vielleicht abgesehen – nicht frei verfügen, zumindest nicht in dem Sinne, daß man sie sich selbst nach eigenem Gutdünken „verabreichen" kann. Das würde voraussetzen, daß man gewissermaßen ein dauerndes Affektreservoir zur Verfügung hat, aus dem man sich nach Bedarf und Belieben bestimmte Affektportionen selbst zuteilt!

Dies kann nicht gemeint sein, wenn von freier Verfügbarkeit über die eigenen Gefühlserregungen die Rede ist. Die Person „verabreicht" sich nicht positive oder negative Affekte. Sie ist jedoch – in Grenzen – in der Lage, durch geeignetes „Selbst-Management" bestimmte Situationen aufzusuchen, andere zu meiden (z.B. bei der Risikowahl), Standards zu ändern usw. Sie kann also nach weitgehend eigener Willkür *die Bedingungen herstellen,* die bestimmte Gefühle, also respondente autonome Reaktionen zur Folge haben. Eine solche Sichtweise, die wohl auch derjenigen HECKHAUSENS entspricht, entfernt sich jedoch erheblich von behavioristischen Ausgangsannahmen der Selbstbekräftigung. Eine solche direkte Knüpfung der Affekte an die Vorläuferbedingungen führt auch zwangsläufig dazu, Selbstbekräftigung als einen eigenständigen Prozeß in Frage zu stellen. Hier erhält nun besonderes Gewicht, daß die so häufig postulierte Trennbarkeit der beiden Prozesse Selbstbewertung und Selbstbekräftigung bislang noch nicht befriedigend belegt werden konnte (vgl. HALISCH, BUTZKAMM & POSSE, 1975). Es scheint – auch aus Gründen der Sparsamkeit an Erklärungsbegriffen – weniger spekulativ, das Postulat zweier eigenständiger Prozesse aufzugeben. Die stringente Konsequenz wäre dann, die verhaltenssteuernde Funktion dem Selbstbewertungsprozeß zuzuschreiben.

Diesen Schritt hat HECKHAUSEN vollzogen, wenn er neuerdings (1975 a) auch unter dem Eindruck jüngerer Verhaltenstheorien, die ohne einen Bekräftigungsbegriff auskommen (BINDRA, 1974; BOLLES, 1972; WALKER, 1969), ganz auf den Begriff der Selbst*bekräftigung* verzichtet. Stattdessen ist nun die Rede von den verhaltenswirksamen Folgen der Selbst*bewer-*

tung, den sog. Selbstbewertungsgefühlen. Diese Aufgabe des *Begriffs* der Selbstbekräftigung hat zwar erhebliche theoretische Implikationen, sie bedeutet jedoch keine geänderte Sichtweise der Bedeutung leistungsthematischer Affekte. Den Selbstbewertungsgefühlen ist nach wie vor eine steuernde und motivstabilisierende Funktion zugedacht.

6.3.3. Kognitive Determinanten leistungsthematischer Affekte

Aus der dargelegten Konzeption des Leistungsmotivs wird klar, daß affektive Reaktionen nicht nur durch Erfolg und Mißerfolg als „objektive" Gegebenheiten bedingt sein können. Als entscheidende Moderatorvariablen wirken subjektive Bewertungsprozesse. Es ist inzwischen mehrfach belegt worden, daß affektive Reaktionen um so ausgeprägter sind, je stärker die Leistungsergebnisse internal attribuiert werden (MEYER, 1973 a; LÜTGERHORST, 1974; JOPT & ERMSHAUS, 1975; HECKHAUSEN, 1975 a). Personabhängigkeit ist die entscheidende affektvermittelnde kausale Dimension (vgl. auch Kap. 4). Doch Personabhängigkeit kann mindestens zweierlei bedeuten: Begabung als stabiler oder Anstrengung als variabler Faktor. Die Ansichten darüber, welcher dieser beiden Kausalfaktoren in stärkerem Maße leistungsthematische Affekte hervorruft, sind kontrovers. WEINER vertritt die Auffassung, daß Anstrengungsattribuierung stärkere affektive Konsequenzen nach sich zieht als Begabungsattribuierung (vgl. Kap. 4). Demgegenüber hat HECKHAUSEN (1972 a; 1975 a) die Gegenthese aufgestellt, daß es Rückführung eigener Handlungsresultate auf Begabung sei, die intensivere Gefühlserregungen nach sich ziehe. Eine solche These folgt auch zwangsläufig aus einer Konzeption, die affektive Reaktionen als das auffaßt, was als Selbstbekräftiger Motivsysteme stabilisiert. Da die Leistungsmotivgruppen sich vor allem durch unterschiedliche Begabungsattribuierungen auszeichnen, was MEYER (1973 a) dazu bewog, Selbstkonzepte eigener Begabung als Motivkriterium zu postulieren, sollten es diese Begabungsattribuierungen sein, die gefestigt werden; sie sollten dementsprechend intensivere Selbstbekräftigungsfolgen haben.

Eine Entscheidung zwischen den kontroversen Standpunkten ist zum gegenwärtigen Zeitpunkt nicht möglich; die Befunde sind widersprüchlich. WEINER zieht als Beleg die Studie von WEINER & KUKLA (1970) heran (Kap. 4). Diese Studie besitzt für die Fragestellung jedoch nur begrenzte Relevanz. Von den sechs berichteten Experimenten wurden lediglich bei einem die eigenen affektiven Reaktionen erhoben. In Kap. 4 berichtet WEINER ein Experiment aus der Studie von WEINER & KUKLA (1970) als Stütze für seine Hypothese, bei dem *nicht* Selbstbewertungen eigener Leistungen mit affektiven Folgen, sondern *Fremdbewertungen* und Fremdbekräftigungen in Form von Lob und Tadel erfragt wurden. Die Experimente hatten dazu noch hypothetischen Charakter, d. h. die Versuchspersonen wurden aufgefordert, sich vorzustellen sie selbst bzw. andere gedachte Personen hätten bestimmte Leistungsresultate erreicht. Es erscheint deshalb ausgesprochen fraglich, ob der Befund, daß Anstrengungsattribuierung zu stärkeren affektiven Reaktionen führt, als Beleg für WEINERS These gelten kann.

SCHNEIDER (1976) hat aus einer Anzahl von Studien, die er und Mitarbeiter durchführten, Korrelationen zwischen Attribuierung und Affekt zusammengetragen, die durchweg recht niedrig sind. Ein von ihm im weiteren berichtetes Experiment könnte jedoch eine Stütze von WEINERS These bringen: Anstrengungsattribuierung vor allem nach Mißerfolg scheint stärkere affektive Reaktionen zu bedingen als Begabungsattribuierung (vgl.Tabelle 6.1).

Tabelle 6.1
Korrelationen zwischen Kausalattribuierung und affektiven Reaktionen.

	Schneider (1976)		Meyer (1973a)		Nicholls (1975)	
	affektive Reaktion nach:					
	Erfolg	Mißerfolg	Erfolg	Mißerfolg	Erfolg	Mißerfolg
Begabungsattribuierung	.42*	n.s.	.39***	n.s.	.32*	n.s.
Anstrengungsattribuierung	.61**	.59*	n.s.	n.s.	n.s.	n.s.

* = statistisch bedeutsam bei $p < .05$
** = statistisch bedeutsam bei $p < .01$
*** = statistisch bedeutsam bei $p < .005$
n.s. = statistisch nicht bedeutsam

MEYER (1973 a) und NICHOLLS (1975) berichten gegenteilige Befunde (vgl. Tabelle 6.1.): Nach Erfolg ist es hier Begabungsattribuierung, die Affekte vermittelt. Ärger nach Mißerfolg korreliert in beiden Studien nicht mit der Bevorzugung bestimmter Attribuierung. Betrachtet man die Befunde zusammenfassend, deutet sich an, daß die Frage der Affektvermittlung von Attribuierungen nicht ohne Berücksichtigung des jeweiligen Handlungsresultates betrachtet werden kann. Nach Erfolg scheint Begabungsattribuierung, nach Mißerfolg dagegen eher Anstrengungsattribuierung stärkere affektive Konsequenzen zu bedingen. Eine solche Annahme wird auch durch Befunde von LÜTGERHORST (1974) gestützt. Außerdem müßte wohl auch die Art der Aufgabe einer genaueren Analyse unterzogen werden, ein Schluß, zu dem auch SCHNEIDER (1976) kommt. Je nachdem, ob eine Aufgabe generell als eher begabungs- oder anstrengungsabhängig eingestuft wird, ist ein unterschiedlicher Einfluß von Begabungs- und Anstrengungsattribuierung auf die Affekte zu erwarten.

HECKHAUSEN (1975 a) hat kürzlich eine Studie vorgelegt, die weitere Klärung der Frage bringen kann. Junge Bereitschaftspolizisten hatten Signal-Entdeckungsaufgaben zu lösen, bei denen tachistoskopisch dargebotene Reizkonfigurationen beurteilt werden sollten. Es waren jedoch Pseudo-Wahrnehmungsaufgaben, so daß Erfolge und Mißerfolge ohne Schwierigkeiten vom Versuchsleiter manipuliert werden konnten. Die Versuchspersonen führten im Einzelversuch zunächst zehn Blocks von Durchgängen durch, in denen ihnen der Eindruck vermittelt wurde, daß sich nach anfänglicher Steigerung ihr Leistungsniveau auf einem relativ festen Pegel eingependelt habe. Nach einer kurzen Pause erlebten sie nun in acht weiteren Blocks völlig erwartungswidrige Leistungsänderungen. Eine Gruppe „verbesserte" sich weiter, die andere Gruppe „verschlechterte" sich plötzlich rapide. Sowohl vor als auch nach der Bearbeitung der Aufgabe wurde erfragt, für wie begabt sich die Versuchspersonen für eine solche Art von Aufgaben halten; zusätzlich sollten sie ihre tatsächlich aufgewendete Anstrengung bei der Durchführung retrospektiv einschätzen. Es wurde also im Gegensatz zu den oben zitierten Studien nicht das unmittelbare Kausalgewicht der beiden Faktoren, also deren Einfluß beim Zustandekommen der spezifischen Leistung, erfragt, sondern generellere Begabungs- und Anstrengungskonzepte. Die Befunde haben dennoch erhebliche Relevanz für unsere Fragestellung. Wie würden die Versuchspersonen auf diese unerwarteten Leistungsänderungen affektiv reagieren? Welche Rolle spielen dabei Begabungs- und Anstrengungskonzepte? Die Befunde nach Erfolg zeigt Abbildung 6.2.

Das Ergebnis ist klar: Hält man sich für begabt, freut man sich nach Erfolg mehr als wenn man sich für weniger begabt hält. Dies gilt besonders für Erfolgsmotivierte.

Das Ausmaß der aufgewendeten Anstrengung hatte dagegen nach Erfolg keinen differentiellen Einfluß auf affektive Reaktionen. Wie sieht das Bild nach Mißerfolg aus? Hier ist es vor allem unterschiedliche Anstrengungseinschätzung, die Affektreaktionen vermittelt; jedoch in anderer Weise als dies WEINER hypostasiert. Abbildung 6.3. zeigt das Ergebnis.

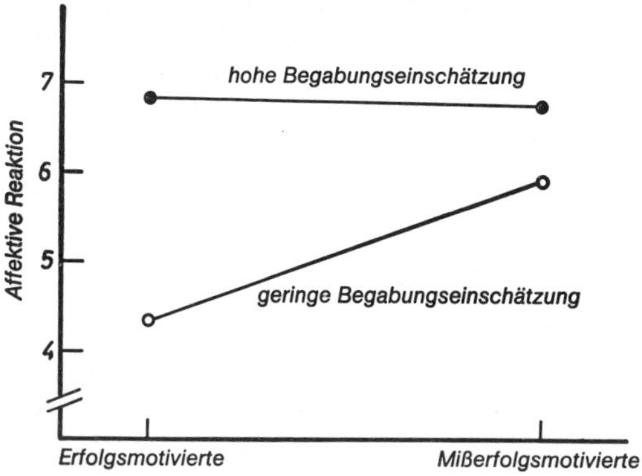

Abbildung 6.2
Affektive Reaktionen nach Erfolg bei Erfolgs- und Mißerfolgsmotivierten mit hoher oder geringer Begabungseinschätzung (nach Heckhausen, 1975 a).

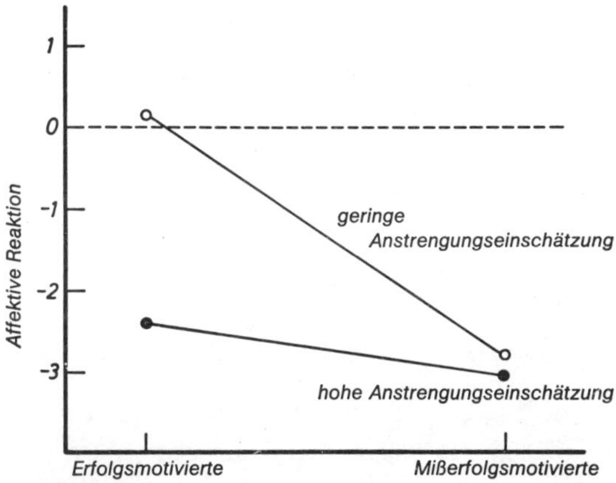

Abbildung 6.3
Affektive Reaktionen nach Mißerfolg bei Erfolgs- und Mißerfolgsmotivierten mit hoher und geringer Anstrengungseinschätzung (nach Heckhausen, 1975 a).

Wenn man der Meinung ist, sich wenig angestrengt zu haben, ist der Affekt des Ärgers insgesamt geringer, als wenn man meint, sich angestrengt zu haben. Dieser Effekt zeigt sich jedoch je nach überdauernder Motivation unterschiedlich stark; er findet sich vor allem bei Erfolgsmotivierten. Sie zeigen gar keinen Ärger nach Mißerfolg, wenn sie die eigene Anstrengung als nur gering einschätzen; der Ärger ist deutlich stärker, wenn sie ihre Anstrengung hoch einschätzen. Was bedeutet es, wenn man sich stark anstrengt und dennoch Mißerfolg hat? Da der Mißerfolg gehäuft ist, scheidet Rückführung auf variable Faktoren wie Pech aus; es wird also nahegelegt, mangelnde Begabung heranzuziehen.

Eine solche Interpretation findet durch ein weiteres Ergebnis Stützung. Die Begabungseinschätzung als solche hat nach Mißerfolg zwar keinen deutlich nachweisbaren Einfluß auf die Affekte; da jedoch *vor* und *nach* der Durchführung der Aufgabe die Begabungseinschätzung erfragt wurde, läßt sich die *Änderung* der Begabungseinschätzung als Determinante affektiver Reaktionen heranziehen. Abbildung 6.4. zeigt, daß gerade Erfolgsmotivierte dann stärkere affektive Reaktionen zeigen, wenn sie angesichts der gehäuften Mißerfolge Anlaß sehen, ihr eigenes Begabungskonzept zu ändern.

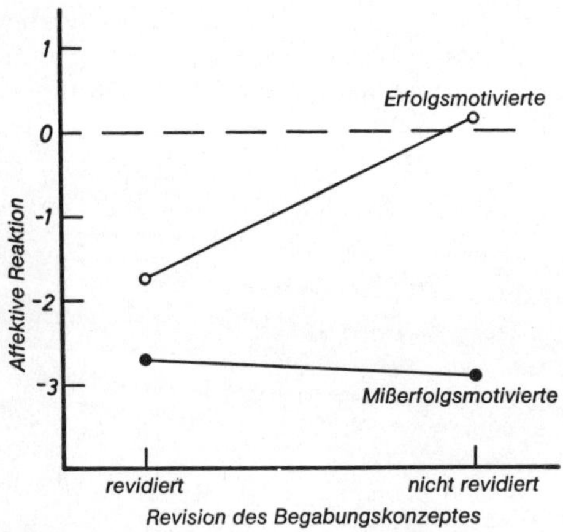

Abbildung 6.4
Affektive Reaktionen nach Mißerfolg bei Erfolgs- und Mißerfolgsmotivierten in Abhängigkeit von der Revision des eigenen Begabungskonzeptes (nach Heckhausen, 1975 a).

Die entscheidende Determinante scheint also weniger die Begabungsattribuierung als solche zu sein, als vielmehr die *Revision* des eigenen Begabungskonzeptes. Dies könnte die Interpretation der unterschiedlichen Befunde erleichtern: Wenn Ergebnisse eine Rückführung auf Anstrengung zulassen, ohne daß eine Revision des Begabungskonzeptes damit verbunden zu sein braucht, führt Anstrengungsattribuierung zu stärkeren affektiven Reaktionen. Ist jedoch eine Revision des Begabungskonzeptes nötig – oder, im positiven Fall, möglich – dann zieht dies stärkere Affektkonsequenzen nach sich. Diese Hypothese bedarf jedoch noch genauerer experimenteller Überprüfung.

Neben der Kausalattribuierung finden in jüngster Zeit innerhalb der Leistungsmotivationsforschung weitere kognitive Determinanten verstärkte Beachtung, so unter anderem der Aspekt der „persönlichen Wichtigkeit" von Aufgaben. Aus der Theorie ist abzuleiten, daß Aufgaben, die eine Person für sich selbst für wichtig hält, größere Selbstbewertungsrelevanz besitzen, als solche, die sie für unwichtig hält. Die persönliche Wichtigkeit von Aufgaben wird nicht ohne Einfluß auf das Leistungsbemühen bleiben; unterschiedlich ausgeprägte affektive Reaktionen werden ebenfalls die Folge sein. So berichtet Posse (1975) bedeutsame Korrelationen zwischen der eingeschätzten Wichtigkeit von Aufgaben und affektiven Reaktionen. Sie liegen je nach Aufgabe zwischen .33 und .51 und sind alle auf dem 1%-Niveau signifikant. Nicholls (1975) wies ebenfalls Zusammenhänge zwischen Wichtigkeit und Affekten nach. Schertel (1976) ist dieser Frage in einer experimentellen Untersuchung nachgegangen. Ca. 11jährigen Kindern wurden Aufgaben verschiedener thematischer Bereiche vorgestellt (Geschicklichkeitsaufgaben, Wahrnehmungsaufgaben, Verbalisierungsaufgaben usw.). Sie wurden aufgefordert einzuschätzen, welche Aufgaben sie für sich selbst für wichtig und welche sie für völlig unwichtig halten. Anschließend wurden ihnen entweder als wichtig oder als unwichtig eingestufte Aufgaben zur Bearbeitung gegeben. Es wurden Erfolge und Mißerfolge induziert und anschließend die affektiven Reaktionen erfaßt (mittels eines verschiebbaren Zeigers auf einer Holzlatte). Die ersten Befunde dieser Arbeit liegen vor; sie sind in Abbildung 6.5. dargestellt.

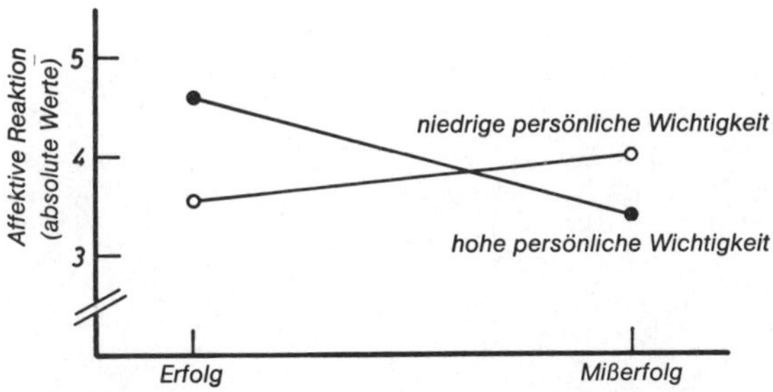

Abbildung 6.5
Affektive Reaktionen nach Erfolg und Mißerfolg bei hoher und niedriger persönlicher Wichtigkeit der Aufgabe (nach Schertel, 1976).

Die persönliche Wichtigkeit der Aufgabe erweist sich als bedeutsame Determinante affektiver Reaktionen. Nach Erfolg freut man sich um so mehr, je wichtiger man die Aufgabe einschätzt. Bei Mißerfolg kehrt sich dieser

Befund jedoch um. Diese Wechselwirkung ist auf dem 1%-Niveau signifikant, die einzelnen Mittelwertvergleiche lassen sich ebenfalls statistisch absichern. Wie ist ein solcher Befund zu erklären? Plausibel ist, daß man nach Erfolg bei persönlich wichtigen Aufgaben sich mehr freut als bei unwichtigen. Doch wie kann man verstehen, daß die Versuchspersonen nach Mißerfolg bei wichtigen Aufgaben *weniger* negativen Affekt anzeigen als bei unwichtigen Aufgaben? Fällt es bei unwichtigen Aufgaben leichter, Ärger zuzugeben, oder zeigen sich hier Umbewertungstechniken, in dem Sinne, daß man nun retrospektiv die Wichtigkeitsschätzung ändert? Dies sind nur zwei denkbare Erklärungsansätze. Ungeklärt ist noch, welche Rolle hierbei Motivunterschiede, Kausalattribuierung und Begabungskonzepte spielen. Diese Fragen bedürfen weiterer Untersuchung, nicht zuletzt deshalb, weil die Frage, ob man Leistungsaufgaben, mit denen man sich auseinandersetzen muß, für wichtig oder unwichtig hält, auf dem Hintergrund pädagogischer Fragestellungen von Bedeutung ist.

7. Methoden der Leistungsmotivmessung

von Heinz-Dieter Schmalt
Ruhr-Universität Bochum

Jede empirische Wissenschaft – so auch die Psychologie – muß die theoretischen Größen, mit denen sie arbeitet, auch operational verankern. Es muß also Meßvorschriften geben, die klar aussagen, unter welchen Bedingungen und mit welchen Mitteln ein theoretisches Konstrukt erfaßt werden kann. Die Leistungsmotivationstheorie ist dieser Forderung stets nachgekommen und hat ein eigenes Problemfeld entwickelt, in dem Fragen der Messung des Leistungsmotivs eine wichtige Rolle spielen. Die Beschäftigung mit diesen Fragen hat zur Entwicklung von insgesamt drei Gruppen von Verfahren geführt, die heute bei der Messung des Leistungsmotivs eingesetzt werden. Der vorliegende Beitrag schildert die wesentlichsten Verfahrensentwicklungen innerhalb dieser drei Gruppen.

7.1. Der Thematische Auffassungs-Test (TAT)

Seit ihren Anfängen hat die Leistungsmotivationsforschung bei der Messung des Persönlichkeitsmerkmals einem indirekten – „projektiven" – Zugriff vertraut. Dies geschah vor dem Hintergrund der Vorstellung, daß Fantasieinhalte wegen ihrer nur lockeren Realitätsverpflichtung ein geeignetes Medium für die Diagnostik von (verborgenen) Motiven darstellen müßten. Diese wohl auf FREUD (1900) zurückgehende Vorstellung hatte bereits MURRAY (1938, 1942) den Anstoß für die Entwicklung des TAT gegeben. In diesem Test werden die Vpn aufgefordert, zu einem Satz von mehr oder weniger deutlich strukturierten Bildern, Geschichten zu erzählen, die dann im Hinblick auf psychologisch bedeutungsvolle Inhalte analysiert werden.

7.1.1. Das Verfahren von D. C. MCCLELLAND *und Mitarbeiter*

MCCLELLAND und seine Mitarbeiter haben dieses Verfahren aufgegriffen und in standardisierter Form für die Messung des Leistungsmotivs eingesetzt (MCCLELLAND, ATKINSON, CLARK & LOWELL, 1953). Er begründet das

damit, daß das Fantasiemaß nur in geringem Umfang durch autochtone, kulturell geprägte Denk-, Wertungs- und Verhaltensgewohnheiten beeinflußt ist, so daß sich die dem Verhalten „eigentlich" zugrunde liegenden Motive und Beweggründe in diesem Medium reiner als in den sonst üblichen direkten Verfahren darstellen können (McClelland, 1951, S. 412).
Zur Rechtfertigung des Einsatzes des TAT bedurfte es jedoch noch empirischer Belege. Der ersten Frage, der sich McClelland in diesem Zusammenhang zuwandte, war die, ob sich denn überhaupt unterschiedliche Motivierungsstärken in den TAT-Geschichten niederschlagen. Hierbei ging man, ganz in Analogie zu den Vorstellungen, die man in bezug auf die primären Bedürfnisse hatte (etwa: Hunger, vgl. Kap. 1) von der Erwartung aus, daß es sich bei dem Leistungsmotiv um ein einheitliches Konzept handeln müßte, das durch Mißerfolg angeregt und durch Erfolg befriedigt wird, ähnlich wie Hunger durch Entzug von Nahrung angeregt und durch Einverleibung von Nahrung befriedigt wird. In einer ersten methodenkritischen Untersuchung haben McClelland, Clark, Roby & Atkinson (1949) ihre Vpn unter insgesamt 6 verschiedenen Bedingungen an Aufgaben arbeiten lassen und haben anschließend daran einen TAT mit ihnen durchgeführt. Die hier interessanten Bedingungen waren eine entspannte Bedingung und eine stark leistungsthematisch strukturierte Bedingung. In der ersten Bedingung gab man vor, einen neuen Test ausprobieren zu wollen, in der zweiten Bedingung wurden alle Vpn in den Glauben versetzt, sie hätten bei den durchgeführten Testaufgaben einen schlimmen Mißerfolg erlitten. Die Analyse der im Anschluß hieran geschriebenen TAT-Geschichten bestätigte die Erwartung: Die Produktion von Geschichten mit einem leistungsthematischen Bezug nimmt bei Mißerfolgsanregung signifikant gegenüber einer entspannten Versuchsbedingung zu (48,1 % vs. 16,7 %). Generell wurden unter leistungsthematischer Anregung häufiger Geschichten geschrieben, die Beschäftigungen mit der Güte eigener Leistungsbemühungen in bezug auf bestimmte Gütestandards, herausragende Leistungen oder eine langfristige leistungsbezogene Zukunftsplanung enthielten und damit Hinweise auf eine „Auseinandersetzung mit Gütemaßstäben" im Sinne der Motivdefinition lieferten.
Diese Untersuchung wurde schließlich zusammen mit einer Replikationsstudie zur Entwicklung eines Inhaltsschlüssels zur Verrechnung leistungsthematischer Fantasieproduktionen herangezogen. Dieser Schlüssel wurde so geschärft, daß er optimal die beiden oben genannten Bedingungen zu trennen gestattete. Er enthält die folgenden Kategorien (McClelland et al., 1953, S. 115 ff.):

(1) Ausdrücklich erwähntes Leistungsbedürfnis (N)
(2) Instrumentelle Handlungen mit unterschiedlichen Ausgängen (I+, I?, I–)
(3) Antizipierte Zielzustände (Ga+, Ga–)
(4) Hindernisse oder Handlungsblockierungen (Bp, Bw)
(5) Hilfe durch andere Personen (Nup)
(6) Affektive Zustände (G+, G–)
(7) Leistung als Hauptthema (nAch Th).

Das in den Geschichten zum Ausdruck kommende Fantasieverhalten hat McClelland als völlig äquivalent zu anderen Formen motivierten Verhaltens angesehen. So werden denn auch Befunde „in einem konzeptuellen Bezugsrahmen interpretiert, in dem Fantasieverhalten lediglich als eine mögliche Form von Verhalten angesehen wird, das zu anderen Verhaltensformen (leistungsbezogene Handlungen) in Beziehung gesetzt wird" (McClelland, 1966, S. 479). Entsprechend lassen sich auch die Kategorien des Inhaltsschlüssels als wichtige erlebnismäßige Bestandteile einer leistungsbezogenen, zielgerichteten Handlungssequenz interpretieren (vgl. Abbildung 7.1).

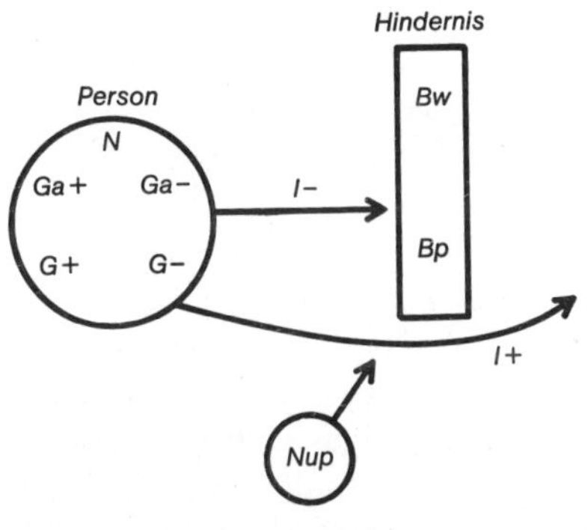

Abbildung 7.1
Schematische Darstellung der Signierungskategorien in einem leistungsthematischen Handlungsverlauf (nach McClelland et al., 1953, S. 109).

Danach beginnt eine leistungsbezogene Handlungssequenz mit der Anregung eines entsprechenden Bedürfnisses (N) und dem zeitlich vorwegnehmenden Erleben der handlungsleitenden Zielzustände Erfolg und Mißerfolg (Ga+; Ga–) zusammen mit den sie begleitenden Emotionen (G+, G–). Hinzu kommen die handlungsbezogenen Erlebnismomente, die sich auf mögliche innere und äußere Hindernisse (Bw, Bp), sowie auf die Möglichkeiten der erfolgreichen oder nicht erfolgreichen Handlungsausführung selbst beziehen (I+, I?, I–, Nup). Wesentlich ist jedoch, daß die gesamte Erlebnisfolge unter einem leistungsthematischen Bewertungsaspekt steht.

Affektive Zustände im Zusammenhang mit diesen Bewertungsprozessen indizieren schließlich generell das Vorhandensein von Leistungsthematik, was auch in Übereinstimmung mit der Motivdefinition steht (McClelland et al., 1953, S. 79; vgl. hier Kap. 1).

In diesen Überlegungen ist stets die Rede von *dem* Leistungsmotiv gewesen, was insofern eine Vereinfachung darstellt, als man ja offensichtlich zwei entgegengerichtete Tendenzen, nämlich eine aufsuchende und eine meidende, trennen muß. Man behielt nun zunächst den eindimensionalen Meßansatz bei und nahm an, daß die in den Geschichten zum Ausdruck gelangte Leistungsmotivation mit ansteigender Intensität zunächst auf die Vermeidung von Mißerfolg, dann erst auf das Erreichen von Erfolg zentriert sei (McClelland, 1951, S. 98–99), so daß man die Vpn aus dem unteren bzw. mittleren Drittel der TAT-Kennwertverteilung als mißerfolgsmotiviert, die Vpn aus dem oberen Drittel als erfolgsmotiviert bezeichnen konnte. Diese Vorgehensweise war jedoch unbefriedigend, so daß Moulton (1958) versuchte, verschiedene Inhaltskategorien zu gewinnen, die eindeutig erfolgs- oder mißerfolgsbezogen waren. Diese Versuche sind jedoch gescheitert.

Durchgesetzt hat sich hingegen im anglo-amerikanischen Bereich eine Methode, in der zwei verschiedene Verfahren eingesetzt werden. Das TAT-Maß wird dabei zur Erfassung des erfolgsaufsuchenden Motivs (motive to approach success), und ein von Mandler & Sarason (1952) entwickelter Fragebogen (Test Anxiety Questionnaire, TAQ) zur Erfassung des mißerfolgsmeidenden Motivs (motive to avoid failure) herangezogen (Atkinson & Litwin, 1960). Dieses Vorgehen scheint sich als heuristisch einigermaßen fruchtbar erwiesen zu haben, insofern, als es oftmals zu Resultaten führte, die mit der Leistungsmotivationstheorie von Atkinson (1964) in Übereinstimmung stehen, jedoch ist es im konstrukttheoretischen Sinne durchaus fraglich, ob durch den Fragebogen tatsächlich das Konstrukt „Furcht vor Mißerfolg“ im Sinne der Leistungsmotivationstheorie gemessen wird (s. u.).

7.1.2. *Das Verfahren von* Birney, Burdick & Teevan

Birney et al. (1969) haben sich schließlich noch einmal bemüht, ein projektives Verfahren zur Messung des Mißerfolgsmotivs zu entwickeln. Anders als in dem McClelland-Atkinson-TAT-Verfahren, in dem bedürfnisbezogene Inhaltskategorien aufgestellt werden, besteht der Inhaltsschlüssel des Birney et al.-Verfahrens aus Kategorien, die sich auf spezifische Formen der Wahrnehmung der Umwelt beziehen. Schließlich wurden jene sich auf Umweltwahrnehmungen beziehenden Kategorien in den Inhaltsschlüssel aufgenommen, die die von einer feindlichen Umwelt ausgehenden Bedrohungen, insbesondere die Gefahr einer öffentlichen Selbstabwertung, betreffen. Diesen Inhalten entsprechend hat das von BIRNEY et al. gemessene Konstrukt denn auch nur einen geringen theoretischen und empirischen Überlappungsbereich mit der aus der McCLELLAND-ATKINSON-Tradition entstammenden mißerfolgsmeidenden Komponente des Leistungsmotivs (HECKHAUSEN, 1968, S. 120–125).

7.1.3. *Das Verfahren von* H. HECKHAUSEN

Im deutschsprachigen Raum ist man bei der Messung des Leistungsmotivs etwas andere Wege gegangen. HECKHAUSEN (1963) hat ein Verfahren vorgestellt, das die unabhängige inhaltsanalytische Erfassung der Tendenzen „Hoffnung auf Erfolg" (HE) und „Furcht vor Mißerfolg" (FM) gestattet. Hierbei hätte es zunächst auf der Hand gelegen, einfach die im Schlüssel von McCLELLAND enthaltenen positiven und negativen Kategorien getrennt zu verrechnen. Dies erschien jedoch kaum verheißungsvoll, da bereits eine einfache phänomenologische Analyse zeigte, daß Mißerfolgsmeidung nicht einfach das Spiegelbild des Erfolgsaufsuchens sein kann. HECKHAUSEN (1963) hat sich deshalb bei der Festlegung der einzelnen Inhaltskategorien nach deren Triftigkeit in bezug auf ein Außenkriterium, nämlich der Höhe der Zielsetzung in einem Anspruchsniveauversuch, leiten lassen. Unter Zuhilfenahme von allgemeinen Plausibilitätsüberlegungen wurden schließlich für die beiden Tendenzen die folgenden Inhaltskategorien unterschieden (HECKHAUSEN, 1963, S. 67):

	HE		FM
B	Bedürfnis nach Leistung und Erfolg	Bm	Bedürfnis nach Mißerfolgsmeidung
I	Instrumentelle Tätigkeit (ein Ziel zu erreichen)	Im	Instrumentelle Tätigkeit, um Mißerfolg zu vermeiden
E	Erfolgserwartung	Em	Mißerfolgserwartung
L	Lob	T	Tadel
G+	Positiver Gefühlszustand	G–	Negativer Gefühlszustand
		M	Mißerfolg
Th	Erfolgsthema	Thm	Mißerfolgsthema

Anders als bei McCLELLAND, der die Entscheidung über das Vorliegen von Leistungsthematik jeweils für eine ganze Geschichte trifft und nur im Falle des Vorliegens von Leistungsthematik weitere Kategorien verrechnet, muß in dem HECKHAUSEN-Verfahren für jede einzelne Aussage ein solcher Bezug vorliegen um als leistungsthematisch verrechnet werden zu können. Die vorgefundenen Inhaltskategorien werden jeweils mit einem Punkt gewichtet und über alle Geschichten aufsummiert zu jeweils einem Punktwert für HE und FM. Zusätzlich wird noch ein Maß für die Gesamtmotivation (Gm = HE + FM) und ein Maß für die vorherrschende Richtung der Motivation (Netto-Hoffnung, NH = HE-FM) berechnet. Meyer, Heckhausen & Kemmler (1965) haben schließlich noch eine Kinder-Version dieses Verfahrens vorgestellt.

7.1.4. Die Bildsituation im TAT

Unsere bisherigen Ausführungen haben neben dem methodischen Aspekt hauptsächlich theoretisch-inhaltliche Probleme der Motivmessung mittels TAT berührt. Dabei ist ein wichtiger Verfahrensparameter außer acht geblieben: das Anregungsmaterial, die Bildsituation, zu denen die Geschichten erzählt werden. Um ihre Rolle bei der Motivmessung verstehen zu können, müssen wir einen kleinen Exkurs machen: das Verhalten, auch Testverhalten und damit das Geschichtenerzählen, wird in der Leistungsmotivationstheorie als Wechselwirkungsprodukt von Person- und Situationsfaktoren begriffen. Atkinson (1954, S. 82–83) weist darauf hin, daß das Auftreten bestimmter Fantasieinhalte in TAT-Geschichten von drei Klassen von Variablen abhängt: (1) Von der Person des Geschichtenerzählers, insbesondere hier von der Stärke seines Leistungsmotivs, (2) von den Versuchsbedingungen, unter denen eine Geschichte erzählt wird und (3) von den Bildern, zu denen die Geschichten erzählt werden.

Wenn nun alle 3 Faktoren am Zustandekommen der Geschichte beteiligt sind, stellt sich die Frage, wie die Faktoren (2) und (3) beschaffen sein müssen, damit der Schluß von den Geschichteninhalten auf die Person des Erzählers (1) möglichst zwingend und eindeutig gelingt. In der Forschungspraxis ist nun so verfahren worden, daß man den versuchssituativen Anregungsgehalt (2) schwach, den bildsituativen (3) hingegen stark ausgeprägt gehalten hat. Dies bedeutet, daß die Versuchssituation keinerlei Hinweise auf das Thema „Leistung" enthalten soll, die Bilder hingegen deutlich leistungsbezogen strukturiert sein sollen. Solche „Mischkonstellationen" haben sich günstig auf Ökonomie, Zuverlässigkeit und Gültigkeit des Verfahrens ausgewirkt (Haber & Alpert, 1958; Heckhausen, 1963, 1964). In diesem Sinne sind auch die Bilder der McClelland-Atkinson-Serie ausgesucht (s. Abbildung 7.2).

Heckhausen (1963) berücksichtigt bei seinem aus insgesamt 6 Bildern bestehenden Satz noch eine weitere Differenzierung, nämlich die Erfolgs- oder Mißerfolgsbezogenheit der Bilder. Da es letztlich darum geht, den relativen Ausprägungsgrad der erfolgsaufsuchenden gegenüber der mißerfolgsmeidenden Tendenz zu erfassen, schien es günstig, jeweils 3 deutlich erfolgs- und mißerfolgsbezogene Bilder in den TAT aufzunehmen (s. Abbildung 7.2).

Auch in bezug auf diesen Punkt setzen sich die Bilder aus dem Verfahren von Birney et al. (1969) von den McClelland-Atkinson-Heckhausen-Bildern ab. Sie enthalten gar keinen expliziten Leistungsbezug, sondern eher das, was der Schlüssel bereits thematisiert: das Individuum in einer vagen und eher bedrohlich und unfreundlich erscheinenden Umwelt (s. Abbildung 7.2).

Ein letztes, bislang jedoch kaum geklärtes Problem ist schließlich das der inhaltlichen Kennzeichnung der Bilder. Bleibt es gleich, ob auf den Bildern Leistung im Rahmen sportlicher Betätigung eine Rolle spielt oder im Bereich mehr kognitiv-intellektueller Tätigkeiten oder ob schließlich ein Mechaniker bei der Arbeit dargestellt wird? Nun, hier gibt es noch keine abschließende Antwort. Nach McClelland et al. (1953), Atkinson (1958a) und Heckhausen (1963, 1967) wäre zu folgern, daß in den Verfahren eher lebenssituationsähnliche Bildsituationen enthalten sein müßten, während nach Befunden von Veroff, Feld & Crockett (1966) gerade die aus dem alltäglichen Rahmen herausfallenden Bilder die besten Motivmaße abgeben. Generell gesehen scheint es jedoch günstig zu sein, die Bildsituationen über verschiedene Tätigkeitsbereiche hinweg zu fächern, so daß jedermann Gelegenheit finden kann, in der ihm „passenden" Situation die Leistungsmotivation zu aktualisieren (Atkinson, 1958 a, S. 615).

Diese Argumentation weist gleichzeitig auf eine weitere Besonderheit des TAT-Maßes hin: es gibt nicht nur eine reine *Intensitäts*information, sondern auch eine *Extensitäts*information. Es beantwortet also gleichzeitig die Frage, wie intensiv, wie stark das Leistungsmotiv ausgeprägt ist und wie extensiv, wie generalisiert es ist, in wie vielen Situationen das Erleben unter einem leistungsbezogenen Aspekt steht (Heckhausen, 1968, de Charms, 1968).

7.1.5. Die strukturellen Güteeigenschaften des TAT

Die heftigsten und hartnäckigsten Angriffe auf das Verfahren kommen aus den Reihen der Psychometriker. Sie gehen von der oftmals belegten Tatsache aus, daß der Leistungsmotivations-TAT nur geringe innere Konsistenz besitzt und daß Wiederholungszuverlässigkeiten selbst bei sorgfältiger Kontrolle aller Einflußfaktoren einen Wert von $r = .60$ selten übersteigen. Betrachtet man dies vor dem Hintergrund der klassischen Testtheorie, nach der hohe Homogenitätsgrade das sine qua non für hohe Zuverlässigkeits- und Gültigkeitserwartungen darstellen, muß man zwangsläufig zu einer Ablehnung des Verfahrens gelangen.

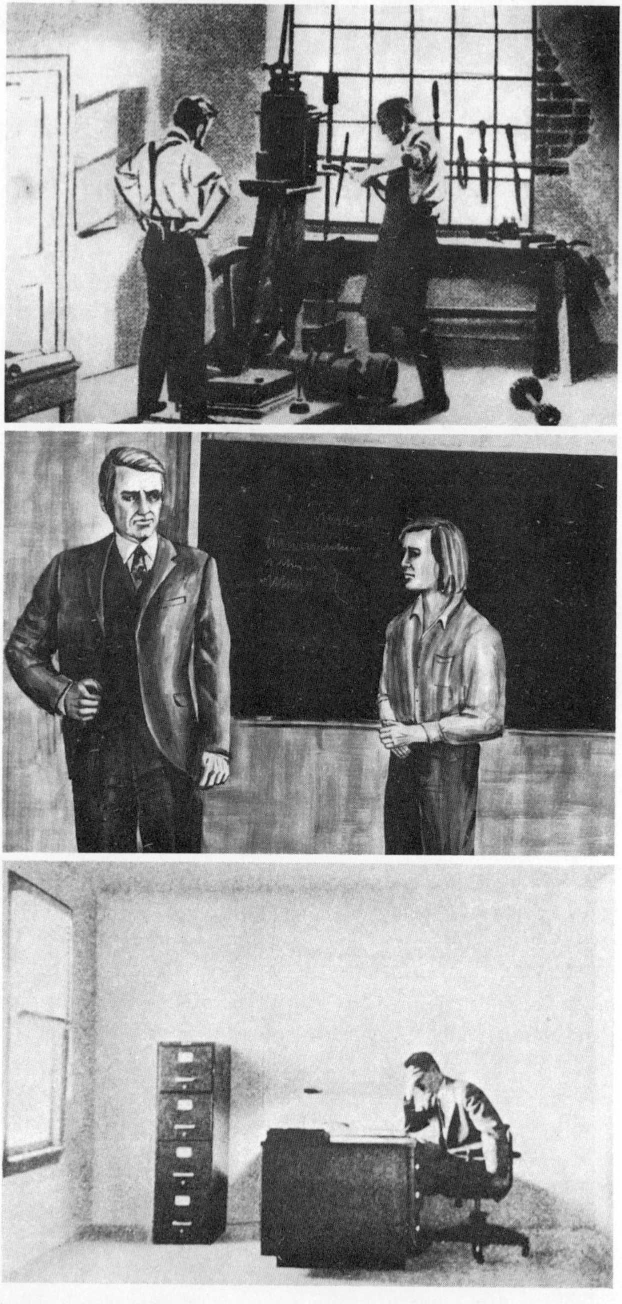

Abbildung 7.2 Drei TAT-Tafeln aus den Bildersätzen von McClelland-Atkinson (A), Heckhausen (B) (überarbeitete Version) und Birney et al. (C).

Betrachtet man nun hierzu die Homogenität des Verfahrens anhand der Interkorrelationen der Motivkennwerte zu verschiedenen TAT-Bildern, so zeigt sich, daß der TAT in dieser Hinsicht nur geringe Homogenität aufweist (etwa: ENTWISLE, 1972, S. 379–381). Dies hängt jedoch mit einer sehr spezifischen Eigenart des TATs zusammen. Es gibt nämlich nicht nur Informationen über die *Intensität* des Leistungsmotivs sondern auch über dessen *Extensität*, also über seine Generalisierungsbreite (s. o.). Bei einem solchen Maß ist innere Konsistenz generell nicht zu erwarten (DECHARMS, 1968).
Ein anderer Aspekt der Homogenität, der neben den rein psychometrischen Implikationen auch noch Bedeutung für die Interpretierbarkeit der Kennwerte hat, besteht in der Frage nach der Homogenität der Inhaltskategorien. Wenn man durch die Messung alle gemessenen Personen möglichst widerspruchsfrei auf dem latenten Kontinuum – der „gemessenen Eigenschaft" – anordnen will, dann müssen identische Maßzahlen auch exakt das gleiche bedeuten, d. h. ihnen muß etwas gemeinsames zukommen, was über die gemeinsame Maßzahl hinausgeht (NEILL & JACKSON, 1970).
In der Forschungspraxis bedient man sich zur Abklärung dieser Frage oftmals der Faktorenanalyse. SADER & KEIL (1968) haben die im Verrechnungsschlüssel von HECKHAUSEN (1963) enthaltenen Inhaltskategorien faktorisiert und fanden, daß sich die analysierten Variablen am besten durch drei Faktoren beschreiben lassen; wobei neben einer HE-Komponente zwei verschiedene FM-Komponenten auftraten.
KUHL (1972) nahm an insgesamt 1034 Vpn eine erneute Überprüfung vor und akzeptierte ebenfalls eine dreifaktorielle Rotationslösung (vgl. Tabelle 7.1). Wie bereits in der Untersuchung von SADER & KEIL (1968) war hier die Erfolgsskala relativ stark in sich geschlossen, während sich die Mißerfolgsskala aufsplittert.
Unter ähnlicher Fragestellung ist KUHL (1972) auch der Frage nach der Eindimensionalität der Messung von HE und FM mit einer RASCH-Analyse nachgegangen. Hierbei zeigte sich, daß in bezug auf die Messung von HE zumindest für Teilgruppen aus der Population die Eindimensionalitätsannahme aufrecht erhalten werden kann, während der Messung von FM offensichtlich mehrere Dimensionen zugrunde liegen. Diese und andere Befunde haben denn auch zu einer Trennung verschiedener FM-Komponenten auch auf theoretischem Niveau Anlaß gegeben (MEYER, 1972b; HECKHAUSEN, 1975c; SCHMALT, 1976a).
Eine andere Frage ist die, ob denn der Leistungsmotivations-TAT überhaupt hohe Homogenitätsgrade seiner Inhaltskategorien erwarten lassen kann. Hierzu liefern die Theorien verschiedene Auskünfte. Folgt man MCCLELLAND et al. (1953), so findet bei der Konfrontation mit dem Bildmaterial ein affektiver Erregungsprozeß statt, der das gesamte Erleben in

Tabelle 7.1
Varimax-rotierte Ladungen der 11 Kategorien (Summation über die 6 Bilder) auf drei Faktoren (N = 1034) (nach Kuhl, 1972, S. 32).

Faktoren	1	2	3
Kategorien			
B	−0.21	0.36	0.09
I	−0.17	0.10	0.75
E	0.05	0.44	0.25
L	−0.02	0.63	−0.18
G+	0.14	0.70	−0.09
Bm	0.47	0.21	0.05
Im	0.19	−0.10	0.73
Em	0.37	0.35	0.17
T	0.65	−0.15	−0.05
G−	0.64	0.09	0.01
M	0.73	−0.19	0.02

dieser Situation einheitlich ausrichtet, so daß alle Inhaltskategorien in diesem Sinne von gleicher „Bedeutung“ – also homogen – sein müßten. In kognitiven, interaktionistischen Theorien geht man hingegen davon aus, daß Motive lediglich eine identische Zielausrichtung des Erlebens unter wechselnden situativen Bedingungen besorgen. In diesem Sinne liefert der TAT deskriptive Informationen über das Erleben in verschiedenen Situationen unter leistungsbezogener Anregung: über wahrgenommene Anforderungen der Situation, antizipierte Handlungen und Handlungsausgänge sowie deren Eintretenswahrscheinlichkeiten, Kausalattribuierungen, sowie verschiedene Formen von Handlungskonsequenzen. Inhaltskategorien und Kennwerte sind der gemeinsame Bezugsrahmen hierfür (HECKHAUSEN, 1973, S. 233–234). Inhaltskategorien können also durchaus nur geringfügig miteinander korreliert – also wenig homogen – sein und dennoch die jeweils adäquaten Aktualisierungen des Konstrukts „Leistungsmotiv“ darstellen. Inhaltskategorien sollten unter diesem Aspekt *konzeptuell* äquivalent sein. Hohe Interkorrelationen, wie sie dem Homogenitätsgedanken zugrunde liegen, unterstellen jedoch eine *funktionale* Äquivalenz von Elementen, wie sie in interaktionistischen Modellen niemals angenommen wird (vgl. ALKER, 1972, S. 8–9). Hohe Homogenität der Testinhalte ist also vom Leistungsmotivations-TAT unter diesem theoretischen Aspekt nicht unbedingt zu fordern und insbesondere auch nicht als Vorbedingung für Zuverlässigkeit generell.

BÄUMLER und Mitarbeiter (BÄUMLER & WEISS, 1967; BÄUMLER & DVORAK, 1969; BÄUMLER & BREITENBACH, 1970) sind auf einem anderen Wege der Frage nach der Struktur der mit dem TAT gemessenen Leistungsmotivationsvariablen nachgegangen. Sie haben die Tendenzen der Leistungsmotivation, HE und FM (HECKHAUSEN, 1963), zusammen mit einer Reihe von Intelligenz-, Leistungs- und Persönlichkeitsvariablen faktorisiert und fanden in der Regel eine 2-Faktoren-Struktur der Leistungsmotivation. Der erste Faktor war unipolar und durch beide Tendenzen in gleicher Weise gekennzeichnet, der zweite Faktor war bipolar und richtungsspezifisch. Die Autoren formulieren aufgrund dieser Befunde eine Zweifaktorentheorie der Leistungsmotivation, in der nicht von zwei unabhängigen Faktoren HE und FM ausgegangen wird, sondern in der vielmehr ein richtungsspezifischer Gesamtmotivationsfaktor (HE + FM) (Eigenaktivität, Mengenleistung, Arbeitstempo, Produktivität) und ein bipolarer, richtungsspezifischer Faktor (Gemütsruhe, Laissez-faire-Haltung, Optimismus [HE]; überspannter, verbissener Leistungsehrgeiz [FM]) in Rechnung gestellt wird (BÄULMER & DVORAK, 1969, S. 133–134).

Abgesehen von diesen Fragen, ob denn beim TAT überhaupt bestimmte strukturelle Merkmale verwirklicht sind, besteht die Frage, ob sie denn tatsächlich eine solche unabdingbare Voraussetzung für hohe Güteerwartungen sind.

Dies ist zumindest in Zweifel zu ziehen. So ist HORST (1971, S. 310) für eine schärfere Abhebung des Zuverlässigkeitskonzepts vom Homogenitätskonzept eingetreten. Zwar wird ersteres häufig durch letzteres *operationalisiert,* theoretisch ist der Überlappungsbereich zwischen beiden Konzepten jedoch nicht so groß, daß man in gradliniger Argumentation ohne weiteres von der Homogenität eines Verfahrens auf dessen Zuverlässigkeit schließen dürfte. Auch die zweite oftmals angeführte Verbindung von Homogenität und Gültigkeit eines Tests, in der der Homogenitätsgrad eines Verfahrens die obere Grenze für dessen zu erwartende Gültigkeit absteckt, gilt so unverbrüchlich nicht. Die beiden Kardinalkriterien psychologischer Tests, Zuverlässigkeit und Gültigkeit, sind nämlich auch über eine „partielle Inkompatibilitätsbeziehung“ (LIENERT, 1967, vgl. das Bandbreiten-Fidelitätsdilemma bei CRONBACH & GLESER, 1965) verbunden. Je homogener (im funktionalen Sinne) ein Test ist, desto eher läuft er Gefahr, Gültigkeitseinbußen zu erleiden. Dies droht insbesondere dann, wenn das Verhalten, das vorhergesagt werden soll, im ähnlichen Sinne konzeptuell äquivalente Erlebnismomente beinhaltet, wie die, die bereits in dem Verfahren enthalten sind. Hier würde eine starke funktionale Homogenisierung der Testinhalte mit Sicherheit gültigkeitsmindernd wirken.

Nehmen wir an, wir wollten voraussagen, wieviel Wasser in bestimmten rechteckigen Behältern gespeichert werden kann. Aufgrund unseres Vorwissens würden wir uns entschließen, die Bestimmungsstücke A, B und C als Prädiktoren anzusehen und hierzu Fragen konstruieren. In einer ersten Überprüfung der Zuverlässigkeit würden wir den Zusammenhang zwischen den drei Fragen ermitteln und feststellen, daß dieser gleich Null ist. Gesetzt den Fall, wir würden diesen „Test" nicht gleich wegwerfen, sondern zuvor noch dessen Gültigkeit bestimmen, würden wir überrascht feststellen, daß A, B und C hoch mit dem Kriterium korreliert sind (also „gültig" sind). Bei näherer Inspektion würden sich A, B und C schließlich als Länge, Breite und Höhe der Behältnisse herausstellen (nach Karon, 1966). Ein völlig heterogener „Test" kann demnach in hohem Maße gültig sein.

Verschiedene Arten von Sättigungseffekten, eine Reihe nicht zu kontrollierender Variationen in den situativen Einbettungen der Versuchssituation und die Instruktion, sich beim Geschichtenerzählen etwas möglichst Fantasievolles einfallen zu lassen (Heckhausen, 1963, S. 58), führen zu einer nur teilweise befriedigenden meßbaren Wiederholungszuverlässigkeit, und lassen damit generell die klassischen Methoden der Zuverlässigkeitsbestimmung als unbrauchbar erscheinen (Michel, 1964, S. 37).

Zusammenfassend läßt sich also sagen, daß der Leistungsmotivations-TAT nicht etwa deswegen – vermeintlich – keine Gültigkeit besitzt, weil ihm die klassischen psychometrischen Güteeigenschaften abgingen, sondern daß sich das Armamentarium der klassischen Testtheorie als ungeeignet erweist, die zweifellos vorhandenen Güteeigenschaften sichtbar zu machen.

Zwei Faktoren liegen jedoch der Zuverlässigkeit des Verfahrens zur Last. Da ist einmal die Sensibilität des Verfahrens gegenüber Variationen in den Versuchsbedingungen. Zwar sind letztere standardisiert, jedoch erscheint es schwierig, sämtliche inneren und äußeren Bedingungen konstant zu halten, so daß hierdurch eine gewisse Fehlervarianz in den Meßwert hineingebracht wird, was die Zuverlässigkeit reduziert und schließlich auch die Gültigkeit beeinträchtigt (Kornadt, 1964, S. 658). Ein weiterer Faktor ist die niemals hundertprozentige Übereinstimmung verschiedener Beurteiler bei der Verrechnung von TAT-Geschichteninhalten. Zwar erreichen geübte Beurteiler beachtliche Übereinstimmungskoeffizienten (um .90), jedoch entsteht auch hierdurch unkontrollierte Kennwertvarianz, was Zuverlässigkeit und Gültigkeit vermindert.

7.1.6. Die Validität des TAT

Der letzlich entscheidende Faktor bei der Beurteilung eines Meßinstrumentes ist die Beantwortung der Frage, ob denn das Verfahren personseitig hauptsächlich von der Variablen beeinflußt wird, der auch die Meßintention galt. Wie ist dieser Beweis nun im Hinblick auf den Leistungsmotivations-TAT empirisch zu führen? Hierzu muß ein von der Messung unabhängiges Verhaltensmaß, das mit dem Leistungsmotiv – wenn möglich ausschließlich mit diesem – in enger Beziehung steht, mit den TAT-Maßen in Beziehung gesetzt werden. Die Datenlage zu diesem Komplex wird nun häufig kontrovers beurteilt. Einerseits verdanken die verschiedenen Formen der Leistungsmotivationstheorien nahezu sämtliche Einsichten in Verhaltensunterschiede zwischen Erfolgs- und Mißerfolgsmotivierten dem TAT, was offensichtlich dessen Gültigkeit – im Hinblick auf diese spezifische Theorie – bestätigt. Andererseits gibt es eine Reihe von Befunden, die die Theorie nur unvollkommen bestätigen, die sich nur unter Zuhilfenahme von Zusatzannahmen mit der Theorie in Übereinstimmung bringen lassen, die generell die Theorie nicht bestätigen oder ihr sogar widersprechen und damit auch die Gültigkeit des Verfahrens in Zweifel ziehen. Dieser Sachverhalt ist denn auch dazu benutzt worden, die Gültigkeit des Verfahrens *generell* in Frage zu stellen (etwa Klinger, 1966; Entwisle, 1972; Korman, 1974). Solche pauschalen Ablehnungen des Verfahrens sind jedoch oftmals bei der kritischen Sichtung der empirischen Unterstützung für das Verfahren sehr einseitig (McClelland, 1975 a), insofern als sie den Grund für nicht eintretende Erwartungen ausschließlich im Meßinstrument sehen. Mangelnde Stringenz bei der Ableitung von Erwartungen und nicht theorieadäquate Operationalisierungen können hierfür jedoch ebenso in Betracht gezogen werden. Wo immer man jedoch Grund hat, nicht eintreffende Vorhersagen auf das Versagen des Meßinstruments zurückzuführen, sollte man bedenken, daß das TAT-Verfahren einige Besonderheiten besitzt, die seine Zuverlässigkeit herabmindern, so daß man von da aus unter Berücksichtigung der üblicherweise herangezogenen Stichprobengrößen bereits mit einem erhöhten Prozentsatz von Untersuchungen rechnen muß, die Vorhersagen nicht bestätigen (vgl. Tversky & Kahneman, 1971). Dies kann aber nicht Grund dafür sein, dem TAT Gültigkeit prinzipiell abzusprechen. Daß dieses aus forschungsstrategischer Perspektive jedoch ungünstige Bedingungen sind, unter denen die Theorie versucht, einen belegten Gültigkeitsbereich zu etablieren, steht hingegen außer Frage.

7.1.7. Methodische Modifikationen des TAT

Wir haben bereits gesehen, daß unter der allgemeinen Bezeichnung TAT eine Vielzahl von Verfahrensvarianten existieren. Zwei in dieser Hinsicht sich abhebende Verfahren sind die von FRENCH (1955, 1958 a) und von ARONSON (1958). Das von FRENCH (1955, 1958 a) entwickelte Verfahren lehnt sich noch relativ eng an das TAT-Verfahren an, benutzt jedoch statt der Bildvorlagen Sätze (z.B. Bill läßt die anderen immer gewinnen), zu deren Begründung die Vpn Geschichten erzählen sollen, die dann inhaltsanalytisch verrechnet werden. Die Zuverlässigkeits- und Gültigkeitsprobleme sind denen des TAT vergleichbar.

ARONSON (1958) hat ein Verfahren vorgestellt, in dem grafische Gebilde („Kritzeleien") auf ihren leistungsthematischen Gehalt hin analysiert werden. Dabei spielt eine Rolle, ob und wie häufig sich die Linien in der Zeichnung überschneiden, wie der zur Verfügung stehende Raum, insbesondere die Diagonale in den Bildaufbau einbezogen wurde und wie viele S- und wellenförmige Linien enthalten sind. Die Zeichnungen Erfolgsmotivierter erwecken gegenüber denen der Mißerfolgsmotivierten den Eindruck von Bewegung, sind wenig repetitiv, nutzen den zur Verfügung stehenden

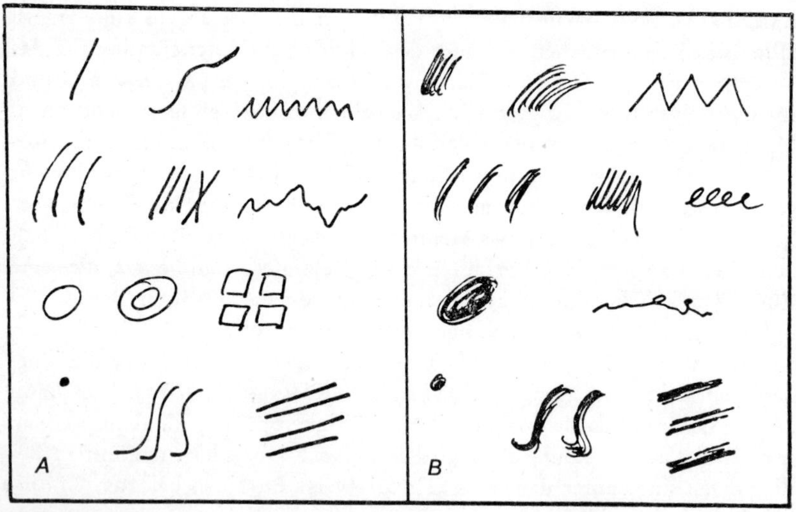

Abbildung 7.3
Einige Kritzelelemente, die nach den Kriterien von Aronson (1958, S. 225–256) auf eine erfolgs- (A) oder mißerfolgsbezogene (B) Leistungsmotivation hinweisen.

Raum und sind schließlich ökonomisch in der Bewegungsaufteilung (ARONSON, 1958, S. 264) (vgl. Abbildung 7.3).
Dieses Verfahren hat sich insbesondere bei jüngeren Kindern (McCLELLAND, 1958 b) und unter kulturvergleichendem Aspekt bei der Analyse antiker Vasenmalereien als nützlich erwiesen (McCLELLAND, 1961).

7.2. Fragebogenverfahren

In der psychologischen Diagnostik haben sich Fragebogenverfahren bei der Messung von Personmerkmalen auf breiter Front durchgesetzt. Sie gelten generell als via regia der Persönlichkeitsdiagnostik und dies, obwohl ihr Beitrag zur Theoriebildung oftmals als gering und ihre praktische Nützlichkeit bei der Individualdiagnose als zweifelhaft eingestuft werden (FISKE, 1963; GOLDBERG, 1972). Insbesondere in bezug auf die Messung des Leistungsmotivs ist häufig bezweifelt worden, daß ein direkt arbeitendes Verfahren wie ein Fragebogen, das Leistungsmotiv zu messen vermöchte. Dies wurde hauptsächlich damit begründet, daß der Person eine Einsichtnahme in die eigenen Merkmalsstrukturen verwehrt sei und daß sie darüber hinaus geneigt sei, ihre Antworten im Sinne sozialer Wünschbarkeit zu verfälschen (McCLELLAND, 1958 a; HECKHAUSEN, 1967). Dennoch gibt es eine Fülle von Versuchen, das Konstrukt „Leistungsmotiv" mittels Fragebogen zu erfassen. Sie alle haben sich jedoch bei der Entwicklung und Zusammenstellung der Fragen von einem nur vage formulierten Konzept „Leistungsmotiv" leiten lassen oder sind gar theorielosen ad-hoc Prozeduren gefolgt. Sie haben dementsprechend kaum eine Validierungsstudie überstanden und sind spätestens bei dem Versuch einer Kreuzvalidierung zusammengebrochen (vgl. SCHMALT, 1976 a). Hierzu gibt es jedoch zumindest zwei Ausnahmen, die wir uns näher ansehen wollen.

7.2.1. Das Verfahren von HERMANS

HERMANS (1970) versuchte in dem von ihm entwickelten Fragebogen die wichtigsten Bestandteile des Leistungsmotivkonzepts abzubilden. Er versuchte hierbei bewußt, nicht einen Itemsatz von hoher Homogenität zu erstellen, sondern eher einen, der die unterschiedlichen theoretischen Bestandteile und die vielfältigen Verhaltenskorrelate des Konstrukts „Leistungsmotiv" erfaßt. Er griff hierbei auf gesicherte Erlebnis- und Verhaltensunterschiede Erfolgs- und Mißerfolgsmotivierter zurück, und zwar auf deren unterschiedliches Anspruchsniveauverhalten, Risikowahlverhalten, Persistenzverhalten, auf die unterschiedliche zeitperspektivische Staffelung leistungsbezogenen Verhaltens, auf die Wahrnehmung zeitlicher Bezüge, auf unterschiedliche berufliche Aufwärtsmobilitäten sowie Partnerwahlen und auf allgemeines Leistungsverhalten und unterschiedliche Auswirkungen erledigter und unerledigter Handlungen (HERMANS, 1970, S. 354–355). Typische Fragen, die nach diesen Richtlinien konstruiert wurden, sind die folgenden: (Es werden nach Zustimmungsgraden abgestufte Antworten vorgegeben. Nur die Extreme sind hier aufgeführt.)

(26) Wenn ich arbeite, sind die Ansprüche, die ich an mich selber stelle
sehr hoch .... sehr niedrig
(Anspruchsniveau)

(46) Wenn ich mein Ziel nicht erreicht habe und eine Aufgabe nicht zufriedenstellend erledigt habe, dann versuche ich weiterhin
mein Bestes, um das Ziel zu erreichen .... gebe ich gewöhnlich auf
(Unerledigte Handlung)

(77) Wenn ich etwas Schwieriges mache:
gebe ich schnell auf .... arbeite ich gewöhnlich bis zum Ende durch
(Persistenz)

Nach Maßgabe dieser theoretischen Orientierungen wurden nun die Fragen konstruiert, von denen insgesamt 29 nach einer Kluster-Analyse für den Fragebogen zurückbehalten wurden. Die Strategie hierbei war so angelegt, daß lediglich jene Fragen berücksichtigt wurden, die substantiell mit diesem Kluster korrelierten und gleichzeitig mit einem Kluster von Angstfragen insgesamt nur unbedeutend korrelierten. Das Ergebnis war eine Skala für die resultierende Tendenz der Leistungsmotivation (NH) mit relativ hoher innerer Konsistenz (K-R 20 = .82).

7.2.2. Das Verfahren von MEHRABIAN

Eine ganz ähnliche, an empirischen und theoretischen Sachverhalten orientierte Strategie hatte bereits MEHRABIAN (1968, 1969) zur Entwicklung seines Fragebogens geführt. Er sollte ebenfalls ein Maß für die resultierende Tendenz der Leistungsmotivation darstellen. Die Fragen sind so formuliert, daß das Ausmaß der Zustimmung oder Ablehnung zu den Items jeweils Verhaltensgewohnhieten indiziert, die für Erfolgs- oder Mißerfolgsmotivierte charakteristisch sind. Diese Verhaltensweisen beziehen sich darauf, daß Erfolgsmotivierte gegenüber Mißerfolgsmotivierten realistischere Anspruchsniveaus setzen, mittelhohe Risiken bevorzugen, eine positivere Affektbilanz nach Erfolg und Mißerfolg aufweisen, unabhängiger von Konformitätsdruck sind, eine weitausladendere Zeitperspektive besitzen und schließlich Tätigkeiten bevorzugen, die eine Herausforderung an ihre Tüchtigkeit darstellen (MEHRABIAN, 1968, S. 494–495).

Typische Fragen, die diese Verhaltensweisen beschreiben sollten, sind die folgenden (Die Vpn müssen den Grad ihrer Zustimmung auf einer 9-Punkte-Skala (+4 bis –4) angeben. Die Fragen sind unterschiedlich gepolt, so daß mal eine zustimmende, mal eine ablehnende Antwort auf eine eher erfolgsbezogene Leistungsmotivation hindeutet):

(11) Nach einem Vorstellungsgespräch abgelehnt zu werden, wäre für mich schmerzvoller, als die Freude darüber, eingestellt zu werden. (Affektbilanz)

(16) In meiner Freizeit würde ich lieber ein Spiel erlernen, das gleichzeitig meine Fähigkeiten weiterentwickelt, als ein Spiel, bei dem man sich nur erholt. (Herausforderung an die eigene Tüchtigkeit)

(22) Ich würde lieber eine Auftragsarbeit übernehmen, die etwas risikoreich ist, dafür aber die Möglichkeit bietet, mehr zu verdienen, als für ein festes Gehalt zu arbeiten. (Risikoneigung)

Die revidierte und verkürzte Fassung dieses Fragebogens enthält schließlich 26 Fragen, die in geringfügig modifizierter Form in jeweils einer Skala für männliche und weibliche Vpn zusammengefaßt sind. Faktorenanalysen der beiden Skalen sollen 11 bzw. 13 Faktoren mit Eigenwerten >1.0 ergeben haben, so daß man die Skalen als sehr heterogen bezeichnen muß. Leider sind hierzu, ebenso wie zu der benutzten Selektionsstrategie bei der Itemauswahl, keine konkreten Daten veröffentlicht.

7.2.3. Das Verfahren von Mandler & Sarason

Wie bereits erörtert, ist man häufig von der Annahme ausgegangen, daß das Leistungsmotiv nur auf indirektem Wege – also projektiv – zu erfassen sei. Jedoch wird hiervon in der angelsächsischen Forschungstradition eine gewichtige Ausnahme gemacht: Diese Annahme gilt nur für die erfolgsbezogene Tendenz der Leistungsmotivation. Seit Atkinson & Litwin (1960) wird zur Messung des Mißerfolgsmotivs ein von Mandler & Sarason (1952) entwickelter Fragebogen zur Messung von Prüfungsängstlichkeit (*T*est-*A*nxiety-Questionnaire, TAQ) herangezogen und gemeinsam mit dem TAT zur Verhaltensvorhersage benutzt. Ausgangspunkt bei der Konstruktion dieses Fragebogens war die Ansicht, daß sich ein starker Angstantrieb in gehäuft auftretenden aufgabenirrelevanten und damit leistungsbehindernden Angstanzeichen äußern müßte. Es wurden deshalb Fragen konstruiert, die eine Reihe von psychophysiologischen Angstanzeichen, die einer angemessenen Bewältigung von Aufgaben hinderlich sind, thematisieren. Der Fragebogen bestand in seiner ursprünglichen Form aus 67 Items, die sich auf vier Situationstypen beziehen: (a) Individuelle Intelligenztests, (b) Gruppen-Intelligenztests, (c) Abschlußprüfungen und (d) Fragen mit unspezifiziertem situationalen Bezugsrahmen. Die einzelnen Fragen beziehen sich auf subjektive Erlebnisinhalte in den verschiedenen Testsituationen: Unwohlsein, das Verspüren eines beschleunigten Herzschlags, Schwitzen, Gefühle emotionaler Beeinträchtigung und schließlich Besorgnis im Hinblick auf die Güte eigener Leistung. MANDLER & COWEN (1958) entwickelten eine 39 Item starke College-Version des TAQ, der auch die folgenden Fragen entnommen sind. (Die Fragen werden auf einer graphischen Skala, deren Endpunkt und Mitte gekennzeichnet sind, beantwortet.)

(5) Wie zuversichtlich sind Sie nach Ablegen eines Gruppen-Intelligenztests, daß Sie Ihr Bestes getan haben?
(sehr wenig zuversichtlich – Mitte – sehr zuversichtlich)

(17) In welchem Maße wird (oder würde) Ihre Leistung während eines Einzel-Intelligenztests durch Ihre gefühlsmäßigen Reaktionen gestört?
(Wird überhaupt nicht gestört – Mitte – wird in hohem Grade gestört)

(34) Inwieweit verspüren Sie vor einer Abschlußklausur einen beschleunigten Herzschlag?
(Herzschlag beschleunigt überhaupt nicht – Mitte – Herzschlag beschleunigt merklich)

Faktorenanalysen des TAQ ergaben im wesentlichen 2 Typen von Faktoren, nämlich kognitive Faktoren, die mit „Sorgen“ und „Mangel an Zuversicht“ bezeichnet werden können und emotionale Faktoren, die sich auf psychophysiologische Anzeichen von Erregung beziehen (LIEBERT & MORRIS, 1967; FISCH & SCHMALT, 1970).

Wie wird nun begründet, daß der TAQ die mißerfolgsmeidende Komponente des Leistungsmotivs messen soll, da man sich ansonsten doch so sehr auf das projektive Verfahren verläßt und weil weder die Angsttheorie von MANDLER & SARASON (1952), noch die Leistungsmotivationstheorie ATKINSONS (1964) direkte Hinweise über die Angemessenheit einer solchen Operationalisierung enthalten. Hier hat ATKINSON (1964, S. 289–290; ATKINSON & FEATHER, 1966, S. 333) einige Zusatzannahmen entwickelt. Danach sind Angst (Furcht) bzw. Angstanzeichen lediglich ein Symptom für die Erfahrungen, die jemand macht, wenn er an leistungsbezogenen Aufgaben arbeitet und hierbei einen Mißerfolg befürchtet. Je stärker diese Angstanzeichen sind, desto stärker soll auch die inhibitorische Tendenz der Leistungsmotivation sein. Es ist jedoch fraglich, ob man eine solch eindeutige Koppelung zwischen Angstanzeichen und dem Motiv Furcht vor Mißerfolg unterstellen darf. Mit gutem Grund kann man nämlich annehmen, daß die in einer Prüfungssituation geäußerten Anzeichen von Erregung auch andere Motive indizieren, wenn sie nicht sogar für das Motiv Hoffnung auf Erfolg typisch sind (HECKHAUSEN, 1968, S. 120).

MCCLELLAND (1971) meint, daß der TAQ deswegen in der Lage sei, das Motiv Furcht vor Mißerfolg zu messen, weil er die für Mißerfolgsmotivierte typische Furcht, externalen Leistungsanforderungen nicht gerecht werden zu können, erfasse. Diese Begründung ist jedoch nur schwer nachzuvollziehen, weil der Fragebogen an keiner Stelle explizit von *externalen* Leistungsanforderungen handelt. Darüber hinaus versieht sie das Motiv Furcht vor Mißerfolg mit einem Bedeutungsaspekt, der es niemals zentral bestimmt hat. Die Korrelationen zwischen dem TAQ und dem nach HECKHAUSEN (1963) bestimmten Maß FM ist denn auch gering und negativ (FISCH & SCHMALT, 1970, S. 619).

DECHARMS (1968, S. 213) schließlich führt die offensichtliche Nützlichkeit des Verfahrens darauf zurück, daß der TAQ im Vergleich zum TAT relativ spezifische, einschlägige Situationsbestimmungen enthält, so daß im Zusammenhang mit einem Verfahren, das eher den Extensitätsaspekt des Leistungsmotivs betont (TAT), die Vorhersagegenauigkeit in einer konkreten Situation angehoben wird.

Insgesamt gesehen scheint es jedoch kein theoretisch überzeugendes Argument für den Einsatz des TAQ zu geben. Er hat sich lediglich im Rahmen der ATKINSONschen Motivationstheorie als *nützlich* erwiesen.

7.2.4. Die Validität von Fragebogenverfahren

Wenden wir uns hier zunächst der Frage zu, ob die verschiedenen Verfahren überhaupt als Maß für ein und dasselbe Persönlichkeitskonstrukt angesehen werden können. In den vielen Untersuchungen, in denen verschiedene Verfahren zur Messung des Leistungsmotivs eingesetzt wurden, haben sich in aller Regel nur geringe Interkorrelationen gefunden. Dies gilt sowohl dann, wenn direkte und indirekte Verfahren miteinander verglichen werden, als auch dann, wenn die Vergleiche nur innerhalb einer Methode angestellt werden (zusammenfassend: WEINSTEIN, 1969; SCHMALT, 1976 a). Danach muß man davon ausgehen, daß den Verfahren kaum konvergente Validität zukommt.

Die Frage ist nun, ob durch diese Tatsache – wie etwa nach CAMPBELL & FISKE (1959) zu folgern wäre – die wissenschaftliche Dignität des Konstrukts „Leistungsmotiv“ erschüttert wird. Nun hierzu ist zu sagen, daß die überwältigende Mehrheit der Verfahren – vornehmlich Fragebogen – zur Messung des Leistungsmotivs kaum bemüht sind, die vielfältigen, in Motivierungsgeschehen enthaltenen Erlebnis- und Verhaltensaspekte theorieadäquat abzubilden, so daß diese Verfahren bereits von der konkreten Operationalisierung her kaum als Maß für das Leistungsmotiv angesehen werden können. Hinzu kommt, daß der Rolle von Situationsvariablen bei der Messung des Leistungsmotivs kaum Beachtung geschenkt wird. Es wird in diesen Verfahren lediglich die Auftretenshäufigkeit einer bestimmten

Erlebnis- oder Verhaltensform oder aber das „typische“ Verhalten eruiert, ohne Angabe der entsprechenden Situationsbedingungen. Auf der anderen Seite wird häufig aus einer Reihe äquivalenter Situationen eine herausgegriffen, wobei die entsprechenden Reaktionen als beispielhaft angesehen werden.

Es folgt hieraus unmittelbar, daß man bei diesen Verfahren, in denen häufig Theorieinhalte inadäquat repräsentiert und Situationsparameter jeweils spezifisch restringiert werden, keine konvergente Validität erwarten kann. Wird hingegen beides kontrolliert, ist konvergente Validität – auch methodenübergreifend – durchaus herstellbar (SCHMALT, 1976 a, in Vorb.).

Wie sieht nun die Konstrukt-Validität von Fragebogen aus? Sie ist praktisch nicht vorhanden. Überblickt man die empirischen Resultate, die mit herkömmlichen Fragebogen zutage gefördert worden sind, so zeigt sich, daß keines der Verfahren über einen konstruktrelevanten Gültigkeitsbereich verfügt, wie ihn etwa der TAT besitzt. Allenfalls zu verschiedenen Leistungsvariablen können eine Reihe von Verfahren bedeutsame Beziehungen aufweisen, jedoch ist gerade zur Erklärung dieses Sachverhalts das Konstrukt „Leistungsmotiv“ nicht zwingend erforderlich (SCHMALT, 1976 a).

So besehen scheint die Befundlage eindeutig für die Position MCCLELLANDS (1958 a, 1971) zu sprechen, der ja stets darauf hingewiesen hat, daß es prinzipiell unmöglich sei, das Leistungsmotiv mit direkt arbeitenden Verfahren, etwa mit Fragebogen, zu erfassen.

Jedoch gibt es zumindest ein Verfahren, das dieser Position entgegensteht: Das Instrument von MEHRABIAN (1968, 1969). Es hat sich in einer ganzen Reihe von *experimentellen* Untersuchungen bewährt und belegt somit seine Konstrukt-Validität.

7.3. Die GITTER-Technik

Thematische Auffassungs-Verfahren haben ebenso wie Fragebogenverfahren jeweils spezifische Mängel, die einer vollends befriedigenden Messung von Motivationsvariablen hinderlich sind. Wir haben deshalb versucht, ein neues Verfahren zu entwickeln, das den gleichen Gültigkeitsbereich haben sollte wie der TAT, jedoch die in ihm konfundierten Dimensionen der Motivintensität und -extensität zu trennen gestatten sollte; belegbare, befriedigende psychometrische Güteeigenschaften besitzen sollte und schließlich unkompliziert und ökonomisch in der Handhabung sein sollte (SCHMALT, 1973, 1976 a, b).

Die Entwicklung dieses Verfahrens umfaßte insgesamt 5 Phasen:

(1) Elaboration des Konstrukts „Leistungsmotiv“ sowie des „nomologischen Netzwerks“, in das es eingeflochten ist. Dies bedeutet, daß theorie- und empiriegeleitet konkrete Aussagen (Items) entwickelt werden, die die spezifischen Verhaltens- und Erlebnisweisen Erfolgs- und Mißerfolgsmotivierter beschreiben.
(2) Elaboration des Situationsfeldes in dem sich das Leistungsmotiv bzw. bestimmte ausgezeichnete Tendenzen aktualisieren. Dies bedeutet die Entwicklung eines möglichst repräsentativen Satzes inhaltlich umschriebener Einzelsituationen als Grundlage für die Berechnung von Intensitäts- und Extensitätsmaßen für das Leistungsmotiv.
(3) Rückgriff auf Interaktionsregeln, in denen das Zusammenwirken personspezifischer und situationsspezifischer Variablen festgelegt wird. Dazu sind der Aussage- (1) und der Situationsparameter (2) unter formalen Aspekten der Leistungsmotivationstheorie im Hinblick auf ihre Tauglichkeit in einem Motivierungsgeschehen zu betrachten.
(4) Überprüfung struktureller Merkmale der beiden Verfahrensparameter Aussagen und Situationen. Hierbei ist als zunächst wichtigste Frage abzuklären, ob sich die Faktoren „Hoffnung auf Erfolg“ und „Furcht vor Mißerfolg“ aus dem Aussagenangebot herausheben lassen und ob diese Differenzierung notwendig bzw. erschöpfend ist.
In ähnlicher Weise ist in bezug auf die in dem Verfahren enthaltenen Situationen die Frage zu klären, wie viele gemeinsame Faktoren ihnen zugrundeliegen.
Schließlich ist hier die Aussagen- und Situationshomogenität, Aspekte der Zuverlässigkeit und auch der Einfluß extra-inhaltlicher Antwortdeterminanten zu überprüfen.
(5) Bestimmung der Validität des Verfahrens. Hier ist die Frage zu beantworten, ob das Verfahren auch wirklich die Merkmale mißt, die es messen soll. Die Methode der Wahl besteht hier darin, aus der Leistungsmotivationstheorie Vorhersagen auf konkretes Verhalten abzuleiten, um diese dann mit Hilfe des neu erstellten Verfahrens zu überprüfen.

Das Ergebnis der nach dieser sequentiellen Strategie betriebenen Verfahrensentwicklung war ein direkt arbeitendes Instrument, das gleichzeitig den Vpn einen großen Freiraum eröffnet, in dem sie ihre individuellen Person-Umwelt-Beziehungen austhematisieren können. Das Verfahren besteht aus zwei Grundparametern: nämlich einer Reihe von Situationen, in denen möglicherweise Leistung eine Rolle spielt und einer Reihe von Aussagen, die verschiedene Komponenten des Leistungsmotivs beschreiben und Konstruktcharakter für dieses besitzen. Es werden insgesamt 18 grafisch dargestellte Situationen angeboten. Darunter sind jeweils 18 stets identische leistungsbezogene Aussagen aufgeführt. Die Vpn müssen nun beides aufeinander beziehen, indem sie angeben, welche der verschiedenen Aussagen für sie in der dargestellten Situation zutreffen würden.

7.3.1. Die Aussagen des LM-GITTERs

Entsprechend dem ersten der 5 Basalpostulate sollten in den Aussagen wesentliche, empirisch belegte Theorieinhalte repräsentiert sein. Dies sind hier die für Erfolgs- und Mißerfolgsmotivierte typischen Antizipationen von Erfolg und Mißerfolg, sowie die damit häufig verbundenen Über- bzw. Unterschätzungen ihrer Auftretenswahrscheinlichkeiten (Items 3, 5, 10, 11 und 13; vgl. Tabelle 7.2). Ein weiterer Satz von Aussagen bezieht sich auf die phänomenalen Korrelate von Verhaltensweisen, die für Erfolgs- und Mißerfolgsmotivierte typisch sind. Dies gilt hier insbesondere für unterschiedliche Bevorzugungsgrade von Aufgaben mittlerer Schwierigkeit und für instrumentelle Handlungen zu Abwendung von Mißerfolg (Items 2, 8, 15 und 17). Ferner wird berücksichtigt, daß Mißerfolgsmotivierte Leistungssituationen eher negativ valenzieren und diesen, wenn möglich, aus dem Wege zu gehen trachten (Items 7, 12 und 16). Die Items 4, 6, 9, 14 und 18 beschreiben schließlich die unterschiedlichen Fähigkeitskonzepte Erfolgs- und Mißerfolgsmotivierter.

7.3.2. Die Situationen des LM-GITTERs

Die Darstellung eines möglichst repräsentativen und breit gefächerten Situationsangebotes in einem Meßverfahren ist notwendig und sinnvoll, wenn man Verhalten – auch Testverhalten – als Wechselwirkungsprodukt von Situations- und Personmerkmalen begreift. Die ausschließliche Analyse von Verhaltenskovariationen unter Ausblendung jeweils spezifischer Situationsbedingungen, legt zur Erklärung konstanter Kovariationsmuster Eigenschaftskonzepte nahe, die die gesamte Erklärungslast für unterschiedliches Verhalten der handelnden Person aufbürden (Heckhausen, 1974 b). Die verschiedenen Formen der Leistungsmotivationstheorie haben einseitig eigenschaftstheoretische Erklärungsansätze verworfen und haben stets auch bei der Messung von Personmerkmalen den situativen Bedingungen, unter denen sie sich manifestieren, Beachtung geschenkt. Jedoch geschah dies oft lediglich unter dem Aspekt der *generellen* Validität des Verfahrens, nämlich mit der Fragestellung, welche Situationen am ehesten Gewähr bieten für eine Maximierung interindividueller Varianz in dem Personmerkmal, dessen Diagnostik intendiert ist (McClelland et al., 1953; Heckhausen, 1964). Kontrolle von Situationsmerkmalen, wie wir sie uns hier vorstellen, sollte hingegen unter dem Aspekt der *differentiellen* Validität betrieben werden, unter dem Aspekt nämlich, daß verschiedene, inhaltlich definierte Bildsituationen für verschiedene Vpn in unterschiedlicher Weise „gültig“ sein können (Atkinson, 1958 a).

Und noch ein zweiter Aspekt ist wichtig: Das Angebot eines hinlänglich „repräsentativen“ Bildersatzes erlaubt die getrennte Berechnung von Intensitäts- und Extensitätsaspekten des Leistungsmotivs. Neben der Frage, wie intensiv das Leistungsmotiv in einer gegebenen Situation ist, kann auch die Frage beantwortet werden, in wie vielen Situationen ein Motiv bzw. eine Motivkomponente überhaupt eine Rolle spielt, wie extensiv es also ist. Beides sind unabhängige Komponenten der Motivstärke.

Die Auswahl und konkrete Darstellung eines solchen Satzes von Situationen stößt auf große Schwierigkeiten, da es bislang kaum eine Systematisierung solcher äußerer Verhaltensbedingungen gibt. Unsere Situationen sind empirisch gewonnen. Die Zusammenstellung der Bildsituationen für das LM-GITTER haben wir anhand der in ihnen notwendig werdenden Verhaltensweisen vorgenommen (vgl. Hackman, 1969). Die insgesamt 18 Einzelsituationen lassen sich zu 6 Situationsbereichen zusammenfassen: A) Manuelle Tätigkeiten, B) Musikalische Tätigkeiten, C) Schulische Tätigkeiten, D) Selbständigkeit und Selbstbehauptung, E) Hilfe gewährende Tätigkeiten und F) Sportliche Tätigkeiten. Zusätzlich lassen sich die Situationen nach der Art der in ihnen verbindlich werdenden Bezugsnormen (sozial-normativ vs. individuell-autonom) differenzieren.

Natürlich sind die Bildsituationen durch diese inhaltlichen Merkmale nicht erschöpfend beschrieben. Hierzu gehörte noch die Stärke des leistungsthematischen Bezugs der Bilder, deren Erfolgs- oder Mißerfolgsakzentuierung und schließlich noch die Kontrolle der Frage, ob neben der Leistungsthematik noch andere konkurrierende Thematiken (Macht, Aggression, Helfen etc.) angesprochen werden.

Die Bilder des LM-GITTERs sind so angelegt, daß sie sämtlich einen deutlichen leistungsthematischen Bezug ohne dezidierte Erfolgs- oder Mißerfolgsakzentuierung haben und Konkurrenzmotive kaum ansprechen. Problematisch ist, daß bei den Situationen des LM-GITTERs das Ausmaß leistungsthematischer Anregung mit den Inhalten der Bilder kovariiert: Schul- und Sportbilder (Bereiche C und F) sind deutlich höher leistungsthematisch anregend als etwa Hilfe-gewährende Tätigkeiten (Bereich E). Dies verleiht der Interpretation situationsspezifischer Motivkennwerte eine gewisse Mehrdeutigkeit, weil unklar bleibt, ob man zur Vorhersage von Verhalten in bestimmten Situationen ebenfalls situationsspezifische Kennwerte mit identischen Situationsvariablen heranziehen sollte – ob man also etwa Schulnoten mit Kennwerten aus dem Bereich Schule (C) vorherzusagen versuchen sollte – oder ob man sich ganz unabhängig vom Inhalt hierbei eher auf Bilder eines bestimmten Anregungsniveaus verlassen sollte.

Eine erste Klärung würde ein nach Inhalt und Anregungsgehalt gleich-

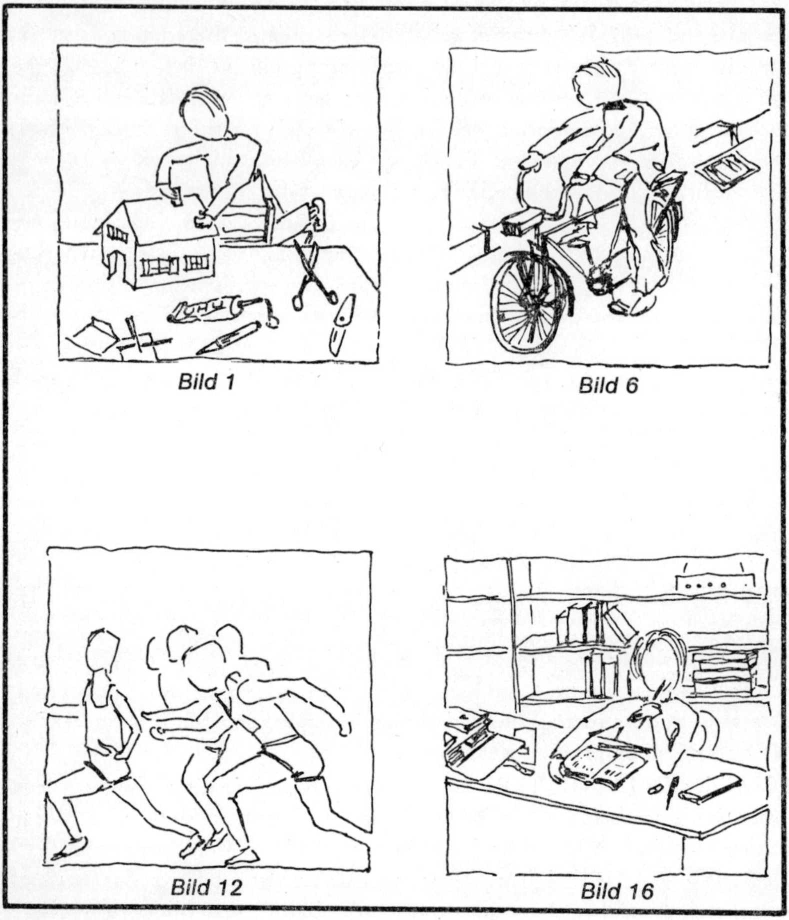

Abbildung 7.4
Bildsituationen aus dem LM-GITTER.

zeitig abgestufter Bildersatz liefern können (EPSTEIN, 1966). Soweit ist die Forschung jedoch noch nicht vorgedrungen. Dementsprechend sind auch die in Postulat 3 skizzierten Probleme bislang kaum ansatzweise gelöst.

7.3.3. Strukturelle Merkmale des LM-GITTERs

Zur Erkundung struktureller Merkmale des Verfahrens haben wir zunächst Faktorenanalysen berechnet. Dies sollte in bezug auf die Aussagen die

Frage beantworten helfen, wie viele gemeinsame Dimensionen man dem Itemsatz wenigstens zugrundelegen muß und kann, um ihn möglichst sparsam zu beschreiben. Zum anderen sollten nach Maßgabe der Faktorenanalyse relativ homogene Itemgruppen zusammengestellt werden. In bezug auf die Analyse der Situationen ergaben sich ganz ähnliche Zielvorstellungen jedoch mit der Zusatzfrage, ob denn überhaupt mehr als eine Dimension zur Beschreibung der 18 Bildsituationen erforderlich ist. Mit einem einzigen generellen Situationsfaktor würde sich die Berechnung von situationsspezifischen Kennwerten erübrigen und der interaktionistische Ansatz, der der Verfahrenskonstruktion zugrunde liegt, in vielen Punkten inadäquat werden.

Zunächst zu den Aussagen: Eine Faktorenanalyse der 18 im GITTER enthaltenen Aussagen gab bei großer Konvergenz mehrerer Abbruchkriterien 3 interpretierbare Faktoren, die wir wie folgt bezeichnet haben (vgl. Tabelle 7.2):

Skala HE 1: Konzept guter eigener Fähigkeit und erfolgszuversichtliche Bewältigung eher „schwieriger" Aufgaben (F.2)
Skala FM 1: Konzept mangelnder eigener Fähigkeit und Initiation von Handlungen zur Abwendung von Mißerfolg (F.1)
Skala FM 2: Furcht vor Mißerfolg (F.3)

Neben einem einheitlichen HE-Faktor erscheinen hier – wie bereits bei den entsprechenden Analysen des TAT-Inhaltsschlüssels – zwei getrennte FM-Faktoren. Die Tunlichkeit und Notwendigkeit einer solchen Trennung ergibt sich aufgrund neuerer theoretischer Überlegungen (MEYER, 1972b; HECKHAUSEN, 1975c).

Die Faktorenanalyse der Situationen ergab keine so eindeutig zu interpretierenden Befunde, weil sich neben den inhaltlich zu interpretierenden Situationsfaktoren varianzstarke Verlaufsfaktoren etablierten. Auch Veränderungen am Verfahren (Permutation der Aussagen) vermochten hieran nichts zu ändern, so daß man zunächst eine eingeschränkte Trennschärfe bei der Interpretation situationsspezifischer Kennwerte in Kauf nehmen muß.

Die übrigen ermittelten Strukturmerkmale beziehen sich auf die Zuverlässigkeit des LM-GITTERs. Die mittleren Wiederholungszuverlässigkeiten der Gitter-Kennwerte liegen nach 2 Wochen bei .80 und nach 8 Wochen bei .73. Die mittlere Halbierungszuverlässigkeit liegt bei .88. Extrainhaltliche Antwortdeterminanten (Acquieszenz, soziale Wünschbarkeit) spielen keine wesentliche Rolle.

Tabelle 7.2

Varimax-rotierte Ladungen der 18 im GITTER enthaltenen Aussagen (aufsummiert über die 18 Situationen) auf drei Faktoren (N = 279) (aus Schmalt 1976 a, S. 10-11).

				F.1	F.2	F.3
1	n		Er fühlt sich wohl dabei.	.05	.21	-.04
2	FM	FM1	Er denkt: „Wenn das schwierig ist, mache ich lieber ein anderes Mal weiter."	.59	.12	.31
3	HE		Er glaubt, daß er das schaffen wird.	-.54	.43	.26
4	HE	HE1	Er denkt: „Ich bin stolz auf mich, weil ich das kann."	-.06	.68	.00
5	FM	FM2	Er denkt: „Ob auch nichts falsch ist?"	-.07	.02	.85
6	FM	FM1	Er ist unzufrieden mit dem, was er kann.	.58	.14	.07
7	n	FM2	Er wird dabei müde.	.27	-.08	.45
8	FM	FM1	Er denkt: „Ich frage lieber jemanden, ob er mir helfen kann."	.50	.12	.08
9	HE	HE1	Er denkt: „Ich will das einmal können."	-.05	.50	.16
10	HE		Er glaubt, daß er alles richtig gemacht hat.	-.46	.47	.25
11	FM	FM2	Er hat Angst, daß er dabei etwas falsch machen könnte.	.24	-.05	.76
12	n	FM1	Das gefällt ihm nicht.	.65	.05	.02
13	FM	FM2	Er will nichts verkehrt machen.	-.16	.18	.61
14	HE	HE1	Er will mehr können als alle anderen.	.19	.72	-.01
15	HE	HE1	Er denkt: „Ich will am liebsten etwas machen, was ein bißchen schwierig ist."	.21	.59	-.04
16	n	FM1	Er will lieber gar nichts tun.	.74	.06	-.07
17	HE	HE1	Er denkt: „Wenn das sehr schwer ist, versuche ich das bestimmt länger als andere."	.17	.54	.05
18	FM	FM1	Er denkt, er kann das nicht.	.63	.12	.07

7.3.4. Die Validität des LM-GITTERs

Die letztlich über den Erfolg der Entwicklungsbemühungen entscheidende Phase ist die der Validierung. Als via regia der Validierung wird häufig die Konstrukt-Validierung bezeichnet. Hierbei geht man so vor, daß man aus den theoretischen, empirisch belegten Zusammenhängen, Vorhersagen auf konkretes Verhalten ableitet, um diese dann mit dem neuen Verfahren zu überprüfen. Der Schluß auf die Gültigkeit des neuen Verfahrens wird dabei um so zwingender, je ausschließlicher ein bestimmtes beobachtetes Verhalten gerade das Persönlichkeitsmerkmal zur Erklärung erfordert, dem auch die Meßintention galt (Cronbach & Meehl, 1955). In bezug auf das Leistungsmotiv schien uns Anspruchsniveau- und Risikowahlverhalten gerade solches Verhalten zu sein, das unter gegebenen Umständen relativ eindeutig und ausschließlich das Leistungsmotiv als personseitiges explikatives Konstrukt erforderlich macht, weil hier in den konkreten Leistungsvornahmen, als verpflichtende Ansprüche an die eigene Tüchtigkeit unmittelbar jene Auseinandersetzung mit einem als verpflichtend erlebten Gütestandard zum Ausdruck kommt, die für das Leistungsmotiv konstitutiv ist.

Die zu diesem Komplex erhobenen Daten (Schmalt, 1976a) haben wichtige theorietragende Befunde der Leistungsmotivation zu replizieren vermocht, so daß die Gültigkeit des LM-GITTERs gut belegt zu sein scheint.

Darüber hinaus deutet sich an, daß aus der hier gegenüber dem TAT erhöhten Meßpräzision sowie auch aus dem Einsatz spezifischer, bislang konfundierter Kennwerte eine Erweiterung bzw. Differenzierung des Gültigkeitsbereichs der Leistungsmotivation erwartet werden kann, so daß denn hier mit dem LM-GITTER ein für praktische ebenso wie theoretische Zwecke gleichermaßen geeignetes Instrument zur Messung des Leistungsmotivs zur Verfügung steht.

8. Die Entwicklung des Leistungsmotivs

von Clemens Trudewind
Ruhr-Universität Bochum

8.1. Einleitung

Die Entwicklung des Leistungsmotivs kann unter wenigstens zwei Frageperspektiven betrachtet werden. Die erste Betrachtungsweise richtet ihre Aufmerksamkeit auf den allgemeinen Entwicklungsverlauf in der Formierung des Leistungsmotivs, in der anderen Perspektive stehen die Bedingungen im Mittelpunkt des Interesses, die für die interindividuellen Unterschiede in der Motivausprägung verantwortlich sind. Betrachtet man das Insgesamt der auf der Personseite ablaufenden Prozesse bei der motivationalen Steuerung des Leistungsverhaltens als ein Selbstbekräftigungssystem (HECKHAUSEN, 1972b, 1974c; vgl. hier Kap. 6), so beinhaltet die Frage nach dem allgemeinen Verlauf der Entwicklung dieses Systems wiederum zwei Problemfelder. In dem einen wird das erste Auftreten leistungsmotivierten Verhaltens in der individuellen Entwicklung und die Stabilität und Veränderung des Leistungsmotivs über die Altersstufen hinweg untersucht. Das zweite Problemfeld beinhaltet die Genese der Subsysteme und -konstrukte, die das Leistungsmotivsystem konstituieren und ihre allmähliche Formierung und Integration im Verlauf des individuellen Entwicklungswandels.

Die Gliederung dieses Kapitels versucht die vorliegenden Befunde zur Genese des Leistungsmotivs unter diesen drei Problemperspektiven zu ordnen. Zunächst wird der allgemeine Entwicklungsverlauf des Leistungsmotivs dargestellt, dann wird die Genese einzelner Subsysteme oder -konstrukte erörtert, soweit darüber schon etwas bekannt ist, und schließlich werden aus der Fülle der Untersuchungen, die nach den Bedingungen individueller Differenzen in der Leistungsmotivausprägung fragen, einige exemplarisch herausgegriffen, deren Ergebnisse die Forschungsrichtung in der Vergangenheit weitgehend bestimmt haben. Auch wenn heute noch in weiten Bereichen große Unklarheit über die Bedingungen der Leistungsmotivgenese besteht, so verweisen diese Untersuchungen doch auf wichtige Umweltdimensionen, die mit der Entwicklung des Leistungsmotivs zusammenhängen.

8.2. Allgemeiner Entwicklungsverlauf

In der frühen Konzeption des Leistungsmotivs gehen McClelland, Atkinson, Clark & Lowell (1953) von einer Modellvorstellung aus, in der alle Motive gelernt sind (vgl. hier Kap. 1). Das Motiv wird dann geweckt, wenn Hinweisreize in einer Situation einen Wandel der Affektsituation anzeigen und damit den Affektwechsel vorwegnehmen (redintegrieren). Motive werden gelernt, indem zunehmend mehr Situationsreize mit Affektänderungen assoziiert werden. Lernvorgänge sind um so effektiver, d.h., die gebildeten Assoziationen sind um so löschungsresistenter, je früher in der individuellen Entwicklung diese Verknüpfungen vorkommen. Lernprozesse, die in einer Zeit stattfinden, in der das sprachliche Symbolsystem des Kindes noch nicht voll entwickelt ist, erfahren eine stärkere Generalisation, weil das Kind noch nicht in der Lage ist, die relevanten Reize eindeutig zu diskriminieren. Gleichzeitig werden intensivere affektive Zustandsänderungen mit den Reizen verknüpft, da die affektive Reaktionsbereitschaft in der frühen Kindheit größer ist als später (McClelland, 1958c, S. 441). Besonders wichtig sind die ganz frühen Sozialisationsprozesse für den Erwerb von Motiven, weil bei Kleinkindern eine weitgehende Steuerung der emotionalen Reaktionen durch die Eltern stattfindet, die demnach auch darüber entscheiden, welche Hinweisreize bzw. welche Situationen mit einem Affektwechsel verknüpft werden.

In dieser Konzeption beginnt die Entwicklung des Leistungsmotivs mit dem ersten Lebenstag und schreitet kontinuierlich fort, bis ein dichtes Netz von Assoziationen zwischen bestimmten Situationsreizen und den Erwartungen von Affektänderungen, die für Erfolg oder Mißerfolg spezifisch sind, hergestellt ist. Der Frage nach dem ersten Auftreten leistungsmotivierten Verhaltens geht McClelland nicht weiter nach, weil nach seiner Konzeption das Kind von Anfang an generalisierte Assoziationen bildet zwischen verschiedenartigen Verhaltensweisen und *möglichen* Belohnungen (McClelland, 1958c, S. 446). Diese generalisierten Assoziationen kann man als Erwartungen bezeichnen. Im Unterschied zur klassischen S-R-Theorie, nach der Leistungsverhalten nichts anderes darstellt als eine Gewohnheit, in spezifischen Situationen in spezifischer Weise zu reagieren (habit of achieving), um eine spezifische Belohnung zu erhalten, schreitet nach McClelland die Gewohnheitsbildung nicht unter dem Einfluß von Bekräftigungen von einer spezifischen Reiz-Reaktionsverknüpfung zu einer generalisierten Verhaltensbereitschaft voran, sondern die Unfähigkeit zur Differenzierung der situationsspezifischen Hinweisreize führt unmittelbar zu einer generalisierten Erwartung. Deshalb bedarf bei McClelland leistungs*motiviertes* Verhalten keiner Vorläufer.

Anders sieht dieses Problem jedoch aus, wenn man von der elaborierten Konzeption des Leistungsmotivs als einem Selbstbekräftigungssystem ausgeht, wie sie HECKHAUSEN (1972 b, 1974 c) vorgelegt hat. Als leistungsmotiviertes Verhalten bezeichnet HECKHAUSEN die Auseinandersetzung mit verbindlichen Gütenormen, nach denen das eigene Handlungsprodukt bewertet wird und auf deren Erreichung oder Verfehlung das Individuum mit Gefühlen des Stolzes oder der Beschämung reagiert. Das erste Auftreten leistungsmotivierten Verhaltens ist also an die Ausbildung und Integration von Teilprozessen geknüpft, die nicht kontinuierlich voranschreiten, sondern an die strukturierende Tätigkeit des heranwachsenden Kindes gebunden sind. Aus dieser Konzeption lassen sich die notwendigen Voraussetzungen für das erste Auftreten leistungsmotivierten Verhaltens ableiten:

1. das Kind muß in der Lage sein, aktiv auf die Dinge in der Umwelt einzuwirken und die Objekte selbst oder ihre Beziehungen untereinander zu verändern;
2. es muß eine sichere Unterscheidung zwischen sich selbst und den Objekten und Personen der Umwelt treffen können;
3. es muß wenigstens über das sensumotorische Schema der repräsentativen Kausalität verfügen (PIAGET, 1975 a), um Handlungseffekte auf das eigene Handeln zurückführen und die Verursachung durch eigenes Handeln von Ursachen, die außerhalb seiner selbst liegen, unterscheiden zu können.
4. es muß in der Lage sein, Unterschiede zwischen Handlungseffekten wahrzunehmen;
5. es muß unterschiedliche Handlungsausgänge auf eine Güteskala beziehen können;
6. es muß die beobachteten Gütegrade mit einer Vorstellung von der eigenen Tüchtigkeit und Kompetenz in Verbindung bringen (vgl. HECKHAUSEN, 1974 c; TRUDEWIND, 1975 a).

Die aufgezählten Punkte zeigen, daß diese Voraussetzungen beim einjährigen Kind kaum erfüllt sind. Andererseits zeigen Erstkläßler normalerweise andauerndes, zielgerichtetes Leistungsverhalten, auf dessen Ergebnisse sie mit nachhaltigen Erfolgs- und Mißerfolgserlebnissen reagieren. Das erste Auftreten leistungsmotivierten Verhaltens im oben beschriebenen Sinne ist also in der Zeitspanne zwischen 1. und 6. Lebensjahr zu suchen. Es kündigt sich in Vorformen an, in die Teilaspekte des Leistungsmotivsystems verwickelt sind.

8.2.1. Vorformen leistungsmotivierten Verhaltens

Bevor das Leistungsmotivsystem fest etabliert ist, zeigen Kleinkinder eine Reihe von Verhaltensphänomenen, die leistungsmotiviertem Verhalten täuschend ähnlich sehen und deshalb die Bestimmung des Zeitpunktes der

Motivbildung erschweren können. Dazu zwei Zufallsbeobachtungen, die ich bei der eigenen Tochter machen konnte.

Mit 17 Monaten entdeckt Mirjam eines Tages, wie sie den Schrank öffnen kann, in dem die Flaschen und Dosen mit Spül- und Putzmitteln aufbewahrt werden. Sofort beginnt sie, die Flaschen auszuräumen und auf dem Küchenboden aufzustellen. Danach nimmt sie die Flaschen einzeln oder zu zweit und trägt sie in einen Nachbarraum, wo sie sie auf einem Tischchen abstellt. Nachdem sie so ca. ein Dutzend Flaschen fortgetragen hat, bleiben noch 3 gleich aussehende flache Plastikflaschen von ca. 18 cm Höhe zurück. Diese 3 Flaschen versucht Mirjam nun gleichzeitig wegzutragen. Dabei nimmt sie in jeden Arm eine Flasche. Dann bückt sie sich erneut und greift nach der letzten Flasche, wobei die Flasche, die sie mit dem Arm festgehalten hat, wieder herunterfällt. Diesen Versuch macht sie mindestens sechs- bis siebenmal, bis sie ihre Methode ändert. Jetzt versucht sie, eine Flasche zwischen Kopf und Schulter einzuklemmen, um eine Hand frei zu halten. Auch diese Flasche fällt beim Bücken wieder herunter, worauf sie wieder von vorne beginnt. In dieser Weise wiederholt sie den Versuch sechsmal, wobei sie vor sich hin stöhnt, wie sie es seit einiger Zeit beim Treppensteigen zu tun pflegt. Dann ändert sie erneut ihr Vorgehen und versucht, zwei Flaschen mit einem Arm zu halten, was ihr auf Anhieb gelingt. Mit der freien Hand greift sie nach der dritten Flasche und richtet sich kerzengerade auf. In diesem Moment sieht sie, daß ich sie beobachte und strahlt mich an. Im Stechschritt marschiert sie in den Nebenraum, wo sie die Flaschen abstellt.

Dieses Verhalten zeigt äußerlich alle Merkmale einer leistungsmotivierten Handlung. Es liegt eine eindeutig zielgerichtete und ausdauernde Tätigkeit vor, deren Ergebnis von dem Kind nach Gütegraden (Gelingen oder Mißlingen) bewertet wird. Die Zielerreichung wird von einem positiven Affekt begleitet. Trotzdem ist es unwahrscheinlich, daß wir es hier schon mit einem voll ausgebildeten Leistungsmotiv zu tun haben. In diesem Alter ist bei Mirjam der Objektbegriff noch nicht konsolidiert. Sie beginnt gerade erst, sich selbst als permanentes Objekt in einer objektiven Welt zu begreifen. Damit wären fünf der sechs auf Seite 195 genannten Voraussetzungen für das erste Auftreten leistungsmotivierten Verhaltens erfüllt. Selbst wenn das Kind über die für Leistungsverhalten notwendigen universalen Funktionen und Fertigkeiten verfügt, bedarf es noch eines spezifischen Entwicklungsschrittes, um von leistungs*motiviertem* Verhalten zu sprechen. Es ist nämlich nicht anzunehmen, daß Mirjam schon eine Vorstellung von eigener Tüchtigkeit und Kompetenz besitzt, auf die sie den erreichten Gütegrad beziehen kann. Der beobachtete Affekt bezieht sich deshalb auch vermutlich nicht auf den Nachweis eigener Tüchtigkeit, sondern auf die Erreichung des Zieles, die Vollendung der Akkommodation. Unterstützt wird diese Vermutung durch eine Beobachtung, die ich am selben Nachmittag machen konnte:

Mirjam hat mehrmals hintereinander mit einiger Mühe einen harten Schwamm von ca. 6 x 10 x 16 cm Kantenlänge in einen Plastikbecher gesteckt und wieder herausgeholt, als ihr Blick zufällig auf eine offene Filmdose von ca. 3 cm Durchmesser fällt. Sofort versucht sie, den Schwamm auch in diese Dose zu stecken. Nach mehreren vergeblichen Versuchen, bei denen sie eindeutig Mißfallensäußerungen ausstößt, merkt sie, daß ich ihr zusehe. Ohne zu zögern, hält sie mir beide Gegenstände hin und fordert mich auf („Papa . . . rein"), den Schwamm in die Dose zu stecken. Als ich ihr zeige, daß der Schwamm für die Dose zu groß ist, quengelt sie noch etwas und wendet sich dann einer anderen Tätigkeit zu.

In diesem Beispiel wird deutlich, daß der Affekt nicht von einer wie immer gearteten Vorstellung von eigener Tüchtigkeit abhängt, sondern im Auftreten oder Ausbleiben des angestrebten Effektes zentriert ist, unabhängig davon, wessen Handlung für den Effekt bzw. das Ausbleiben des Effektes verantwortlich ist. Damit entfällt aber eine wesentliche Voraussetzung für leistungsmotiviertes Verhalten, nämlich die Rückbeziehung des Handlungsausgangs auf die eigene Tüchtigkeit, aus der die Verbindlichkeit von Handlungszielen und Gütegraden resultiert. Dennoch sind die beschriebenen Prozesse notwendige Durchgangsstadien bei der Formierung des Leistungsmotivs. PIAGET (1975 b) beschreibt ausführlich, wie während der sensumotorischen Phase jede gelungene Akkommodation mit einem positiven Affekt einhergeht. Mit dem Eintritt in das vierte Stadium der sensumotorischen Intelligenzentwicklung mit etwa 8–9 Monaten haben sich beim Kind Ziel und Mittelschemata so weit differenziert, daß das Interesse des Kindes auf das Ereignis in der Außenwelt gerichtet ist und nicht mehr in erster Linie auf das eigene Tun (PIAGET, 1975 b, S. 184). Im Verlauf dieses Stadiums entwickelt sich das kindliche Explorationsverhalten, das zu einer unaufhörlichen Auseinandersetzung des Kindes mit den Dingen in seiner Umwelt führt. Wenn im fünften Stadium, dem Stadium der tertiären Zirkulärreaktionen, das Kind damit beginnt, mit den Dingen zu experimentieren, um neue Effekte und Beziehungen zu entdecken, sind alle Voraussetzungen für eine ständige Ausweitung des Wissens über die Dinge gegeben. WHITE (1959, 1960) hat als Grundlage der ständigen Transaktion des Kindes mit seiner Umwelt ein eigenes Motiv konzipiert, das er Wirksamkeitsmotivation (effectance motivation) nennt. Das Ziel dieses Motivs ist die handelnde Auseinandersetzung, um die eigene Wirksamkeit zu erfahren (feeling of efficacy). Die Wirksamkeitsmotivation ist ein wichtiger Knotenpunkt in der Leistungsmotiventwicklung, sie ist aber nicht identisch mit dem Leistungsmotivsystem. Es fehlt noch die Rückbeziehung des Handlungseffekts auf die eigene Tüchtigkeit. Dazu ist ein weiterer kognitiver Entwicklungsschritt notwendig, der über eine Differenzierung des Schemas der eigenen Person zur Entwicklung eines Schemas der eigenen Tüchtigkeit führt. Ansätze dazu finden sich in Phänomenen des „Selber-machen-Wollens“, das bei Kindern vom Beginn des 2. Lebensjahres an beobachtbar ist (HECKHAUSEN & ROELOFSEN, 1962; FALES, zit. in LEWIN et al., 1944). Von diesem Alter an verlangen Kinder danach, gewisse Dinge selbst auszuführen (Essen, Anziehen) und lehnen Hilfe ab, auch wenn die Handlung mißlingt. Analog zu den von PIAGET (1975 b) beschriebenen tertiären Zirkulärreaktionen, mit denen die Kinder experimentieren, um etwas über die *Dinge* zu erfahren, könnte man vermuten, daß das „Selber-machen-Wollen“ dazu dient, etwas über sich *selbst* zu erfahren. Diese Tendenz spielt beim voll ausgebildeten Leistungsmotiv ebenfalls eine Rolle, worauf erstmals SCHNEIDER (1971a, S. 304 f.) aufmerksam machte (vgl. hier Kap. 5). Will man den Zeitpunkt des ersten leistungsmotivierten Verhaltens näher bestimmen, so muß man Kinder in dem kritischen Alter zwischen dem 2. und 6. Lebensjahr in eine Situation bringen, in der sie ihr Handlungsprodukt nach dem einfachsten Gütegrad bewerten können und in der mit Sicherheit zu entscheiden ist, ob beobachtete Affekte im Handlungsergebnis oder in der eigenen Person zentriert sind.

8.2.2. Erstes Auftreten eindeutig leistungsmotivierten Verhaltens

HECKHAUSEN & ROELOFSEN (1962) haben Kinder im Alter zwischen 1;11 und 6;10 Jahren in eine solche Situation gebracht. Es handelte sich um eine Wetteifer-Situation, in der das Kind einem erwachsenen Versuchsleiter (Vl) am Tisch gegenübersaß. Beide versuchten, so schnell wie möglich einen Turm zu bauen, indem Holzringe von 1 cm Dicke auf einem Pflock aufgetürmt werden. Ein Metallbügel sorgte dafür, daß die Ringe nur einzeln nacheinander auf den Pflock aufgesteckt werden konnten. Durch die Instruktion des Versuchsleiters („Jetzt bauen wir mal ganz schnell einen Turm. Wer wohl zuerst fertig ist, du oder ich?“) wird ein relativ einfacher Gütemaßstab eingeführt. Das Kind baut einen Turm bis zur Spitze des Pflocks (bis alle Ringe verbaut sind) und muß dann bewerten, ob der Vl schon fertig ist oder noch nicht. 12 der 18 Kinder unter 3;2 Jahren sind nicht in der Lage, diesen Vergleich durchzuführen bzw. aus diesem Vergleich Rückschlüsse auf die Güte des eigenen Werkes oder der eigenen Handlung zu ziehen, wie die Autoren aus Verhaltens- und Ausdrucksbeobachtungen, die mit aussagekräftigen Fotos belegt sind, schließen. Wenn die Kinder aber mit spätestens 3;6 Jahren in der Lage sind, aus der Vergleichsoperation des „früher“ oder „später“ Fertigwerdens eine Bewertung der Güte der eigenen Handlung abzuleiten, erhält dieser Gütemaßstab einen Verbindlichkeitsanspruch, dem die Vpn durch Übernahme der Wetteiferinstruktion und zielgerichteter Anstrengung nachzukommen versuchen. Die affektiven Reaktionen auf Erreichen oder Verfehlen des angestrebten

Gütegrades lassen sich eindeutig als Erfolgsfreude oder Mißerfolgsbeschämung identifizieren, die ohne Zweifel auf die eigene Person bezogen sind. Nach Erfolg richtet sich das Kind auf, wirft die Arme hoch und schaut triumphierend um sich. Nach Mißerfolg sinkt es in sich zusammen, senkt verlegen den Blick und neigt den Kopf.

In der Untersuchung von HECKHAUSEN & ROELOFSEN (1962) liegt der kognitive Entwicklungsfortschritt, der leistungsmotiviertes Verhalten ermöglicht, in der Verknüpfung (Assimilation) der objektiven Zeitdimension mit der subjektiven Gütedimension, auf der die eigene Tüchtigkeit abgetragen wird. Dieser Fortschritt fällt zusammen mit einer Veränderung der sozialen Beziehungsstruktur, was in der Bereitschaft zum Wetteifer zum Ausdruck kommt. Die Anwesenheit des Partners bzw. dessen Tätigkeit wird von Bedeutung für die eigene Tätigkeit. Daß diesem Entwicklungswandel ein Fortschritt in der *kognitiven* Entwicklung zugrunde liegt, läßt sich aus einer Untersuchung von HECKHAUSEN & WASNA (1965) ableiten. In dieser Arbeit wurde derselbe Versuch mit schwachsinnigen Kindern zwischen 6 und 15 Jahren durchgeführt. Die Autoren fanden bei diesen Kindern die gleichen Verhaltens- und Ausdrucksphänomene wie bei den Kindern aus der Untersuchung von HECKHAUSEN & ROELOFSEN (1962), nur traten diese Phänomene auf völlig unterschiedlichen Altersstufen auf. Bezieht man jedoch die beobachteten Phänomene auf das Intelligenzalter der Kinder, so zeigt sich eine weitgehende Übereinstimmung mit den Altersangaben der normalen Kinder aus der Untersuchung von HECKHAUSEN & ROELOFSEN (1962). Schwachsinnige Kinder mit einem Intelligenzalter von 3;6 Jahren oder darüber sind in der Lage, dieses Zeitkriterium als Gütekriterium für eigene Tüchtigkeit aufzufassen. Sie wetteifern wie normale Kinder und zeigen den charakteristischen Erfolgs- und Mißerfolgsausdruck. Auch der entwicklungstypische Wandel im Auftreten und in der Bewältigung von leistungsthematischen Konflikten sowie die zunehmend realistischere Vorhersage des eigenen Erfolges entsprechen in etwa den Verhältnissen bei normalen Kindern, wenn man das Intelligenzalter zum Vergleich heranzieht. Nur beim Wetteifern zeigen die imbezillen Kinder eine größere Ausdauer.

8.2.3. Stabilität des Leistungsmotivs

In der Untersuchung von HECKHAUSEN & ROELOFSEN (1962) war das jüngste Kind der Stichprobe, das schon Wetteiferverhalten zeigte, erst 2;3 Jahre alt, dagegen war das älteste Kind, das noch nicht wetteiferte, schon 3;1 Jahre alt. Es zeigen sich also – wie nicht anders zu erwarten ist – schon im Zeitpunkt des ersten Auftretens leistungsmotivierten Verhaltens erhebliche interindividuelle Unterschiede. Wie HECKHAUSEN & WAGNER (1965) in einer Untersuchung zur Entwicklung der Anspruchsniveau-Setzung beobachten konnten, bevorzugen Kinder von etwa 4;6 Jahren an relativ konsistent eine bestimmte Wahlstrategie bei der Festsetzung ihres persönlichen Anspruchsniveaus. Die Autoren ließen die Kinder z. B. aus einer Reihe von anschaulich verschieden schweren Gewichten wählen, welches sie an einer Schnur hochziehen wollten. Manche Kinder wählten Aufgaben, die im Grenzbereich ihrer Fähigkeiten lagen, andere gingen möglichen Mißerfolgen aus dem Weg, indem sie leichtere Aufgaben wählten. HECKHAUSEN & WAGNER (1965) sehen hierin die ersten Ansätze für die Entwicklung eines mehr erfolgsorientierten oder eines mißerfolgsmeidenden Leistungsmotivs.

Obwohl die Verhaltensbeobachtungen von HECKHAUSEN & ROELOFSEN (1962) und von HECKHAUSEN & WAGNER (1965) relativ konsistente individuelle Unterschiede erkennen lassen, ist es bis heute nicht gelungen, die individuelle Konstanz des Leistungsmotivs über eine bestimmte Lebensspanne hinweg überzeugend nachzuweisen. Dieses Problem tauchte schon bei dem Versuch auf, die Reliabilität des Thematischen Auffassungs Tests (TAT) zur Messung der Persönlichkeitsdisposition Leistungsmotiv zu bestimmen. SKOLNICK (1966 a) korrelierte die inhaltsanalytisch ermittelten Punktwerte von TAT-Geschichten, die von denselben Versuchspersonen beim ersten Mal im Alter von 17–18 Jahren, beim zweiten Mal im Alter von 37–38 Jahren aufgenommen worden waren (Oakland Growth Study). Sie fand eine schwach signifikante Korrelation von $r = .24$ ($n = 49$) bei den weiblichen Vpn, aber keine Korrelation bei den Männern. Diese Fehlschläge sind sicherlich z. T. auf die ungeeignete Erhebungsmethode zurückzuführen, zum anderen wird in ihnen das Problem der Reliabilitätsschätzung bei projektiven Verfahren deutlich (vgl. Kap. 7). Darum liefert unter Umständen eine andere Korrelation aus derselben Längsschnittstudie, die SKOLNICK (1966 b) berichtet, zuverlässigere Informationen über die Stabilität des Leistungsmotivs. Die Autorin korrelierte die Einschätzung der Arbeitshaltung (work adjustment) der 17–18jährigen durch versierte Beurteiler mit den TAT-Kennwerten, die von denselben Vpn 20 Jahre später erhoben wurden. Hochsignifikante Korrelationen von $r = .51$ ($n = 47$) bei den Frauen und $r = .42$ ($n = 44$) bei den Männern zeigen eine gewisse Konsistenz von Leistungsverhalten und Leistungsmotiv über eine Periode von 20 Jahren.

MOSS & KAGAN (1961) konnten für 71 Vpn der Fels Research Institute longitudinal population einen Stabilitätskoeffizienten von $c = .31$ ($p < .02$) für zwei TAT-Messungen im Alter von durchschnittlich 14;6 und 25 Jahren sichern. Auch zwischen den Messungen des Leistungsmotivs im Alter von 9, 11;6 und 14;6 Jahren bestanden signifikante bzw. sehr signifikante Korrelationen von relativ geringer Höhe (KAGAN & MOSS, 1959). Darüber hinaus konnten die Autoren signifikante Zusammenhänge zwischen den Leistungsmotiv-Kennwerten Heranwachsender und ihrer Wertschätzung intellektueller Tüchtigkeit im Erwachsenenalter nachweisen (KAGAN & MOSS, 1962).

Die genannten Untersuchungen liefern Hinweise darauf, daß frühestens im Alter zwischen 9 und 14 Jahren eine überzufällige, allerdings numerisch nur geringfügige Konstanz in der Stärke des Leistungsmotivs besteht. Wenn auch die frühe Kindheit von großer Bedeutung für die Ausprägung der Stärke und der Richtung des Leistungsmotivs sein mag, wie MCCLELLAND (1958) glaubt, so muß man auch den Erfahrungen in der Schulzeit und im Jugendalter sowie den ersten Berufserfahrungen eine prägende Kraft zuerkennen. Einen Wandel in der Stärke des Leistungsmotivs auf den verschiedenen Stufen des Erwachsenenalters haben VEROFF et al. (1960) aufzuspüren versucht. In einer Repräsentativuntersuchung der erwachsenen Bevölkerung der USA haben sie die Stärke des Leistungsmotivs in den verschiedenen Altersgruppen durch Anwendung des TATs ermittelt. Sie fanden bei den Männern über 54 Jahren ein deutlich geringeres Leistungsmotiv, während bei den Frauen erst die Gruppe der 65jährigen und darüber geringere Leistungsmotivkennwerte aufwiesen. Das höchste Leistungsmotiv hatte bei den Männern die Gruppe der 21- bis 24jährigen, bei den Frauen die Gruppe der 55- bis 64jährigen. Ob diese Unterschiede tatsächlich auf einen Alterseffekt hindeuten, wie die Autoren meinen, oder ob sich dahinter Unterschiede in den Sozialisationserfahrungen der verschiedenen Altersgruppen verbergen, kann anhand dieser Untersuchung nicht entschieden werden (vgl. BALTES, 1968; BALTES & NESSELROADE, 1970; WOHLWILL, 1973).

Eine Veränderung der Stärke und Richtung des Leistungsmotivs auf verschiedenen Lebensaltersstufen wäre allerdings nicht überraschend. Mit dem Eintritt in neue Lebensbereiche strukturieren sich gewöhnlich auch die Person-Umwelt-Bezüge neu, Bezugsnormen und Normwertverankerungen können sich ändern, die Zeitperspektive kann schrumpfen oder sich ausdehnen und vieles andere mehr. In vielen Fällen ist es gelungen, die Leistungsmotivation gezielt zu verändern, indem Subprozesse des Motivsystems beeinflußt wurden (z.B. MCCLELLAND & WINTER, 1969; vgl. hier Kap. 9).

Nach dem ersten Auftreten leistungsmotivierten Verhaltens bei etwa Dreijährigen und der Entwicklung interindividueller Unterschiede in der Anspruchsniveausetzung und in der Bewältigung leistungsthematischer Konflikte bei etwa 4½jährigen folgt eine Phase, in der wichtige Strukturierungen des Motivsystems stattfinden. Im Alter von etwa 10 Jahren hat sich das Leistungsmotiv so weit stabilisiert, daß statistisch gesicherte Vorhersagen der Leistungsmotivation und des Leistungsverhaltens im Erwachsenenalter möglich sind. Mit den Entwicklungsprozessen, die von der ersten leistungsthematischen Person-Umwelt-Strukturierung in der Wetteifersituation zu einem voll funktionsfähigen und differenzierten Selbstbekräftigungssystem führen, beschäftigt sich der nächste Abschnitt.

8.3. Die Entfaltung des Motivsystems

In den Arbeiten von Heckhausen & Roelofsen (1962) und Heckhausen & Wagner (1965) haben wir zwei verschiedene Arten kennengelernt, nach der die Güte der eigenen Leistung bewertet wurde. In dem Wetteifer-Experiment ergibt sich die Leistungsgüte durch den Vergleich mit der Leistung des Gegenspielers auf der Zeitdimension. Immer wenn zur Bewertung der Güte der eigenen Leistung oder fremder Leistungen ein Vergleich zwischen den Handlungsausgängen verschiedener Personen angestellt wird, liegt ein sozial verankerter Gütestandard vor. Das ist auch der Fall, wenn die Leistung einer Person danach bewertet wird, welchen Rangplatz sie innerhalb der Leistungsverteilung einer Vergleichsgruppe einnimmt. In dem Anspruchsniveau-Experiment von Heckhausen & Wagner (1965) kann die Bewertung der Güte der Leistung einerseits vorgenommen werden anhand eines aufgabeninhärenten Kriteriums (nämlich der anschaulichen Schwere der Gewichte), andererseits nach einem sozial verankerten Gütestandard, da die Gewichte eingeführt werden, mit einem Bezug darauf, daß dieses Gewicht „nur ganz wenige“ Kinder bzw. „fast alle“ Kinder hochziehen können (vgl. Heckhausen, 1974 c). In der Analyse der Wahlsequenzen können die Autoren aber zeigen, daß die Kinder bei der Anspruchsniveausetzung ihre eigenen vorhergehenden Leistungen berücksichtigen. Der Gütestandard ist also verankert in vorausgehenden eigenen Leistungen in dem entsprechenden Tätigkeitsfeld. Da viele Tätigkeiten sowohl nach einem sozial verankerten Gütemaßstab als auch nach individualbezogenen Gütekriterien bewertet werden können, ergibt sich die Frage, ob eines der Bezugssysteme genetisch früher ausgebildet ist und ob sich ein alterstypischer Wandel in der Bevorzugung der verschiedenen Verankerungen des Gütemaßstabes feststellen läßt. Das erste Problem ist bis heute ungelöst. Zum Problem des altertypischen Wandels der Verankerung des Gütemaßstabes gibt es eine ausführliche Studie von Veroff (1969).

8.3.1. Die Verankerung von Gütemaßstäben

VEROFF (1969) benutzte zwei Tests, mit Hilfe derer er entscheiden kann, ob die Vpn eher einen sozial oder einen individuell verankerten Gütemaßstab an ihre Leistungen anlegen. Er verwandte dazu vier Aufgabentypen, die unterschiedliche Anforderungen stellten (Gedächtnis, motorische Koordination, Abzeichnen). Der Test, mit dem die individuelle oder – wie VEROFF sagt – autonome Verankerung des Gütemaßstabes erfaßt werden sollte, bestand aus je 6 Aufgaben zu den 4 Aufgabentypen. Die Vpn mußten die 6 Aufgaben mit ansteigendem Schwierigkeitsgrad ausführen, wobei dafür gesorgt wurde, daß sie die letzten beiden Aufgaben nicht mehr bewältigten. Danach durften sie eine Aufgabe wählen, die sie noch einmal bearbeiten konnten. Wählte die Vp die 4. oder 5. Aufgabe (die Aufgabe, die sie gerade noch oder gerade nicht mehr lösen konnte), so war dies für den Autor ein Hinweis auf das Vorhandensein eines autonomen Gütemaßstabes. Der Autor unterstellte, daß eine leistungsmotivgesteuerte Wahl zu einer Bearbeitung der Aufgabe mit „mittlerem" Schwierigkeitsgrad führt. Der „mittlere" Schwierigkeitsgrad der 4. und 5. Aufgabe ergab sich aus dem Vergleich mit der vorhergehenden eigenen Leistung. In dem zweiten Test wurden den Kindern ohne vorherige Bearbeitung in einem Umschlag drei Aufgaben angeboten, die lediglich dadurch charakterisiert wurden, daß 1. die meisten gleichaltrigen Kinder die Aufgabe konnten; 2. manche Kinder sie konnten, andere sie nicht konnten; 3. die meisten Kinder sie nicht konnten. Von diesen Aufgaben hatte das Kind eine zur Bearbeitung zu wählen. Nahm es die mittlere Aufgabe, so folgerte VEROFF, daß das Kind den sozialen Vergleichsmaßstab heranzog, um die Aufgabe mit „mittlerem Schwierigkeitsgrad" (die manche Kinder schaffen, andere nicht) zu identifizieren. Er setzt dabei voraus, daß *alle* Kinder in diesem Alter für die Bearbeitung von Aufgaben „mittlere Schwierigkeitsgrade" bevorzugen und Motivunterschiede lediglich darin bestehen, nach welchen Kriterien die Versuchspersonen „mittlere" Schwierigkeitsgrade identifizieren. Aus den theoretischen Überlegungen und den Ergebnissen seiner Studie leitet VEROFF ab, daß nur wenige Kinder im Vorschulalter den sozialen Vergleich als Gütestandard benutzen, die Mehrheit hingegen den individuell verankerten autonomen Gütemaßstab bevorzugt. Mit Eintritt in die Schule gewinnt der soziale Vergleich zunehmend an Bedeutung, so daß er bei den 8–9jährigen dominiert. Danach setzt eine Integration ein, die dazu führt, daß bei einem ausgereiften und integrierten Leistungsmotiv das Subjekt sich je nach Informationslage des autonomen oder des sozialen Gütemaßstabes bedienen kann. VEROFF (1969) geht in der Interpretation seiner Daten aber noch einen Schritt weiter und unterscheidet nicht nur eine unterschiedliche Verankerung der Gütemaßstäbe, sondern konzipiert für die jeweils vorherrschende Bezugsnormorientierung ein eigenes Motiv, das er als autonomes, soziales und integriertes Leistungsmotiv bezeichnet.

8.3.2. Entwicklung der Attribuierungsschemata

Die von VEROFF (1969) untersuchten fünfjährigen Kindergartenkinder zeigten nur geringe Neigung, bei der Wahl ihres Anspruchsniveaus Normwerte der Altersgruppe zu berücksichtigen. HECKHAUSEN & ROELOFSEN (1962) fanden aber schon bei ihren 3;6 Jahre alten Vpn die Fähigkeit und Bereitschaft zum sozialen Vergleich, wenn die Leistungen des relevanten Anderen beobachtbar waren. Die Einführung der anonymen Altersgruppe als Bezugsbasis impliziert, daß die Vpn die Leistungen von älteren Kindern als *irrelevant* ansehen. Das ist nur der Fall, wenn man unterstellt, daß für diese Kinder eine Äquivalenz zwischen dem Alter und der Tüchtigkeit besteht, so daß in den Leistungen älterer Kinder der eigene Gütemaßstab nicht verankert werden kann, weil deren Tüchtigkeit auf einem völlig anderen Niveau angesiedelt wird. Unterschiedliche Tüchtigkeitsgrade sind ebenso wie Anstrengung, Aufgabenschwierigkeit und Zufall Attribuierungselemente, mit denen ein Handlungsausgang, ein Erfolg oder Mißerfolg kausal erklärt wird. Von welchem Alter an sich bei Kindern aber überhaupt kausale Erklärungsschemata herausbilden, welche Schemata die lebensgeschichtlich früheren sind und ob ein alterstypischer Wandel in der Bevorzugung bestimmter Attribuierungsmuster stattfindet, darüber weiß man bis heute recht wenig.

KUHL (1975) hat 3;11 bis 7;0 Jahre alten Jungen Bildergeschichten über Leistungen beim Tauziehen und Koffertragen erzählt und von ihnen Ursachenzuschreibungen für die Geschichtenausgänge erfragt. Dabei zeigte sich, daß bei einer freien Attribuierung, bei der den Kindern kein Hinweis auf ein kausales Schema gegeben wurde, nur 32 Prozent der 4–5jährigen aber 83 bzw. 94 Prozent der 5–6- bzw. 6–7jährigen ein Fähigkeitskonzept verwendeten. Nur 2 Vpn nannten als Alternative auch die Anstrengung. Ähnliche Unterschiede finden sich auch, wenn durch die Bildervorlage eine Attribuierung auf Kraft oder Alter nahegelegt wurde. In einer Geschichte, in der eine Anstrengungsattribuierung naheliegend erschien, benutzten 25 Prozent der unteren und 55 bzw. 58 Prozent der beiden oberen Altersgruppen dieses Konzept. Außerdem zeigte sich in dieser Arbeit, daß der Gebrauch des Anstrengungskonzeptes die Verfügbarkeit über das Fähigkeitskonzept voraussetzt. Ob mit dieser Untersuchung aber die genetische Priorität des Fähigkeitsschemas vor dem Anstrengungsschema erwiesen ist, muß offenbleiben, da auf den Bildern nur Hinweise auf Variationen der

Kraft und Größe (Fähigkeit) aber nicht der Anstrengung gegeben wurden. Nach der Rolle der Anstrengung wurde vielmehr direkt gefragt.

Den Entwicklungswandel in der Integration von Fähigkeits- und Anstrengungsinformationen bei der *Vorhersage* von Leistungsergebnissen haben KUN, PARSONS & RUBLE (1974) untersucht. Sie ließen Kinder im Alter von 6–11 Jahren schätzen, wieviel von sieben Puzzles ein Kind lösen könnte, von dem die Vp nur Informationen über seine Fähigkeit für diese Art von Aufgaben und seine Anstrengung bei dieser Aufgabe erhielt. Fähigkeit und Anstrengung wurden auf je 3 Stufen variiert, so daß alle Vpn bei je 9 Geschichten das Ergebnis vorhersagen mußten. Ein Teil der Befunde ist in Abbildung 8.1 wiedergegeben.

Die Abbildung zeigt, daß auf allen vier Altersstufen sowohl der Anstrengung als auch der Fähigkeit zum Puzzeln für die Vorhersage des Ergebnisses ein größeres Gewicht beigemessen wird. Dabei scheint sich mit zunehmendem Alter unter den Vpn ein größerer Konsensus in der Beurteilung einzustellen, so daß bei der Gruppe der Erwachsenen die Mittelwerte für die Extrembedingungen (geringe Fähigkeit und geringe Anstrengung vs. hohe Fähigkeit und große Anstrengung) auch auf den Extrempunkten der Vorhersagedimension (0 vs. 7 Puzzles) lagen. Ob sich darin eine altersspezifisch unterschiedliche Art der Informationsverarbeitung ausdrückt, wie die Autoren meinen, oder lediglich eine größere Sicherheit und Übereinstimmung in der Konstruktion der Bezugssysteme, läßt sich anhand dieses Experimentes mit Meßwiederholungen nicht entscheiden. Die Autoren konnten nämlich auch zeigen, daß die Ergebniserwartung schon davon beeinflußt wurde, ob zuerst die Fähigkeits- oder die Anstrengungsinformation gegeben wurde. Es bleibt aus der Untersuchung jedoch festzuhalten, daß schon Kinder im Kindergartenalter bei der *Vorhersage* von Leistungsergebnissen sowohl Fähigkeits- als auch Anstrengungsinformationen berücksichtigen.

Für die Entstehung von Selbstbekräftigungen und damit für die Selbststeuerung des Leistungsverhaltens ist es ausschlaggebend, ab wann und in welchen Anteilsverhältnissen Kinder Begabung (Fähigkeit) und Anstrengung bei der Bewertung einer Leistung berücksichtigen. WEINER & PETER (1973) sind der Frage nachgegangen, wie diese beiden Faktoren die Bewertung einer fremden Leistung auf den verschiedenen Altersstufen determinieren. Dazu erzählten sie ihren 300 Versuchspersonen im Alter zwischen 4 und 18 Jahren Geschichten über das Lösen von Puzzle-Spielen. In den Geschichten wurden die Fähigkeit und Anstrengung des Spielers jeweils auf zwei Stufen variiert (hoch vs. niedrig). Jede der vier Kombinationen wurde mit einem Erfolgs- und einem Mißerfolgsausgang verbunden, so daß insgesamt 8 unterschiedliche Geschichten entstanden. Die Vpn hatten jeden fiktiven Spieler in den 8 Geschichten zu bewerten, indem sie unterschiedlich

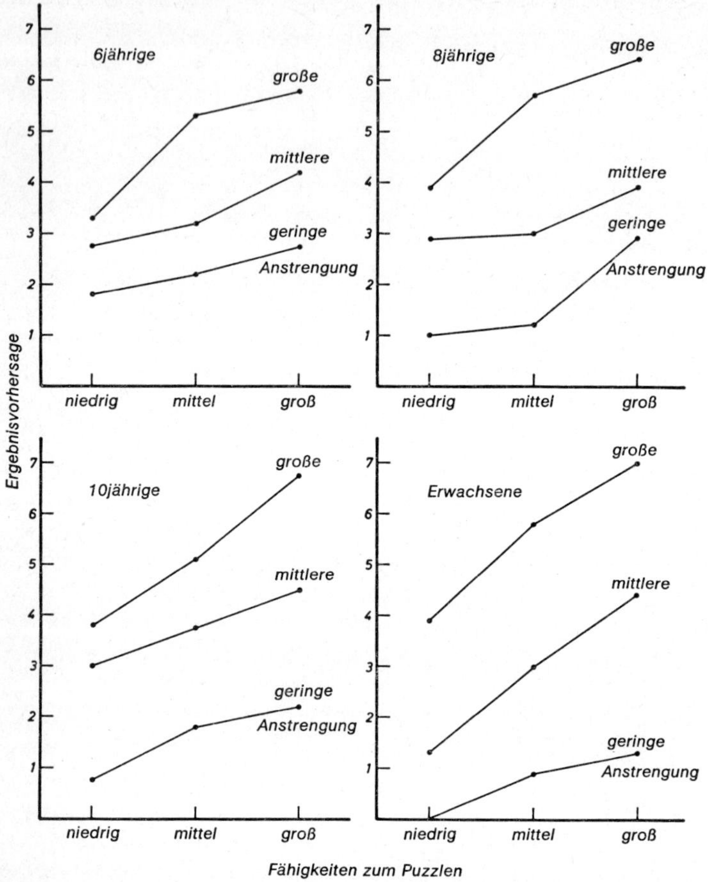

Abbildung 8.1
Leistungsvorhersage auf den verschiedenen Altersstufen in Abhängigkeit von Anstrengungs- und Fähigkeitsinformationen (nach Kun, Parsons & Ruble, 1974, S. 724).

viele goldene (Lob) oder rote (Tadel) Karten verteilten. Von den zahlreichen und komplexen Ergebnissen seien hier nur die herausgegriffen, die sich auf die Bedeutung von Anstrengung, Fähigkeit und Ergebnis im Entwicklungswandel beziehen. Die Bedeutung der Anstrengung nimmt von der Gruppe der 4–6jährigen bis zur Gruppe der 7–9jährigen rapide zu, steigt dann bei den 10–12jährigen noch etwas an und fällt bis zu den 16–18jährigen wieder leicht ab. Fähigkeitsunterschiede spielen auf allen

Altersstufen für die Bewertung keine Rolle. Bei den 4–6jährigen findet sich aber eine eindeutige Ausrichtung der Bewertung nach dem Ausgang (Erfolg oder Mißerfolg), Anstrengung wird nur ganz wenig berücksichtigt. Aber schon bei den 7jährigen überwiegt in der Bewertung die Anstrengung, obwohl der Handlungsausgang für alle Altersgruppen von Bedeutung bleibt (vgl. auch HECKHAUSEN, 1974 c). Danach bleibt also bis zum Alter von ca. 7 Jahren der eigentliche motivationale Prozeß, nämlich die Anstrengung, ohne nennenswerten Einfluß auf die Fremdbewertung von Leistungen. Ob in der Selbstbewertung eigener Leistungen und den damit verbundenen Affekten die Anstrengung schon auf niedrigeren Altersstufen berücksichtigt wird, ist bis heute ungeklärt.

Sowohl die Entstehung von Bezugsnormen und die unterschiedliche Verankerung der Gütestandards als auch die Herausbildung von kausalen Erklärungsschemata und die Etablierung von leistungsrelevanten Selbstkonzepten sind bezüglich ihres ersten Auftretens als auch im Hinblick auf ihre entwicklungsabhängige Verflechtung und Integration noch wenig erforscht. Darum fällt auch die kausale Erklärung der Entstehung von individuellen Motivunterschieden so schwer, selbst wenn in verschiedenen Untersuchungen die gleichen Kovariationen zwischen Motivkennwerten und Merkmalen in der kindlichen Umwelt der Versuchspersonen gefunden wurden.

8.4. Die Entstehung individueller Unterschiede in der Stärke und der bevorzugten Richtung des Leistungsmotivs

Als die Gruppe um MCCLELLAND um 1950 mit der Erforschung des Leistungsmotivs begann, bestand eine ihrer ersten Aufgaben darin, ein Verfahren zu entwickeln, mit dem man Unterschiede in der Motivausprägung zwischen Personen messen kann (vgl. hier Kap. 1). Motivunterschiede können sich nach der von MCCLELLAND et al. (1953) entwickelten Auffassung von der Leistungsmotivation darin zeigen, (1) wie viele Person-Umwelt-Bezüge die Erwartung eines leistungsthematischen Affektes anregen; (2) wie hoch die Gütestandards sind, die jemand an seine Leistungen anlegt; (3) welchen Verbindlichkeitsgrad dieser Gütestandard besitzt und (4) ob Leistungssituationen in der Regel eher Erfolgs- oder Mißerfolgserwartungen hervorrufen. MCCLELLAND et al. (1953) folgern daraus, daß für Motivunterschiede (a) die Häufigkeit und Frühzeitigkeit von Leistungsanforderungen, (b) die Höhe elterlicher Leistungsanforderungen, (c) die Häufigkeit und Stärke der Sanktionen für Erfolg und Mißerfolg und (d) die Ausstattung der kindlichen Sachumwelt, an denen das Kind seine Tüchtigkeit erproben kann, verantwortlich sind (vgl. TRUDEWIND, 1975 a). Nach verschiedenen Hinweisen in kulturvergleichenden Studien (CHILD et al., 1958; McCLELLAND & FRIEDMAN, 1952) gelang Marian WINTERBOTTOM (1958) mit der Erfassung der Frühzeitigkeit der Selbständigkeitserziehung die Isolierung einer Variablen, die mit der Stärke des Leistungsmotivs statistisch bedeutsam kovariierte.

8.4.1. Die Rolle der Selbständigkeitserziehung

WINTERBOTTOM (1958) untersuchte 29 achtjährige Jungen und deren Mütter, die in einer amerikanischen Kleinstadt des Mittelwestens lebten. Die Jungen besuchten alle die gleiche Schulklasse und kamen aus Mittelschicht-Familien. Die Autorin ließ die Mütter aus einer Liste von 20 Anforderungen an die kindliche Selbständigkeit und Tüchtigkeit die Ziele heraussuchen, die sie sich zu eigen machten, und ließ die Mütter angeben, in welchem Alter die Kinder diesen Erwartungen gerecht werden sollten. Außerdem fragte sie die Mütter danach, was sie tun, wenn das Kind ihre Erwartungen erfüllt bzw. nicht erfüllt. Ferner ließ sie die Mütter urteilen, ob ihre Söhne den einzelnen Forderungen mehr, weniger oder in gleichem Maße gerecht wurden wie die Alterskameraden. Die Jungen teilte die Autorin nach dem TAT-Maß ein in hoch und niedrig leistungsmotivierte Versuchspersonen. Darauf prüfte sie, ob und wie sich die Angabe der Mütter dieser beiden Gruppen von Jungen unterschieden.
Die wichtigsten Ergebnisse der Untersuchung lassen sich folgendermaßen zusammenfassen:

1. Es fanden sich keine Unterschiede zwischen den beiden Gruppen in der Anzahl der Leistungsziele, die sich die Mütter zu eigen machten. Das lag daran, daß alle Mütter sämtliche Forderungen auf der Liste übernahmen.
2. Die Mütter der hochmotivierten Jungen stellten die Forderungen an die kindliche Selbständigkeit und Tüchtigkeit aber zu einem früheren Zeitpunkt als die Mütter der niedrigmotivierten Jungen.
3. Die Mütter der hochmotivierten Jungen zeigten eine größere Neigung, ihre Söhne zu liebkosen und zu küssen, wenn sie ihren Leistungsanforderungen entsprachen.
4. In der Bereitschaft, die Kinder zu bestrafen, wenn sie die Erwartungen nicht erfüllten, zeigten sich keine Unterschiede zwischen den beiden Gruppen.
5. Mehr Mütter der hoch leistungsmotivierten Söhne glaubten daran, daß diese den angesprochenen Selbständigkeits- und Tüchtigkeitsforderungen besser gerecht werden als die Alterskameraden.
6. Die Mütter der hoch leistungsmotivierten Söhne stellten jedoch nicht *alle* 20 Forderungen früher als die Mütter niedrig leistungsmotivierter Jungen. Vielmehr zeigten sich bei den Anforderungen, deren frühe Beherrschung durch das Kind gleichzeitig für die Mutter eine Entlastung in ihren täglichen Pflichten bedeutete (caretaking items), keine signifikanten Unterschiede zwischen den

beiden Gruppen. Frühe Selbständigkeitserziehung geht nach diesen Ergebnissen nur bei solchen Forderungen mit hoher Leistungsmotivation einher, die sich auf die kindliche Autonomie und Entscheidungsfreiheit beziehen.

8.4.1.1. Lerntheoretische Erklärung der Wirkung früher Selbständigkeitserziehung

Die Interpretation der Ergebnisse aus der Studie von WINTERBOTTOM (1958) durch die Autorin steht im Einklang mit den Auffassungen, wie sie von McCLELLAND et al. (1953) und McCLELLAND (1958 c) vertreten werden. Danach sind frühe Forderungen an die kindliche Leistungstüchtigkeit deshalb von so nachhaltigem Einfluß auf die Motivgenese, weil im frühen Alter die affektiven Reaktionen auf Erfolg und Mißerfolg besonders intensiv sind. Außerdem können die jüngeren Kinder aufgrund ihrer ungenügend ausgebildeten Fähigkeit zur symbolischen Repräsentation die spezifischen Merkmale der Situation nicht genügend deutlich unterscheiden, so daß in Zukunft eine große Anzahl ähnlicher Situationen die Erwartung des positiven Affektes wieder beleben können. Daß die Mütter hochmotivierter Söhne sich emotional intensiverer Belohnungen bedienen, entspricht den lerntheoretisch begründeten Vorhersagen, da die Kinder mit diesen Erfahrungen einen intensiveren Affekt auf vollbrachte Leistungen erwarten. Unklar ist die Rolle der Bestrafung bei Verfehlung der Leistungsanforderung. Nach McCLELLAND et al. (1953) sollte die Erwartung eines negativen Affektes bei der Verfehlung des Leistungsziels ebenfalls zu einer Erhöhung des Leistungsmotivs führen. Die Mütter der Hochmotivierten verhalten sich aber in dieser Hinsicht nicht anders als die übrigen Mütter. Wenn man unterstellt, daß die Frühzeitigkeit, mit der Mütter Forderungen an die Selbständigkeit und Tüchtigkeit ihrer Kinder stellen, auch gleichzeitig etwas darüber aussagt, wie hoch die Anforderungen sind, die Mütter ihren Söhnen abverlangen, kann man aus der Frühzeitigkeit der Selbständigkeitserziehung auf die Höhe der elterlichen Gütenormen rückschließen. Darum sehen sich McCLELLAND et al. (1953) auch durch die Befunde WINTERBOTTOMS in ihrer Auffassung bestätigt, daß individuelle Unterschiede in der Stärke des Leistungsmotivs zurückzuführen sind auf

(a) Unterschiede in der Frühzeitigkeit von Leistungsanforderungen,
(b) Unterschiede in der Höhe der Leistungsanforderungen, die Eltern an ihre Kinder stellen,
(c) Unterschiede in der Anzahl der Leistungsanforderungen in der Kindheit,
(d) Unterschiede in der Stärke der Sanktionen, die auf Erreichen oder Verfehlen eines Leistungsziels folgen.

Der Befund WINTERBOTTOMS, daß die Mütter der hoch leistungsmotivierten Jungen ihre Söhne in den angesprochenen Selbständigkeits- und Tüchtigkeitsbereichen für kompetenter hielten als ihre Alterskameraden, obwohl die Lehrer in der Beurteilung der Tüchtigkeit zwischen den beiden Gruppen keinen Unterschied machten, wird weder von der Autorin noch von McClelland et al. (1953) weiter erörtert. Dieses Ergebnis hätte aber Anlaß geben können, auch andere Erklärungsansätze für die Wirkung der Frühzeitigkeit der Selbständigkeitserziehung auf die Leistungsmotivgenese zu erörtern, die erst sehr viel später in der Leistungsmotivationsforschung diskutiert wurden.

8.4.1.2. Attributionstheoretische Erklärung der Wirkung früher Selbständigkeitserziehung

Notwendig wurde die Reinterpretation der Wirkung der Selbständigkeitserziehung durch widersprüchliche Befunde, die Nachuntersuchungen der Winterbottomschen Studie erbrachten (Heckhausen & Kemmler, 1957; Rosen, 1959; McClelland, 1961, S. 365 ff.; Chance, 1961; Bartlett & Smith, 1966; Feld, 1967; Smith, 1969). Vor allem die Vergleiche von Studien in verschiedenen Ländern (z. B. McClelland, 1961, S. 365 ff.) zeigen, daß die Schwierigkeit darin besteht, festzulegen, was „früh" bzw. „spät" in der Selbständigkeitserziehung ist. Wenn z.B. die Mütter der hochmotivierten Jungen in der Untersuchung von Winterbottom (1958) mit ihrer Einschätzung der kindlichen Tüchtigkeit recht hatten, so bedeutet die Frühzeitigkeit der Anforderungen etwas anderes als wenn diese Kinder sich in ihrer Tüchtigkeit nicht von den Alterskameraden unterschieden, wie die Lehrer meinten. Im ersten Fall muß man davon ausgehen, daß die Mütter sehen, was die Kinder können und ihre Anforderungen danach ausrichten. Frühzeitigkeit heißt dann gleichzeitig Angemessenheit der Forderung. Im zweiten Fall bedeuten die *frühen* Anforderungen auch gleichzeitig *höhere* Anforderungen. Diese höheren Anforderungen sind aber verbunden mit einer höheren (wenn auch falschen) Einschätzung der kindlichen Tüchtigkeit durch die Mütter. Möglicherweise spielt diese Bewertung des Kindes für die Leistungsmotivgenese ebenfalls eine wichtige Rolle.
Die widersprüchlichen Befunde zum Einfluß der Frühzeitigkeit der Selbständigkeitserziehung auf die Leistungsmotivgenese haben Veroff (1965) veranlaßt, die Fähigkeit des Kindes mit zu berücksichtigen, wenn er die Frühzeitigkeit von Anforderungen an die Selbständigkeit bestimmt. Ganz im Sinne der Überlegungen von McClelland et al. (1953) unterscheidet er, ob die Kinder zum Zeitpunkt der Selbständigkeitsanforderung die Fähigkeit besitzen, leistungsthematische Affekte von anderen zu differenzieren und die affektauslösenden Momente der Situation zu isolieren. Nach diesem Kriterium entscheidet er, ob die Selbständigkeitsanforderung „zu früh", „optimal" oder „zu spät" erfolgt und leitet daraus Vorhersagen

über die Entwicklung des Leistungsmotivs ab, wobei er zwischen einer erfolgszuversichtlichen und einer mißerfolgsängstlichen Ausrichtung des Motivs unterscheidet (s. VEROFF, 1965, Abb. 1, S. 10).

Die Unterscheidung von „zu früher", „optimaler" oder „angemessener" und „zu später" Selbständigkeitserziehung halten HECKHAUSEN (1972 b) und MEYER (1973 a) bei, ziehen aber zur Vorhersage der Folgen für die Entwicklung des Leistungsmotivs ein attributionstheoretisches Erklärungsmodell heran. „Zu früh", „angemessen" und „zu spät" bestimmen diese Autoren durch den Vergleich zwischen der Höhe der Anforderungen im kognitiven und motorischen Bereich, die die Selbständigkeitserwartung stellt, und der Höhe des zum Zeitpunkt der Selbständigkeitsforderung erreichten Entwicklungsstands auf diesem Gebiet. Zu frühe Selbständigkeitserziehung bedeutet demnach, daß die Tüchtigkeitsanforderungen, die an das Kind gestellt werden, in der Regel so hoch sind, daß das Kind ihnen nicht nachkommen kann. Wenn das Kind das wiederholte Verfehlen der Selbständigkeitsanforderung als Mißerfolg erlebt (was voraussetzt, daß die Bewältigung der Anforderung für das Kind einen gewissen Verbindlichkeitscharakter besitzt), so bleibt ihm keine andere Möglichkeit, als auf mangelnde eigene Fähigkeit zu schließen (MEYER, 1973 a, S. 176). Demgegenüber bedeuten „angemessene Selbständigkeitsforderungen", daß das Kind in der Regel weder mit zu schweren noch zu leichten Anforderungen konfrontiert wird, sondern mit solchen, die seinem Entwicklungsstand angemessen sind. Ein Erfolg wird ihm deshalb nicht in den Schoß fallen, Mißerfolge werden durch besondere Anstrengung vermeidbar. Zur Erklärung von Erfolgen und Mißerfolgen soll das Kind auch deshalb die jeweils aufgebrachte Anstrengung bzw. den Mangel an Anstrengung heranziehen. „Zu späte" Selbständigkeitsanforderungen konfrontieren das Kind mit Aufgaben, die es in der Regel ohne Mühe löst. Die Ursachenzuschreibung ist hier nicht eindeutig. MEYER (1973a) glaubt, daß der Effekt wiederholten Erfolgs in der Selbständigkeitsauseinandersetzung *keine* Attribuierungsgewohnheiten bildet. Erst wenn das Kind beim Eintritt in die Schule mit Gleichaltrigen konfrontiert wird, erfährt es seine intellektuelle Unterlegenheit, da zu späte Selbständigkeitserziehung mit niedriger Intelligenz (BARTLETT & SMITH, 1966; MEYER & WACKER, 1970; TRUDEWIND, 1975 a) und geringerer Schulreife (TRUDEWIND, 1975 b) einhergeht. Diese Mißerfolge soll dann das Kind auf mangelnde eigene Begabung zurückführen.

MEYER (1973 a) glaubt, daß das Kind die in der Selbständigkeitsauseinandersetzung nahegelegte Ursachenerklärung von Erfolg und Mißerfolg übernimmt und zu einer dispositionellen Attribuierungsgewohnheit generalisiert, die im Selbstkonzept guter oder mangelnder eigener Begabung verankert ist. Der empirische Nachweis für diese plausible Erklärung anhand von Attribuierungsdaten steht bis heute noch aus. Kurvenlineare Zusammenhänge zwischen dem Zeitpunkt der Selbständigkeitserziehung und der Höhe des resultierenden Erfolgsmotivs (Netto Hoffnung) fanden REIF (1970) und TRUDEWIND (1975 a). In beiden Untersuchungen zeigte die Gruppe der 9–11jährigen Jungen, die zu einem „mittleren" Zeitpunkt zur Selbständigkeit erzogen worden war, höhere Werte in Netto Hoffnung als die Gruppe der „früh" bzw. „spät" zur Selbständigkeit erzogenen Jungen (vgl. auch SCHMALT, 1975).

8.4.1.3. Offene Fragen

Nach über 20jähriger Forschung sind wir heute von einem adäquaten Verständnis der Rolle der Selbständigkeitserziehung für die Leistungsmotivgenese weit entfernt. Sowohl in den lerntheoretischen als auch in den attributionstheoretischen Erklärungsversuchen wurde Selbständigkeitserziehung immer interpretiert als Anforderungen der Eltern, Konfrontation mit Aufgaben, Leistungserwartungen der Erziehungspersonen usw. Kovariationen zwischen Kennwerten der Selbständigkeitserziehung und Motivkennwerten wurden aber bisher kaum im Bereich der Erziehung zur selbständigen Beherrschung von Routinefertigkeiten, die eine Entlastung für die Mutter darstellen, gefunden. Zusammenhänge mit der Leistungsmotivation fanden sich jedoch vornehmlich im Bereich der kindzentrierten Selbständigkeitserziehung, die im Gegensatz dazu charakterisiert ist durch Eröffnen von Handlungsräumen, Bestärkung der kindlichen Autonomie, Respektierung eigener Entscheidungen usw. Vielleicht hat frühe bzw. späte Selbständigkeitserziehung in diesem Bereich eine völlig andere Bedeutung als bisher angenommen wurde. Möglicherweise spielt hier die Qualität der frühen Mutter-Kind-Beziehungen hinein, die sowohl die Kompetenzausweitung des Kleinkindes als auch die affektiven Erlebnisse bei der Auseinandersetzung mit Neuem und Unbekanntem sowie bei zeitweiliger Trennung von der Mutter beeinflußt (vgl. BELL, 1970; CONNOLLY & BRUNER, 1974). Eine genauere Analyse der Dimensionalität der Selbständigkeitserziehung scheint also dringend geboten, auch im Hinblick auf Wechselwirkungen zwischen den Bereichen der Selbständigkeitserziehung auf die Motiventwicklung, wie sie TRUDEWIND (1975 b) fand (vgl. auch ROSEN & D'ANDRADE, 1959).

Ein weiteres Problem ist die Erfassung der Entwicklungsangemessenheit der Selbständigkeitserziehung, von deren richtiger Einschätzung die attributionstheoretische Interpretation der beobachteten Effekte abhängt. Eine weitere offene Frage ist die Erklärung der unterschiedlichen Zusammenhänge zwischen der Frühe der Selbständigkeitserziehung und dem Leistungsmotiv bei Jungen und Mädchen (vgl. BERENS, 1972). Die Lösung dieser Probleme und die Beantwortung dieser Fragen erlaubt es erst, die Bedeutung der Selbständigkeitserziehung für die Leistungsmotivgenese in Zusammenhang mit anderen elterlichen Leistungsanforderungen (z.B. im schulischen Leistungsbereich), elterlichen Sanktionen und dem leistungsthematischen Anregungsgehalt des physischen und sozialen Lebensraumes des Kindes einzuschätzen.

8.4.2. Die Rolle elterlicher Leistungsanforderungen und elterlicher Sanktionen

Ähnliche Probleme wie bei der Bewertung der Rolle der Selbständigkeitserziehung begegnen uns auch bei der Analyse der Auswirkung elterlicher Erziehungsmaßnahmen im Leistungsbereich. CRANDALL et al. (1960) haben versucht, die Genese des Leistungsmotivs ausschließlich als Produkt elterlicher Sozialisationsbemühungen darzustellen. Nach ihrer Auffassung entwickelt sich das Leistungsmotiv aus dem schon vorher bestehenden Zustimmungsmotiv (approval motive). Leistung wird instrumentell zur Erzielung elterlicher Zustimmung erbracht. Die Stärke des Leistungsmotivs ergibt sich aus der Häufigkeit und Intensität elterlicher Sanktionen. Eine solche univariate Konzeption des Sozialisationsvorgangs läßt nicht nur die Eigeninitiative und Selbstregulationsfähigkeit des Kindes bei der Strukturierung seiner Umwelt außer acht, sie ignoriert auch Rollenverteilungen in der Familie, Einflüsse anderer Personen, die nicht zum Familienkreis gehören sowie die Bedeutung der Sachumwelt, mit der das Kind in leistungsthematische Transaktionen tritt.

In einer inzwischen „klassisch gewordenen Untersuchung" (HECKHAUSEN, 1974c, S.186) haben ROSEN & D'ANDRADE (1959) versucht, Beziehungen zwischen elterlichem Verhalten in Leistungssituationen, in denen sich das Kind befindet, und dem kindlichen Leistungsmotiv zu ermitteln. Ihnen ging es darum, in einer möglichst lebensnahen Leistungssituation die Höhe und Verbindlichkeit elterlicher Leistungsanforderungen, das Gewähren von Autonomie und Entscheidungsfreiheit, die Anwendung von Sanktionen und die Rollenverteilung zwischen Vater und Mutter zu beobachten.

Versuchspersonen waren je 20 Jungen zwischen 9 und 11 Jahren mit sehr hohem und sehr niedrigem Leistungsmotiv und deren Eltern. Jede Gruppe bestand je zur Hälfte aus Mittel- und Unterschichtfamilien. Jeder Junge wurde zu Hause im Beisein der Eltern untersucht. Den Eltern wurde gesagt, daß es bei dieser Untersuchung darum ginge, die Bedingungen für Schulerfolg und Karriere zu ermitteln. Die Jungen hatten im Laufe der Untersuchung fünf verschiedene Aufgaben zu lösen. So mußten sie z.B. mit verbundenen Augen und mit nur einer Hand einen Turm aus unregelmäßig geschnittenen Holzklötzen bauen. Den Eltern wurde gesagt, daß sie ihrem Sohn mit Rat und Hinweisen beistehen, aber nicht direkt in die Bemühungen ihres Sohnes eingreifen dürften. Außerdem sollten die Eltern teils einzeln, teils gemeinsam, teils zusammen mit dem Jungen vor jeder Aufgabe angeben, welches Ziel der Junge erreichen sollte, also z. B. wie viele Holzklötze er übereinandertürmen sollte. Während des ganzen Versuchs wurden alle Verhaltensweisen der Eltern und des Jungen anhand eines vorbereiteten Kategorienschemas registriert, so daß die Eltern die eigentlichen Versuchspersonen waren, ohne es zu merken.

Tabelle 8.1
Kategoriensystem zur Erfassung der Eltern-Kind-Interaktion nach Rosen & D'Andrade (1959; aus Graumann & Heckhausen, 1973, S. 118).

+X	Drückt Zustimmung aus, zeigt warme Zuneigung, ist zärtlich
+S	Zeigt positive Spannungslösung, macht Späße, lacht
+B	Bewertet die Leistung ausgesprochen positiv, zeigt sich mit der Leistung zufrieden
+A	Versucht durch Ausdruck von Begeisterung anzuspornen
U	Gibt unspezifische Hinweise, Tips, macht allgemeingehaltene Vorschläge
S	Gibt spezifische Anweisungen, gezielte Information, wie vorgegangen werden soll
H	Fragt um Rat, erbittet Information oder Anweisung
Z	Weist Hilfe, Rat und Anweisung zurück
−A	Versucht durch Ausdruck von Mißfallen anzuspornen, zeigt Enttäuschung über langsames Arbeiten und über das Leistungsniveau
−B	Gibt negative Bewertung ab oder weist darauf hin, daß die Aufgabe nur eben gelöst wurde
−S	Zeigt negative Spannungslösung, Ärger, hüstelt
−X	Zeigt Feindseligkeit, schimpft, macht sarkastische Bemerkungen

Die Ergebnisse der Untersuchung waren sehr komplex und bei den einzelnen Aufgaben nicht immer ganz übereinstimmend. Die Autoren heben in ihrer Zusammenfassung besonders folgende Befunde hervor:

1. Die Eltern der 20 hochmotivierten Jungen stellen höhere Ansprüche an die Leistungen ihrer Kinder als die Eltern der niedrigmotivierten Jungen. Sie setzen auch dann Standards, wenn die Aufgabe selbst keine enthält und vom Versuchsleiter auch keine Anspruchsniveausetzung verlangt wird.
2. Wenn den Eltern gesagt wird, was eine „durchschnittliche" Leistung ist, so erwarten die Eltern der hochmotivierten Jungen, daß deren Leistung darüber liegt.
3. Auf Fortschritte des Kindes reagieren die Eltern der Hochmotivierten häufiger mit Zustimmung und Wärme (Kategorie +X), Gelöstheit (+S) sowie lobender Anerkennung und Zufriedenheit (+B).
4. Es gibt charakteristische Unterschiede in der Rollenverteilung zwischen Vätern und Müttern: Bei niedrigmotivierten Jungen dominiert der Vater, er setzt die Ziele fest und reagiert auf Mißerfolg verärgert und antreibend. Die Mutter dagegen ist distanziert und gewährenlassend. Bei den Hochmotivierten sind die Verhältnisse genau umgekehrt. Der Vater ist zurückhaltend, gibt unspezifische Hinweise (U), während die Mutter engagierter ist, höhere Ziele setzt, mehr mit Zustimmung aber auch durch Ausdruck von Mißfallen (–A) anzutreiben versucht.

Bezüglich des Zusammenhangs von Leistungsanforderung und Selbständigkeitsgewährung (Autonomie) vertreten die Autoren die Auffassung, daß beides in der Erziehung notwendig ist, daß Jungen aber mehr Dominanz und Zurückweisung von der Mutter als vom Vater ertragen können, ohne daß die Entwicklung ihres Leistungsmotivs dadurch negativ beeinflußt wird.

Ähnliche Zusammenhänge wie die von ROSEN & D'ANDRADE (1959) haben sich auch bei Nachuntersuchungen mit ähnlicher Technik bei HECKHAUSEN & OSWALD (1969) und REIF (1970) gezeigt, die jedoch nur die Mütter in die Untersuchung einbezogen. SMITH (1969) hat gefunden, daß die Eltern stark prüfungsängstlicher Schüler besonders dazu neigen, Erfolge positiv zu bewerten und zu loben, gleichzeitig aber auch darauf zu verweisen, daß die Leistung ja noch besser hätte ausfallen können.

Der Wirkung elterlicher Erziehungsstile auf die Leistungsmotivgenese ist FINK (1975) nachgegangen. Er untersuchte 98 Jungen im Alter zwischen 10 und 13 Jahren mit den Marburger Erziehungsstilskalen (STAPF et al., 1972). Die perzipierte väterliche und mütterliche Strenge und Unterstützung korrelierte er mit den mit einem Fragebogen erhobenen Leistungsmotivationskennwerten der Kinder. Er fand sehr signifikante positive Rangkorrelationen von .41 und .30 zwischen der Leistungsmotivation und der perzipierten mütterlichen bzw. väterlichen Unterstützung. Diese beiden Variablen korrelierten mit Furcht vor Mißerfolg signifikant negativ (–.23 bzw. –.24). Dagegen korrelierte nur die perzipierte mütterliche Strenge signifikant mit Furcht vor Mißerfolg (.20). Die Ergebnisse stimmen mit den zitierten Befunden von ROSEN & D'ANDRADE (1959) gut überein. Ob allerdings die gefundene Beziehung dadurch zustande kommt, daß „positive Sanktionen (Lob, Zuspruch, Zuwendung usw.) auf die Ausprägung kindlicher Leistungsmotivation wirken" (FINK, 1975, S. 47), muß dahingestellt bleiben. Es ist eher wahrscheinlich, daß mit der perzipierten elterlichen Unterstützung ein Syndrom angeschnitten wurde, dessen Einzelmerkmale (wie z. B. Gewährung von Autonomie und Selbstbestimmung, Begünstigung von Erfolgserlebnissen, Erschwerung gravierender Mißerfolgserlebnisse, kindgemäße Ausstattung der Nahumwelt; BISHOP & CHACE, 1971) zwar mit dem elterlichen Bekräftigungsverhalten kovariieren, in die Motivgenese jedoch auf die unterschiedlichste Weise verwickelt sind. Um diese komplexen Zusammenhänge aufzudecken, ist es aber nötig, größere Ausschnitte des kindlichen Lebensraumes in den Erklärungszusammenhang aufzunehmen.

8.4.3. Ökologische Bedingungen der Motivgenese

Einen ersten Versuch, die im Lebensraum des Kindes enthaltenen Faktoren, die auf die Leistungsmotivgenese einwirken, aufzufinden und zu ordnen, hat TRUDEWIND (1975 a, 1975 c) unternommen. Er bemüht sich darum, das Zusammenspiel zwischen elterlichen Erziehungsmaßnahmen, den Aufforderungsgehalten der Sachumwelt und den Auswirkungen von Erfolgs- und Mißerfolgserlebnissen auf die Leistungsmotivgenese zu erhellen. Gerade der Einfluß der Sachumwelt auf die Motiventwicklung ist bisher weitgehend vernachlässigt, obwohl schon McCLELLAND et al. (1953) darauf aufmerksam machten, daß das Kind in der konkreten Auseinandersetzung mit den Dingen der Nahumwelt seine Kompetenz erfährt und entwickelt, Bezugssysteme aufbaut und Gütestandards festlegt. All das geschieht aber im Zusammenhang mit und in Abhängigkeit von elterlichen Sanktionen, Leistungs- und Selbständigkeitsanforderungen. Eine gefundene empirische Beziehung zwischen einem Einzelmerkmal der Umwelt und der Leistungsmotivation muß deshalb auf mögliche Kovariationen mit anderen für die Motivgenese relevanten Umweltmerkmalen untersucht werden. Das ist aber nur möglich, wenn diese Merkmale in einer Taxonomie geordnet sind und so statistisch kontrolliert werden können. Aufgrund der bisherigen Theorieansätze und Befunde zur Leistungsmotivgenese hat TRUDEWIND (1975 a) eine Taxonomie relevanter Umwelteinflüsse entwickelt, die er in drei Hauptdimensionen gliedert. In der 1. Dimension wird der intellektuelle und leistungsthematische Anregungsgehalt der nicht-schulischen Umwelt zu erfassen versucht. Dazu gehören die Aufforderungsgehalte der Sachumwelt wie Wohngröße, Spielmöglichkeiten im Garten und der näheren Umgebung, Bücher, Tierhaltung, Basteln, Verfügbarkeit über ein Fahrrad, Spielzeug und Malgeräte und vieles andere mehr. Außerdem werden soziale Variablen wie Hilfe und Förderung bei den Schularbeiten, Qualität und Intensität der Eltern-Kind-Interaktionen, soziale Kontaktmöglichkeiten, Reisen, Ausflüge und Besichtigungen und die Qualität der Spracherziehung berücksichtigt.

In der 2. Dimension, die Trudewind als elterlichen Leistungsdruck bezeichnet, werden alle unmittelbaren elterlichen Erziehungsbemühungen zur Erzielung von Leistungen zusammengefaßt. Darunter fallen sowohl Leistungsanforderungen, ihr Anspruchsniveau an die kindlichen Schulleistungen, Maßnahmen zur Kontrolle der kindlichen Leistungsbemühungen bei Schulleistungen sowie ihr Bekräftigungsverhalten bei Erfolg und Mißerfolg im Schulleistungsbereich sowie ihr Drängen auf die Beherrschung von Fertigkeiten, die eine Entlastung der Eltern bedeuten. In der 3. Dimension wird versucht, das Ausmaß kumulierter Erfolgs- und Mißerfolgserfahrungen in der Lebensgeschichte des Kindes abzuschätzen. Dazu werden sowohl Schulleistungen als auch Intelligenztestwerte herangezogen sowie besondere Erfahrungen mit Geschwistern und Spielkameraden sowie körperliche Behinderungen und dergleichen.

Die Einzelmerkmale zeigten eine Fülle von statistisch bedeutsamen Beziehungen zur Leistungsmotivation 9–11jähriger Jungen. Die Beziehungen sind häufig kurvenlinear und theoretisch (noch) nicht einsichtig. Dieser Effekt deutet auf das Zusammenwirken verschiedener Variablen hin, deren Einzelwirkung es zu isolieren gilt. Die Brauchbarkeit der Taxonomie zeigt sich aber in der Bestätigung der Hypothesen in bezug auf die Hauptdimensionen. So fand sich eine hoch signifikante, positive Korrelation zwischen der Höhe der kumulierten Erfolgserfahrungen und Hoffnung auf Erfolg ($r = .31$, $n = 76$), aber erwartungsgemäß keine Beziehung zwischen der Höhe der kumulierten Mißerfolgserfahrungen und der Furcht vor Mißerfolg, sondern vielmehr eine defensive Senkung der gesamten Leistungsmotivation bei gehäuften Mißerfolgen (vgl. Trudewind, 1975 a). Das Zusammenwirken von elterlichem Leistungsdruck und Bekräftigungsverhalten und dem leistungsthematischen Anregungsgehalt der häuslichen Umwelt bei der Leistungsmotivgenese geht aus der Wechselwirkung zwischen diesen beiden Variablen auf die Ausprägung der Furcht vor Mißerfolg hervor (s. Abbildung 8.2). Mit zunehmendem Leistungsdruck steigt die Mißerfolgsängstlichkeit der Jungen, wenn sie in einer leistungsthematisch anregenden Umwelt leben. Bietet die Umwelt wenig Anlaß zu leistungsthematischen Transaktionen, so steigt auch die Furcht vor Mißerfolg bei erhöhtem Leistungsdruck nicht weiter an.

Diese Wechselwirkung belegt, daß die Leistungsmotivgenese nicht allein das Produkt der Erziehungsbemühungen der Eltern ist, sondern daß der Umfang der leistungsthematischen Transaktionen, die die Umwelt anbietet

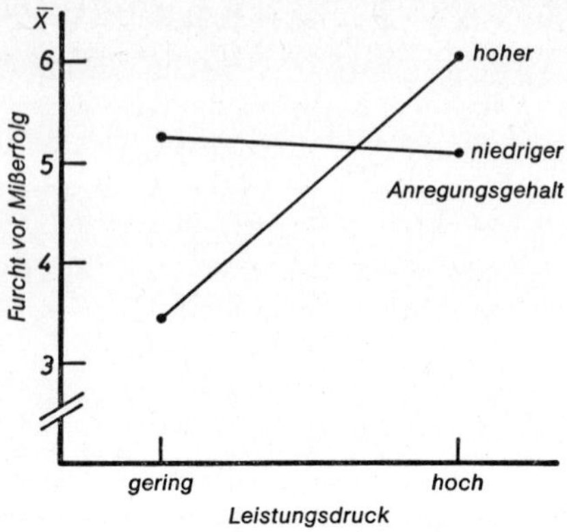

Abbildung 8.2
Mittelwerte in Furcht vor Mißerfolg bei niedrigem und hohem Anregungsgehalt der Umwelt und geringem und hohem elterlichen Leistungsdruck (nach Trudewind, 1975 a, S. 146).

und zu denen sie herausfordert, ebenfalls die Motivgenese beeinflußt. Diese Auseinandersetzung mit Gütestandards in der physischen und sozialen Umwelt des Kindes ist notwendig, damit sich in den verschiedenen Tätigkeitsbereichen leistungsthematische Bezugssysteme aufbauen können und das Kind in seinem Leistungsverhalten von Fremdbekräftigungen (partiell) unabhängig wird und den verpflichtenden Charakter von Gütestandards erlebt. Wenn diese leistungsthematischen Transaktionen in einem Milieu erfolgen, in dem Eltern hohe Gütenormen setzen und einen starken Leistungsdruck ausüben, so besteht die Gefahr, daß das Kind den zahlreichen Umweltherausforderungen mit eher mißerfolgsängstlichen Erwartungen begegnet, woraus auf die Dauer eine hoch generalisierte Furcht vor Mißerfolg resultiert. Wachsen dagegen Kinder in einer Umwelt auf, die wenig Gelegenheit zu leistungsthematischen Transaktionen bietet, so bleiben selbst bei hohem Leistungsdruck der Eltern die Mißerfolgserwartungen spezifisch für die Bereiche, in denen der Leistungsdruck wirksam wird. Eine Verstärkung des Leistungsdrucks schlägt sich bei diesen Kindern daher nicht in einer Erhöhung der generalisierten Motivkomponente Furcht vor Mißerfolg nieder (vgl. Trudewind, 1975 a, S. 149 ff.).
Wenn diese Interpretation zutrifft, müßte sich der Wechselwirkungseffekt noch verdeutlichen, wenn nur die Merkmale der nichtschulischen Umwelt zur Kennzeichnung des leistungsthematischen Anregungsgehaltes berücksichtigt werden, die Transaktionen eröffnen, die von elterlichen Eingriffen und Regulationen unabhängig sind. Der Bedeutung der Einzelmerkmale

für die Leistungsmotivgenese und ihres Zusammenwirkens bei der Formierung des Selbstbekräftigungssystems wird zur Zeit in einer Längsschnittstudie mit Grundschulkindern nachgegangen (TRUDEWIND, 1973; TRUDEWIND, GEPPERT, JENNESSEN & SALK, 1976).

9. Förderung und Änderung des Leistungsmotivs: Theoretische Grundlagen und deren Anwendung

von Siegbert Krug
Ruhr-Universität Bochum

9.1. Frühe theoretische Grundlagen

Will man den Versuch unternehmen, so stabil erscheinende Persönlichkeitsmerkmale, wie sie Motive darstellen, im Jugend- und Erwachsenenalter noch zu beeinflussen, stellen sich vorab zwei eng zusammenhängende Fragen. Zum einen gilt es zu klären, ob tiefergreifende Persönlichkeitsveränderungen in späteren Lebensabschnitten theoretisch überhaupt denkbar sind, und zum anderen, welche psychologischen Maßnahmen und Techniken es gibt, um diese angestrebten Veränderungen zu erreichen.

Aufgrund naivpsychologischer, psychoanalytischer und selbst lerntheoretischer Voreingenommenheiten wurde lange Zeit bezweifelt, daß sich bei komplexen Persönlichkeitsvariablen ein nachträglicher Wandel herbeiführen läßt. Entweder hielt man die Änderung individueller Eigenschaften für ausgeschlossen oder aber methodisch für so schwierig und aufwendig, daß derartige Schritte nur in seltenen Fällen (Psychotherapie) versucht wurden.

Naivpsychologisch wird häufig angenommen, daß Persönlichkeitseigenschaften vererbt sind und allein aus diesem Grund keinerlei externalen Beeinflussungen unterliegen. Psychoanalytischen Vorstellungen zufolge sind Persönlichkeitsmerkmale zwar nicht angeboren; da sie aber das Resultat frühkindlicher Erlebnisinhalte und Konfliktbewältigungen darstellen sollen (Freud, 1904–1905), werden sie auch nach dieser Auffassung für beinahe unwandelbar gehalten. Die Stabilität der Persönlichkeit ergibt sich daraus, daß sich die persönlichkeitsbildenden Bedingungen der frühen Kindheit in späteren Entwicklungsstadien kaum mehr herstellen lassen und deshalb nachhaltige Veränderungen höchstens nach traumatischen Erlebnissen oder langwierigen therapeutischen Bemühungen möglich sind.

Auch nach den frühen lerntheoretisch fundierten Motivationstheorien sind Persönlichkeitsveränderungen praktisch ausgeschlossen. Die für die Leistungsmotivationsforschung richtungweisende Theorie von McClelland und Mitarbeitern (McClelland, Atkinson, Clark & Lowell, 1953) ging davon aus, daß Motive das Ergebnis thematisch ähnlicher Reiz-Affekt-Verbindungen sind, die sich durch Assoziation von Situationen einer bestimmten Inhaltsklasse mit positiven oder negativen Affekten herausbilden. Die Stärke und Stabilität dieser *affektiv getönten assoziativen Netzwerke* (McClelland, 1965) sollte um so größer sein, je früher in der kindlichen Entwicklung intensive Affekte hervorgerufen und mit entsprechenden Situationsmerkmalen verknüpft wurden. Hinter dieser Annahme standen folgende Überlegungen (McClelland, 1958 c):

Individuen besitzen für jede Situation konkrete Erwartungen. Weichen die tatsächlichen Situationsgegebenheiten hiervon ab, kommt es je nach Größe der Abweichungen vom Erwartungsniveau zu positiven oder negativen Affekten. Diese werden assoziativ mit den Reizgegebenheiten, die den Affektwandel anzeigten, so verknüpft, daß ein erneutes Auftreten der affektauslösenden Faktoren eine Affektantizipation und damit einhergehend „aufsuchendes" oder „meidendes" Verhalten hervorruft (vgl. Kap. 1).

Je jünger Kinder sind, um so häufiger werden Reize von intensiven affektiven Reaktionen begleitet. Wegen des niedrigen kognitiven Reifestandes können diese jedoch nur schwer kontrolliert und die auslösenden Situationsfaktoren kaum differenziert werden. Affekte, die in einer ganz bestimmten Situation auftreten, werden deshalb nicht nur mit dem ursprünglich affektauslösenden Reiz gekoppelt, sondern mit einer Vielzahl ähnlicher Stimuli, die alle den Affekt erneut hervorrufen können. Auf diese Weise entstehen zahlreiche diffus-primitive Assoziationsgeflechte (McClelland, 1958 c, S. 442) von so hoher Auftretenswahrscheinlichkeit, Affekt-Intensität und Reiz-Extensität, daß in beinahe jeder Situation Teile dieses affektiven Netzwerkes reaktiviert und damit erneut verstärkt werden. Eine Löschung der so entstandenen Motivdisposition ist demzufolge fast unmöglich, eine Veränderung weitgehend ausgeschlossen.

Mit zunehmendem Reifestand wird sowohl die Beeinflussung bereits bestehender, wie auch die Herausbildung neuer Motive immer schwieriger. Je älter Individuen werden, um so geringer ist die Zahl der Reize, die noch Affekte auslösen. Das Affekterleben wird zunehmend schwächer und das Reizdifferenzierungsvermögen immer ausgeprägter. Die seltener auftretenden Affekte werden nicht mehr mit einem breiten Spektrum ähnlicher Stimuli verbunden, sondern nur noch mit einzelnen, eindeutig identifizierbaren Situationsmerkmalen.

Motive, d. h. starke affektive Netzwerke, können als Folge dieser entwicklungsbedingten Fortschritte nicht mehr entstehen. Es entwickeln sich höchstens noch *„motivationale habits"* (sehr spezifische Reiz-Affekt-Verbindungen), die wegen ihrer schwachen Affekt-Intensität nur wenig verhaltensdeterminierend sind und wegen ihrer mangelnden Reiz-Extensität keine große Löschungsresistenz besitzen.

In diesem Entwicklungsstadium ist die Persönlichkeit des Individuums zum größten Teil festgelegt. Aufgrund des kognitiven Reifestandes können die bestehenden Motive nicht mehr gelöscht, neue nicht mehr aufgebaut werden. Veränderungen treten somit nicht mehr auf, das Verhaltensrepertoire bleibt relativ stabil (vgl. Kap. 8).

Durch diese 1953 vorgestellte und 1958 spezifizierte Theorie der Motivgenese glaubte McClelland den Widerspruch zwischen der Annahme, daß Motive gelernt sind, und der Tatsache, daß sie offensichtlich in späteren Lebensaltern nicht wieder „verlernt" werden können, gelöst zu haben. Die Theorie regte zu zahlreichen motivgenetischen Untersuchungen an (vgl. Heckhausen, 1972 b), verhinderte auf der anderen Seite aber eine Zeitlang Forschungsbemühungen auf dem Gebiet des Motivwandels. Die Stabilität der Motive blieb weithin ein unbezweifelbares Phänomen.

Dieser Standpunkt ändert sich erst mit Beginn der 60er Jahre. Obwohl zu diesem Zeitpunkt weder die bestehende Theorie revidiert, noch eine neue entwickelt worden war, führte die Harvard-Gruppe um McClelland bereits 1961 Trainingsprogramme zur Erhöhung des Leistungsmotivs in Mexico, den USA und in Indien durch. In einem 1965 erschienenen Artikel versucht McClelland diese empirischen Ansätze theoretisch zu fundieren und konkrete Hinweise für die Durchführung weiterer Trainingsprogramme zu geben.

Im Gegensatz zu den praktischen Hinweisen fallen die motivationstheoretischen Begründungen nicht sehr überzeugend aus. Motive bleiben *affektiv getönte Netzwerke,* die in früher Kindheit erworben wurden und in jedem Individuum nach Stärke und Wichtigkeit hierarchisch geordnet sind (McClelland, 1965, S. 322). In dieser Hierarchie stehen die starken, bestimmenden Motive oben. Die schwachen liegen tiefer und können nur dann verhaltenswirksam werden, wenn sie von den „höherstehenden" nicht blockiert werden. Der Einfluß eines Motives läßt sich nach diesem Modell nur dann erhöhen, wenn es gelingt, dieses Motiv innerhalb der Hierarchie soweit wie möglich anzuheben, um es von anderen (vormals höherstehenden) Motiven unabhängig zu machen. Um dieses Ziel zu erreichen, ist es notwendig, die Stärke des Motivs und damit die Anzahl seiner affektiven Assoziationen zu erhöhen. Nach der ursprünglichen Theorie (McClelland, 1958 c) hätte man dazu in konkreten Situationen möglichst viele Situationsfaktoren affektiv besetzen und an das bestehende Netzwerk anknüpfen müssen. Aufgrund der erwähnten entwicklungspsychologischen Gegebenheiten wurde das jedoch als viel zu aufwendig und zu ineffektiv angesehen.

Ohne diesen sehr elementaristisch anmutenden Grundgedanken aufzugeben, löst sich McClelland (1965) insofern von diesem Konzept, als er von der Annahme abgeht, die notwendigen affektiven Assoziationen müßten in konkreten Situationen gebildet werden. Vorstellungsmäßige Koppelungen von Affekt und Reizgegebenheiten sollten für die Verstärkung des affektiven Netzwerkes ausreichend sein und ebenfalls zu Motivveränderungen führen. Begründet wird diese Annahme mit den empirisch gesicherten Befunden, wonach sich die Stärke des Leistungsmotivs sowohl in konkretem Verhalten wie auch in der Vorstellungswelt des Individuums niederschlägt. Die Beziehungen zwischen beiden Ebenen scheinen so eng zu sein, daß die individuelle Motivstärke nicht an konkretem Verhalten gemessen werden muß, sondern aus Gedankenstichproben (Anzahl der affektiven Verbindungen) erschlossen werden kann (vgl. Kap. 7). Da dies bedeutet, daß sich Änderungen in der Motivstärke unmittelbar auf die Vorstellungswelt des Individuums auswirken und dort gemessen werden können, liegt umgekehrt die Vermutung nahe, daß auch Änderungen in der Vorstellungswelt zu Veränderungen in der Motivstärke führen müßten.

Sollte dieser Umkehrschluß zutreffen, wären ideale Voraussetzungen für die Schaffung erweiterter affektiver Netzwerke gegeben: Zur Beeinflussung eines Motivsystems würde ein intensives *„mentales" Training* genügen. Dieses hätte gegenüber einem konkreten Verhaltenstraining den Vorteil, daß Gedanken als symbolische Handlungen immer und überall hervorgerufen werden können, zahlreicher auftreten, schwerer zu hemmen und leichter zu generalisieren sind als tatsächliche Handlungen. Um mit Hilfe dieser Methode die für einen gezielten Motivwandel notwendigen kognitiven Veränderungen auch tatsächlich hervorzurufen, schlägt McClelland folgende Maßnahmen vor (McClelland, 1965, S. 322):

1. *Aufbau des Netzwerkes:* Man muß herausfinden, welche affektiven Assoziationen bereits bestehen. Danach muß das Netzwerk ausgedehnt, verstärkt und verbessert werden.
2. *Begriffliche Konkretisierung des Netzwerkes:* Von dem gesamten Netzwerk muß ein klares bewußtes Konzept geformt werden.
3. *Verknüpfung des Netzwerkes mit alltäglichen Gegebenheiten:* Um sicherzustellen, daß das einmal gebildete Netzwerk regelmäßig hervorgerufen wird, muß es an möglichst viele Reize des täglichen Lebens angebunden werden.
4. *Herausarbeitung der Beziehung zwischen neuem Netzwerk und übergeordneten Assoziationsmustern:* Damit das neue Netzwerk nicht durch übergeordnete Assoziationsketten (Selbst, Realität, kulturelle Werte) blockiert wird, sind die Beziehungen zwischen diesen Netzwerken herauszuarbeiten.

9.2. Harvard-Trainingsprogramme für Geschäftsleute

Mit diesen recht allgemeinen Hinweisen und Vorschlägen waren die grundlegenden Voraussetzungen für die Entwicklung von Motivänderungsprogrammen geschaffen worden. Um wirklich Motive zu verändern, bedurfte es jedoch konkreter Verfahrenstechniken, mit denen sich die theoretischen Forderungen realisieren ließen. Da derartige Verfahrenstechniken aus der zugrundeliegenden Motivationstheorie nicht weiter abgeleitet werden konnten, griff McClelland (1965) auf Teilgebiete der Psychologie zurück, die sich weniger mit motivationalen Fragen als mit generellen Problemen der Verhaltensmodifikation und der Einstellungsänderung befaßten. Aufbauend auf erfolgversprechenden Erkenntnissen der Lernforschung, der Psychotherapie (Rogers, 1961) und der Sozialpsychologie (Hovland, Janis & Kelley, 1953) erarbeitete McClelland ein Trainingsprogramm zur Erhöhung des Leistungsmotivs, das sich aus vier verschiedenen Trainingsteilen zusammensetzte und insgesamt 12 verschiedene *„Inputvariablen“* enthielt. Die ersten drei Trainingsteile *Leistungssyndrom, Zielsetzung* und *Selbststudium* legen fest, welche inhaltlichen Bereiche anzusprechen sind, während der vierte Trainingsteil *soziale Unterstützung* spezifiziert, in welcher Weise das Training durchzuführen ist.

9.2.1. Praktische Vorgehensweise

Nach einigen „Vorversuchen“ wurden Trainingsprogramme auf dieser Grundlage erstmals mit kleinen und mittleren Geschäftsleuten in Indien durchgeführt (McClelland & Winter, 1969). Das Ziel dieser Kurse bestand darin, mit der Erhöhung des Leistungsmotivs die Grundlage für effektiveres unternehmerisches Verhalten zu stiften. Am Beispiel dieser Kurse soll kurz verdeutlicht werden, wie ein derartiges Programm aufgebaut war, und mit welchen Maßnahmen und Techniken man versuchte, die theoretischen Forderungen in konkrete Programmteile umzusetzen.

Um Teilnehmer für das Training zu gewinnen, wird das Projekt (Motivation Development for Management) in Vorträgen und Broschüren als völlig neuartige Form des Managertrainings vorgestellt. Im einzelnen wird mitgeteilt, daß dieses Training auf einer über 10jährigen Forschungserfahrung auf dem Gebiet der Leistungsmotivation, des unternehmerischen Verhaltens und des nationalen Wirtschaftswachstums beruhe, von erfahrenen Wissenschaftlern der Harvard-Universität geleitet werde und bisher überaus erfolgreich gewesen sei. Im Gegensatz zu den üblichen Managerkursen bestehe hier das Ziel nicht darin, spezielle unternehmerische Fertigkeiten zu trainieren, sondern ein tieferes Verständnis in die Motivationsstrukturen zu vermitteln, die erfolgreichem unternehmerischen Verhalten zugrunde liegen. Durch diese neuen Erfahrungen erlangten die Teilnehmer tiefere Einblicke in die eigene Motivation, gewännen neue Denkanstöße und kämen so zu einer effektiveren Bewältigung der anstehenden unternehmerischen Probleme. Bei dieser Vorankündigung werden aber nicht nur persönliche Vorteile herausgestellt. Um die Bedeutung des Kurses noch weiter zu heben, wird zusätzlich darauf hingewiesen, daß durch die Teilnahme an diesem Projekt und des daraus resultierenden besseren unternehmerischen Verhaltens auch ein wesentlicher Beitrag zur notwendigen wirtschaftlichen Entwicklung des eigenen Landes geleistet werden könnte.

Da man aus sozialpsychologischen und klinischen Untersuchungen weiß, daß sich angestrebte Verhaltensänderungen um so eher einstellen, je mehr die betreffenden Personen diese Änderungen wünschen und je mehr sie an die Möglichkeit einer entsprechenden Änderung glauben (Hawthorne-Effekt, Erwartungs-Effekt, Placebo-Effekt), wird zu Beginn des eigentlichen Trainings die Wichtigkeit und Einmaligkeit dieses Projektes erneut hervorgehoben. Es werden die bereits erwähnten Prestigefaktoren ins Spiel gebracht, bewußt Erfolgserwartungen induziert und gezielt an den Altruismus der Teilnehmer appelliert (*Trainingsteil Zielsetzung/Prestigefaktoren;* s. Tabelle 9.2, S. 237).

Nach dieser Einführung bearbeiten die Kursteilnehmer erste Persönlichkeitstests und Fragebögen. Diese dienen zum einen als Grundlage für die Überprüfung des späteren Trainingserfolges, werden zum anderen aber auch als Materialien für die späteren Diskussionen und Selbsterfahrungsübungen benötigt. An Tests werden unter anderem durchgeführt: der Thematische Auffassungstest zur Ermittlung der Stärke des Leistungsmotivs (TAT), je eine Kurzgeschichte zu den Fragen „Wer bin ich“ und „Warum nehme ich an dem Kurs teil“ sowie Beurteilungen verschiedener Konzepte, die das Selbst und den Beruf betreffen.

In dem nächsten Teil des Programms *(Trainingsteil Leistungssyndrom)* werden die Teilnehmer mit den verschiedenen Aspekten leistungsorientierten Verhaltens vertraut gemacht. Anhand von Tabellen, Abbildungen und Filmen wird den Teilnehmern der Zusammenhang zwischen dem Leistungsmotiv, unternehmerischem Verhalten und nationalem Wirtschaftswachstum verdeutlicht. Es wird berichtet, wie Hochleistungsmotivierte denken, fühlen und handeln, aus welchen Gründen sie unternehmerische Berufe bevorzugen und warum sie auf diesem Gebiet besonders erfolgreich sind. Folgende, für den unternehmerischen Erfolg wichtige Verhaltensweisen des Leistungsmotivierten werden hervorgehoben: Er setzt sich mittelschwere Ziele, übernimmt die persönliche Verantwortung für die Zielerreichung und holt Information über das erzielte Handlungsresultat ein.

Nachdem auf diese Weise die ersten Grundlagen leistungsorientierten Verhaltens vermittelt wurden, wird in einem weiteren Trainingsschritt *(Trainingsteil Leistungssyndrom/Phantasie)* versucht, entsprechend der zweiten theoretischen Forderung (S. 224), das neue Netzwerk begrifflich zu konkretisieren. Um dies zu erreichen, lernen die Teilnehmer leistungsthematische Gedankeninhalte zu erkennen, zu klassifizieren und zu verrechnen. Sie werten hierzu ihre zu Beginn des Kurses geschriebenen TAT-Geschichten aus, bestimmen den Motivkennwert und versuchen im Laufe des Kurses in immer neuen Erzählungen zu TAT-Bildern den leistungsthematischen Gehalt der Geschichten soweit wie möglich zu steigern. Durch diese Übung sollen sie lernen, leistungsthematische von andersmotivierten Gedanken zu unterscheiden. Darüber hinaus sollen sie dahinkommen, immer häufiger in diesen Kategorien zu denken, Erfahrungen auf dieser Grundlage zu analysieren und das Verhalten über derartige Gedankeninhalte zu kontrollieren.

Durch diese kognitiven Veränderungen werden erste Voraussetzungen für den Neuaufbau des leistungsthematischen Netzwerkes geschaffen. Damit sich ein stabiles Motiv herausbilden kann, muß neben der Auftretenswahrscheinlichkeit symbolischer Handlungen auch die der tatsächlichen Handlungen wesentlich erhöht werden. Um die dazu notwendige Umsetzung von Gedanken in Verhalten zu erzielen, werden mit den Teilnehmern leistungsorientierte Spiele durchgeführt (Ringwurfspiele, Business-game von LITWIN & CIARLO, 1959). An diesen sollen sie lernen, sich mittelschwere Ziele zu setzen, persönliche Verantwortung für die Zielerreichung zu übernehmen und Rückmeldung über das Handlungsergebnis einzuholen. Während der Spiele beobachten die Teilnehmer sich und ihre Mitspieler und diskutieren anschließend in leistungsthematischen Begriffen über ihre Selbst- und Fremdbeobachtungen *(Trainingsteil Leistungssyndrom/Verhalten).*

Im nächsten Lernschritt wird das assoziative Netzwerk zur Erfüllung der dritten Forderung weiter ausgedehnt und der neue Vorstellungs-Handlungs-Komplex mit Ereignissen des täglichen Lebens verknüpft. Zu diesem Zweck bedient man sich der „Fallstudien-Methode" der Harvard-business-school. Bei dieser Methode werden Beispiele unternehmerischen Verhaltens vorgestellt. Die Teilnehmer analysieren diese Beispiele und erörtern, welche Bedeutung im Einzelfall leistungs-, macht- und anschlußthematischen Vorstellungen und Handlungen zukommt. Nach einigen Demonstrationen werden die Teilnehmer ermuntert, Vorkommnisse aus ihrem eigenen Geschäftsbereich darzulegen, motivationsthematisch zu analysieren und zu diskutieren *(Trainingsteil Leistungssyndrom/Fallbeispiele).*

Nachdem die Teilnehmer mit den grundlegenden Aspekten des Leistungssyndroms vertraut sind, nachdem sie wissen, in welcher Weise das Leistungsmotiv Verhalten beeinflußt, müssen sie sich in dem nächsten Trainingsteil *(Selbststudium)* darüber klarwerden, welche Bedeutung leistungsorientiertem Verhalten in ihrem bisherigen Privat- und Berufsleben zukam und welche Bedeutung sie ihm künftig einräumen wollen. In Übereinstimmung mit der vierten theoretischen Forderung sollen auf diese Weise die Beziehungen zwischen dem neu erworbenen Netzwerk „Leistungsmotiv" und den übergeordneten Netzwerken der „Realität", des „Selbst" und der „kulturellen Werte" herausgearbeitet werden. Diese Konfrontation ist wichtig, da nach den theoretischen Vorannahmen tiefergelegene Motive – wie das Leistungsmotiv – nur dann Einfluß auf das Verhalten gewinnen können, wenn sie mit den höherliegenden übereinstimmen und von diesen nicht blockiert werden.

Als erstes wird deshalb zu zeigen versucht, daß ein hohes Leistungsmotiv mit der Realität in Einklang steht und gerade bei Geschäftsleuten eine notwendige Voraussetzung für erfolgreiches unternehmerisches Verhalten ist. Um diese Beziehungen zu verdeutlichen, werden erneut die engen Zusammenhänge zwischen Leistungsmotivation, erfolgreichem Unternehmertum und nationalem Wirtschaftswachstum hervorgehoben *(Trainingsteil Selbststudium/Realität)*.

Bei dieser Darstellung werden aber nicht nur die positiven Aspekte erfolgreichen Unternehmerstums aufgeführt. Damit spätere Konflikte zwischen den negativen Seiten leistungsorientierten unternehmerischen Verhaltens und dem eigenen Selbst vermieden werden, müssen sich die Teilnehmer Rechenschaft darüber ablegen, ob auch wirklich alle Aspekte leistungsorientierten Verhaltens mit ihren eigenen Wünschen und Vorstellungen vereinbar sind. Bei dieser Analyse stützen sich die Teilnehmer auf alle Informationen, die sie bisher über das Leistungsmotiv erhielten, sowie auf das Wissen, das sie aufgrund der Persönlichkeitstests, der Selbsterfahrungsübungen, der Gruppendiskussionen etc. über sich selbst erworben haben. Beide Informationen werden einander gegenübergestellt und auf Widersprüche hin untersucht *(Trainingsteil Selbststudium/Selbst)*.

Außer mit dem Selbst kann das neue Netzwerk noch mit den vorherrschenden oder vermeintlichen Werten der Kultur oder der sozialen Bezugsgruppe interferieren. Um dieses zum Teil unbewußte Netzwerk aufzudecken, werden zusammen mit den Teilnehmern Kindergeschichten (s. McClelland, 1961), Mythen, religiöse Vorstellungen, Sitten und Gebräuche analysiert, die darin enthaltenen Wertvorstellungen herausgearbeitet und mit den Anforderungen, die sich aus dem Leistungsmotiv ergeben, konfrontiert *(Trainingsteil Selbststudium/kulturelle Werte)*. In Gruppendiskussionen, bei Gruppenmeditationen und inviduellen Beratungen wird anschließend versucht, die aufgedeckten Widersprüche zu beseitigen oder zumindest zu verringern. Gelingt dies nicht, steht es jedem frei, den Trainingskurs zu verlassen.

Die bisherigen Trainingsteile bewegten sich alle in einem eher theoretischen oder spielerischen Rahmen, ohne direkte Konsequenzen für die Gestaltung des späteren Lebens herauszufordern. In dem dritten Trainingsteil *(Zielsetzungsverhalten)* wird versucht, diese Ebene zu verlassen und die neuerworbenen leistungsthematischen Vorstellungen und Zielsetzungen zu einem bestimmenden Faktor des beruflichen Lebens zu machen.

Der Kurs endet im allgemeinen damit *(Trainingsteil Zielsetzung/Berufspläne)*, daß jeder Teilnehmer für sich persönlich einen Plan anlegt, aus dem hervorgeht, welche beruflichen Ziele er in den nächsten 2 bis 3 Jahren anstrebt, wie er sie erreichen will, mit welchen Schwierigkeiten er rechnet usw. Durch das Aufstellen derartiger Pläne sollen sich die Teilnehmer darüber klarwerden, welche konkreten Folgen der Kurs für ihr weiteres Leben und ihren Beruf hat und wie sie das bisher Gelernte im normalen Geschäftsalltag anwenden können. In den anschließenden Diskussionen und individuellen Beratungen über diese Pläne wird darauf geachtet, daß die gesteckten Ziele für den einzelnen mit einiger Anstrengung auch erreichbar sind, daß diese Ziele so konkret und so spezifiziert sind, daß eine Erfolgskontrolle möglich ist und daß die Zielerreichung von jedem Teilnehmer persönlich abhängt.

Obwohl der eigentliche Kurs damit zu Ende ist, bleiben die Teilnehmer für die nächsten Jahre dennoch im „Training". Damit das neue Netzwerk auch nach dem Kurs ständig reaktiviert wird und sich die Teilnehmer ihren leistungsorientierten Zielen verpflichtet fühlen, findet alle sechs Monate eine Erfolgskontrolle durch die Trainingsleiter statt. Diese stellen fest, ob die angestrebten Ziele auch erreicht wurden, geben detaillierte Rückmeldung und helfen bei der Selbstbeurteilung *(Trainingsteil Zielsetzung/Rückmeldung)*.

Der gesamte Kurs basiert nicht nur auf den bisher dargestellten kognitiven Trainingsinhalten, sondern auch auf einer Reihe emotional-sozialer Faktoren *(Trainingsbereich soziale Unterstützung)*.

Da jede Selbstmodifikation Unsicherheit und Ängste hervorrufen kann, findet der Kurs in einer freundlichen, entspannten, wertschätzenden Atmosphäre statt. Die Trainingsleiter versuchen näherungsweise, die von ROGERS (1961) beschriebenen Therapeutenvariablen zu realisieren. Sie kritisieren nicht, beurteilen oder verurteilen weder das bisherige Verhalten, noch versuchen sie, die Teilnehmer in die erwünschte Richtung zu drängen. Um die „Selbstfindung" der Teilnehmer zu erleichtern, stellen sie jede notwendige Information zur Verfügung, stehen jederzeit zur individuellen Beratung bereit und vermitteln ihnen das Gefühl, daß sie von allen unter-

stützt, respektiert und für fähig gehalten werden, ihr eigenes Schicksal in die Hand zu nehmen *(Trainingsteil soziale Unterstützung/Anerkennung).*
Damit sich das neue kognitive Netzwerk ungestört entwickeln kann, findet das Training in klausurähnlicher Abgeschiedenheit statt. Die Teilnehmer verbringen die 14 Trainingstage gemeinsam in einem abgelegenen Hotel und versuchen – bei weitgehender Abkehr von den Problemen des täglichen Lebens – sich vollständig auf die Trainingsinhalte zu konzentrieren *(Trainingsteil soziale Unterstützung/Abgeschiedenheit).*
Die relative Isolierung wirkt sich aber auch noch auf andere Weise günstig auf die Entwicklung des neuen Netzwerkes aus. Die Abgeschiedenheit während des Kurses bietet praktisch die Grundlage für die Entstehung einer Bezugsgruppe, deren Mitglieder nicht nur gemeinsame Ziele haben, sondern auch eine gemeinsame Sprache sprechen. Für diese Gruppe sind die leistungsorientierte Sprache und das leistungsorientierte Verhalten Zeichen der Mitgliedschaft, deren Auftreten von allen Mitgliedern gefördert und bekräftigt wird. Leistungsmotiviertes Handeln gewinnt so an Wert, tritt immer häufiger auf und wird dadurch zu einem stabilen Merkmal *(Trainingsteil soziale Unterstützung/Bezugsgruppe).*

9.2.2. Theoretische Grundannahmen

Diesen 12 Trainingsvariablen, die nur zum Teil auf motivationspsychologischen Erkenntnissen beruhen, liegen kurz zusammengefaßt folgende Annahmen zugrunde:

9.2.2.1. Leistungssyndrom

Das neue Motiv wird sich um so eher entwickeln

a) je vollständiger ein Individuum das neue Netzwerk aufbaut und je besser es das Netzwerk begrifflich faßt,
b) je besser es das neue Netzwerk mit entsprechenden Handlungen verbinden kann und
c) je besser der neue Vorstellungs-Handlungs-Komplex mit Ereignissen des täglichen Lebens verbunden wird.

9.2.2.2. Selbststudium

Das neue Motiv wird um so eher künftige Vorstellungen und Handlungen beeinflussen

a) je mehr es in Übereinstimmung mit den Anforderungen der Realität gesehen wird,
b) je mehr es als Verbesserung des Selbstbildes und
c) je mehr es als Bereicherung der kulturellen Werte erlebt wird.

9.2.2.3. Zielsetzung

Das Training wird um so eher zum Erfolg führen

a) je mehr ein Individuum glaubt, daß es das neue Motiv entwickeln kann und sollte,
b) je mehr es sich verpflichtet fühlt, konkrete Lebensziele zu erreichen, die mit dem neuen Motiv in Zusammenhang stehen und
c) je öfter des Rückmeldung über die Fortschritte erhält, die es auf dem Weg zu den selbstgesteckten Zielen gemacht hat.

9.2.2.4. Soziale Unterstützung

Motivveränderungen treten um so eher auf

a) je mehr das Individuum sich von den anderen unterstützt und respektiert fühlt,
b) je mehr das Selbststudium betont und aus der normalen Routine des Alltags herausgehoben wird und
c) je mehr das Motiv als Zeichen der Mitgliedschaft in einer neuen Bezugsgruppe angesehen wird.

9.2.3. Ergebnisse der Trainingsprogramme für Geschäftsleute

Wie bereits angedeutet, sollte durch den Trainingskurs nicht nur die Stärke des Leistungsmotivs erhöht, sondern über die Veränderung des Leistungsmotivs auch die unternehmerische Effektivität gesteigert werden. Beide Ziele schienen in den Trainingsprogrammen von Vellore, Kakinada und Rajahmundry erreicht worden zu sein. Wie Abbildung 9.1 erkennen läßt, erhöht sich durch das Training wesentlich der leistungsthematische Gehalt der TAT-Geschichten. Im Laufe der nächsten 2 bis 3 Jahre geht dieser Anstieg zwar zurück, bleibt aber immer noch wesentlich über dem ursprünglichen Ausgangsniveau.

Aufgrund dieser Befunde konnte man annehmen, daß die angestrebten Motivänderungen erreicht und damit die notwendige Basis für erfolgreicheres unternehmerisches Verhalten geschaffen worden war. Diese Annahme schien berechtigt. Auch in bezug auf die geschäftlichen Aktivitäten zeigten die Trainingsteilnehmer im Vergleich zu einer Kontrollgruppe (die an allen Vor- und Nachtests, aber nicht an dem Kursus teilgenommen hatten) wesentliche Verbesserungen (s. Tabelle 9.1). Die Kursteilnehmer wurden ganz allgemein unternehmerisch aktiver: sie gründeten mehr neue Geschäfte, scheiterten dabei zwar öfter, aber arbeiteten mehr, investierten mehr und beschäftigten mehr Mitarbeiter.

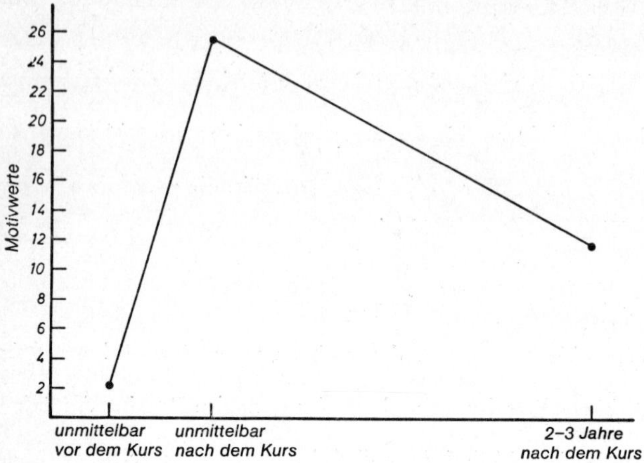

Abbildung 9.1
Höhe der Motivkennwerte der Trainingsteilnehmer unmittelbar vor und nach dem Kurs sowie 2 bis 3 Jahre später (nach McClelland & Winter, 1969, S. 325).

Tabelle 9.1
Vergleich der Teilnehmer der Trainingsgruppe (TG), mit denen der Kontrollgruppe (KG) bei einzelnen unternehmerischen Aktivitäten in der Zeit vor und nach dem Kurs (zusammengestellt nach McClelland & Winter, 1969).

	vor dem Kurs 1962–1964		nach dem Kurs 1964–1966	
	TG	KG	TG	KG
Unternehmerisch aktiv	18%	22%	51%	25%
mehr als 8 Stunden Arbeitszeit/Tag	7%	11%	20%	7%
Konkurse	–	–	25%	7%
Neugründungen von Geschäften	4%	7%	22%	8%
Neue Kapitalinvestitionen	32%	29%	74%	40%
Einkommensverbesserungen	75%	57%	80%	76%
Anstieg der Beschäftigtenzahl	35%	31%	59%	33%

Nach diesen Ergebnissen schienen die Trainingskurse ihre Effektivität bewiesen zu haben. Sie traten aus dem Stadium der Erprobung heraus und wurden außerhalb universitärer Forschung in der Praxis angewandt (s. McClelland & Winter, 1969).

9.2.4. *Harvard-Trainingsprogramme für Schüler*

Derartige Trainingsprogramme wurden aber nicht nur mit Geschäftsleuten durchgeführt. Auch bei Schülern glaubte man durch entsprechende Kurse das Leistungsmotiv so verändern zu können, daß bei ihnen die Bereitschaft geweckt wird, intensiver zu arbeiten und ihrer Begabung entsprechend mehr zu leisten.

Eines der ersten schulischen Motivänderungsprogramme war die Untersuchung von KOLB (1965). Im Rahmen eines sechswöchigen Feriennachhilfeprogramms nahmen 20 „Underachiever" (Schüler, die eine sehr hohe Intelligenz besitzen, aber nur schlechte Schulleistungen aufweisen) an einem Motivänderungstraining teil, das in weiten Teilen dem eben dargestellten Programm für Geschäftsleute glich: Um das Vertrauen in das Programm herzustellen, werden auch hier die Schüler als erstes mit einigen theoretischen Grundlagen der Leistungsmotivationsforschung vertraut gemacht. Sie erfahren, welche Bedeutung dem Leistungsmotiv in leistungsorientierten Situationen (Schule und Beruf) zukommt und durch welche besonderen Verhaltensweisen sich Hochleistungsmotivierte auszeichnen. Anhand von Spielen (Auto-Renn-Spiel, LITWIN-CIARLO-Business-Game) lernen sie, sich mittlere Ziele zu setzen, Verantwortung zu übernehmen, Rückmeldung einzuholen sowie Belohnungsaufschub und Selbstkontrolle zu üben. Sie werten Phantasiegeschichten nach leistungsthematischen Gesichtspunkten aus und diskutieren über ihre Interessen, Zukunftsaussichten und den Zielkonflikt zwischen sozialem Anschluß und leistungsmotiviertem Verhalten. In kleinen Diskussionsgruppen und Beratungsgesprächen wird anschließend versucht, die neu erlernten Techniken und Verhaltensweisen auf alltägliche Probleme zu übertragen.

Auch hier waren die Ergebnisse recht ermutigend, wenn sich die erwarteten schulischen Leistungsverbesserungen auch nicht durchgängig, sondern nur bei den Schülern aus Familien mit höherem Sozialstatus zeigten.

Die nachfolgenden Programme der Harvard-Gruppe um MCCLELLAND sind ähnlich konzipiert. Es handelt sich fast immer um Intensivkurse von 3 bis 10 Tagen, maximal 3 bis 4 Wochen (20–40 Stunden), die außerhalb des normalen Unterrichtes an Wochenenden oder in den Ferien durchgeführt werden. Formal und inhaltlich sind die Programme sehr stark an die Trainingskurse für Unternehmer angelehnt. Ein kompletter Kurs umfaßt auch hier die Trainingsteile ‚Leistungssyndrom', ‚Selbsterfahrung', ‚Zielsetzung' und ‚soziale Unterstützung'. Unterschiede aus den Programmen erwachsen aus der Trainingszeit, die insgesamt zur Verfügung steht und aus dem Alter der Schüler, die an dem Training teilnehmen. Bei nicht ausreichender Trainingszeit werden einzelne Programmteile gekürzt oder weg-

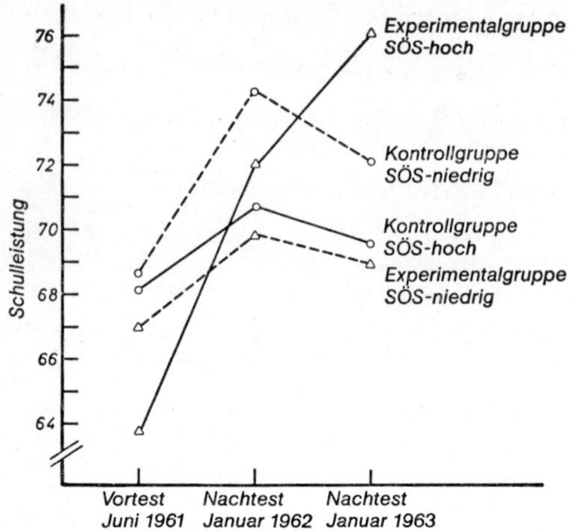

Abbildung 9.2
Durchschnittliche Schulleistung im Vortest und den beiden Nachtests bei den Schülern der Trainings- und der Kontrollgruppe (nach Kolb, 1965, S. 789).

gelassen. Je jünger die Kinder sind, um so weniger Wert wird auf die Vermittlung kognitiver Inhalte gelegt und um so mehr steht der Verhaltensaspekt im Vordergrund (s. ALSCHULER, TABOR & MCINTYRE, 1970; MCCLELLAND & ALSCHULER, 1971; MCCLELLAND, 1972; ALSCHULER, 1973). Insgesamt betrachtet sind die schulischen Trainingsprogramme – gemessen an ihrem eigenen Anspruch, die Lern- und Leistungsbereitschaft der Schüler zu erhöhen – nicht so effektiv gewesen, wie es nach den Erfolgen der Trainingskurse für Geschäftsleute zu erwarten gewesen wäre. Schulische Leistungsverbesserungen lassen sich praktisch nicht nachweisen. Der von MCCLELLAND und ALSCHULER (1971) in einer einzigen Untersuchung gefundene Notenanstieg (Arlington High-School) ist sehr schwach und läßt sich zudem nicht eindeutig auf das Training zurückführen. Eine Ausnahme bildet allein die Studie von KOLB, doch hierbei ist zu bedenken, daß die Schüler neben dem Motiveänderungstraining einen zusätzlichen Nachhilfeunterricht erhielten und auch unter dieser Zusatzbedingung nur die Teilnehmer aus den höheren sozialen Schichten (SÖS hoch) auf die Dauer von dem Training profitierten (vgl. Abbildung 9.2).
Im Grunde genommen sind die fehlenden Verbesserungen auf schulischem Gebiet nicht weiter überraschend. In zahlreichen Untersuchungen über den Zusammenhang zwischen Leistungsmotiv und Schulleistung hatten sich nur selten deutliche Beziehungen zwischen beiden Variablen finden lassen (vgl. Kap. 10). Um so häufiger ließen sich dagegen Übereinstimmungen zwischen

der Höhe des Leistungsmotivs und außerschulischen Aktivitäten wie Hobbies, Berufswünschen und Berufswahlen feststellen (McClelland, 1961). Ausgehend von diesen Befunden befragte Alschuler (in McClelland & Alschuler, 1971) ein Jahr nach Beendigung eines seiner Trainingsprogramme in einem Telefoninterview die Teilnehmer nach entsprechenden Aktivitäten. Diese Interviews bestätigten die Vermutungen: Im Vergleich zu einer Kontrollgruppe gingen die Teilnehmer des Trainingskurses verstärkt leistungsorientierten Tätigkeiten nach und wandten sich aktiver anstehenden Arbeits- und Berufsproblemen zu.

Wenn sich damit auch nicht alle Erwartungen erfüllt hatten, die ursprünglich in derartige Trainingsprogramme gesetzt worden waren, so glaubt McClelland doch festhalten zu können, „daß die bisherigen Trainingskurse zur Erhöhung des Leistungsmotivs bemerkenswerte Langzeiteffekte auf leistungsbezogene Tätigkeiten außerhalb der Schule hatten" (McClelland, 1972, S. 135).

9.3. Kritik an den Harvard-Trainingsprogrammen

Nach dieser gerafften Darstellung der Forschungsaktivitäten der Harvard-Gruppe und dem Fazit, das McClelland aus den bisherigen Ergebnissen zog, muß die Frage aufgeworfen werden, inwieweit die Kurse tatsächlich ihrem eigentlichen Anspruch gerecht wurden. Wie Tabelle 9.2 noch einmal verdeutlicht, wollte man durch sehr gezielte Interventionstechniken auf seiten des Individuums ganz spezielle kognitive Veränderungen hervorrufen. Diese kognitiven Veränderungen sollten zu dem angestrebten Motivwandel und darüber hinaus zu erfolgreicherem leistungsorientierten Verhalten führen.

Obwohl diese Kausalkette recht plausibel erscheint, läßt sich deren Gültigkeit nach den bisher vorliegenden Untersuchungsergebnissen in keiner Weise bestätigen. Fest steht lediglich, daß Verhalten auf irgendeine Weise längerfristig verändert wurde. Unklar bleibt, ob diese nachgewiesenen Verhaltensänderungen über die hypostasierten kognitiven Zwischenprozesse erreicht wurden und ob dabei die einzelnen Trainingsvariablen tatsächlich die Rolle spielten, die ihnen von McClelland zugeschrieben worden sind. Diese Nachweise zu erbringen war aus mehreren Gründen sehr schwierig. Die Hauptursache ist wohl darin zu sehen, daß die ersten Trainingsprogramme sehr viel stärker darauf ausgerichtet waren, Effekte auf der Verhaltensseite zu erzeugen, als theoretische Zusammenhänge zu klären (McClelland, 1965). Um auf jeden Fall Ergebnisse zu erzielen, baute man die Programme auf möglichst vielen „Inputvariablen" auf, wählte die unterschiedlichsten Trainingsverfahren und plante selbst Hawthorne- und Erwartungseffekte bewußt mit ein. Auf diese Weise wurde der Trainingserfolg zwar gesichert, nur ließ sich nachher nicht mehr feststellen, inwieweit die einzelnen Programmteile für die erzielten Verhaltensänderungen verantwortlich waren.

McClelland hatte diese Schwierigkeit vorhergesehen und deshalb ursprünglich geplant, in nachfolgenden Untersuchungen dieses Problem durch systematische Ausblendung der einzelnen Programmteile zu lösen (substraktive Forschungsstrategie). In der Folgezeit wurde man dieser Intention aber nur ansatzweise gerecht. Die genaue Bedeutung der einzelnen Trainingsinhalte und -techniken konnte kaum aufgeklärt werden, so daß Smith & Troth (1975) nach den vorliegenden Ergebnissen nicht mehr als folgenden trivialen Schluß ziehen können: Am effektivsten sind Programme, die (a) vollständig sind, (b) sich über einen längeren Zeitraum erstrekken, (c) gut strukturiert sind, (d) in denen ein günstiges therapeutisches Klima herrscht, (e) die nicht nur kognitive, sondern auch affektive Bereiche ansprechen und die (e) den Bedürfnissen der Teilnehmer gerecht werden.

Ungeklärt blieben aber nicht nur diese Probleme, sondern überraschenderweise auch die Frage, ob die Programme überhaupt ihrem eigentlichen Ziel gerecht wurden, nämlich Motive zu verändern. Die Schwierigkeit, diesen Nachweis zu erbringen, war auch hier methodischer Art. Wie bereits dargestellt (Abbildung 9.1) war es in den Trainingskursen gelungen, die Motivkennwerte der einzelnen Teilnehmer dauerhaft zu erhöhen. Doch dadurch, daß der TAT sowohl als Testinstrument wie auch als Trainingsinstrument verwandt wurde, ließ sich nach den vorliegenden Daten nicht entscheiden, ob im Nachtest tatsächlich Motiveänderungen gemessen oder lediglich testspezifische Behaltensleistungen geprüft wurden.

Auch durch indirekte Beweise läßt sich diese Frage nicht klären. Geht man entsprechend der theoretischen Vorannahmen dieser Kurse davon aus, daß Motivveränderungen die Voraussetzung für erfolgreicheres, leistungsorientierteres Verhalten sind, hätten sich bei den Teilnehmern die größten Verhaltensänderungen einstellen müssen, deren Motivkennwerte sich am meisten erhöhten. Dieser Zusammenhang läßt sich nicht nachweisen. Nach den Trainingskursen in Indien erhöht sich nur bei der Hälfte der Teilnehmer die unternehmerische Aktivität, während die übrigen inaktiv bleiben. Zwischen den Gruppen der ‚Aktiven' und der ‚Inaktiven' ergeben sich aber weder unmittelbar nach dem Kurs noch 2 bis 3 Jahre später deutliche Unterschiede in bezug auf ihre Motivkennwerte. Offen bleibt auch hier, ob zwischen beiden Gruppen tatsächlich keine Motivunterschiede oder nur keine Unterschiede in der Behaltensleistung vorhanden sind. Da auch bei den Trainingsprogrammen für Schüler gesicherte Motivveränderungen nicht

Tabelle 9.2
Zusammenhang zwischen Trainingsinhalten, intervenierenden Variablen und Trainingsergebnissen in den Motivänderungsprogrammen der Harvard-Gruppe (in Anlehnung an McClelland, 1965, S. 331).

Trainingsinhalte		Kognitive Veränderungen	Trainingsergebnisse unternehmerischer Bereich	 schulischer Bereich
I. Leistungssyndrom A Vorstellung (TAT) B Verhalten (Spiele) C Fallbeispiele (Harvard business game)	→	Aufbau des assoziativen Netzwerkes Begriffliche Konkretisierung des Netzwerkes Verknüpfung des Netzwerkes mit alltäglichen Gegebenheiten	**1. Vorstellung** Änderung des leistungsthematischen Netzwerkes **2. Handlung** a) Einholung von Rückmeldung b) mittlere Zielsetzung	**1. Vorstellung** Änderung des leistungsthematischen Netzwerkes (?) **2. Handlung** nicht geprüft
II. Selbststudium Konfrontation mit: A Realität B Selbst C kulturellen Werten	→	Herausarbeiten der Beziehung zwischen neuem Netzwerk und übergeordneten Netzwerken werden interferierende Assoziationen assimiliert	**3. Innovation** **4. Gebrauch von Zeit und Geld**	**3. Innovation** nicht geprüft **4. Gebrauch von Zeit und Geld** (nur bedingt bei McClelland & Alschuler [1971] geprüft)
III. Zielsetzung A Prestigefaktoren B Aufstellung von Berufsplänen C Rückmeldung	→	Erhöhung der Anzahl von Reizen, an die das Netzwerk gebunden ist	**5. Unternehmerischer Erfolg** a) Karriere b) Umsatz c) Gewinn	**5. Schulischer Erfolg** (nur bei Kolb, 1965)
IV. soziale Unterstützung A Wärme/Anerkennung B Abgeschiedenheit C Bezugsgruppe	→	Positive Affekte werden mit dem Netzwerk assoziiert		

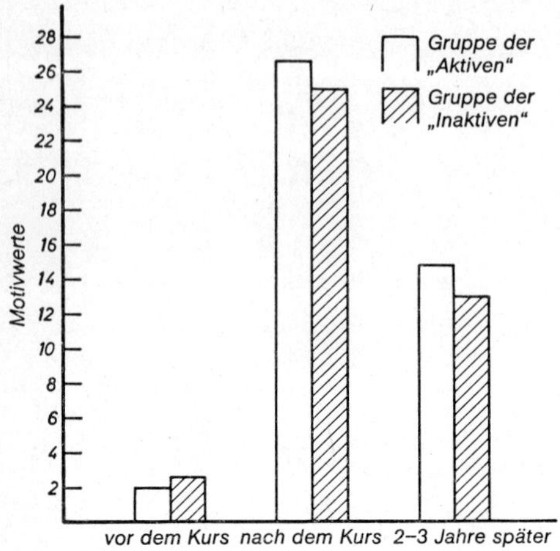

Abbildung 9.3
Höhe der Motivkennwerte der ‚aktiven‘ und der ‚inaktiven‘ Kursteilnehmer (nach McClelland & Winter, 1969, S. 325)

nachgewiesen werden konnten und sich zudem keine Leistungsverbesserungen auf schulischem Gebiet einstellten, schließt McClelland, daß es aufgrund der vorliegenden Befunde „theoretisch sparsamer und angemessener sei, anzunehmen, daß durch die Trainingsprogramme keinerlei Motivänderungen erzielt, sondern lediglich Fertigkeiten zur besseren Lebensbewältigung vermittelt wurden“ (McClelland, 1972, S. 154). Damit werden zwar nicht die Programme als solche, wohl aber ihr eigentlicher Anspruch sehr in Frage gestellt.

Eine erste Möglichkeit, diese Schlußfolgerungen McClellands zu überprüfen, bot sich durch eine Reanalyse der TAT-Geschichten nach dem von Heckhausen (1963) entwickelten Auswertungsschlüssel zur Bestimmung der Richtung und Stärke des Leistungsmotivs (vgl. Kap. 7). Der Vorteil dieses Auswertungsverfahrens besteht nicht nur darin, daß er den Trainingsteilnehmern unbekannt geblieben war, sondern, daß mit diesem Schlüssel neben der ungerichteten Gesamtstärke des Leistungsmotivs auch die beiden entgegengesetzten Tendenzen ‚Hoffnung auf Erfolg‘ und ‚Furcht vor Mißerfolg‘ erfaßt werden können.

Nach diesen Kennwerten wurden die TAT-Protokolle der indischen Trainingsteilnehmer verrechnet und zu den unternehmerischen Aktivitäten nach dem Kurs in Beziehung gesetzt (Heckhausen, 1971). Bei diesem Vergleich zeigte sich eine signifikante Wechselwirkung zwischen der Motivausprägung der Teilnehmer vor dem Kurs und der Berufsposition, die sie nach dem Kurs einnahmen (vgl. Abbildung 9.4). Nur bei denjenigen Geschäftsleuten traten positive Veränderungen nach dem Kurs auf, die vor dem Training mißerfolgsmotiviert waren und Positionen innehatten, die ihnen selbständige unternehmerische Entscheidungen erlaubten. Diese Teilnehmer werden nicht nur auf unternehmerischem Gebiet aktiv, sondern bei ihnen erfolgte auch der angestrebte Motivwandel, und zwar von einer überwiegenden Mißerfolgsängstlichkeit in Richtung auf eine stärkere Erfolgszuversichtlichkeit.

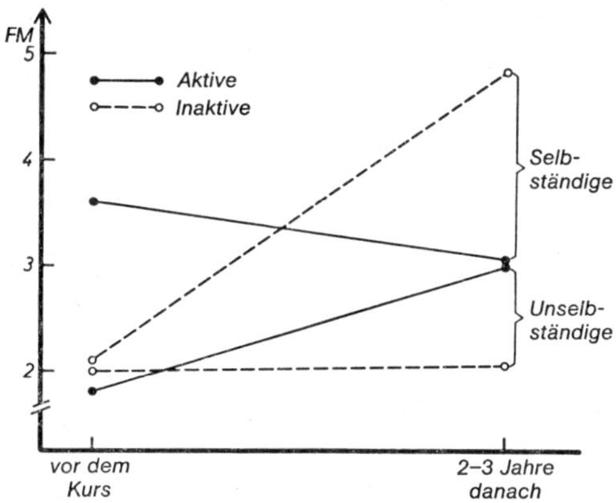

Abbildung 9.4
Änderung der Motivwerte für ‚Furcht vor Mißerfolg' (FM) zwischen den beiden Messungen vor dem Kurs und 2–3 Jahre danach bei den Aktiven und den Inaktiven in den beiden Gruppen der Selbständigen und Unselbständigen (Heckhausen, 1971, S. 262).

Durch diese Analyse war der erste Beweis dafür erbracht worden, daß auch im Erwachsenenalter Motivveränderungen noch möglich sind. Leider nicht nachgewiesen werden konnte die Annahme, daß sich der angestrebte Motivwandel während des Kurses einstellte, also unmittelbar durch die verschiedenen Programmteile ausgelöst wurde. Da die TAT-Protokolle, die sofort nach dem Trainingskurs geschrieben worden waren, für die Reanalyse nicht mehr greifbar waren, wäre als Alternativhypothese denkbar, daß durch das Kursprogramm keinerlei motivationale Änderungen erreicht wurden. Während des Kurses erwarben die Teilnehmer lediglich neue unternehmerische Fertigkeiten und Techniken, die ihnen nach dem Kurs bei geschäftlichen Unternehmungen nützlich waren. Hatten die Teilnehmer Gelegenheit, diese neu erworbenen Fertigkeiten bei unternehmerischen Entscheidungen einzusetzen (Selbständige), stellten sich rasch geschäftliche Erfolge ein, die sie uneingeschränkt auf ihre eigene Tüchtigkeit zurückführen konnten. Die Folge waren größere Erfolgszuversicht, Stolz über die eigene Tüchtigkeit und das Bestreben, diese noch weiter zu steigern. Der nachgewiesene Motivwandel wäre damit nur mittelbar auf das Trainingsprogramm zurückzuführen, unmittelbar aber das Ergebnis des vermehrten geschäftlichen Erfolges.

Träfe dies zu, könnte man sich den gesamten kognitiv-motivationalen Überbau der Trainingsprogramme sparen. Um noch bessere motivationale Effekte zu erzielen, müßte man sogar die gesamte Kursarbeit stärker auf Vermittlung der Tüchtigkeiten und Fertigkeiten legen, die für den beruflichen oder schulischen Werdegang der Trainingsteilnehmer relevant sind. Auf diese Weise würde man kurzfristig Erfolge sichern, die längerfristig zu dem erwünschten Motivwandel und zu dem stabilen leistungsorientierten Verhalten führen.

9.4. Weiterführende Ansätze in der Entwicklung von Trainingsprogrammen

9.4.1. Trainingsprogramm von Krug *und* Hanel

Weiteren Aufschluß über die Frage, ob es möglich ist, Motive durch intensive Trainingsprogramme zu beeinflussen, liefert eine Untersuchung von Krug & Hanel (in Vorb.). Ausgangspunkt dieser Untersuchung war nicht mehr die Leistungsmotivationstheorie McClellands, sondern die eindeutig operationalisierbare und um eine Reihe kognitiver Bestimmungsstücke erweiterte Theorie Heckhausens (Heckhausen, 1972b, 1975c; vgl. hier Kap. 3 und 6). Nach dieser Theorie wird das hypothetische Konstrukt Leistungsmotiv als Selbstbekräftigungssystem aufgefaßt, das sich aus den Bestimmungsstücken Gütemaßstäbe oder Normwerte, Attribuierungsvoreingenommenheiten und Selbstbekräftigungsstrategien zusammensetzt. Verhaltensunterschiede zwischen Erfolgs- und Mißerfolgsmotivierten sowie die Stabilität des Verhaltens über Zeit kommen dadurch zustande, daß Mißerfolgsmotivierte im Vergleich zu Erfolgsmotivierten unrealistische Normwerte, unangemessene Attribuierungsvoreingenommenheiten für Erfolg und Mißerfolg und ungünstige Selbstbekräftigungsmuster besitzen. Um eine Bestätigung ihrer vermuteten mangelnden Fähigkeit und die damit einhergehenden negativen Affekte zu vermeiden, gehen Mißerfolgsmotivierte leistungsorientierten Tätigkeiten entweder ganz aus dem Weg oder wählen – wenn dies nicht möglich ist – Ziele, die weit über oder aber weit unter ihrem tatsächlichen Leistungsniveau liegen. Durch diese Strategie vermeiden sie zwar die befürchtete Bestätigung ihres negativen Selbstkonzeptes, verhindern auf der anderen Seite aber dessen Revision und damit die Grundlage erfolgszuversichtlichen leistungsorientierten Handelns. Ein Wandel des unrealistischen Leistungsverhaltens wird dadurch verhindert, daß nicht nur die Attribuierungsvoreingenommenheit das Verhalten steuern, sondern durch eben dieses Verhalten die unangemessenen Voreingenommenheiten ständig aufrechterhalten werden.

Motivänderungen müßten sich nach dieser Theorie dann einstellen, wenn es gelänge, den Kreisprozeß aufzubrechen und die drei Bestimmungsstücke neu zu gestalten. Mißerfolgsmotivierte müßten zu diesem Zweck (a) lernen, sich, gemessen an ihrer Tüchtigkeit, realistische Ziele zu setzen. Sie müßten (b) angemessenere Ursachenzuschreibungen erwerben, um so zu einem angemesseneren Konzept eigener Begabung zu kommen, und sie müßten (c) eine positivere Selbstbekräftigungsbilanz nach Erfolg und Mißerfolg erleben, damit sich auch bei ihnen der Anreizwert leistungsorientierten Verhaltens erhöht.

Auf der Grundlage dieser theoretischen Annahmen wurde ein Trainingsprogramm erstellt und mit mißerfolgsmotivierten, leistungsschwachen Schülern der 4. Grundschulklasse durchgeführt. In insgesamt 16 Trainingssitzungen von einer bis zwei Schulstunden lernten die Kinder außerhalb des normalen Unterrichtes die für erfolgszuversichtliches Handeln notwendigen realistischeren Zielsetzungen, angemesseneren Ursachenzuschreibungen und positiveren Selbstbekräftigungen. Eingeübt wurden diese Fertigkeiten zuerst an spielerischen Tätigkeiten und später an unterrichtsbezogenen Aufgaben.

Die Ergebnisse dieses Trainings sind in bezug auf die noch unbeantworteten Fragen recht aufschlußreich. Im Vergleich zu einer Kontroll- und einer Erwartungskontrollgruppe[1] zeigen sich in der Trainingsgruppe nach dem Kurs nicht nur die erwarteten Veränderungen im Zielsetzungsverhalten, in der Attribuierung und in der Selbstbekräftigung. Es läßt sich darüberhinaus auch ein deutlicher Motivwandel (NH) nachweisen, der – wie Abbildung 9.5 erkennen läßt – sowohl auf eine Abnahme der Meiden-Tendenz (FM) als auch auf eine Zunahme der Aufsuchen-Komponente (HE) zurückgeht.

In bezug auf die Schulleistung stellten sich keinerlei Veränderungen ein, obwohl die Schüler der Trainingsgruppe nicht nur im Motivations-, son-

---

[1] Die Schüler der Kontrollgruppe nahmen an keinem Trainingsprogramm teil; die Schüler der Erwartungskontrollgruppe waren Lehrern, Eltern und Schülern als weitere Trainingsgruppe vorgestellt worden, sie bearbeiteten auch dieselben Aufgaben wie die der Experimentalgruppe, wurden jedoch nicht in motivspezifischer Weise beeinflußt.

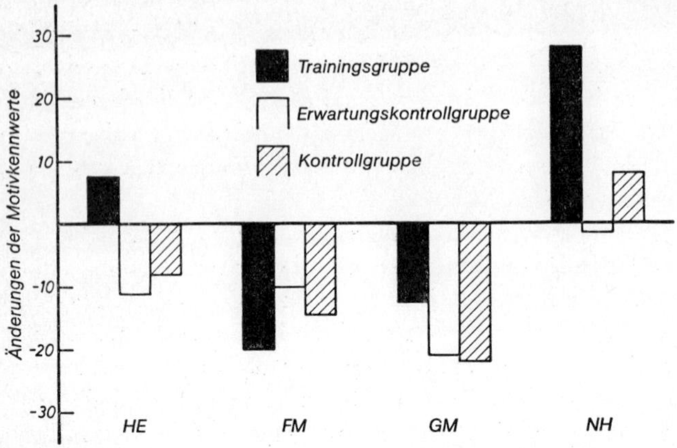

Abbildung 9.5
Änderung der Motivkennwerte zwischen Vor- und Nachtest in der Trainingsgruppe, der Erwartungskontrollgruppe und der Kontrollgruppe (nach Krug & Hanel, in Vorb.).

dern auch in einem Intelligenztest weit besser abschnitten als die Schüler der Vergleichsgruppen.

9.4.2. Unterrichtsintegrierte Trainingsprogramme

Bei den bisher dargestellten Motivänderungsprogrammen für Schüler handelte es sich um Intensivkurse, die außerhalb des Schulunterrichtes stattfanden und von speziell ausgebildeten Trainingsleitern betreut wurden. Im Gegensatz dazu existieren aber auch Programme, bei denen versucht wurde, die einzelnen Trainingsteile und -inhalte so in den normalen Unterricht zu integrieren, daß sie von den Klassenlehrern selbst durchgeführt werden konnten.

Eine der ersten Untersuchungen dieser Art waren die Trainingsprogramme von Prayag MEHTA (1968) zur Erhöhung des Leistungsmotivs und des Anspruchs an die eigene Leistung. Beide Trainingsformen waren Teil des normalen Unterrichtes und wurden bei vier Wochenstunden vier Monate lang durchgeführt. Um die Lehrer auf Durchführung der Programme vorzubereiten, nahmen diese selbst an einem zehntägigen Training zur Erhöhung des Leistungsmotivs und/oder an einem zweitägigen Training zur Hebung des eigenen Anspruchsniveaus teil.

Das Motivänderungsprogramm (für Lehrer und Schüler) war inhaltlich weitgehend identisch mit den Programmen der Harvard-Gruppe. Mit dem

Programm zur Hebung des Anspruchsniveaus sollte zum einen versucht werden, die Anforderungen an die eigene schulische Leistung zu steigern und zum anderen den Schülern ein besseres Bild eigener Fähigkeit zu vermitteln. Um dies zu erreichen, wurden die Schüler angehalten, sich vor den monatlichen Leistungstests Ziele zu setzen. Daneben erhielten sie zur Verbesserung ihres Selbstbildes gezielt günstige Rückmeldungen über ihre Ergebnisse in Persönlichkeits- und Leistungstests.

Die Befunde dieser Untersuchung sind nicht ganz überzeugend. Wie erwartet, erhöhen sich die Motivkennwerte in den Klassen am meisten, die sowohl ein Motivtraining wie auch ein Anspruchsniveau-Training erhielten. Erstaunlich ist nur, daß die Klassen, die nur an dem Motivtraining teilnahmen, in dem Test schlechter abschnitten, obwohl ihnen die Auswertungskriterien gleichermaßen bekannt waren.

Die größten schulischen Leistungsverbesserungen (naturwissenschaftliche Fächer) zeigten sich ebenfalls bei den kombinierten Trainingsgruppen. Diese Verbesserungen ließen sich aber nicht längerfristig sichern, zudem blieb unklar, inwieweit die Leistungsunterschiede zwischen den Klassen allein auf curricularen Faktoren beruhten.

Das Änderungsprogramm von DeCharms (1973) war noch stärker in den Unterricht integriert. Obwohl es eigentlich als Training zum Erleben der eigenen Verursachung (Origin-Verhalten) konzipiert war, unterscheidet es sich nur wenig von den Programmen zur Erhöhung des Leistungsmotivs. Um Origin-Verhalten hervorzurufen, wollte man den Schülern behilflich sein „(a) sich selbst realistische Ziele zu setzen; (b) ihre eigenen Stärken und Schwächen zu erkennen; (c) konkrete Verhaltensweise zu bestimmen, mit deren Hilfe sie jetzt ihre Ziele erreichen können, und (d) Rückmeldungen einzuholen, ob sie ihr Ziel erreicht haben, das heißt, ob ihre Handlungen den gewünschten Effekt haben“ (DeCharms, 1973, S. 63).

Wie bereits bei Mehta nahmen auch hier die Lehrer an einem Motivänderungstraining teil, das dem von McClelland & Winter weitgehend ähnelte. Vor und auch regelmäßig während des Trainingskurses trafen sie sich mit dem Projektleiter, um die Programmteile zu entwickeln, die während des kommenden Schuljahres durchgeführt werden sollten. Die Übungen waren um vier Begriffe zentriert, und zwar um das Selbstkonzept, die Leistungsmotivation, realistisches Zielsetzungsverhalten und das Erleben eigener Verursachung.

Einzelne Klassen wurden bis zu zwei Jahren trainiert; die verschiedenen Programmteile erstreckten sich über 8 bis 10 Wochen und nahmen an 3 bis 4 Tagen in der Woche jeweils eine halbe Stunde in Anspruch.

Je länger die Kinder trainiert wurden, um so stärker verbesserte sich ihr Origin-Verhalten. Diese Verbesserungen zeigten sich nicht nur in einem

Fragebogen, sondern auch in der realistischeren Zielsetzung der Schüler (Buchstabierspiel, arithmetische Aufgaben). Darüber hinaus waren in standardisierten Schulleistungstests deutliche Auswirkungen des Trainings nachweisbar. Je mehr der Lehrer seine Schüler zum Origin-Verhalten anregte, um so größer waren die Leistungsverbesserungen der Schüler.

9.5. Schlußfolgerungen

Zu Beginn dieses Artikels hatten wir die beiden Fragen aufgeworfen, ob Motivveränderungen theoretisch überhaupt denkbar sind und mit Hilfe welcher psychologischen Maßnahmen sie sich gegebenenfalls erreichen lassen.

Die erste Frage kann relativ kurz beantwortet werden. Nicht nur nach theoretischen Überlegungen (McClelland, 1965; Heckhausen. 1972b), sondern auch nach empirischen Befunden sind Motivveränderungen im Jugend- und Erwachsenenalter möglich (McClelland & Winter, 1969; Heckhausen, 1971). Aus den Befunden von Krug & Hanel läßt sich darüber hinaus der Schluß ziehen, daß sich die erwünschten Veränderungen nicht erst nach längerfristiger, erfolgreicher Erprobung der neu erworbenen Verhaltensweisen einstellen. Bereits relativ kurzfristige Trainingsprogramme können einen Motivwandel bedingen.

Um diese Veränderungen zu erreichen, bediente man sich in den einzelnen Trainingsprogrammen scheinbar sehr unterschiedlicher Vorgehensweisen, Inhalte und Techniken. Die Frage, welche dieser Maßnahmen für die Initiierung eines Motivwandels unbedingt notwendig, welche entbehrlich und welche möglicherweise sogar hinderlich sind, läßt sich deshalb kaum klären. Da das auf der Theorie Heckhausens aufbauende Trainingsprogramm von Krug & Hanel auf den wenigsten Annahmen und Techniken beruht, und dennoch effektiv gewesen ist, drängt sich die Vermutung auf, daß möglicherweise auch in den anderen Programmen die von Krug & Hanel verwandten Trainingsinhalte (Zielsetzung, Ursachenzuschreibung, Selbstbekräftigung) enthalten waren, und für die nachgewiesenen Veränderungen verantwortlich sind.

Analysiert man daraufhin die einzelnen Untersuchungen, läßt sich diese Vermutung zwar nicht mehr stichhaltig bestätigen, es lassen sich aber immerhin einige Anhaltspunkte für diese Annahme finden.

Realistisches Zielsetzungsverhalten wurde nachweisbar in allen Programmen intensiv eingeübt. Dabei beschränkte man sich nicht auf spielerische Situationen, sondern versuchte dieses Verhalten auch auf alltägliche Probleme zu übertragen. Nach der Theorie Heckhausens kommt diesem Bestimmungsstück besonders große Bedeutung zu, da hierdurch praktisch die Grundlagen leistungsorientierten Verhaltens gelegt werden. Erst wenn die Übernahme realistischen Zielsetzungsverhaltens gelungen ist, sind die Voraussetzungen für die Veränderung der anderen Bestimmungsstücke gegeben. Wenn man sich Ziele im subjektiv mittleren Schwierigkeitsbereich setzt, erlebt man am unmittelbarsten die Abhängigkeit des Handlungsresultates von der eigenen Anstrengung: gibt man sich genügend Mühe, hat man Erfolg, strengt man sich zu wenig an, erleidet man Mißerfolg. Nur unter dieser Bedingung bekommt man demzufolge zuverlässige Information über die eigene Tüchtigkeit, kann Stolz und Zufriedenheit über die eigene Leistungstüchtigkeit empfinden und diese immer weiter zu steigern versuchen.

Aber auch dem zweiten Bestimmungsstück *(angemessene Ursachenzuschreibung)* ist bei der Initiierung eines Motivwandels große Bedeutung beizumessen. Nach MEYER (1973 a) kann leistungsmotiviertes Verhalten nur dann langfristig stimuliert werden, wenn es gelingt, „dem Individuum das Gefühl zu vermitteln, daß es für seine Leistungsresultate selbst verantwortlich ist und durch eigenes Verhalten künftige Ereignisse weitgehend bestimmbar sind“ (MEYER, 1973 a, S. 36).

Wenn sich auch in den verschiedenen Trainingsprogrammen MCCLELLANDS keine Hinweise finden lassen, daß den Teilnehmern gezielt ein ‚gutes Konzept eigener Leistungsfähigkeit‘ vermittelt wurde, so sprechen doch einige Anzeichen dafür, daß bei ihnen zumindest das Erleben der Selbstverantwortlichkeit gesteigert werden sollte. Zum einen wurden sie während der Trainingsspiele angehalten, sich (neben realistischer Zielsetzung und Einholen von Rückmeldung) für das erzielte Handlungsresultat verantwortlich zu fühlen, und zum anderen wurde dies nach MEYER aber auch dadurch zu erreichen versucht, daß bei den Teilnehmern das Gefühl geweckt wurde, daß sie starke Persönlichkeiten sind, die ihr Leben selbst in der Hand haben und es so führen können, wie sie wollen.

Bei KOLB (1965) und MEHTA (1968) wurde bereits versucht, über die Rückmeldung von Testergebnissen (Intelligenz- und Leistungstests) das Bild der eigenen Tüchtigkeit zu verbessern. Ganz konkretes Trainingsziel wird dieses Bestimmungsstück aber erst in dem sehr erfolgreichen Projekt von DECHARMS (1973). Wie bereits erwähnt, lernten hier die Schüler vor allem sich als kausal wirksam zu erleben (Origins) und sich nicht mehr als Schachfiguren zu fühlen (Pawns), die ständig von anderen dirigiert und herumgestoßen werden.

Für die Beeinflussung des dritten Bestimmungsstückes, die *Selbstbekräftigung*, lassen sich die wenigsten Hinweise finden. MCCLELLAND (1965) und auch KOLB (1965) betonen zwar die Wichtigkeit einer freundlichen, unter-

stützenden Atmosphäre sowie sozialer und damit externaler Bekräftigungen, es wird jedoch nirgends deutlich, daß die Teilnehmer angehalten werden, sich über ihre eigenen Leistungen zu freuen und stolz auf ihre Tüchtigkeit zu sein. Lediglich bei DECHARMS klingt dies an, als er mutmaßt, daß sich die Änderung des Selbstbildes von einem ‚Pawn' zu einem ‚Origin' in angemessenerem und befriedigenderem Verhalten niederschlage.
Wenn sich durch diese Nachanalyse auch keine eindeutigen Beweise dafür finden ließen, daß die Effektivität aller Programme auf denselben Faktoren beruht, so wurden doch zumindest einige Bestimmungsstücke erkennbar, denen bei der Initiierung eines Motivwandels große Bedeutung zuzumessen ist. Um wirklich effektive Programme zu erhalten, müßte deren Stellenwert noch genauer ermittelt und bei der Planung von Änderungsprogrammen gezielter berücksichtigt werden.
In diesem Zusammenhang ist aber auch noch auf eine weitere Bedingung hinzuweisen, die Beachtung verdient. Wie bereits angedeutet, bestand das Ziel der meisten Trainingsprogramme nicht nur darin, Motive, sondern auch Verhalten zu verändern. Überraschenderweise zeigen sich aber nicht bei allen Programmen die erwünschten Verhaltensänderungen, selbst wenn der erstrebte Motivwandel erzielt worden war. Unterteilt man unter diesem Gesichtspunkt die Programme nach ihrer Effektivität, lassen sich drei verschiedene Gruppen ausmachen.
Bei KRUG & HANEL, den meisten Programmen von MCCLELLAND & ALSCHULER (1971) sowie in einer neueren Untersuchung von SMITH & TROTH (1975) finden sich keine Verhaltensänderungen. Bei MCCLELLAND & WINTER (1969) sowie KOLB (1965) stellen sich nur bei Teilgruppen Veränderungen ein, wobei bei MCCLELLAND & WINTER nur die selbständigen Unternehmer ihre geschäftlichen Aktivitäten erhöhen, und bei KOLB nur die Schüler der oberen Sozialschichten ihre Schulleistungen längerfristig verbessern. Durchgängige Leistungsverbesserungen finden sich nur in wenigen Untersuchungen und zwar bei MEHTA (1968), RYALS (1969, zit. nach MCCLELLAND, 1972) sowie bei DECHARMS (1973).
Das Gemeinsame all dieser Programme besteht in der Hauptsache darin, daß sie alle von einem sehr starken persönlichkeitspsychologischen Standpunkt ausgingen. Die Veränderung von Persönlichkeitseigenschaften, hier Motive, wurde nicht nur für eine notwendige, sondern auch hinreichende Bedingung gehalten, um Verhaltensänderungen hervorzurufen. Nach neueren Theorieansätzen (vgl. Kap. 2 und Kap. 10) hängt leistungsorientiertes Verhalten aber nicht allein von Persönlichkeitsfaktoren, sondern auch von entsprechenden Situationsfaktoren ab. Die Effektivitätsunterschiede zwischen den Programmen könnten deshalb ein Anzeichen dafür sein, inwieweit es den Trainingsleitern oder auch den Trainingsteilnehmern selbst

gelang, während oder nach dem Kurs die Umweltbedingungen zu schaffen, die eine weitere Motiventfaltung und damit erfolgsorientiertes Verhalten begünstigen.

Bei den Programmen von MEHTA, RYALS und DECHARMS scheint dies optimal gelungen zu sein. Diesen drei Programmen ist gemeinsam, daß sie sich über einen relativ langen Zeitraum erstreckten (bei DECHARMS bis zu zwei Schuljahren), daß sie von den Klassenlehrern selbst durchgeführt wurden, daß die Programme Teil des Unterrichts waren, und daß die Lehrer vor Beginn des Schülertrainings selbst an einem Kurs zur Motivänderung teilgenommen hatten. Diese Faktoren dürften bewirkt haben, daß die Lehrer in ihrem Unterricht ein Klima schufen, das für realistische Zielzetzung, angemessene Ursachenzuschreibung, Selbstverantwortlichkeit etc. besonders günstig war. Die Schüler erhielten auf diese Weise Gelegenheit, sich entsprechend ihrer veränderten Motivlage zu verhalten und die neuerworbenen Verhaltensweisen und Kognitionen längerfristig zu erproben. Damit waren sowohl die Grundlagen für eine weitere Stärkung des Motivs wie auch für die Verbesserung der schulischen Leistungen gegeben.

Für die Kinder, die an den außerschulischen Trainingsprogrammen teilnahmen, waren derart günstige Bedingungen sicherlich nicht vorhanden. Für die meist schulschwachen Kinder änderte sich am Unterricht vermutlich nichts. Der Lehrstoff blieb weiterhin zu schwer, und Möglichkeiten, sich nach den eigenen Fähigkeiten leichtere Ziele zu wählen, bestanden wahrscheinlich nicht. Erhielten die Schüler keinen zusätzlichen Nachhilfeunterricht wie in der Untersuchung von KOLB, blieb das Motivationstraining für den schulischen Bereich ohne Wirkung. Dafür schien es sich dort niederzuschlagen, wo die Trainingsteilnehmer die Umweltfaktoren vorfanden, die für die Anregung des neuen Motivs günstiger waren (außerschulische Aktivitäten etc.; s. MCCLELLAND & ALSCHULER, 1971).

Entsprechend lassen sich auch die Ergebnisse der Trainingsprogramme für die indischen Geschäftsleute interpretieren. Nur wenn die Teilnehmer nach dem Kurs Bedingungen vorfinden, die es ihnen erlauben, die neu erworbenen Fertigkeiten auch anzuwenden (selbständige Unternehmer), profitieren sie von dem Training. Besitzen sie die Möglichkeit nicht (unselbständige Unternehmer), kommt der Kurs nicht zum Tragen, die unternehmerischen Aktivitäten erhöhen sich nicht. Für die Erstellung weiterer Trainingsprogramme bedeutet dies: Es hat wenig Sinn, Veränderungen allein auf der Personenseite herbeizuführen, wenn nicht parallel dazu die Umweltfaktoren neu gestaltet werden. Motivveränderungen sind nur dann ertragreich, wenn die Person in bezug auf das neue Motiv Aktualisierungsmöglichkeiten erhält, um das neue Verhaltensrepertoire stabilisieren zu können.

10. Situative Determinanten der Beziehung zwischen Leistungsmotiv und Schul- und Studienleistung[1]

von Falko Rheinberg
Ruhr-Universität Bochum

Leistungsmotiv und Schulleistung haben das Wort „Leistung" gemeinsam. Diese Gemeinsamkeit legt die naivpsychologische und manchmal auch die „wissenschaftliche" Annahme nahe, zwischen beiden müsse ein enger Zusammenhang bestehen, und zwar derart, daß Hoch- bzw. Erfolgsmotivierte ständig um gute Leistungen bemüht sind und daher auch bessere Leistungen aufweisen als Niedrig- bzw. Mißerfolgsmotivierte (Entwisle, 1972; Wasna, 1972). Einer solchen Annahme liegt die eigenschaftstheoretische Position zugrunde, daß Verhaltensunterschiede zwischen verschiedenen Personen vornehmlich mit Besonderheiten dieser Personen zu erklären sind: Unterschiede im schulleistungsbezogenen Lernverhalten (= Verhaltensunterschiede) werden zurückgeführt auf Unterschiede im Leistungsmotiv (= Besonderheiten der Schüler). Solche „Erklärungen auf den ersten Blick" (Heckhausen, 1974 c) vernachlässigen weitestgehend den Einfluß, den Situationsfaktoren auf das Verhalten haben. Diese einseitige Erklärungsstrategie ist charakteristisch für den „naiven" Beobachter, wenn er fremdes Verhalten erklärt (Jones & Nisbett, 1971).

Bei der Durchsicht der einschlägigen Studien (Heckhausen, 1965; Klinger, 1966; Schmalt, 1976 a) zeigt sich nun, daß Hoch- bzw. Erfolgsmotivierte keineswegs stets bessere Schul- und Studienleistungen aufweisen als Niedrig- bzw. Mißerfolgsmotivierte. Von den insgesamt 57 Arbeiten weisen nur etwas mehr als die Hälfte (33) solche Zusammenhänge zwischen Leistungsmotiv und Leistung nach, die zudem noch meist gering ausgeprägt sind. In den restlichen Arbeiten (22) finden sich entweder keine oder widersprüchliche Zusammenhänge. In zwei Untersuchungen wird sogar berichtet, daß Mißerfolgsmotivierte bessere Schul- bzw. Studienleistungen aufweisen als Erfolgsmotivierte.

Diese Befundlage läßt sich zwar schlecht mit einer naivpsychologischen, d. h. eigenschaftstheoretischen Position vereinbaren; sie ist aber unter dem

---

[1] Der Beitrag wurde im Rahmen eines von der DFG geförderten Projektes verfaßt.

Aspekt der in diesem Buch vorgestellten wissenschaftlichen Theorien leistungsmotivierten Verhaltens keineswegs erstaunlich. Denn bei allen Theorien handelt es sich um sog. interaktionistische Ansätze; d.h. Verhalten wird nicht ausschließlich von Faktoren der Person abhängig gemacht, sondern gleichgewichtig von Faktoren der Person *und* der Situation, die miteinander in Wechselwirkung (Interaktion) stehen. Im Rahmen dieser interaktionistischen Ansätze läßt sich eine Reihe von Situationen angeben, in denen von Erfolgsmotivierten keine besseren Leistungen erwartet werden als von Mißerfolgsmotivierten. Will man daher Schul- und Studienleistungen im Rahmen dieser Theorien voraussagen, so genügt es nicht, alleine den Personfaktor „Leistungsmotiv" zu erfassen; für eine befriedigende Verhaltenserklärung und Verhaltensvoraussage ist vielmehr die gleichzeitige Berücksichtigung von Faktoren der Situation, in der diese Leistung erbracht wird, unabdingbare Voraussetzung. Das geschieht allerdings in der überwiegenden Anzahl der einschlägigen Untersuchungen nicht, so daß die widersprüchlichen Befunde im Hinblick auf die Beziehung zwischen Leistungsmotiv und Schul- bzw. Studienleistungen nicht verwunderlich sind und keineswegs Rückschlüsse über die Angemessenheit einer theoretischen Konzeption erlauben.
Im folgenden Abschnitt werden einige ausgewählte Untersuchungen aus dem Bereich Schule und Universität vorgestellt, in denen Annahmen des Risiko-Wahl-Modells (Atkinson, 1957, 1964; vgl. hier Kap. 2) überprüft wurden. Diese Untersuchungen knüpfen Vorhersagen, wie im Modell gefordert, an die Kombination von Person- und Situationsfaktoren. Daran schließen sich zwei Abschnitte an, in denen Anwendungsaspekte neuerer Theorieansätze behandelt werden.

10.1. Vorhersagen des Risiko-Wahl-Modells im Bereich Schule und Universität

Nach Atkinson (1957, 1964) werden das Erfolgs- und Mißerfolgsmotiv bei Aufgaben mittlerer subjektiver Erfolgswahrscheinlichkeit ($W_e = .50$) maximal angeregt. Erfolgsmotivierte sollen deshalb von solchen Aufgaben besonders stark angezogen werden. Mißerfolgsmotivierte sollen gerade diese Aufgaben meiden – sofern ihnen das möglich ist (vgl. Kap. 2). Bei freier Aufgabenwahl ist also zu erwarten, daß Erfolgsmotivierte Aufgaben bevorzugen, die eine mittlere Erfolgswahrscheinlichkeit besitzen. Mißerfolgsmotivierte sollten eher Aufgaben wählen, die entweder sehr hohe oder sehr niedrige subjektive Wahrscheinlichkeiten besitzen, d.h. Aufgaben, bei denen ihnen ein Erfolg absolut sicher scheint, oder Aufgaben, bei

denen ihnen ein sicher eintretender Mißerfolg nicht angelastet werden kann.
Diese Vorhersagen wurden von Isaacson (1964) im Hinblick auf die Wahl von Studienschwerpunkten bei Studienanfängern mit durchschnittlichen und überdurchschnittlichen Studienleistungen überprüft. Diese Studienschwerpunkte unterschieden sich in den Augen der Kursleiter wie auch der Studenten in ihrem Schwierigkeitsgrad und konnten den Kategorien leicht, mittelschwer und schwer zugeordnet werden. Erwartungsgemäß ergab sich, daß Erfolgs- und Mißerfolgsmotivierte unterschiedliche Präferenzen bei der Wahl von Studienschwerpunkten zeigten (s. Abbildung 10.1).

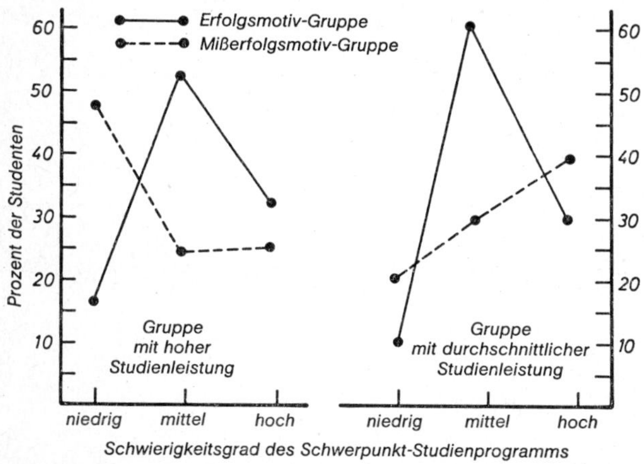

Abbildung 10.1
Prozent von erfolgs- und mißerfolgsmotivierten Studenten, die Schwerpunkt-Studienprogramme mit hohem, mittlerem und niedrigem Schwierigkeitsgrad gewählt haben; links für eine Studentengruppe mit überdurchschnittlicher Studienleistung, rechts für eine Gruppe mit durchschnittlicher Studienleistung (nach Isaacson, 1964, S. 450).

Erfolgsmotivierte wählten besonders häufig mittelschwere Studienschwerpunkte, während Mißerfolgsmotivierte insgesamt häufiger auf die sehr leichten bzw. sehr schweren Schwerpunkte auswichen.
Die Theorie Atkinsons (1957, 1964) läßt nicht nur Voraussagen über motivspezifische Präferenzen der Aufgabenwahl zu, sondern auch über Interaktionen zwischen Leistungsmotiv und subjektiver Erfolgswahrscheinlichkeit im Hinblick auf die Leistung. Es wird angenommen, das angeregte Leistungsmotiv wirke leistungsfördernd, das angeregte Mißerfolgsmotiv wirke leistungshemmend (Atkinson, 1964). Da beide Motive bei Aufgaben

mittlerer subjektiver Erfolgswahrscheinlichkeit maximal angeregt werden, müßten hier die leistungsfördernden und -hemmenden Auswirkungen dieser Motive besonders ausgeprägt sein. Bei sehr hohen und sehr niedrigen Erfolgswahrscheinlichkeiten sollten beide Motive nur schwach angeregt werden und sich deshalb auch kaum leistungsfördernd oder -hemmend auswirken.

Diese Vorhersagen wurden in einer Feldstudie von GJESME (1971) überprüft. Der Autor ging davon aus, daß für besonders begabte Schüler die Wahrscheinlichkeit für gute Schulleistungen besonders hoch, für wenig begabte entsprechend niedrig sei. Für durchschnittlich Begabte müßte eine mittlere Wahrscheinlichkeit für gute Schulleistung gegeben sein. Entsprechend den Modellannahmen soll nur in dieser letzten Begabungsgruppe das Erfolgs- bzw. Mißerfolgsmotiv maximal angeregt werden und deshalb die deutlichsten Beziehungen zu Schulleistungen aufweisen. Es müßten sich also bei den durchschnittlich Begabten Zusammenhänge zwischen Motivkennwerten und Schulleistungsmaßen finden lassen, und zwar derart, daß das Erfolgsmotiv in positivem, das Mißerfolgsmotiv in negativem Zusammenhang zur Schulleistung steht. Bei hoch und bei niedrig Begabten dürfte es im Hinblick auf Schulleistung kaum etwas ausmachen, ob sie erfolgs- oder mißerfolgsmotiviert sind, da beide Begabungsgruppen unter subjektiven Erfolgswahrscheinlichkeiten arbeiten, die weder das Erfolgs- noch das Mißerfolgsmotiv stark anregen. Es sollten sich in diesen Begabungsgruppen daher keine Zusammenhänge zwischen Motivkennwerten und Schulleistungsmaßen ergeben. Die Befunde der Studie finden sich in der Tabelle 10.1.

Tabelle 10.1
Korrelationen zwischen Schulleistung und Leistungsmotiv bei hoher, mittlerer und niedriger Begabung (nach Gjesme, 1971, S. 91, 92)[2].

Begabungsgruppe		Erfolgsmotiv	Mißerfolgsmotiv
hoch	(N = 35)	–.06	.01
mittel	(N = 74)	.23*	–.19*
niedrig	(N = 29)	.13	–.21

* Korrelation statistisch bedeutsam ($p < .05$).

[2] Es ist zu beachten, daß die drei Begabungsgruppen unterschiedlich groß sind. Deshalb ist der Koeffizient von –.19 statistisch bedeutsam, der von –.21 hingegen nicht.

Betrachtet man allein die statistische Absicherung der Ergebnisse, so haben sich die Erwartungen bestätigt. Sowohl bei hoch als auch bei niedrig begabten Schülern treten keine statistisch bedeutsamen Zusammenhänge auf, wohl aber im Bereich mittlerer Begabung. Wie vorhergesagt, steht hier das Erfolgsmotiv in positivem, das Mißerfolgsmotiv in negativem Zusammenhang zur Schulleistung. Es ist allerdings zu beachten, daß die Koeffizienten insgesamt recht niedrig sind, was unabhängig von ihrer statistischen Absicherung auf eher lose Beziehungen hinweist. Dieser Punkt wird weiter unten aufgegriffen.

Als letztes ein Beispiel dafür, wie das Risiko-Wahl-Modell Verhaltensvorhersagen bei einer Fragestellung erlaubt, für die das Modell auf den ersten Blick gar nicht einschlägig zu sein scheint. Es geht um die Frage, wie sich fähigkeitshomogene bzw. -heterogene Klassenverbände auf das Leistungsverhalten von erfolgs- und mißerfolgsmotivierten Schülern auswirken. Um die theoretischen Ableitungen besser verstehen zu können, sind zunächst einige Überlegungen zur Beziehung zwischen Aufgabenschwierigkeit und subjektiver Erfolgswahrscheinlichkeit anzustellen.

Aufgabenschwierigkeiten werden häufig „objektiv" bestimmt, d.h. man gibt an, wieviel Prozent einer Bezugsgruppe die in Frage stehende Aufgabe lösen kann. Im schulischen Bereich wäre etwa der Klassenverband eine solche Bezugsgruppe. Das, was alle Schüler der Klasse können, gilt meist als leicht, das, was nur wenige können, als schwer. Das Risiko-Wahl-Modell geht aber nicht von dieser „objektiven" Größe aus, sondern von der subjektiven Erfolgswahrscheinlichkeit. Entscheidend ist also, was der Handelnde glaubt, wie schwer die in Frage stehende Aufgabe *für ihn* ist.

Stellt man einer Schulklasse eine Aufgabe, die bezogen auf die Klasse von mittlerer „objektiver" Schwierigkeit ist, so dürfte für die verschiedenen Schüler die subjektive Wahrscheinlichkeit von Erfolg bei dieser Aufgabe unterschiedlich hoch sein und mehr oder weniger stark von der „objektiven" Schwierigkeit abweichen. Das Ausmaß dieser Abweichungen hängt u.a. davon ab, wie homogen oder heterogen die Klasse in den Voraussetzungen ist, die die Schüler zur Lösung der Aufgabe mitbringen. Ist die Klasse heterogen, so sind es nur wenige, bei denen sich subjektive Erfolgswahrscheinlichkeiten und „objektive" Aufgabenschwierigkeit decken (vgl. Abbildung 10.2, gestrichelte Linien).

Das Umgekehrte ist in homogenen Gruppen der Fall (durchgezogene Linien). Wie Abbildung 10.2 zeigt, ist der beschriebene Einfluß des Homogenitätsgrades auf die Abweichungen subjektiver Erfolgswahrscheinlichkeiten von den „objektiven" Aufgabenschwierigkeiten am stärksten bei Aufgaben mittlerer „objektiver" Schwierigkeit (b). Bei sehr leichten und sehr schweren Aufgaben (a, c) ist dieser Einfluß geringer und müßte im Extremfall verschwinden. Gehen wir im folgenden davon aus, daß ein Lehrer *allen* Schülern einer Klasse stets gleiche Aufgaben von *mittlerer „objektiver“ Schwierigkeit* zuweist (Abbildung 10.2 [b]), so arbeiten in homogenen Klassen sehr viele Schüler unter der Bedingung mittlerer subjektiver Erfolgswahrscheinlichkeit, während in heterogenen Gruppen dieser Schüleranteil geringer ist. Nach ATKINSON (1957, 1964) müßten dann Erfolgsmotivierte am besten und Mißerfolgsmotivierte am schlechtesten in homogenen Klassen lernen. In sehr heterogenen Klassen müßten die motivspezifischen Unterschiede schwächer sein oder verschwinden, da hier relativ wenige Schüler unter der Bedingung mittlerer subjektiver Erfolgswahrscheinlichkeit arbeiten, die das Erfolgs- und Mißerfolgsmotiv maximal anregen.

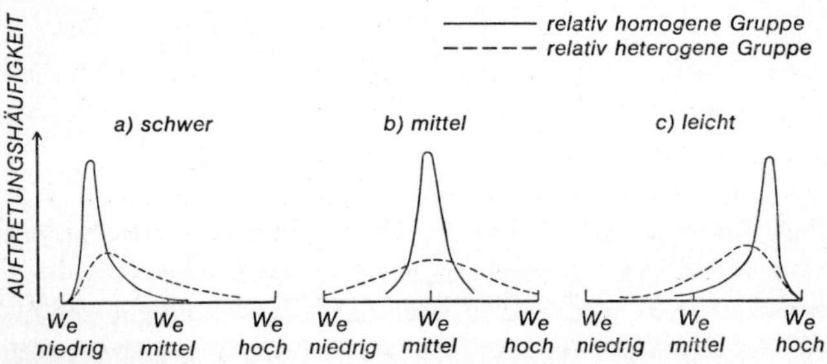

Abbildung 10.2
Verteilung subjektiver Erfolgswahrscheinlichkeit (W_e) bei „objektiv“ schweren (a), mittleren (b) und leichten (c) Aufgaben in homogenen und in heterogenen Gruppen.

Diese Vermutungen haben O'CONNOR, ATKINSON & HORNER (1966) überprüft. Die Autoren haben den Zusammenhang zwischen Leistungsmotiv und Schulleistung in Klassen untersucht, die sich in der Homogenität der Lernvoraussetzungen deutlich unterscheiden. Folgende Ergebnisse werden berichtet: (1) Betrachtet man nur die Gruppe der Erfolgsmotivierten, so zeigt sich der erwartete Effekt des Homogenitätsgrades: Die erfolgsmotivierten Schüler lernten besser in homogenen als in heterogenen Klassen, weil in den homogenen Klassen insgesamt mehr Schüler unter mittleren Erfolgswahrscheinlichkeiten arbeiten als in heterogenen Klassen. (2) Vergleicht man zwischen beiden Motivgruppen, so zeigt sich, wie erwartet, daß die Erfolgsmotivierten wohl in homogenen, nicht aber in heterogenen Klassen mehr leisteten als ihre mißerfolgsmotivierten Mitschüler. (3) Betrachtet man nur die Gruppe der Mißerfolgsmotivierten, so zeigt sich entgegen den Erwartungen, daß sie in homogenen Klassen nicht weniger, sondern genau-

so viel leisteten wie in heterogenen Klassen. Sie berichteten allerdings – wie erwartet – mehr Unzufriedenheit mit dem Unterricht und weniger Sachinteresse als Mißerfolgsmotivierte, die in heterogenen Klassen lernten.
Obwohl also nicht alle Ergebnisse den Erwartungen entsprechen, so zeigen sie doch, daß die Homogenität der Lernvoraussetzungen recht unterschiedliche Auswirkungen auf erfolgs- und mißerfolgsmotivierte Schüler hat, was auch anschließend in einer Untersuchung von WEINER (1967) an einer Studentenstichprobe repliziert wurde. Deshalb scheint die viel diskutierte Frage, ob ein homogener oder ein heterogener Klassenverband die bessere Lernbedingung sei, falsch, weil einseitig situationsspezifisch gestellt. Ebensowenig wie die eingangs skizzierte einseitig eigenschaftstheoretische Position wird auch eine ausschließlich situationsorientierte Fragestellung der Tatsache nicht gerecht, daß zur Vorhersage leistungsbezogenen Verhaltens eben Situations- *und* Personfaktoren zu berücksichtigen sind. Die Vielzahl der Untersuchungen, die Leistungsauswirkungen lediglich unter dem Situationsaspekt des Homogenitätsgrades einer Schulklasse nachgegangen sind, haben sicher auch aus diesem Grund zu insgesamt widersprüchlichen Ergebnissen geführt (zusammenfassend TESCHNER, 1971).
Ein weiterer Grund für diese unbefriedigende Befundlage ist darin zu sehen ,daß Homogenität bzw. Heterogenität der Lernvoraussetzungen nur unter bestimmten Bedingungen erschöpfende Charakterisierungen motivierungsbedeutsamer Unterrichtsfaktoren sind. Es hängt nämlich weitgehend von der Unterrichtsführung und -organisation ab, ob der Homogenitätsgrad überhaupt die Verteilung subjektiver Erfolgswahrscheinlichkeiten beeinflußt. Er tut es sicher dann, wenn der Lehrer wie ein Testdiagnostiker *allen* Schülern einer Klasse zu gleichen Zeitpunkten und unter vergleichbaren Bedingungen stets *gleiche* Aufgaben von – bezogen auf die Klasse – mittlerer „objektiver" Schwierigkeit stellt. Solche Klassenzimmerpraktiken wurden bei den theoretischen Ableitungen in den Studien von GJESME (1971) und O'CONNOR et al. (1966) implizit vorausgesetzt. Versucht jedoch ein Lehrer, das „Prinzip der Passung" (HECKHAUSEN, 1968 b) zu realisieren und weist jedem einzelnen Schüler Aufgaben zu, die bezogen auf seinen individuellen Fähigkeits- und Kenntnisstand mittelschwer sind, so kann die Unterschiedlichkeit der Lernvoraussetzungen – also der Homogenitätsgrad – die Verteilung subjektiver Erfolgswahrscheinlichkeiten kaum oder gar nicht zusätzlich beeinflussen. Bei solch individualisierender Schwierigkeitsdosierung arbeiten auch in heterogenen Klassen die meisten Schüler unter mittleren Erfolgswahrscheinlichkeiten, und es wären auf der Basis des Risiko-Wahl-Modells andere Vorhersagen zu machen, als es GJESME (1971) oder O'CONNOR et al. (1966) getan haben. Eigene Untersuchungen ergaben, daß sich Lehrer in ihrer Schwierigkeitsdosierung deutlich unter-

scheiden: einige Lehrer bemühen sich, allen Schülern einer Klasse stets gleiche oder zumindest gleich schwere Aufgaben zu stellen, während andere versuchen, den Schülern je nach individueller Lernvoraussetzung Aufgaben angemessener Schwierigkeit zu stellen (Rheinberg, 1975, 1976; in Vorb.). Es ist also damit zu rechnen, daß der zentrale Situationsparameter „subjektive Erfolgswahrscheinlichkeit" in verschiedenen Klassenzimmern recht unterschiedlich realisiert wird. Will man Beziehungen zwischen Motiv und Schulleistung nachgehen, so ist es erforderlich, die Art der vom Lehrer praktizierten Schwierigkeitsdosierung als einen weiteren Situationsfaktor zu erfassen. Ansonsten läuft man Gefahr, bei den theoretischen Ableitungen von falschen Voraussetzungen auszugehen.

Schließlich hängen die Beziehungen zwischen dem Leistungsmotiv und Schul- bzw. Studienleistungen noch von einer weiteren Situationsvariablen ab. Raynor (1969) hat auf die unterschiedlichen motivationalen Auswirkungen verschiedener wahrgenommener Instrumentalitäten in einem leistungsbezogenen Handlungspfad aufmerksam gemacht (vgl. Kap. 3). Bezieht man diesen Grundgedanken auf die Schul- bzw. Studiensituation, so kommt es offensichtlich darauf an, für wie wichtig der Lernende ein Fach oder einen Kurs im Hinblick auf die eigenen beruflichen Ziele hält.

Aus den theoretischen Formulierungen Raynors (1969; vgl. hier Kap. 3, Abbildung 3.2) läßt sich ableiten, daß Erfolgsmotivierte dann stärker motiviert sind, wenn eine augenblickliche Leistung instrumentell zur Erlangung fernerer Leistungsziele ist. Mißerfolgsmotivierte hingegen sollten unter diesen Bedingungen noch stärker meidend motiviert sein. Raynor (1970) hat dies in einer Untersuchung überprüft und hat Studenten eines Studienkurses danach unterteilt ob sie (a) erfolgs- oder mißerfolgsmotiviert waren und (b) ob sie glaubten, der Kurs sei für ihre Karriere förderlich (hohe Instrumentalität) oder nicht förderlich (niedrige Instrumentalität). Tabelle 10.2 zeigt die Kursleistungen Erfolgs- und Mißerfolgsmotivierter unter diesen beiden Instrumentalitätsbedingungen.

Tabelle 10.2
Kursleistungen in Abhängigkeit von der Ausprägung des Leistungsmotivs und der wahrgenommenen Instrumentalität (nach Raynor, 1970, S. 30).

	Wahrgenommene Instrumentalität	
Motivausprägung	gering	hoch
Erfolgsmotivierte	2.93*	3.37
Mißerfolgsmotivierte	3.00	2.59

* Höhere Werte bedeuten bessere Studienleistung

Erfolgsmotivierte weisen danach bessere Studienleistungen auf, wenn sie den Kurs für karrierewirksam halten, als wenn ihnen der Kurs karriereirrelevant erscheint. Bei Mißerfolgsmotivierten liegen eher entgegengesetzte Verhältnisse vor.
Weitere Untersuchungen von RAYNOR (1970) und BACHMAN, KAHN, MEDNICK, DAVIDSON & JOHNSTON (1967) brachten bei Mißerfolgsmotivierten jedoch etwas andere Ergebnisse. Danach zeichnet sich insgesamt die folgende Befundlage ab: (1) Mit höherer Instrumentalität steigt sowohl bei Erfolgs- als auch bei Mißerfolgsmotivierten die Studienleistung. (2) Dieser Einfluß der Instrumentalität auf die Leistung ist bei Erfolgsmotivierten ausgeprägter und eindeutiger als bei Mißerfolgsmotivierten. Ein Grund dafür, daß auch die Mißerfolgsmotivierten unter der Bedingung hoher Instrumentalität bessere Leistungen erbringen als unter der Bedingung niedriger Instrumentalität liegt darin, daß das zukünftige Ziel beruflichen Erfolgs nicht ausschließlich ein Leistungsziel darstellt, sondern daß sich hiermit in aller Regel auch andersthematische Folgen (Macht, Ansehen, Geld) verbinden. Hierdurch sollten hinreichend große positive motivationale Tendenzen entstehen, die die meidende leistungsbezogene Motivation ausgleichen und überwinden.
Hieraus geht hervor, daß man zur genauen Beschreibung und Vorhersage des Leistungsverhaltens neben der wahrgenommenen Instrumentalität eine weitere Größe benötigte, nämlich die wahrgenommenen Folgen eines zukünftigen Leistungsziels. VROOM (1964) hat zur konzeptuellen Behandlung solcher Probleme ein allgemeines Handlungsmodell vorgestellt (vgl. Kap. 3; Abbildung 3.1 und Tabelle 3.1).

10.2. Situationsparameter neuerer Modelle: Bezugsnormen und Bedingungen für Kausalattribuierungen

Neben dem Risiko-Wahl-Modell wurden in diesem Buch weitere neuere Ansätze vorgestellt, aus denen sich Vorhersagen über leistungsmotiviertes Verhalten ableiten lassen. Auch hier gibt es bereits erste Versuche, einige Modellparameter in schulischen und universitären Lernsituationen näher zu bestimmen. Zu zwei Situationsparametern, nämlich den Bezugsnormen und den Bedingungen für Kausalattribuierungen, sollen erste Studien berichtet werden. Die Befundlage ist jedoch noch unbefriedigend, weil sich noch kein abgerundetes Bild darüber ergibt, wie die untersuchten Situationsparameter in Interaktion mit Motivkennwerten Schul- bzw. Studienleistungen beeinflussen. Hier fehlen noch die entsprechenden Feldexperimente.

10.2.1. Bezugsnormen im Experiment und im Schulalltag

Situationen können erst dann leistungsthematisch aufgefaßt werden, wenn u.a. Gütemaßstäbe vorliegen, mit denen Handlungsresultate verglichen werden können (HECKHAUSEN, 1974b). Dabei können sich die Gütestandards nicht nur in ihrer Höhe, sondern auch in ihrer Herkunft unterscheiden. Sie können sich auf soziale Querschnittsvergleiche beziehen *(soziale Bezugsnormen)*, auf intraindividuelle Längsschnittvergleiche mit eigenen früheren Handlungsresultaten *(individuelle Bezugsnormen)* oder auf Kriterien, die in der Aufgabe selbst liegen *(sachliche Bezugsnormen)* (HECKHAUSEN, 1974b). Je nach unterliegender Bezugsnorm können leistungsbezogene Situationen unterschiedlich wahrgenommen werden und so zu unterschiedlichem Handeln anregen. Besonders im Modell HECKHAUSENS (1972b), in dem das Leistungsmotiv als Selbstbekräftigungssystem konzipiert wird (vgl. Kap. 6), spielen Bezugsnormen eine zentrale Rolle bei der Vorhersage leistungsmotivierten Verhaltens: Die Bezugsnormen sind Grundlage für die Gütemaßstäbe, von denen positive und negative Selbstbekräftigungen abhängen.

WILLIAMS, POLLACK & FERGUSON (1975) sind der Frage nachgegangen, welche Auswirkungen Beurteilungen unter sozialen und sachlichen Bezugsnormen auf die Leistung der Beurteilten haben. Einer Gruppe von Studenten wurde zu Beginn eines Kurses erklärt, daß sich ihre Zensuren nach den Rangplätzen in der Leistungsverteilung der Kursteilnehmer bestimmen werden: Die 10% besten Studenten bekommen eine Eins („A"), die nächsten 25% eine Zwei („B") usw., bis zu den schlechtesten 10%, die eine Fünf („E") bekommen (soziale Bezugsnorm). Der anderen Gruppe wurde erklärt, daß sich ihre Zensuren unmittelbar danach bestimmen werden, wieviel jeder – unabhängig von den Leistungen der anderen – von dem Kursprogramm gelernt hat: wer über 90% aller im Kursverlauf gestellten Testaufgaben richtig gelöst hat, bekommt eine Eins („A"), zwischen 80% und 90% gibt es eine Zwei („B") usw. bis zu denen, die weniger als 60% gelöst haben und eine Fünf („E") bekommen (sachliche Bezugsnorm).

Keine der beiden Beurteilungsstrategien war der anderen *generell* überlegen: Beide Gruppen hatten einen etwa gleich großen Lernzuwachs. Es zeigte sich jedoch, daß die Auswirkungen der beiden Bezugsnormen vom anfänglichen Leistungsniveau der Studenten abhingen (s. Abbildung 10.3). Studenten mit hohen Eingangsleistungen arbeiteten besser unter sozialen, Studenten mit niedrigen Eingangsleistungen besser unter sachlichen Bezugsnormen. Bei Studenten mit mittleren Eingangsleistungen war die Art der Leistungsbeurteilung ohne Einfluß.

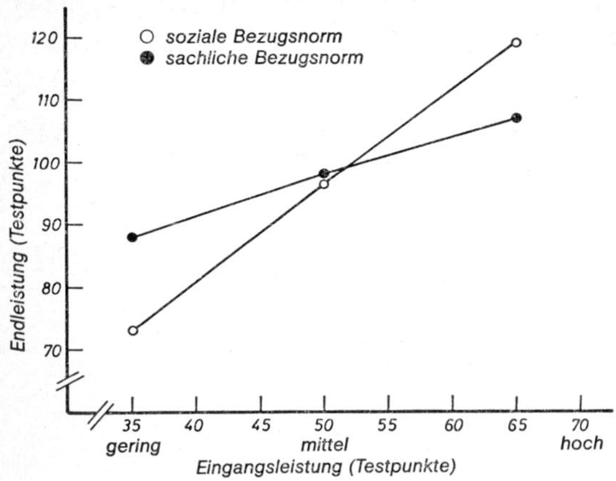

Abbildung 10.3
Beziehungen zwischen Eingangs- und Endleistungen von Kursteilnehmern, die unter verschiedenen Bezugsnormen beurteilt wurden (nach Williams et al., 1975, S. 256).

Die Autoren erklären die Ergebnisse bei den *hohen Eingangsleistungen* damit, daß sich diese Studenten bis zum letzten Tag angestrengt hätten, um nicht noch von Kommilitonen von ihrem Rangplatz verdrängt zu werden und so die erkämpfte Zensur zu verlieren. Unter sachlichen Bezugsnormen hingegen sei sich diese Studentengruppe ab einem bestimmten Zeitpunkt sicher gewesen, auch ohne weitere Anstrengung genügend Aufgaben für eine gute Zensur gelöst zu haben bzw. noch lösen zu können. Die Ergebnisse bei den *niedrigen Eingangsleistungen* werden damit erklärt, daß diese Studenten unter sozialen Bezugsnormen keine Möglichkeit gesehen hätten, durch Anstrengung einen Teil ihrer ebenfalls angestrengt arbeitenden Kommilitonen zu „überholen", um so vom Ende der Leistungsverteilung und damit einer schlechten Zensur wegzukommen. Unter sachlichen Bezugsnormen hätten auch diese Studenten sehen können, wie die Anzahl der gelösten Aufgaben und damit die voraussichtliche Zensur anstieg, sofern man sich genügend anstrengte.

Es gibt unseres Wissens noch keine Untersuchungen, in denen auch individuelle Bezugsnormen eingesetzt werden. Darüber hinaus fehlen Studien, in denen auf seiten der Person auch Motivparameter berücksichtigt werden.

Abgesehen von solchen experimentellen Eingriffen in die Beurteilungspraxis nehmen Lehrer die Handlungsresultate ihrer Schüler meist im Querschnitt der Leistungsverteilung einer Klasse, also unter sozialen Bezugsnormen wahr. Dies gilt besonders dann, wenn Leistungsbeurteilungen auf der formellen Zensurenskala vorgenommen werden. Analysen von Zensurenverteilungen zeigen nämlich, daß die Zensuren vornehmlich auf Leistungsvergleichen zwischen Schülern basieren (INGENKAMP, 1969; KÖCKEIS-STANGL, 1972). Es gibt andererseits jedoch Belege dafür, daß sich Lehrer darin unterscheiden, ob sie Schülerleistungen so gut wie ausschließlich unter solchen sozialen Bezugsnormen beurteilen oder ob sie sich zusätzlich von individuellen Bezugsnormen leiten lassen, also bei verschiedenen Schülern verschiedene Standards für „gute" bzw. „schlechte" Leistung gelten lassen (RHEINBERG, 1975, 1976). Bei den letzteren handelt es sich vornehmlich um solche Lehrer, die sich auch um individuelle Schwierigkeitsdosierung bei der Aufgabenzuweisung bemühen. HECKHAUSEN (1972c) hat auf den Zusammenhang zwischen Bezugsnormen bei der Leistungsbeurteilung und der Aufgabenstellung hingewiesen. Danach erscheinen soziale Bezugsnormen vornehmlich dann als angemessen und drängen sich auf, wenn alle Beurteilten gleiche Aufgaben bearbeiten, so daß ihre erzielten Ergebnisse in der Querschnittsperspektive unmittelbar miteinander verglichen werden können. Unter individueller Bezugsnorm hingegen betrachtet ein Beurteiler ein Handlungsresultat vor dem Hintergrund der individuellen Leistungsentwicklung, er vergleicht also in zeitlicher Längsschnittperspektive. Die geschärfte Wahrnehmung individueller Leistungsverläufe regt zu individualisierenden Aufgabenzuweisungen („Prinzip der Passung") an. Letzteres macht das Unterrichtsgeschehen zu einer Situation, in der dem Schüler, unabhängig von seinen Lernvoraussetzungen, die Kovariation zwischen aufgewandter Anstrengung und Güte des Handlungsresultates erfahrbar werden kann. In der Konzeption des Leistungsmotivs als Selbstbekräftigungssystem kann eine solche Situation als günstige Bedingung für eine angemessene und effiziente Selbstregulation des Leistungsverhaltens angesehen werden. Inwieweit diese Annahme im Bereich Schule und Universität zutrifft, wird noch zu überprüfen sein (wobei das Augenmerk besonders auch auf längerfristige Motivänderungen und weniger auf kurzfristige Leistungsverbesserungen zu richten sein wird).

10.2.2. Bedingungen für Kausalattribuierungen

In den Kapiteln 4 und 5 wurde dargestellt, wie sich bestimmte Ursachenzuschreibungen auf nachfolgendes Leistungsverhalten auswirken. Um diese Frage wird es im folgenden Abschnitt nicht gehen. Hier soll vielmehr gefragt werden, wovon es abhängt, zu welcher Ursachenzuschreibung ein Schüler bzw. ein Student bei der Erklärung eigener Leistungen kommt.
Die Ursachenerklärung, die ein Schüler vornimmt, wird vornehmlich *von*

Erklärungen beeinflußt werden, die ihm der Lehrer direkt oder indirekt mitteilt. Dabei ist zwischen der mitgeteilten Einschätzung („diagnostischer Aspekt") und dem mitgeteilten Kausalgewicht zu unterscheiden, das dieser Einschätzung beigemessen wird („Relevanz-Aspekt") (RHEINBERG, 1974). Eine mitgeteilte Ursachenerklärung enthält meist beides. Die Aussage „Es liegt an deiner Fähigkeit, daß du die Klassenarbeit gut geschrieben hast" enthält zweierlei Information: (1) der Schüler, um den es geht, ist gut begabt („diagnostischer Aspekt"), und (2) Ergebnisse von Klassenarbeiten stehen mit der Begabung eines Schülers in Zusammenhang („Relevanz-Aspekt"). Wird eine solche Ursachenerklärung vor der ganzen Klasse geäußert, so ist von der ersten Information anzunehmen, daß sie das Konzept eigener Begabung des angesprochenen Schülers und damit seine künftigen Begabungsattribuierungen beeinflussen kann. Von der zweiten, allgemeiner gefaßten Information ist anzunehmen, daß sie der gesamten Klasse sagt, wovon Ergebnisse bei Klassenarbeiten ganz allgemein abhängen.

Letzteres zeigte sich in einem Feldexperiment SCHERERS (1972). Der Autor ging davon aus, daß man bei intelligenten, aber leistungsschwachen Schülern Leistungsverbesserungen bewirken müßte, wenn man ihnen motivational günstige Attribuierungen zur Erklärung eigener Mißerfolge nahelegt. Es sollte erreicht werden, daß diese Schüler ihre Mißerfolge auf mangelnde Anstrengung zurückführen und nicht wie vorher auf mangelnde Begabung, da es nur im ersten Fall subjektiv aussichtsreich erscheint, eingetretenen Mißerfolg durch erhöhte Anstrengung wettzumachen. Die Lehrer der Experimentalklassen wurden instruiert, den besonders benannten Schülern entsprechende Ursachenerklärungen gezielt mitzuteilen. Nach acht Monaten stellte sich heraus, daß diese Schüler die motivational günstigen Attribuierungen der Lehrer übernommen hatten, gleichzeitig mit ihnen jedoch auch der Rest der Klasse. Letzteres läßt sich auf die oben beschriebene Annahme zurückführen, daß bei mitgeteilten Attribuierungen für einzelne Schüler der in dieser Information enthaltene Relevanzaspekt auch von den übrigen Schülern aufgegriffen wird, die bei dieser Kommunikation zunächst gar nicht angesprochen sind.

Wenn Kausalattribuierungen des Lehrers, wie im Experiment SCHERERS, von Schülern aufgegriffen werden, so sollte man wissen, mit welchen Kausalfaktoren Lehrer Schülerleistungen gemeinhin erklären. MEYER & BUTZKAMM (1975) fanden, daß Lehrer vornehmlich Faktoren heranziehen, die an die Person des Schülers gebunden sind, besonders Begabungs- und Anstrengungsfaktoren. Die Kausalfaktoren Aufgabenschwierigkeit und Zufall ziehen Lehrer sehr selten oder nie heran. Weiterhin stellte sich heraus, daß sich Lehrer in dem Gewicht unterscheiden, das sie Anstrengungs- und Begabungsfaktoren zumessen, wobei – wie RHEINBERG (1975) zeigen konnte – solche Unterschiede in Zusammenhang stehen mit der Bezugsnorm, an der sich ein Lehrer vornehmlich orientiert. Lehrer, die sich eher an individuellen Bezugsnormen orientieren, sich also bei Aufgabenstellung und Gütestandards um Individualisierung bemühen, sehen eher in der Anstrengung als in der Begabung eines Schülers die Ursache für seine Leistungen. Lehrer hingegen, die explizit keine individualisierenden Strategien verfolgen, sich also an sozialen Bezugsnormen orientieren, messen der Begabung des Schülers größeres Gewicht zu als seiner Anstrengung (RHEINBERG, 1975; 1976, in Vorb.). Das heißt, dem Lehrer, der die Resultate seiner Schüler vornehmlich unter sozialen Bezugsnormen im Querschnitt der Leistungsverteilung einer Klasse sieht, werden auch konstante Leistungsunterschiede zwischen den Schülern besonders augenfällig werden und nach Erklärungen mit zeitkonstanten Kausalfaktoren drängen wie „Begabung“ oder „Arbeitshaltung“, gelegentlich „häusliches Milieu“. Dem Lehrer, der unter individuellen Bezugsnormen die Resultate der Schüler besonders im Längsschnitt individueller Leistungsentwicklungen sieht, bieten sich viel variablere Leistungsbilder, zu deren Erklärung eine Vielzahl zeitvariabler Ursachen nötig erscheint, wie „augenblickliches Sachinteresse“, „momentane leibseelische Verfassung“ u. ä. (HECKHAUSEN, 1972c; RHEINBERG, in Vorb.). Dieser Zusammenhang zwischen Bezugsnormen und Kausalattribuierung konnte inzwischen auch experimentell nachgewiesen werden (LIEBHART, 1976).

Schüler kommen natürlich auch dann zu Ursachenerklärungen, wenn ihnen der Lehrer keine entsprechenden Mitteilungen macht. In diesem Fall wird es u. a. *von Bedingungen der Lernsituation abhängen,* zu welcher Erklärung der Schüler aus eigener Sicht gelangt. Es ist anzunehmen, daß eine dieser Bedingungen in der Art der Aufgabenstellung liegt, die der Lehrer vornimmt. Arbeiten Schüler einer Klasse zur gleichen Zeit stets an gleichen Aufgaben, so werden auch ihnen konstante individuelle Leistungsunterschiede eher deutlich und drängen zu entsprechenden Ursachenerklärungen. Einige von ihnen stellen fest, daß ihnen die Aufgaben unter verschiedensten Umständen fast immer mühelos gelingen, während andere selten oder nie richtige Lösungen finden. Solche Wahrnehmungen, die bei verschiedenen Aufgaben und zu verschiedenen Zeitpunkten immer wieder gemacht werden, legen zur Ursachenerklärung des eigenen Verhaltens ein konstantes Personmerkmal nahe (KELLEY, 1973), nämlich in diesem Fall, ob man „dumm“ oder „schlau“ ist. Diese Ursachenerklärung bietet sich Schülern seltener an, wenn der Lehrer dafür sorgt, daß verschiedene Schüler einer Klasse zu gleichen Zeitpunkten an verschiedenen Aufgaben arbeiten, oder wenn er sich in anderer Form um Individualisierung bemüht.

Es ist also damit zu rechnen, daß die Ursachen, die ein Schüler für seine Schulleistungen sieht, zum einen durch Attribuierungskommunikation des Lehrers beeinflußt werden können und zum anderen von Merkmalen der Lernsituation, der Unterrichtsorganisation, abhängen werden. Im Hinblick auf Begabungs- und Anstrengungsattribuierungen müßten beide Einflußgrößen in die gleiche Richtung wirken. Lehrer, die nicht individualisieren, nehmen vermehrt Begabungsattribuierungen vor (s. o.). Dabei legen die von ihnen hergestellten Lernsituationen dem Schüler auch aus eigener Sicht nahe, auffällig werdende konstante Leistungsunterschiede mit konstanten Faktoren wie Begabung zu erklären. Bei Lehrern, die stark individualisieren, müßte das Umgekehrte gelten. Sie selbst wie auch ihre Schüler werden eher in variablen Anstrengungen die Ursache dafür sehen, daß man mittelschwer erlebte Aufgaben lösen oder nicht lösen kann.

Unter motivationalen Gesichtspunkten gewertet, erscheint es besonders im Fall eintretender Mißerfolge günstiger, wenn Leistungen dem Faktor Anstrengung zugeschrieben werden. Wie in dem dargestellten Feldexperiment SCHERERS (1972) und besonders bei MEYER (1973a) gefunden wurde, halten Schüler im Angesicht von Mißerfolg ihr Anspruchsniveau hoch und arbeiten mit unvermindertem Einsatz weiter, wenn sie glauben, daß die Aufgabenbewältigung von der aufgewandten Anstrengung abhängt, während sie sehr schnell in ihrem Bemühen nachlassen, wenn sie glauben, daß das Leistungsresultat von der Begabung abhängt, die jemand für diese Aufgaben hat oder nicht hat (vgl. Kap. 4).

Der Zusammenhang zwischen Bedingungen, die die Unterrichtssituation im Hinblick auf Kausalattribuierungen enthält, und dem Leistungsverhalten von Schülern ist jedoch erst in Ansätzen aufgeklärt. Im besonderen fehlen noch Studien, die zeigen, wie Merkmale auf seiten des Lernenden – etwa Motivkennwerte – mit den genannten situativen Bedingungen in Interaktion treten und das Leistungsverhalten in Schule und Universität beeinflussen.

10.3. Zusammenfassung

Zunächst wurde darauf hingewiesen, daß bei der Vorhersage von Schulbzw. Studienleistungen nur interaktionistische Vorgehensweisen den Theorien leistungsmotivierten Verhaltens gerecht werden: Person- und Situationsmerkmale müssen gleichermaßen bei der Verhaltensvorhersage berücksichtigt werden. In entsprechenden Studien wurden zunächst Vorhersagen überprüft, die aus dem Risiko-Wahl-Modell ableitbar sind. Diese Vorhersagen bezogen sich (1) auf Wahlpräferenzen bei verschieden schweren

Studienschwerpunkten, (2) auf den Zusammenhang zwischen Leistungsmotiv und Schulleistung in verschieden begabten Schülergruppen und (3) auf Auswirkungen, die unterschiedliche Homogenitätsgrade der Lernvoraussetzungen auf die Schulleistung haben, jeweils unter Berücksichtigung der Leistungsmotivation. Es wurde für nötig gehalten, einige Bedingungen der Unterrichtssituation gezielter als bisher zu erfassen. Daran schlossen sich erste Überlegungen zu neueren theoretischen Konzeptionen an, in denen Bezugsnormen und Bedingungen für Kausalattribuierungen näher analysiert wurden. Die Befundlage zu diesem Komplex erschien unbefriedigend, weil noch zu bruchstückhaft.

Literatur

ACH, N. *Über den Willensakt und das Temperament.* Leipzig: Quelle & Meyer, 1910.

ACH, N. *Zur neueren Willenslehre.* In Ber. 15. Kongr. Dtsch. Ges. Psychol., Jena 1936. Jena: Fischer, 1937, S. 125–156.

ALKER, H. A. Is personality situationally specific or intrapsychically consistent? *Journal of Personality,* 1972, *40,* 1–16.

ALSCHULER, A. S. *Developing achievement motivation in adolescents.* Englewood Cliffs: Educational Technology Publications, 1973.

ALSCHULER, A. S., TABOR, D. & MCINTYRE, J. *Teaching achievement motivation.* Middletown, Conn.: Educational Ventures, 1970.

ANDERSON, N. H. Cognitive algebra: Integration theory applied to social attribution. In L. BERKOWITZ (Hg.), *Advances in experimental social psychology,* Vol. 7. New York: Academic Press, 1974, S. 1–101.

ARONSON, E. The need for achievement as measured by graphic expression. In J. W. ATKINSON (Hg.), *Motives in fantasy, action, and society.* Princeton, N. J.: Van Nostrand, 1958, S. 249–265.

ARSENIAN, S. Own estimate and objective measurement. *Journal of Educational Psychology,* 1942, *33,* 291–302.

ATKINSON, J. W. Explorations using imaginative thought to assess the strength of human motives. In M. R. JONES (Hg.), *Nebraska symposium on motivation, 1954.* Lincoln: University of Nebraska Press, 1954, S. 56–112.

ATKINSON, J. W. Motivational determinants of risk-taking behavior. *Psychological Review,* 1957, *64,* 359–372.

ATKINSON, J. W. Thematic apperceptive measurement of motives within the context of a theory of motivation. In J. W. AKTINSON (Hg.), *Motives in fantasy, action, and society.* Princeton, N. J.: Van Nostrand, 1958, S. 596–616. (a)

ATKINSON, J. W. Towards experimental analysis of human motivation in terms of motives, expectancies, and incentives. In J. W. ATKINSON (Hg.), *Motives in fantasy, action, and society.* Princeton, N. J.: Van Nostrand, 1958, S. 288–305. (b)

ATKINSON, J. W. *An introduction to motivation.* Princeton, N. J.: Van Nostrand, 1964 (deutsch: ATKINSON, J. W. *Einführung in die Motivationsforschung.* Stuttgart: Klett, 1975.)

ATKINSON, J. W. Strength of motivation and efficiency of performance. In J. W. ATKINSON & J. O. RAYNOR (Hg.), *Motivation and achievement.* Washington: Winston, 1974, S. 193–218. (a)

ATKINSON, J. W. The mainsprings of achievement-oriented activity. In J. W. ATKINSON & J. RAYNOR (Hg.), *Motivation and achievement.* Washington: Winston, 1974, S. 13–41. (b)

ATKINSON, J. W., BASTIAN, J. R., EARL, R. W. & LITWIN, G. H. The achievement motive, goal setting, and probability preferences. *Journal of Abnormal and Social Psychology,* 1960, *60,* 27–36.

Atkinson, J. W. & Birch, D. *The dynamics of action.* New York: Wiley, 1970.

Atkinson, J. W. & Cartwright, D. Some neglected variables in contemporary conceptions of decision and performance. *Psychological Reports,* 1964, *14,* 575–590.

Atkinson, J. W. & Feather, N. T. (Hg.) *A theory of achievement motivation.* New York: Wiley, 1966.

Atkinson, J. W. & Litwin, G. H. Achievement motive and test anxiety conceived as motive to approach success and motive to avoid failure. *Journal of Abnormal and Social Psychology,* 1960, *60,* 52–63.

Atkinson, J. W. & McClelland, D. C. The projective expression of needs: II. The effect of different intensities of the hunger drive on thematic apperception. *Journal of Experimental Psychology,* 1948, *38,* 643–658.

Atkinson, J. W. & O'Connor, P. Neglected factors in studies of achievement-oriented performance: Social approval as incentive and performance decrement. In J. W. Atkinson & N. T. Feather (Hg.), *A theory of achievement motivation.* New York: Wiley, 1966, S. 299–325.

Atkinson, J. W. & Raynor, J. O. (Hg.) *Motivation and achievement.* Washington: Winston, 1974.

Bachman, J. B., Kahn, R. L., Mednick, M. T., Davidson, T. N. & Johnston, L. D. *Youth in transition.* Vol. I. Blueprint for a longitudinal study of adolescent boys. Ann Arbor, Mich.: Survey Research Center, Institute for Social Research, 1967.

Bäumler, G. & Breitenbach, W. Zusammenhänge zwischen Intelligenz, Konzentration, Angst und Leistungsmotivation bei einer studentischen Stichprobe. *Psychologie und Praxis,* 1970, *14,* 37–40.

Bäumler, G. & Dvorak, H.-P. Weitere Untersuchungen zum Zweifaktorenmodell der Leistungsmotivation. *Psychologie und Praxis,* 1969, *13,* 122–138.

Bäumler, G. & Weiss, R. Eine Zweifaktorentheorie der nach der TAT-Methode gemessenen Leistungsmotivation (Heckhausen). *Psychologie und Praxis,* 1967, *11,* 23–45.

Baltes, P. B. Longitudinal and cross-sectional sequences in the study of age and generation effects. *Human Development,* 1968, *11,* 145–171.

Baltes, P. B. & Nesselroade, J. R. Multivariate longitudinal and cross-sectional sequences for analyzing ontogenetic and generational change: A methodological note. *Developmental Psychology,* 1970, *2,* 163–168.

Bandura, A. Vicarious and self-reinforcement processes. In R. Glaser (Hg.), *The nature of reinforcement.* Columbus: Merrill, 1971, S. 228–278.

Bandura, A. Behavior theory and the models of man. *American Psychologist,* 1974, *29,* 859–869.

Bartlett, E. W. & Smith, C. P. Childrearing practices, birth order, and the development of achievement-related motives. *Psychological Reports,* 1966, *19,* 1207–1216.

Bell, S. M. The development of the concept of object as related to infant-mother attachment. *Child Development,* 1970, *41,* 291–311.

Berens, A. E. Socialization of need for achievement in boys and girls. Proceedings of the 80th Annual Convention of the APA, 1972, 7, I, 273–274.

Bindra, D. A motivational view of learning, performance, and behavior modification. *Psychological Review,* 1974, *81,* 199–213.

Birney, R. C., Burdick, H. & Teevan, R. C. *Fear of failure motivation.* New York: Van Nostrand, 1969.

Bishop, D. W. & Chace, Ch. A. Parental conceptual systems, home play environment and potential creativity in children. *Journal of Experimental Child Psychology,* 1971, *12,* 318–338.

Bolles, R. C. Reinforcement, expectancy, and learning. *Psychological Review,* 1972, *79,* 394–409.

Bolles, R. C. Cognition and motivation: Some historical trends. In B. Weiner (Hg.), *Cognitive views of human motivation.* New York: Academic Press, 1974, S. 1–20.

Bowers, K. S. Situationism in psychology: An analysis and critique. *Psychological Review,* 1973, *80,* 307–336.

Broadhurst, P. L. The interaction of task difficulty and motivation: The Yerkes-Dodson Law revived. *Acta Psychologica,* 1959, *16,* 321–338.

Brody, N. n achievement, test anxiety, and subjective probability of success in risk taking behavior. *Journal of Abnormal and Social Psychology,* 1963, *66,* 413–418.

Buckert, U. Informationseinholung über die eigene Leistung in Anhängigkeit von Aufgabenschwierigkeit und wahrgenommener eigener Begabung. Unveröff. Diplom-Arbeit, Psychol. Inst. der Ruhr-Universität, Bochum, 1976.

Buckert, U., Meyer, W.-U. & Schmalt, H. D. Aufgabenwahlen in Abhängigkeit von Furcht vor sozialen Mißerfolgskonsequenzen, Aufgabenschwierigkeit und Aufgabendiagnostizität. *In Vorbereitung.*

Campbell, D. T. & Fiske, D. L. Convergent and discriminant validation by multitrait-multimethod matrix. *Psychological Bulletin,* 1959, *56,* 81–105.

Chance, J. E. Independence training and first graders' achievement. *Journal of Consulting Psychology,* 1961, *25,* 149–154.

Child, J. L., Storm, T. & Veroff, J. Achievement themes in folk tales related to socialization practice. In J. W. Atkinson (Hg.), *Motives in fantasy, action, and society.* Princeton, N. J.: Van Nostrand, 1958, S. 479–492.

Cofer, C. N. & Appley, M. H. *Motivation: Theory and research.* New York: Wiley, 1964.

Connolly, K. J. & Bruner, J. S. (Hg.), *The growth of competence.* New York: Academic Press, 1974.

Crandall, V. J., Preston, A. & Rabson, A. Maternal reactions and the development of independence and achievement behavior in young children. *Child Development,* 1960, *31,* 243–251.

Cronbach, L. J. & Gleser, G. C. *Psychological tests and personnel decisions.* Urbana, Ill.: Illini Books, 1965.

Cronbach, L. J. & Meehl, P. E. Construct validity in psychological tests. *Psychological Bulletin,* 1955, *52,* 281–302.

Damm, J. Effects of interpersonal contexts on relationships between goal setting behavior and achievement motivation. *Human Relations,* 1968, *21,* 213–226.

DeCharms, R. *Personal causation.* New York: Academic Press, 1968.

DeCharms, R. Ein schulisches Trainingsprogramm zum Erleben eigener Verursachung. In W. Edelstein & D. Hopf (Hg.), *Bedingungen des Bildungsprozesses.* Stuttgart: Klett, 1973, S. 60–78.

DeCharms, R. & Davé, P. N. Hope of success, fear of failure, subjective probability, and risk-taking behavior. *Journal of Personality and Social Psychology,* 1965, *1,* 558–568.

Dember, W. N. Motivation and the cognitive revolution. *American Psychologist,* 1974, *29,* 161–168.

DEMBO, T. Der Ärger als dynamisches Problem. *Psychologische Forschung*, 1931, *15*, 1–144.

DEPEWEG, W. Die Wirkung von Erfolg und Mißerfolg auf die Leistung bei einer Kartensortieraufgabe in Abhängigkeit von Leistungsmotivation und Schwierigkeit der Aufgabe. Unveröff. Diplom-Arbeit, Psychol. Inst. der Ruhr-Universität, Bochum, 1973.

DUNCKER, K. On pleasure, emotion, and striving. *Philosophy and Phenomenological Research*, 1940/41, *1*, 391–430.

EKEHAMMAR, B. Interactionism in personality from a historical perspective. *Psychological Bulletin*, 1974, *81*, 1026–1048.

ENTWISLE, D. R. To dispel fantasies about fantasy-based measures of achievement motivation. *Psychological Bulletin*, 1972, *77*, 377–391.

EPPS, E. G. Correlates of academic achievement among northern and southern urban negro students. *Journal of Social Issues*, 1969, *25*, 55–70.

EPSTEIN, S. Some theoretical considerations on the nature of ambiguity and the use of stimulus dimensions in projective techniques. *Journal of Consulting Psychology*, 1966, *30*, 183–192.

ESCALONA, S. K. The effect of success and failure upon the level of aspiration and behavior in manic-depressive psychoses. *University of Iowa studies in Child Welfare*, 1940, *16*, 199–302.

ESWARA, H. S. Administration of reward and punishment in relation to ability, effort, and performance. *Journal of Social Psychology*, 1972, *87*, 139–140.

FEATHER, N. T. Level of aspiration and achievement imagery. *Australian Journal of Psychology*, 1958, *10*, 319–328.

FEATHER, N. T. Subjective probability and decision under uncertainty. *Psychological Review*, 1959, *66*, 150–164.

FEATHER, N. T. The relationship of persistence at a task to expectation of success and achievement-related motives. *Journal of Abnormal and Social Psychology*, 1961, *63*, 552–561.

FEATHER, N. T. The study of persistence. *Psychological Bulletin*, 1962, *59*, 94–115.

FEATHER, N. T. Persistence at a difficult task with alternative task of intermediate difficulty. *Journal of Abnormal and Social Psychology*, 1963, *66*, 604–609. (a)

FEATHER, N. T. The relationship of expectation of success to reported probability, task structure, and achievement-related motivation. *Journal of Abnormal and Social Psychology*, 1963, *66*, 231–238. (b)

FEATHER, N. T. The relationship of expectation of success to need achievement and test anxiety. *Journal of Personality and Social Psychology*, 1965, *1*, 118–126.

FEATHER, N. T. Effects of prior success and failure on expectations of success and subsequent performance. *Journal of Personality and Social Psychology*, 1966, *3*, 287–298.

FEATHER, N. T. Valence of outcome and expectation of success in relation to task difficulty and perceived locus of control. *Journal of Personality and Social Psychology*, 1967, *7*, 372–386.

FEATHER, N. T. Valence of success and failure in relation to task difficulty: Past research and recent progress. *Australian Journal of Psychology*, 1968, *20*, 111–122.

FEATHER, N. T. Attribution of responsibility and valence of success and failure in relation to initial confidence and task performance. *Journal of Personality and Social Psychology*, 1969, *13*, 129–144.

FEATHER, N. T. & SAVILLE, M. R. Effects of amount of prior success and failure of expectations of success and subsequent task performance. *Journal of Personality and Social Psychology*, 1967, *5*, 226–232.

FELD, S. C. Longitudinal study of the origins of achievement strivings. *Journal of Personality and Social Psychology*, 1967, *7*, 408–414.

FESTINGER, L. Motivations leading to social behavior. In M. R. JONES (Hg.), *Nebraska symposium on motivation, 1954*. Lincoln: University of Nebraska Press, 1954, S. 191–219.

FINK, E. H. Erziehung zur Leistungsmotivation. In H. LUKESCH (Hg.), *Auswirkungen elterlicher Erziehungsstile*. Göttingen: Hogrefe, 1975, S. 40–49.

FISCH, R. *Konfliktmotivation und Examen*. Meisenheim: Hain, 1970.

FISCH, R. & SCHMALT. H.-D. Vergleich von TAT und Fragebogendaten der Leistungsmotivation. *Zeitschrift für experimentelle und angewandte Psychologie*, 1970, *17*, 608–634.

FISKE, D. W. Problems in measuring personality. In J. W. WEPMAN & R. W. HEINE (Hg.), *Concepts of personality*. Chicago: Aldine, 1963, S. 449–473.

FONTAINE, G. Social comparison and some determinants of expected personal control and expected performance in a novel task situation. *Journal of Personality and Social Psychology*, 1974, *29*, 487–496.

FRENCH, E. G. Some characteristics of achievement motivation. *Journal of Experimental Psychology*, 1955, *50*, 232–236.

FRENCH, E. G. Development of a measure of complex motivation. In J. W. ATKINSON (Hg.), *Motives in fantasy, action, and society*. Princeton, N. J.: Van Nostrand, 1958, S. 242–248. (a)

FRENCH, E. G. Effects of the interaction of motivation and feedback on task performance. In J. W. ATKINSON (Hg.) *Motives in fantasy, action, and society*. Princeton, N. J.: Van Nostrand, 1958, S. 400–408. (b)

FRENCH, E. G. & THOMAS, F. H. The relation of achievement motivation to problem solving effectiveness. *Journal of Abnormal and Social Psychology*, 1958, *56*, 46–48.

FREUD, S. Triebe und Triebschicksale. *Zeitschrift für Psychoanalyse*, 1915, *2*, 84–100.

FREUD, S. *Neue Folge der Vorlesungen zur Einführung in die Psychoanalyse*. Gesammelte Werke, Bd. XV. London: Imago, 1933.

FREUD, S. *Die Traumdeutung (1900)*. Gesammelte Werke, Bd. II/III. London: Imago, 1942.

FREUD, S. *Drei Abhandlungen zur Sexualtheorie (1904–1905)*. Gesammelte Werke, Bd. V. Frankfurt a. M.: Fischer, 1972[5], S. 27–145.

FRIEZE, I. Studies of information processing and the attributional process. Unveröff. Dissertation, University of California, Los Angeles, 1973.

FRIEZE, I. & WEINER, B. Cue utilization and attributional judgments for success and failure. *Journal of Personality*, 1971, *39*, 591–605.

FUCHS, R. Über die Darstellung motivierender Erwartungen. *Psychologische Beiträge*, 1965, *8*, 516–563.

GEWIRTZ, J. L. Levels of conceptual analysis in environment-infant interaction research. *Merrill-Palmer-Quarterly*, 1969, *15*, 7–47.

GJESME, T. Motive to achieve success and motive to avoid failure in relation to school performance for pupils of different ability levels. *Scandinavian Journal of Educational Research*, 1971, *15*, 81–99.

GLASER, R. (Hg.) *The nature of reinforcement.* New York: Academic Press, 1971.

GOLDBERG, L. R. Some recent trends in personality assessment. *Journal of Personality Assessment*, 1972, *36*, 547–560.

GRAUMANN, C. F. & HECKHAUSEN, H. (Hg.) *Funk-Kolleg Pädagogische Psychologie,* Grundlagentexte 1, Entwicklung und Sozialisation. Frankfurt a. M.: Fischer, 1973.

HABER, R. N. Discrepancy from adaptation level as a source of affect. *Journal of Experimental Psychology*, 1958, *56*, 370–375.

HABER, R. N. & ALPERT, R. The role of situation and picture cues in projective measurement of the achievement motive. In J. W. ATKINSON (Hg.), *Motives in fantasy, action, and society.* Princeton, N. J.: Van Nostrand, 1958, S. 644–663.

HACKMAN, J. R. Toward understanding the role of tasks in behavioral research. *Acta Psychologica*, 1969, *31*, 97–128.

HACKMAN, J. R. & LAWLER, E. E. Employee reactions to job characteristics. *Journal of Applied Psychology*, 1971, *55*, 259–286.

HALISCH, F., BUTZKAMM, J. & POSSE, N. Selbstbekräftigung als Motivierungskonstrukt: Theoretische und experimentelle Ansätze. Unveröff. Manuskript, Psychol. Inst. der Ruhr-Universität, Bochum, 1975.

HALISCH, F., BUTZKAMM, J. & POSSE, N. Selbstbekräftigung. I: Theorieansätze und experimentelle Erfordernisse. *Zeitschrift für Entwicklungspsychologie und Pädagogische Psychologie*, 1976, *8*, 145–164.

HALLERMANN, B. Untersuchungen zur Anstrengungskalkulation. Unveröff. Diplom-Arbeit, Psychol. Inst. der Ruhr-Universität, Bochum, 1975.

HAMILTON, J. O. Motivation and risk taking behavior. *Journal of Personality and Social Psychology*, 1974, *29*, 856–864.

HEBB, D. O. *The organization of behavior.* New York: Wiley, 1949.

HECKHAUSEN, H. *Hoffnung und Furcht in der Leistungsmotivation.* Meisenheim: Hain, 1963.

HECKHAUSEN, H. Über die Zweckmäßigkeit einiger Situationsbedingungen bei der inhaltsanalytischen Erfassung der Motivation. *Psychologische Forschung*, 1964, *27*, 244–259.

HECKHAUSEN, H. Leistungsmotivation. In H. THOMAE (Hg.), *Handbuch der Psychologie*, Bd. 2, Göttingen: Hogrefe, 1965, S. 602–702.

HECKHAUSEN, H. *The anatomy of achievement motivation.* New York: Academic Press, 1967.

HECKHAUSEN, H. Achievement motive research: Current problems and some contributions towards a general theory of motivation. In J. W. ARNOLD (Hg.), *Nebraska symposium on motivation, 1968.* Lincoln: University of Nebraska Press, 1968, S. 103–174. (a)

HECKHAUSEN, H. Förderung der Lernmotivierung und der intellektuellen Tüchtigkeit. In H. ROTH (Hg.), *Begabung und Lernen.* Stuttgart: Klett, 1968, S. 175–211. (b)

HECKHAUSEN, H. Trainingskurse zur Erhöhung der Leistungsmotivation und der unternehmerischen Aktivität in einem Entwicklungsland: Eine nachträgliche Analyse des erzielten Motivwandels. *Zeitschrift für Entwicklungspsychologie und Pädagogische Psychologie*, 1971, *3*, 253–268.

HECKHAUSEN, H. Attribuierungsbedingungen für affektive Konsequenzen. Unveröff. Manuskript, Psychol. Inst. der Ruhr-Universität, Bochum, 1972. (a)

HECKHAUSEN, H. Die Interaktion der Sozialisationsvariablen in der Genese des Leistungsmotivs. In C. F. GRAUMANN (Hg.), *Handbuch der Psychologie*, Bd. 7 (2. Halbbd.). Göttingen: Hogrefe, 1972, S. 955–1019. (b)

HECKHAUSEN, H. Soziale und individuelle Bezugsnorm. Unveröff. Manuskript, Psychol. Inst. der Ruhr-Universität, Bochum, 1972. (c)

HECKHAUSEN, H. Intervening cognitions in motivation. In D. E. BERLYNE & K. B. MADSEN (Hg.), *Pleasure, reward, preference.* New York: Academic Press, 1973, S. 217–242.

HECKHAUSEN, H. Bessere Lernmotivation und neue Lernziele. In F. E. WEINERT, C. F. GRAUMANN, H. HECKHAUSEN & M. HOFER (Hg.), *Funk-Kolleg Pädagogische Psychologie*, Bd. 1. Frankfurt a. M.: Fischer, 1974, S. 577–601. (a)

HECKHAUSEN, H. *Leistung und Chancengleichheit.* Göttingen: Hogrefe, 1974. (b)

HECKHAUSEN, H. Motive und ihre Entstehung. In F. E. WEINERT, C. F. GRAUMANN, H. HECKHAUSEN & M. HOFER (Hg.), *Funk-Kolleg Pädagogische Psychologie*, Bd. 1, Frankfurt a. M.: Fischer, 1974, S. 133–171. (c)

HECKHAUSEN, H. Effort expenditure, aspiration level, and self-evaluation before and after unexpected performance shifts. The role of motive constructs and of task-related cognitions. Unveröff. Manuskript, Psychol. Inst. der Ruhr-Universität, Bochum, 1975. (a)

HECKHAUSEN, H. Ein kognitives Motivationsmodell und die Verankerung von Motivkonstrukten. Unveröff. Manuskript, Psychol. Inst. der Ruhr-Universität, Bochum, 1975. (b) (Erscheint in H. LENK [Hg.] Handlungstheorien in interdisziplinärer Perspektive. *In Vorbereitung.*)

HECKHAUSEN, H. Fear of failure as a self-reinforcing motive system. In I. G. SARASON & C. SPIELBERGER (Hg.), *Stress and anxiety*, Vol. II. Washington D. C.: Hemisphere, 1975, S. 117–128. (c)

HECKHAUSEN. H. & KEMMLER, L. Entstehungsbedingungen der kindlichen Selbständigkeit. *Zeitschrift für experimentelle und angewandte Psychologie*, 1957, *4*, 603–622.

HECKHAUSEN, H. & OSWALD, A. Erziehungspraktiken der Mutter und Leistungsverhalten des normalen und gliedmaßengeschädigten Kindes. *Archiv für die gesamte Psychologie*, 1969, *121*, 1–30.

HECKHAUSEN, H. & ROELOFSEN, I. Anfänge und Entwicklung der Leistungsmotivation: (I) im Wetteifer des Kleinkindes. *Psychologische Forschung*, 1962, *26*, 313–397.

HECKHAUSEN, H. & WAGNER, I. Anfänge und Entwicklung der Leistungsmotivation: (II) in der Zielsetzung des Kleinkindes. *Psychologische Forschung*, 1965, *28*, 179–245.

HECKHAUSEN, H. & WASNA, M. Erfolg und Mißerfolg im Leistungswetteifer des imbezillen Kindes. *Psychologische Forschung*, 1965, *28*, 391–421.

HECKHAUSEN, H. & WEINER, B. The emergence of a cognitive psychology of motivation. In P. C. DODWELL (Hg.), *New horizons in psychology.* Harmondsworth: Penguin Books, 1972, S. 126–147.

HEIDER, F. *The psychology of interpersonal relations.* New York: Wiley, 1958.

HELSON, H. *Adaptation-level theory.* New York: Harper & Row, 1964.

HERMANS, H. J. M. A questionnaire measure of achievement motivation. *Journal of Applied Psychology*, 1970, *54*, 353–363.

Hillgruber, A. Fortlaufende Arbeit und Willensbetätigung. *Untersuchungen zur Psychologie und Philosophie*, 1912, *1*, Heft 6.

Horst, P. *Messung und Vorhersage. Eine Einführung in die psychologische Testtheorie.* Weinheim: Beltz, 1971.

Hovland, C. I., Janis, I. L. & Kelley, H. H. *Communication and persuasison: Psychological studies of opinion change.* New Haven: Yale University Press, 1953.

Hoyos, C. G. *Risikoverhalten bei industriellen Präzisionsarbeiten.* Bern: Huber, 1969.

Hull, C. L. *Principles of behavior.* New York: Appleton, 1943.

Ingenkamp. K.-H. *Zur Problematik der Jahrgangsklasse.* Weinheim: Beltz, 1969.

Isaacson, R. L. Relation between n achievement, test anxiety, and curricular choices. *Journal of Abnormal and Social Psychology*, 1964, *68*, 447–452.

Isaacson, R. L. & Raynor, J. O. Achievement-related motivation and perceived instrumentality of grades to future career success. Unveröff. Manuskript, University of Michigan, 1966.

Jones, E. E. & Nisbett, R. E. *The actor and the observer: Divergent perceptions of the causes of behavior.* New York: General Learning Press, 1971.

Jopt, U. Die Abhängigkeit des Anreizes von Erfolgswahrscheinlichkeit und Leistungsmotivation in einem Geschicklichkeitsspiel. Unveröff. Diplom-Arbeit, Psychol. Inst. der Ruhr-Universität, Bochum, 1970.

Jopt, U. Extrinsische Motivation und Leistungsverhalten. Unveröff. Dissertation, Ruhr-Universität, Bochum, 1974.

Jopt, U. & Ermshaus, W. Untersuchung zur Motivspezifität des Zusammenhangs zwischen Selbstbelohnung und Kausalattribuierung nach Erfolg und Mißerfolg. Unveröff. Manuskript, Pädagogische Hochschule Westfalen-Lippe, Bielefeld, 1975.

Kagan, J. & Moss, H. A. Stability and validity of achievement fantasy. *Journal of Abnormal and Social Psychology*, 1959, *58*, 357–364.

Kagan, J. & Moss, H. A. *Birth to maturity.* New York: Wiley, 1962.

Kanfer, F. H. Self-regulation: Research, issues, and speculation. In C. Neuringer & J. L. Michael (Hg.), *Behavior modification in clinical psychology.* New York: Appleton, 1970, S. 178–220.

Kanfer, F. H. The maintenance of behavior by self-presented stimuli and reinforcement. In A. Jacobs & L. B. Sachs (Hg.), *The psychology of private events.* New York: Academic Press, 1971, S. 39–59.

Kanfer, F. H. Self-management methods. In F. H. Kanfer & A. P. Goldstein (Hg.), *Helping people change.* New York: Pergamon Press, 1975, S. 309–355.

Kaplan, R. M. & Swart, S. G. Reward characteristics of appraisal of achievement behavior. *Representative Research in Social Psychology*, 1973, *4*, 11–17.

Karabenick, S. A. Valence of success and failure as a function of achievement motives and locus of control. *Journal of Personality and Social Psychology*, 1972, *21*, 101–110.

Karabenick, S. A. & Youssef, Z. I. Performance as a function of achievement level and perceived difficulty. *Journal of Personality and Social Psychology*, 1968, *10*, 414–419.

Karoly, P. & Kanfer, F. H. Situational and historical determinants of self-reinforcement. *Behavior Therapy*, 1974, *5*, 381–390.

KARON, B. P. Reliability: Paradigm or paradox, with especial reference to personality tests. *Journal of Projective Techniques and Personality Assessment,* 1966, *30,* 223–228.

KELLEY, H. H. Attribution theory in social psychology. In D. LEVINE (Hg.), *Nebraska symposium on motivation, 1967.* Lincoln: University of Nebraska Press, 1967, S. 192–238.

KELLEY, H. H. *Causal schemata and the attribution process.* New York: General Learning Press, 1972.

KELLEY, H. H. The processes of causal attribution. *American Psychologist,* 1973, *28,* 107–128.

KLEINBECK, U. *Motivation und Berufswahl.* Göttingen: Hogrefe, 1975.

KLINGER, E. Fantasy need achievement as a motivational construct. *Psychological Bulletin,* 1966, *66,* 291–308.

KÖCKEIS-STANGL, E. Über die Desorientierungsfunktion von Schulnoten. Arbeiten aus dem Inst. für Erziehungswissenschaft der Universität Innsbruck, Heft 13, 1972.

KOGAN, N. & WALLACH, M. A. Risk-taking as a function of the situation, the person, and the group. In T. M. NEWCOMB (Hg.), *New directions in psychology III.* New York: Holt, Rinehart & Winston, 1967, S. 111–278.

KOLB, D. A. Achievement motivation training for underachieving high-school boys. *Journal of Personality and Social Psychology,* 1965, *2,* 783–792.

KORMAN, A. K. *The psychology of motivation.* Englewood Cliffs, N. J.: Prentice-Hall, 1974.

KORNADT, H. J. Thematische Apperzeptionsverfahren. In R. HEISS (Hg.), *Handbuch der Psychologie,* Bd. 6. Göttingen: Hogrefe, 1964, S. 635–684.

KRUG, S. Einfluß von kognitiven Variablen auf Determinanten leistungsmotivierten Verhaltens. Unveröff. Diplom-Arbeit, Ruhr-Universität, Bochum, 1971.

KRUG, S. Zusammenhang zwischen Anstrengung und Aufgabenschwierigkeit in Abhängigkeit vom Leistungsmotiv und dem Konzept eigener Begabung. Unveröff. Manuskript, Psychol. Inst. der Ruhr-Universität, Bochum, 1975.

KRUG, S. & HANEL, J. Motiveänderung: Erprobung eines theoriegeleiteten Trainingsprogrammes. *Zeitschrift für Entwicklungspsychologie und Pädagogische Psychologie. In Vorbereitung.*

KUHL, J. Zum Problem der Eindimensionalität der Messung von Leistungsmotivation mittels des Heckhausen-TAT. Unveröff. Diplom-Arbeit, Psychol. Inst. der Ruhr-Universität, Bochum, 1972.

KUHL, U. Entwicklung der Ursachenerklärung von gelungenen und mißlungenen Handlungsergebnissen im Vorschulalter. Unveröff. Diplom-Arbeit, Psychol. Inst. der Ruhr-Universität, Bochum, 1975.

KUKLA, A. Foundations of an attributional theory of performance. *Psychological Review,* 1972, *79,* 454–470.

KUN, A., PARSONS, J. E. & RUBLE, D. N. Development of integration processes using ability and effort information to predict outcome. *Developmental Psychology,* 1974, *10,* 721–732.

KUN, A. & WEINER, B. Necessary versus sufficient causal schemata for success and failure. *Journal of Research in Personality,* 1973, *7,* 197–207.

LAZARUS, R. S. Emotions and adaptation: Conceptual and empirical relations. In W. J. ARNOLD (Hg.), *Nebraska symposium on motivation, 1968.* Lincoln: University of Nebraska Press, 1968, S. 175–266.

LEWIN, K. Vorsatz, Wille und Bedürfnis. *Psychologische Forschung,* 1926, *7,* 331–385.

LEWIN, K. *Die Entwicklung der experimentellen Willenspsychologie und die Psychotherapie.* Leipzig: Hirzel, 1929.

LEWIN, K. Environmental forces in child behavior and development. In C. MURCHISON (Hg.), *Handbook of child psychology.* Worcester, Mass.: Clark University Press, 1931, S. 94–127.

LEWIN, K. *The conceptual representation and the measurement of psychological forces.* Durham, N. C.: Duke University Press, 1938.

LEWIN, K. Behavior and development as a function of the total situation. In L. CARMICHAEL (Hg.), *Manual of child psychology.* New York: Wiley, 1946, S. 791–844.

LEWIN, K., DEMBO, T., FESTINGER, L. & SEARS, P. S. Level of aspiration. In J. McV. HUNT (Hg.), *Personality and the behavior disorders,* Vol. I. New York: Ronald Press, 1944, S. 333–378.

LIEBERT, R. M. & MORRIS, L. W. Cognitive and emotional components of test anxiety: A distinction and some initial data. *Psychological Reports,* 1967, *20,* 975–978.

LIEBHART, E. H. Fähigkeit vs. Anstrengung in der Kausalerklärung von Schülerleistungen: Der Einfluß von Instruktionen auf Lehrerurteile. *Zeitschrift für Entwicklungspsychologie und Pädagogische Psychologie,* 1976, *8,* in Vorb.

LIENERT, G. A. *Testaufbau und Testanalyse.* Weinheim: Beltz, 1967.

LITWIN, G. H. Motives and expectancy as determinants of preference for degree of risk. Unpubl. honors thesis, University of Michigan, 1958 (abgedruckt in ATKINSON & FEATHER, 1966).

LITWIN, G. H. & CIARLO, J. A. Achievement motivation and risk taking in a business setting. Technical Report, The Behavioral Research Service, General Electric Company, New York, 1959.

LOCKE, E. A. Toward a theory of task motivation and incentives. *Organizational Behavior and Human Performance,* 1968, *3,* 157–189.

LOWELL, E. L. The effect of need for achievement on learning and speed for performance. *Journal of Psychology,* 1952, *33,* 31–40.

LÜTGERHORST, H.-J. Kausalattribuierung und affektive Konsequenzen (Selbstbekräftigung) bei erwartungswidrigem Leistungsverlauf. Unveröff. Diplom-Arbeit, Psychol. Inst. der Ruhr-Universität, Bochum, 1974.

MANDLER, G. & COWEN, J. E. Test anxiety questionnaires. *Journal of Consulting Psychology,* 1958, *22,* 228–229.

MANDLER, G. & SARASON, S. B. A study of anxiety and learning. *Journal of Abnormal and Social Psychology,* 1952, *47,* 166–173.

MARLOWE, D. & CROWNE, D. P. A new scale of social desirability independent of psychopathology. *Journal of Consulting Psychology,* 1960, *24,* 349–354.

MCCLELLAND, D. C. *Personality.* New York: Holt, 1951.

MCCLELLAND, D. C. Methods of measuring human motivation. In J. W. ATKINSON (Hg.), *Motives in fantasy, action, and society.* Princeton, N.J.: Van Nostrand, 1958, S. 7–42. (a)

MCCLELLAND, D. C. Risk taking in children with high and low need for achievement. In J. W. ATKINSON (Hg.), *Motives in fantasy, action, and society.* Princeton, N. J.: Van Nostrand, 1958, S. 306–321. (b)

McClelland, D. C. The importance of early learning in the formation of motives. In J. W. Atkinson (Hg.), *Motives in fantasy, action, and society.* Princeton, N. J.: Van Nostrand, 1958, S. 437–452. (c)

McClelland, D. C. *The achieving society.* Princeton, N.J.: Van Nostrand, 1961.

McClelland, D. C. Toward a theory of motive acquisition. *American Psychologist,* 1965, *20,* 321–333.

McClelland, D. C. Longitudinal trends in the relation of thought to action. *Journal of Consulting Psychology,* 1966, *30,* 479–483.

McClelland, D. C. *Assessing human motivation.* New York: General Learning Press, 1971.

McClelland, D. C. What is the effect of achievement motivation training in the schools? *Teachers College Record,* 1972, *74,* 129–145.

McClelland, D. C. Concise, democratic, almost complete. *Contemporary Psychology,* 1975, *20,* 876–878. (a)

McClelland, D. C. *Power. The inner experience.* New York: Irvington Publishers, 1975. (b)

McClelland, D. C. & Alschuler, A. S. Achievement motivation development project. Unveröff. Manuskript, 1971.

McClelland, D. C., Atkinson, J. W., Clark, R. A. & Lowell, E. L. *The achievement motive.* New York: Appleton-Century-Crofts, 1953.

McClelland, D. C., Clark, R. A., Roby, T. B. & Atkinson, J. W. The projective expression of needs. IV: The effect of the need for achievement on thematic apperception. *Journal of Experimental Psychology,* 1949, *39,* 242–255.

McClelland, D. C. & Friedman, G. A. A cross-cultural study of the relationship between child-training practices and achievement motivation appearing in folk tales. In G. E. Swanson, T. M. Newcomb & E. L. Hartley (Hg.), *Readings in social psychology.* New York: Holt, 1952, S. 243–249.

McClelland, D. C. & Winter, D. G. *Motivating economic achievement.* New York: Free Press, 1969.

McMahan, I. D. Relationships between causal attributions and expectancy of success. *Journal of Personality and Social Psychology,* 1973, *28,* 108–114.

Mehner, I. Achievement performance with control of subjective probability biasing under three conditions of perceived difficulty. Unveröff. Dissertation, University of California, Berkeley, 1973.

Mehrabian, A. Male and female scales of the tendency to achieve. *Educational and Psychological Measurement,* 1968, *28,* 493–502.

Mehrabian, A. Measures of achieving tendency. *Educational and Psychological Measurement,* 1969, *29,* 445–451.

Mehta, P. Achievement motivation training for educational development. *Indian Educational Review,* 1968, *3,* 1–29.

Meyer, W.-U. Selbstverantwortlichkeit und Leistungsmotivation. Dissertation, Ruhr-Universität, Bochum 1970.

Meyer, W.-U. Leistungen und Attribuierungen bei einer leichten Aufgabe in Abhängigkeit vom Konzept eigener Fähigkeit. Unveröff. Manuskript, Psychol. Inst. der Ruhr-Universität, Bochum, 1972. (a)

Meyer, W.-U. Überlegungen zur Konstruktion eines Fragebogens zur Erfassung von Selbstkonzepten der Begabung. Unveröff. Manuskript, Psychol. Inst. der Ruhr-Universität, Bochum, 1972. (b)

Meyer, W.-U. *Leistungsmotiv und Ursachenerklärung von Erfolg und Mißerfolg.* Stuttgart: Klett, 1973. (a)

Meyer, W.-U. Anstrengungsintention in Abhängigkeit von Begabungseinschätzung und Aufgabenschwierigkeit. *Archiv für Psychologie,* 1973, *125,* 245–262. (b)

Meyer, W.-U. Perceived ability and informational choice. Unveröff. Manuskript. Psychol. Inst. der Ruhr-Universität, Bochum, 1975.

Meyer, W.-U., Buckert, U. & Schmalt, H.-D. Aufgabenwahlen in Abhängigkeit von wahrgenommener Begabung, Aufgabenschwierigkeit und Aufgabendiagnostizität. *In Vorbereitung.*

Meyer, W.-U. & Butzkamm, A. Ursachenerklärungen von Rechennoten: (I) Lehrerattribuierungen. *Zeitschrift für Entwicklungspsychologie und Pädagogische Psychologie,* 1975, *7,* 53–66.

Meyer, W.-U., Folkes, V. & Weiner, B. The perceived informational value and affective consequences of choice behavior and intermediate difficulty task selection. *Journal of Research in Personality,* 1976, *10,* (im Druck).

Meyer, W.-U. & Hallermann, B. Anstrengungsintention bei einer leichten und schweren Aufgabe in Abhängigkeit von der wahrgenommenen eigenen Begabung. *Archiv für Psychologie,* 1974, *126,* 85–89.

Meyer, W.-U. & Hallermann, B. Intended effort and the informational value of task outcome. *Archiv für Psychologie,* im Druck.

Meyer, W.-U., Heckhausen, H. & Kemmler, L. Validierungskorrelate der inhaltsanalytisch erfaßten Leistungsmotivation guter und schwacher Schüler des dritten Schuljahres. *Psychologische Forschung,* 1965, *28,* 301–328.

Meyer, W.-U. & Wacker, A. Die Entstehung der erlebten Selbstverantwortlichkeit in Abhängigkeit vom Zeitpunkt der Selbständigkeitserziehung. *Archiv für die gesamte Psychologie,* 1970, *122,* 24–39.

Michel, L. Allgemeine Grundlagen psychometrischer Tests. In R. Heiss (Hg.), *Handbuch der Psychologie,* Bd. 6. Göttingen: Hogrefe, 1964, S. 19–70.

Mischel, W. Toward a cognitive social learning reconceptualization of personality. *Psychological Review,* 1973, *80,* 252–283.

Moss, H. A. & Kagan, J. Stability of achievement and recognition seeking behaviors from early childhood through adulthood. *Journal of Abnormal and Social Psychology,* 1961, *62,* 504–513.

Moulton, R. W. Notes for a projective measure for fear of failure. In J. W. Atkinson (Hg.), *Motives in fantasy, action, and society.* Princeton, N. J.: Van Nostrand, 1958, S. 563–571.

Moulton, R. W. Effects of success and failure on level of aspiration as related to achievement motives. *Journal of Personality and Social Psychology,* 1965, *1,* 399–406.

Moulton, R. W. Motivational implications of individual differences in competence. APA-Vortrag, Washington, 1967. (Auch in Atkinson, J. W. & Raynor, J. O. [Hg.], *Motivation and achievement.* Washington: Winston, 1974, S. 77–82.)

Moulton, R. W. Notes on recent research. Unveröff. Manuskript, Psychol. Inst. der Ruhr-Universität, Bochum, 1975.

Murray, H. A. *Explorations in personality.* New York: Oxford University Press, 1938.

Murray, H. A. *Thematic apperception test.* Cambridge, Mass.: Harvard University Press, 1942.

NEILL, J. A. & JACKSON, D. N. An evaluation of item selection strategies in personality scale construction. *Educational and Psychological Measurement,* 1970, *30,* 647–661.

NEUBERGER, O. *Theorien der Arbeitszufriedenheit.* Stuttgart: Kohlhammer, 1974.

NICHOLLS, J. G. Causal attributions and other achievement-related cognitions: Effects of task-outcome, attainment value, and sex. *Journal of Personality and Social Psychology,* 1975, *31,* 379–389.

NUTTIN, J. The future time perspective in human motivation and learning. Proceedings of the 17th International Congress of Psychology. Amsterdam: North-Holland, 1964.

O'CONNOR, P. A., ATKINSON, J. W. & HORNER, M. Motivational implications of ability grouping in schools. In J. W. ATKINSON & N. T. FEATHER (Hg.), *A theory of achievement motivation.* New York: Wiley, 1966, S. 231–248.

PIAGET, J. *Der Aufbau der Wirklichkeit beim Kinde.* Gesammelte Werke, Bd. 2, Studienausgabe. Stuttgart: Klett, 1975. (a)

PIAGET, J. *Das Erwachen der Intelligenz beim Kinde.* Gesammelte Werke, Bd. 1, Studienausgabe. Stuttgart: Klett, 1975. (b)

POSSE, N. Die Wirkung von Erfolg und Mißerfolg auf die Leistung in Abhängigkeit von der Leistungsmotivation und dem kognitiven Stil der Reflexivität-Impulsivität. Unveröff. Diplom-Arbeit, Psychol. Inst. der Ruhr-Universität, Bochum, 1975.

RAYNOR, J. O. Future orientation and motivation of immediate activity: An elaboration of the theory of achievement motivation. *Psychological Review,* 1969, *76,* 606–610.

RAYNOR, J. O. Relationships between achievement-related motives, future orientation, and academic performance. *Journal of Personality and Social Psychology,* 1970, *15,* 28–33.

RAYNOR, J. O. Future orientation in the study of achievement motivation. In J. W. ATKINSON & J. O. RAYNOR, (Hg.), *Motivation and achievement.* Washington: Winston, 1974, S. 121–154.

RAYNOR, J.O., ATKINSON, J. W. & BROWN, M. Subjective aspects of achievement motivation immediately before an examination. In J. W. ATKINSON & J. O. RAYNOR (Hg.), *Motivation and achievement.* Washington: Winston, 1974, S. 155–171.

RAYNOR, J. O. & ENTIN, E. E. Achievement motivation as a determinant of persistence in contingent and noncontingent paths. Unveröff. Manuskript, State University of New York, Buffalo, 1972.

RAYNOR, J. O. & SMITH, C. P. Achievement-related motives and risk-taking in games of skill and chance. *Journal of Personality,* 1966, *34,* 176–198.

RAYNOR, J. O. & SORRENTINO, R. M. Effects of achievement motivation and task difficulty on immediate performance in contingent paths. Unveröff. Manuskript, State University of New York, Buffalo, 1972.

REIF, M. Leistungsmotivation in Abhängigkeit vom Erziehungsverhalten der Mutter. Unveröff. Diplom-Arbeit, Psychol. Inst. der Ruhr-Universität, Bochum, 1970.

REST, S., NIERENBERG, R., WEINER, B. & HECKHAUSEN, H. Further evidence concerning the effects of perceptions of effort and ability on achievement evaluation. *Journal of Personality and Social Psychology,* 1973, *28,* 187–191.

RHEINBERG, F. Studien zur Erfassung von Attribuierungsmustern. Unveröff. DFG-Forschungsbericht, Psychol. Inst. der Ruhr-Universität, Bochum, 1974.

Rheinberg, F. Kognitive Zwischenprozesse bei der Verarbeitung von Information über Schülerleistungen – Versuch einer Lehrertypologie. Unveröff. DFG-Forschungsbericht, Psychol. Inst. der Ruhr-Universität, Bochum, 1975.

Rheinberg, F. Soziale und individuelle Bezugsnorm als motivierungsbedeutsame Sichtweisen bei der Beurteilung von Schülerleistungen. 1976, *in Vorbereitung.*

Rogers, C. R. *On becoming a person.* Boston: Mifflin, 1961.

Rosen, B. C. Race, ethnicity, and the achievement syndrome. *American Sociological Review,* 1959, *24,* 47–60.

Rosen, B. C. & D'Andrade, R. The psychosocial origins of achievement motivation. *Sociometry,* 1959, *22,* 185–218.

Rosenbaum, R. M. A dimensional analysis of perceived causes of success and failure. Unveröff. Dissertation, University of California, Los Angeles, 1972.

Rotter, J. B. The role of the psychological situation in determining the direction of human behavior. In M. R. Jones (Hg.), *Nebraska symposium on motivation, 1955.* Lincoln: University of Nebraska Press, 1955, S. 245–269.

Rotter, J. B. Generalized expectancies for internal versus external control of reinforcement. *Psychological Monographs,* 1966, *80,* (1, Whole No. 609).

Sader, M. & Keil, W. Faktorenanalytische Untersuchungen zur Projektion der Leistungsmotivation. *Archiv für die gesamte Psychologie,* 1968, *120,* 25–53.

Scherer, J. Änderungen von Lehrerattribuierungen und deren Auswirkung auf das Leistungsverhalten und Persönlichkeitsmerkmale von Schülern. Unveröff. Diplom-Arbeit, Psychol. Inst. der Ruhr-Universität, Bochum, 1972.

Schertel, K. Selbstbekräftigung in Abhängigkeit von der persönlichen Wichtigkeit einer Aufgabe. Unveröff. Diplom-Arbeit, Psychol. Inst. der Ruhr-Universität, Bochum, 1976.

Schmalt, H.-D. Entwicklung und Validierung einer neuen Technik zur Messung verschiedener Aspekte des Leistungsmotivs – das LM-Gitter. Unveröff. Dissertation, Ruhr-Universität, Bochum, 1973. (a)

Schmalt, H.-D. Die Gitter-Technik – ein objektives Verfahren zur Messung des Leistungsmotivs bei Kindern. *Zeitschrift für Entwicklungspsychologie und Pädagogische Psychologie,* 1973, *5,* 231–252. (b)

Schmalt, H.-D. Selbständigkeitserziehung und verschiedene Aspekte des Leistungsmotivs. *Zeitschrift für Entwicklungspsychologie und Pädagogische Psychologie,* 1975, *7,* 24–37.

Schmalt, H.-D. *Das LM-Gitter. Ein objektives Verfahren zur Messung des Leistungsmotivs bei Kindern – Handanweisung.* Göttingen: Hogrefe, 1976. (a)

Schmalt, H.-D. *Messung des Leistungsmotivs. Kritischer Überblick und ein neues Verfahren.* Göttingen: Hogrefe, 1976. (b)

Schmalt, H.-D. Konvergente und diskriminante Validität verschiedener Komponenten des Leistungsmotivs. Psychologie und Praxis. In Vorbereitung.

Schmalt, H.-D., Meyer, W.-U. & Buckert, U. Aufgabenwahlen in Abhängigkeit von Leistungsmotiv, Aufgabenschwierigkeit und Aufgabendiagnostizität. *In Vorbereitung.*

Schneider, K. Leistungs- und Risikoverhalten in Abhängigkeit von situativen und überdauernden Komponenten der Leistungsmotivation. Dissertationsdruck, Ruhr-Universität, Bochum, 1971. (a)

Schneider, K. Der „Vorsatz" als motivationales Erklärungskonzept. Unveröff. Manuskript, Psychol. Inst. der Ruhr-Universität, Bochum, 1971. (b)

Schneider, K. The relationship between estimated probabilities and achievement motivation. *Acta Psychologica,* 1972, *36,* 408–416.

SCHNEIDER, K. *Motivation unter Erfolgsrisiko.* Göttingen: Hogrefe, 1973.

SCHNEIDER, K. Subjektive Unsicherheit und Aufgabenwahl. *Archiv für Psychologie,* 1974, *126,* 147–169.

SCNHEIDER, K. Leistungsmotivation, Kausalerklärungen für Erfolg und Mißerfolg und Affekte. Unveröff. Manuskript, Psychol. Inst. der Ruhr-Universität, Bochum, 1976.

SCHNEIDER, K. Die Wirkung von Erfolg und Mißerfolg auf die Leistung bei einer visuellen Diskriminationsaufgabe und auf physiologische Anstrengungsindikatoren (Pulsfrequenz und Hautwiderstand). *In Vorbereitung.*

SCHNEIDER, K. & ECKELT, D. Die Wirkungen von Erfolg und Mißerfolg auf die Leistung bei einer einfachen Vigilanzaufgabe. *Zeitschrift für experimentelle und angewandte Psychologie,* 1975, *22,* 263–289.

SCHNEIDER, K. & GALLITZ, H. Leistungsänderung nach Erfolg und Mißerfolg bei leichten und schwierigen Aufgaben. In K. SCHNEIDER, *Motivation unter Erfolgsrisiko.* Göttingen: Hogrefe, 1973, S. 80–106.

SCHNEIDER, K. & MEISE, C. Leistungs- und anschlußmotiviertes Risikoverhalten bei der Aufgabenwahl. In K. SCHNEIDER, *Motivation unter Erfolgsrisiko.* Göttingen: Hogrefe, 1973, S. 212–238.

SCHNEIDER, K. & POSSE, N. Subjektive Unsicherheit, Kausalattribuierung und Aufgabenwahl. *In Vorbereitung.*

SEARS, R. R. Discussion. In B. WEINER (Hg.), *Cognitive views of human motivation.* New York: Academic Press, 1974, S. 85–90.

SHEFFIELD, F. D. & ROBY, T. B. Reward value of a non-nutritive sweet taste. *Journal of Comparative and Physiological Psychology,* 1950, *43,* 471–481.

SHEFFIELD, F. D., WULFF, J. J. & BACKER, R. Reward value of copulation without sex drive reduction. *Journal of Comparative and Physiological Psychology,* 1951, *44,* 3–8.

SHRABLE, K. & MOULTON, R. W. Achievement fantasy as a function of variations in self-rated competence. *Perceptual and Motor Skills,* 1968, *27,* 515–528.

SKINNER, B. F. *Science and human behavior.* New York: Macmillan, 1953.

SKOLNICK, A. Motivational imagery and behavior over 20 years. *Journal of Consulting Psychology,* 1966, *30,* 463–478. (a)

SKOLNICK, A. Stability and interrelations of thematic test imagery over 20 years. *Child Development,* 1966, *37,* 389–396. (b)

SMITH, C. P. Achievement-related motives and goal setting under different conditions. *Journal of Personality,* 1963, *31,* 124–140.

SMITH, C. P. The origin and expression of achievement-related motives in children. In C. P. SMITH (Hg.), *Achievement-related motives in children.* New York: Russel Sage Foundation, 1969, S. 102–150.

SMITH, R. L. & TROTH, W. A. Achievement motivation: A rational approach to psychological education. *Journal of Counseling Psychology,* 1975, *22,* 500–504.

SPENCE, K. W. A theory of emotionally based drive (D) and its relation to performance in simple learning situations. *American Psychologist,* 1958, *13,* 131–141.

STAPF, K. H., HERRMANN, Th., STAPF, A. & STÄCKER, K. H. *Psychologie des elterlichen Erziehungsstils.* Stuttgart: Klett, 1972.

STARKE, E. Informationseinholung über die eigene Leistung in Abhängigkeit vom Leistungsmotiv und wahrgenommener eigener Begabung. Unveröff. Diplom-Arbeit, Psychol. Inst. der Ruhr-Universität, Bochum, 1975.

SUSEN, G. R. Die Wirkung von Erfolg und Mißerfolg auf die intellektuelle Leistung in Abhängigkeit von Leistungsmotivation und Schwierigkeit der Aufgabe. Unveröff. Diplom-Arbeit, Psychol. Inst. der Ruhr-Universität, Bochum, 1972.

TAPP, J. T. *Reinforcement and behavior.* New York: Academic Press, 1969.

TESCHNER, W.-P. *Was leisten Leistungskurse?* Stuttgart: Klett, 1971.

THORNDIKE, E. L. *Animal intelligence.* New York: Macmillan, 1911.

THORNDIKE, E. L. The law of effect. *American Journal of Psychology,* 1927, *29,* 212–222.

THURSTONE, L. L. Ability, motivation, and speed. *Psychometrika,* 1937, *2,* 249–254.

TOLMAN, E. C. *Purposive behavior in animals and men.* New York: Appleton-Century-Crofts, 1932.

TROPE, Y. Seeking information about one's own ability as a determinant of choice among tasks. *Journal of Personality and Social Psychology,* 1975, *32,* 1004–1013.

TROPE, Y. & BRICKMAN, P. Difficulty and diagnosticity as determinants of choice among tasks. *Journal of Personality and Social Psychology,* 1975, *31,* 918–925.

TRUDEWIND, C. Längsschnittstudie zur Erforschung der ökologischen Bedingungen der Leistungsmotivgenese. Antrag an die DFG zur Gewährung einer Sachbeihilfe. Unveröff. Antrag, Psychol. Inst. der Ruhr-Universität, Bochum, 1973.

TRUDEWIND, C. *Häusliche Umwelt und Motiventwicklung.* Göttingen: Hogrefe, 1975. (a)

TRUDEWIND, C. Die Interaktion von ökologischen Variablen und Erziehungsvariablen in der Entwicklung der Schulreife und des Leistungsmotivs. Arbeitspapier für die Sektionssitzung der Sektion Familien- und Jugendsoziologie der Deutschen Gesellschaft für Soziologie, Bad Homburg, 1975. (b)

TRUDEWIND, C. Leistungsmotivgenese und Umwelt: Probleme, Strategien und erste Ergebnisse. In H. WALTER (Hg.), *Sozialisationsforschung,* Bd. 3. Stuttgart: Frommann-Holzboog, 1975, S. 55–71. (c)

TRUDEWIND, C., GEPPERT, U., JENNESSEN, H. & SALK, J. Zusammenhang zwischen ökologischen Bedingungen der häuslichen Umwelt und Leistungsmotivationskennwerten bei Schulanfängern. Arbeitsbericht 3 zum DFG-Projekt „Leistungsmotivgenese", Motivationsgenetische Arbeitsgruppe am Psychol. Inst. der Ruhr-Universität, Bochum, 1976.

TVERSKY, A. & KAHNEMAN, D. Belief in the law of small numbers. *Psychological Bulletin,* 1971, *76,* 105–110.

VERINIS, J. S., BRANDSMA, J. M. & COFER, C. N. Discrepancy from expectation in relation to affect and motivation: Tests of MCCLELLAND's hypothesis. *Journal of Personality and Social Psychology,* 1968, *9,* 47–58.

VEROFF, J. Theoretical background for studying the origins of human motivational dispositions. *Merrill-Palmer Quarterly,* 1965, *11,* 3–18.

VEROFF, J. Social comparison and the development of achievement motivation. In C. P. SMITH (Hg.), *Achievement-related motives in children.* New York: Russel Sage Foundation, 1969, S. 46–101.

VEROFF, J., ATKINSON, J. W., FELD, S. C. & GURIN, G. The use of thematic apperception to assess motivation in a nationwide interview study. *Psychological Monographs,* 1960, *74,* No. 12.

VEROFF, J., FELD, S. & CROCKETT, H. Explorations into the effects of picture cues on thematic apperceptive expression of achievement motivation. *Journal of Personality and Social Psychology,* 1966, *3,* 171–181.

VEROFF, J. & VEROFF, J. B. Reconsideration of a measure of power motivation. *Psychological Bulletin,* 1972, *78,* 279–291.

VROOM, V. H. *Work and motivation.* New York: Wiley, 1964.

WAGENAAR, W. A. Stevens vs. Fechner: A plea for dismissal of the case. *Acta Psychologica,* 1975, *39,* 225–235.

WALKER, E. L. Reinforcement: The one ring. In J. T. TAPP (Hg.), *Reinforcement and behavior.* New York: Academic Press, 1969, S. 47–62.

WALTER, H. *Die Verwendung technischer Lernhilfen in Abhängigkeit von der Leistungsmotivation der Schüler.* Burgsteinfurt: Kreisverwaltung, 1968.

WASNA, M. *Motivation, Intelligenz und Lernerfolg.* München: Kösel, 1972.

WEINER, B. The effects of unsatisfied achievement motivation on persistence and subsequent performance. *Journal of Personality,* 1965, *33,* 428–442.

WEINER, B. Role of success and failure in the learning of easy and complex tasks. *Journal of Personality and Social Psychology,* 1966, *3,* 339–344.

WEINER, B. Implications of the current theory of achievement motivation for research and performance in the classroom. *Psychology in the Schools,* 1967, *4,* 164–171.

WEINER, B. New conceptions in the study of achievement motivation. In. B. A. MAHER (Hg.), *Progress in experimental personality research,* Vol. 5. New York: Academic Press, 1970, S. 67–109.

WEINER, B. *Theories of motivation: From mechanism to cognition.* Chicago: Markham, 1972 (deutsch: WEINER, B. Theorien der Motivation. Stuttgart: Klett, 1976).

WEINER, B. *Achievement motivation and attribution theory.* Morristown, N. J.: General Learning Press, 1974.

WEINER, B. *Die Wirkung von Erfolg und Mißerfolg auf die Leistung.* Stuttgart: Klett, 1975.

WEINER, B., FRIEZE, I., KUKLA, A., REED, L., REST, S. & ROSENBAUM, R. M. *Perceiving the causes of success and failure.* New York: General Learning Press, 1971.

WEINER, B., HECKHAUSEN, H., MEYER, W.-U. & COOK, R. E. Causal ascriptions and achievement behavior: A conceptual analysis of effort and reanalysis of locus of control. *Journal of Personality and Social Psychology,* 1972, *21,* 239–248.

WEINER, B. & KUKLA, A. An attributional analysis of achievement motivation. *Journal of Personality and Social Psychology,* 1970, *15,* 1–20.

WEINER, B. & PETER, N. A cognitive-developmental analysis of achievement and moral judgements. *Developmental Psychology, 9,* 290–309.

WEINER, B. & ROSENBAUM, R. M. Determinants of choice between achievement-related activities. *Journal of Experimental Research in Personality,* 1965, *1,* 114–121.

WEINER, B. & SIERAD, J. Misattribution for failure and enhancement of achievement strivings. *Journal of Personality and Social Psychology,* 1975, *31,* 415–421.

WEINER, B., NIERENBERG, R. & GOLDSTEIN, M. Social learning (locus of control) versus attributional (causal stability) interpretations of expectancy of success. *Journal of Personality,* 1976, *44,* 52–68.

Weinstein, M. S. Achievement motivation and risk preference. *Journal of Personality and Social Psychology*, 1969, *13*, 153–172.

White, R. W. Motivation reconsidered: The concept of competence. *Psychological Review*, 1959, *66*, 297–333.

White, R. W. Competence and the psychosexual stages of development. In M. R. Jones (Hg.), *Nebraska symposium on motivation, 1960*. Lincoln: University of Nebraska Press, 1960, S. 97–141.

Williams, R. G., Pollack, U. J. & Ferguson, N. A. Differential effects of two grading systems on student performance. *Journal of Educational Psychology*, 1975, *67*, 253–258.

Winter, D. G. *The power motive*. New York: Free Press, 1973.

Winterbottom, M. R. The relation of need for achievement to learning experiences in independence and mastery. In J. W. Atkinson (Hg.), *Motives in fantasy, action, and society*. Princeton, N.J.: Van Nostrand, 1958, S. 453–478.

Wish, P. A. & Hasazi, J. E. Motivational determinants of curricular choice behavior in college males. Paper presented at the Eastern Psychological Association, Boston, 1972.

Wohlwill, J. F. *The study of behavioral development*. New York: Academic Press, 1973.

Wundt, W. *Grundzüge der physiologischen Psychologie*. 3 Bände. Leipzig: Engelmann, 1911[6].

Wylie, R. The present status of self theory. In E. F. Borgatta & W. W. Lambert (Hg.), *Handbook of personality theory and research*. Chicago: Rand McNally, 1968, S. 728–787.

Yerkes, R. M. & Dodson, J. D. The relation of strength of stimulus to rapidity of habit-formation. *Journal of Comparative and Neurological Psychology*, 1908, *18*, 459–482.

Zander, A., Fuller, R. & Armstrong, W. Attributed pride or shame in group and self. *Journal of Personality and Social Psychology*, 1972, *23*, 346–352.

Autorenverzeichnis

Sachwortverzeichnis